中国文化简论

陈文俊 著

中国青年出版社

目录

第一章　文化与中国文化（绪论）　　001

　第一节　文化的定义　　002

　　一、"文""化"与"文化"　　004

　　二、对文化的定义　　006

　　　（一）爱德华·泰勒与雷蒙德·威廉斯对文化的定义　　006

　　　（二）兰德曼对文化的定义　　007

　　　（三）马克思对文化的定义　　007

　　　（四）中国学者对文化的定义　　008

　　　（五）本书对文化的定义　　008

　　三、两个容易混淆的概念　　009

　　　（一）文化与知识　　009

　　　（二）文化与文明　　010

　第二节　文化的分类　　011

　　一、内容分类　　011

　　　（一）二分法（广义与狭义；物质与精神）　　011

　　　（二）三分法（物质、精神、制度）　　012

　　　（三）四分法（物质、精神、制度、行为）　　012

　　　（四）新二分法（物质、非物质）　　012

　　二、范畴分类　　016

　　　（一）显文化（儒）与隐文化（法）　　016

　　　（二）雅文化（士大夫）与俗文化（大众）　　017

　　　（三）庙堂文化（儒）与山林文化（道）　　018

　第三节　文化的特性　　018

　　一、民族性　　019

二、地域性 020

三、时代性 021

四、同一性 022

五、发展性 024

第四节 文化的功用 026

一、记录功能 026

二、认知功能 028

三、满足功能 031

四、教化功能 033

五、传播功能 035

六、调控功能 037

七、凝聚功能 038

八、推动功能 040

第五节 中国文化与中国传统文化 042

一、中国文化的地域范围和民族人口界定 042

二、中国文化的时间界定 043

三、中国文化的内容界定 043

四、中国文化与中国传统文化的关系 044

第二章 中国文化的起源与成因 047

第一节 中国文化的起源 048

一、文明古国 048

二、中国文化的起源 053

（一）起源于何时 053

（二）起源于何地 056

（三）起源于何人 068

（四）三个重大概念 075

第二节　中国文化的成因 082

一、地理环境 082

二、气候条件 086

三、儒家的卫道 088

第三章　中国文化的源头与主流 091

第一节　中国文化的源头 092

一、迷信与崇拜 092

（一）自然崇拜 092

（二）神仙崇拜 093

（三）鬼魂崇拜 094

（四）祖先崇拜 095

（五）生殖崇拜 095

（六）图腾崇拜 096

（七）三大基本崇拜 097

二、先秦哲学思想 102

（一）易学 102

（二）子学 128

三、宗教信仰 149

（一）道教 150

（二）佛教 161

第二节　中国传统文化的主流 171

一、文化主流学术流派 171

（一）两汉经学 171

（二）魏晋玄学 173

（三）隋唐佛学 176

（四）宋明理学 177

（五）清代朴学 186

（六）现代新儒学 186

二、传统文化主流的核心主干及其关系 187

（一）儒学——中国传统文化洪流的主干核心 187

（二）儒学与道、佛的主辅关系和互补交融关系 188

第四章　中国文化的发展 191

第一节　先秦生发期 192

一、新旧石器时代物质文化的萌生 192

二、三皇五帝时代物质与精神文化并举创制 192

三、夏商周时代制度文化的创制和深化 193

四、春秋战国时代思想文化的勃发 193

第二节　秦汉统一期 194

一、秦始皇的文化统一 195

（一）通过"四同"实现生活文化的统一 195

（二）通过"焚书坑儒"实现思想文化的统一 198

二、汉武帝的文化统一 201

第三节　魏晋南北朝交融期 202

一、胡汉民族大交融 203

二、南北文化大交融 204

三、儒佛道玄大交融 204

第四节　隋唐繁盛期 205

一、政治上，国家一统，万国来朝 206

二、经济上，风调雨顺，连年丰收 207

三、文化上，重视文教，广设学校 207

四、气度上，胸襟阔达，包容开放 208

五、制度上，科举取士，唯才是举 209

六、艺术上，成就辉煌，唐诗顶峰   210

第五节　两宋成熟期   212

一、文治领先，文化昌明   215

二、五大文化，成就空前   216

（一）理学顶梁，学术繁荣   216

（二）文学创新，宋词拔尖   217

（三）史学卓越，超迈古今   218

（四）艺术辉煌，建树颇多   219

（五）科技发明，享誉世界   220

三、贬斥势利，崇尚气节   221

第六节　辽夏金元争胜与外播期   222

一、中原汉文化的争胜   223

（一）争胜于辽   223

（二）争胜于夏   224

（三）争胜于金   225

（四）争胜于元   227

二、中国文化的外播   229

第七节　明清总结期   230

第八节　近代变革期   234

一、物质层面的文化改良——"洋务运动"   234

二、制度层面的文化变革——"戊戌变法"   236

三、制度层面的政体革命——"辛亥革命"   237

四、思想观念层面的文化革命——"新文化运动"   238

第九节　新中国社会主义新文化时期   240

一、社会主义文化概念的建立与完善   240

（一）社会主义文化的前身——新民主主义文化   240

（二）社会主义文化的建立　　　　　　　241

（三）社会主义文化的重要完善　　　　　241

（四）中国特色社会主义文化的建立　　　242

（五）中国特色社会主义文化的创新　　　243

二、中国特色社会主义文化内容的构成与关系　　244

（一）中国特色社会主义文化的内容构成　　244

（二）中国特色社会主义文化三大组成部分的关系　　253

第五章　中国文化的主要载体　　　　　　　257

第一节　汉语　　　　　　　　　　　　258

一、简易　　　　　　　　　　　　　260

（一）词汇构成规律简易，无复杂的形态变化　　260

（二）语法结构规则简洁，无麻烦的时态和格的变化　　261

（三）语音音素数量较少，音节整齐规则，易于学习掌握　　263

二、优美　　　　　　　　　　　　　264

（一）汉语是以乐音为主的语言　　　264

（二）音节有声调，抑扬顿挫，富于音乐感　　265

（三）单音节与双音节交互使用，使语言富有音乐的节奏感　　265

三、高效　　　　　　　　　　　　　266

第二节　汉字　　　　　　　　　　　　269

一、汉字的历史与特点　　　　　　269

（一）象形　　　　　　　　　　　273

（二）表意　　　　　　　　　　　274

（三）单音节　　　　　　　　　　276

（四）记录汉语的最佳工具　　　　277

二、汉字在中国文化中的地位　　　279

（一）汉字是中国文化的典型代表　　　279

（二）汉字是中国语言文化的完美载体 279

（三）汉字字形中蕴含着丰富的中国文化，被称为中国文化的"活化石"

280

（四）汉字是中华民族团结一体的凝聚剂 281

三、汉字的未来 282

第三节 文化典籍 284

一、经部 285

（一）最高经典《十三经》的集成 285

（二）《十三经》典籍概要 287

二、史部 298

（一）编年体 298

（二）纪传体 299

（三）纪事本末体 300

（四）方志 302

三、子部 304

四、集部 305

五、类书 305

六、丛书 306

第六章 中国文化的基本精神 309

第一节 文化基本精神的内涵 310

一、构成文化基本精神的条件 310

二、文化基本精神的定义 310

第二节 中国文化基本精神的内容 311

一、以人为本 312

二、崇德尚礼 316

三、贵和尚中 321

四、阴阳变易 323

五、理性求实 325

六、刚健有为 328

第七章　中国文化的主要特征 331

第一节　文化精神与文化特征 332

第二节　中国文化十三大特征 333

一、重血缘，贵亲情 333

二、重人本，轻鬼神 336

三、重伦理，严尊卑 336

四、重德治，轻法治 341

五、重和谐，尚中庸 342

六、重整体，轻个体 342

七、重直觉，轻分析 343

八、重传统，轻创新 344

九、重实用，轻理论 345

十、重官员，轻百姓 346

十一、重农耕，轻工商 347

十二、家国同，大一统 348

十三、博精深，源流长 351

第八章　中国文化的形象表达与艺术展现 353

第一节　中国文化的形象表达 354

一、文学体裁类型 354

二、文学的文化特征 355

（一）精品繁多，文学高峰叠耸 355

（二）文化精神特别充盈饱满 357

第二节　中国文化的艺术展现　　　　360

　一、音乐　　　　361

　　（一）音乐的起源与发展　　　　361

　　（二）音乐乐器的分类　　　　362

　　（三）音乐名曲　　　　362

　　（四）中国音乐的文化特点　　　　365

　二、戏曲　　　　368

　　（一）戏曲简史　　　　368

　　（二）戏曲的类型　　　　369

　　（三）戏曲的艺术特点　　　　369

　　（四）戏曲的文化特点　　　　370

　三、绘画　　　　372

　　（一）中国画的分类　　　　372

　　（二）中国画的历史发展　　　　377

　　（三）中国画的文化特点　　　　377

　四、雕塑　　　　381

　　（一）雕塑简史　　　　381

　　（二）雕塑的种类　　　　383

　　（三）雕塑的文化特性　　　　391

　五、建筑　　　　394

　　（一）中国古代建筑的共同特点　　　　395

　　（二）中国建筑的文化特色　　　　401

第九章　中国文化的教育化成　　　　405

第一节　古代教育　　　　406

　一、古代教育的体制　　　　406

　　（一）官学　　　　407

（二）私学 413

二、古代的教育、教学思想 421

（一）因材施教，启发引导 421

（二）温故知新，学思并重 422

（三）循序渐进，由博返约 422

（四）扬长补短，教学相长 423

（五）言传身教，尊师爱生 423

三、古代教育发展的文化特点 423

（一）十分重视教育 423

（二）教育理念先进，教学思想和教学经验仍有可贵的借鉴价值 424

（三）重德轻才 425

（四）尊圣崇儒，封闭保守 426

（五）以培养官员为目标 427

（六）只服务官贵，教育不公 428

第二节　教化成果 428

一、科举制度及人才选拔成果 429

（一）古代人才选拔制度简述 429

（二）科举制度的建立及发展兴衰 431

（三）科举制度的成果及意义 439

二、古代科技发展及其成就 442

（一）天文学 442

（二）地理学 449

（三）算学 449

（四）物理学 450

（五）医药学 450

（六）科技著作 451

（七）四大发明 452

（八）中国古代 88 项重大发明   458

三、古代科技发展之文化特点   463

（一）科技成果丰富，对世界贡献巨大   463

（二）具有中国古代文化特质：理性实用、工匠精神   464

（三）偏重社会科学，不够重视自然科学   465

第十章　中国文化的交流发展与未来   467

第一节　中国文化交流发展简况   468

一、交流发展简史   468

二、交流路线：一个中心，两条道路，三个方向   469

第二节　中国文化交流发展"七大事件"   470

一、徐福东渡   470

二、丝绸之路   472

（一）陆上丝绸之路   472

（二）海上丝绸之路   475

三、佛教的传入与传出   476

（一）佛教从印度传入   477

（二）佛教经中国传出   479

四、日本遣唐使   481

五、马可·波罗游记   482

六、郑和七下西洋   483

七、西学东渐   485

第三节　中国文化交流发展的特点   489

第四节　中国文化的交流发展与未来   491

附录：中国文化三百句   497

参考文献   551

后记   557

第一章

文化与中国文化（绪论）

第一节 文化的定义

什么是文化？好像我们都知道，但要是一句话说清楚，却是不易。这里，我们先看生活中的两个事例。一个事例是一座大城市的地铁列车上有一条公益广告，内容为"中华传统 兄恭弟谦"。这条广告，在列车上挂了两年多，说明大家都没有看出它有什么问题。

讲文明树新风 公益广告　　　　中国精神　中国形象　中国文化　中国表达

中华传统 兄**恭**弟**谦**

中国网络电视台制　天津杨柳青画社供稿

图 1-1 公益广告

既然说的是"中华传统"，也就是我们平常讲的中华传统文化。传统文化是一种伦理文化，特别注重人伦次序，长幼尊卑。《左传·文公十八年》记载："（舜）举八元，使布五教于四方。父义、母慈、兄友、弟共（恭）、子孝，内平外成。"五帝时代的虞舜帝举荐八位元老，派他们到四方传布五教。所谓"五教"，即父义（做父亲的要仁义）、母慈（做母亲的要慈爱）、兄友（哥哥对弟弟友爱）、弟恭（弟弟对哥哥恭敬）、子孝（子孙对长辈要孝顺）。可见在远古时期，就有了"兄友弟恭"的礼仪文化。这个文化说明，兄和弟虽然是平辈，但是兄叫兄长，弟叫小弟，兄长与小弟相比，兄长处在受尊敬的高位，小弟处在谦恭的低位，这个长幼尊卑的关系不能颠倒。地铁上这条广告颠倒兄与弟的长幼尊卑关系，把应该用给弟弟的词语用到了兄长身上，显然是不懂中国文化的表现。

另一个事例，是日常生活当中常见的询问陌生人的姓名，请看看这两种问话方式。

表 1-1　姓名询问

A	B
问：你姓啥？	问：您贵姓？
答：张。	答：免贵，姓张，弓长张。
问：你叫啥？	问：请问大名？
答：文。	答：小名单字"文"，文化的文。

A 式的问答非常简洁，但是给人的感觉简单甚至是粗鲁，让人觉得没教养，没文化。一上来就直接问人家姓啥叫啥，对对方不尊重，对方也就不太尊重你，简单地回答一两个字。再看 B 式的问答，相比而言复杂了一点，但是听起来很舒服。互相尊重，谦恭有礼，显得很有文化修养，让人感到心里非常温暖舒适。这就是我们中国的文化。你如果不礼貌，就难以得到别人对你礼貌；你如果礼貌恭敬，自然也会得到别人尊重和恭敬。所谓"礼尚往来"，就是这个意思。

以上两个事例说明，生活当中处处有文化，事事有文化。如果我们深谙这些文化，就不会犯令人嗤笑的错误，就会处事得当，令人敬重。

那么，什么是文化，就是首先要弄清楚的一个问题。

一、"文""化"与"文化"

文化作为一个词语，由"文"与"化"两个字构成。对于"文"的意思，《周易·系辞下》说："物相杂，故曰文。"《礼记·乐记》说："五色成文而不乱。"东汉许慎《说文解字·文部》说："文，错画也，象交文"。

这三本古籍，对文的解释，都是指一种交错的纹路、纹理。《论语·雍也》里面记载孔子说："质胜文则野，文胜质则史，文质彬彬，然后君子。"著名语言学家杨伯峻先生把这句话翻译为白话文："孔子说，朴实多于文采，就未免粗野，文采多于朴实，又未免显得虚浮。文采和朴实配合适当，这才是个君子。"[①]由此，我们可以领悟出"文"这个字的本义和引申变化，其最初的本义，就是指交错的纹理。这种纹理，是有条有理的条纹，古人照样子把它刻画为线条，然后用这个线条作为记录意思的符号，我们称作"字"，因为它是纹理形成的，我们就把它叫作"文字"。用这些文字形成的大段话，我们把它叫作"文章"；用这些文章来写一些故事，以此说明一些道理，我们把它叫作"文学"；有文学艺术特点的，我们把它称作"文采"。可以看到，所谓的文字、文章、文学、文采，都是由有条理的"文"（纹）来的。最后，慢慢地再引申为文物典章、礼仪制度等。因为这些文字，文章，文学，文物，都是非常强调文，强调理，讲道理，所以显得温文尔雅，与粗鲁和武蛮形成鲜明对比。

---

① 杨伯峻：《论语译注（简体字本）》，中华书局 2006 年版，第 68 页。

"化"字,《周易·系辞下》记载:"男女构精,万物化生。"就是男女两性结合繁衍人类,万物变化而生生不息。《庄子·逍遥游》有"化而为鸟,其名曰鹏。"就是北冥有鱼,经变化而成为鸟。《礼记·中庸》说:"赞天地之化育。"由此可见,化的本义,就是变化,转化,化成。

由文和化两个字组成一个词——文化,出现最早是在西汉刘向的《说苑·指武》里面。他说:"圣人之治天下也,先文德而后武力。凡武之兴,为不服也。文化不改,然后加诛。"意思是说,圣人在治理天下的时候一般先用文化教育,而后再用武力。凡是动用了武

表1-2 "文""武"对举

文	武
文雅	粗俗
文明	野蛮
文治	武功
文化	武化
文明教化	武力征伐

力的地方,都是用文化说理的方法去说不服他,以文教化,他不接受,不改正,那就要用武力加以惩罚。这显然是把文化和武力对立起来。所以,西晋的文学家束皙就有"文化内辑,武功外悠"(《补亡诗·由仪》)的诗句,也就是说用文化来整合我们内部,用武力对付外面的敌人。由此,文化与武功成为意义明确对立的一组词语。

这只是文化的词语意义,还不是文化的文化学定义。要对文化从文化学角度下一个能够得到公认的定义,就很不容易了。美国哈佛大学校长、著名文化人类学家洛威尔(A. Lawrence Lowel, 1856—1943)感慨地说:"我被托付一件困难的工作,就是谈文化。但是,在这个世界上,没有别的东西比文化更难捉摸。我们不能分析它,因为它的成分无穷无尽;我们不能叙述它,因为它没有固定形状。我们想用文字概括它的意义,这正

像要把空气抓在手里似的，当我们去寻找文化时，除了不在我们手里以外，它无所不在。"①文化这种包罗万象、无所不在的特点，使我们身在庐山中，却"不识庐山真面目"。只能"横看成岭侧成峰"，分别从不同角度、不同方面去认识它、定义它，因此出现了众多关于文化的定义。

二、对文化的定义

（一）爱德华·泰勒与雷蒙德·威廉斯对文化的定义

美国人类学家阿尔弗雷德·克罗伯（Alfred Kroeber）和克莱德·克拉克洪（Clyde Kluckhohn）1952 年出版《文化：概念和定义批判分析》（*Culture: A Critical Review of Concepts and Definitions*, by Clyde Kluckhohn, A. L. Kroeber, Alfred G. Meyer, Wayne Untereiner, 1952）一书，统计、分析了从 1871 年到 1951 年仅 200 年间"文化"的定义 164 种，其中 158 种是 1920 年后产生的。从 1952 年到现在又过去了 70 多年，不知又有多少文化的定义出现。在这些莫衷一是的定义中，得到人们较多认可的是英国文化学家爱德华·泰勒的定义，被认为是文化概念的正式创立。1871 年，泰勒在其《原始文化》一书中，对文化作了系统的阐述，他说："文化，或文明，就其广泛的民族学意义来说，是包括全部的知识、信仰、艺术、道德、法律、风俗以及作为社会成员的人所掌握和接受的任何其他的才能和习惯的复合体。"②显然，我们看到泰勒所列举的知识、信仰、艺术、道德、法律、习俗，就是我们目前所指的狭义的精神文化的内容，因为精神文化就是我们所指文化的主要内容，因此他关于文化的概念得到了大家

---

① 转引自殷海光:《中国文化的展望》，上海三联书店 2002 年版，第 26 页。
② ［英］爱德华·泰勒:《原始文化：神话、哲学、宗教、语言、艺术和习俗发展之研究（重译本）》，连树声译，广西师范大学出版社 2005 年版，第 1 页。

的认可。当然，这个定义是有缺陷的，它没有包括物质文化，是狭义的文化。这个概念，后来又经过大家不断地修正和完善。完善得比较好的，就是英国的文化研究学者雷蒙德·威廉斯，他说："文化是一种物质、知识与精神构成的整个生活方式"。[①] 这就把物质文化与精神文化都包含了，还突出了文化的一个最大特点，即"整个生活方式"。这样一来，就使我们关于文化的概念，提升到了广义文化的高度，从而得到了一个比较全面、准确的文化定义。

（二）兰德曼对文化的定义

德国人类文化学家兰德曼，从另一个角度讨论人和文化的关系，他认为人是"文化的存在""没有文化，人也就什么都不是""如果人被看成社会的存在，那么他也被看作文化的存在""人并非独立自足，而是在本质上就是一个社会存在物"[②]。在兰德曼这个观念里面，人不仅看起来是一个肉体的人，也是一个文化的人，他的存在就是一种文化的存在。没有人就没有文化，人和人本身，和人所创造的都是文化。离开文化，人什么都不是。因此，在兰德曼这里，文化的定义突出了人本身的文化性。

（三）马克思对文化的定义

伟大的思想家、哲学家马克思站在人类社会学的高度，对文化的定义非常简明，他说，文化是什么？就是自然的"人化"[③]。人化就是人文化，也就是人对大自然进行人文化的改造及其改造的成果。显然，马克思在这里着重注意到了自然与人的关系，尤其突出了人的作用，认为文化实际就是人改造自然、利用自然的过程和结果。马克思关于文化的定义，是我们

---

① ［英］雷蒙德·威廉斯：《文化与社会》，吴松江、张文定译，北京大学出版社1991年版，第19页。
② ［德］M.兰德曼：《哲学人类学》，阎嘉译，冯川校，贵州人民出版社1988年版，第245—248页。
③ 《马克思恩格斯全集》第42卷，人民出版社1979年版，第126页。

认识文化实质的重要定义，是我们主流文化的共识。

（四）中国学者对文化的定义

我们中国学者在文化定义的研究方面也作出了很大的努力，比如文化学家梁漱溟先生就认为："文化，就是吾人生活所依靠之一切。""俗常以文字、文学、思想、学术、教育、出版等为文化，乃是狭义的。我今说文化就是吾人生活所依靠之一切，意在指示人们，文化是极其实在的东西。文化之本义，应在经济、政治，乃至一切无所不包。"[①]也就是说，与我们人有关的，无所不包的都叫文化。这些都是对文化全面性的一种深刻的认识。当然我们也注意到，文化学者余秋雨认为："文化，是一种由精神价值、生活方式所构成的集体人格。"[②]显然，余秋雨在这里突出的是集体人格，也就是他看到了文化形成的一种精神的共性方面，这当然能加深我们对文化内涵的认识。但是，对于文化定义的全面准确来讲，它还是有不足之处。

（五）本书对文化的定义

在这里，我们也提出对文化的一种定义，供大家参考。

我们认为："文化是人类有意识地作用于自然、社会和人类自身的一切人文活动及其成果。"这个定义，相对来说比较简单，但是内容非常丰富，至少包含三个层面的意思。

首先，说文化是人类有意识地作用，说明文化就是人类的行为，以此来区别于非人类的动物。文化只能是人类的，而且是人类有意识地、自觉地创造，并非无意识的、下意识的行为。

---

① 梁漱溟：《中国文化要义》，上海人民出版社 2005 年版，第 6 页。
② 余秋雨：《中国文化四十七堂课：从北大到台北》，岳麓书社 2011 年版，第 3 页。

其次，说作用于自然、社会和人类自身，这三个方面就是文化的对象。文化的对象包含着大自然，包含着人类构成的社会，也就是人和人的关系，包含着人类的自身的发展，我们文化就在这三个方面起作用，人征服自然，人调节人和人之间的关系，人调节自身的发展。

最后，就是一切人文活动及其成果，说明文化永远是一个过程，是一种活动过程，它有阶段性的成果，是动态的，是发展变化的。

三、两个容易混淆的概念

在这里，我们还需要讨论两个容易与文化混淆的概念。

（一）文化与知识

在日常生活当中，我们常常听到一些人，把文化与知识等同起来，比如说"到夜校去学文化"。我们过去办的那些识字扫盲班，问他干什么去，回答说"学文化去"。其实，学的是识字这方面的知识。在这个时候，人们往往把"文化"等同于"知识"。但是在实际生活当中，大部分情况下"文化"是不等于"知识"的，文化的范畴大于知识。举个例子来说，我们批评一些学生没有礼貌，说他们是"有知识没文化"，很显然，知识是不等于文化的。还有人说"你那点知识还敢说有文化！"很显然，在这个句子当中，文化远大于知识。没有知识就没有文化，这是明确的，但是有了知识不等于有文化，因为知识还没有上升到文化的高度。这是我们大家在理解、学习文化这个词语的时候，要特别注意的。不能单纯地学习知识，而要把知识上升到文化的高度。所谓上升到文化的高度，就是要使知识转化为人的一种素养，成为人的一种自觉意识，这才能成为一种文化的表现。

表1-3　文化与知识

情况	文化与知识的关系		说法例句
1	文化＝（等于）知识		到夜校学文化
2	文化≠（不等于）知识	知识不是文化	有的人有知识没文化
		知识小于文化	你那点知识算不上文化
		知识低于文化	文化是知识的升华

（二）文化与文明

前面，我们看到泰勒的文化定义就把文化与文明混杂在一起，我们现在也有不少人在这方面，认识含混。比如说，中国文化5000年。这个话对吗？好多人可能不假思索，认为对呀，我们经常这样说了，中国文化5000年，上下5000年。其实这话错了，因为要说中国文化的话，远不止5000年。我们在这里说的5000年，实际指的是中国文明。5000年的文明，就是有文字记载的人类文明的历史。那么没有文字记载，但是也有文化的时间，远比这长得多了。

我们从五个方面，对文化与文明这两个概念加以区分。

第一，从相对性来讲，文明是相对野蛮而言，文化则是相对于没有文化的自然而言。

第二，从时间先后来分析，文明，远远迟于文化，是文化发展到比较高级阶段的产物。在原始时代，只有原始初级的文化，而没有所谓的文明。因为这个时候，标志文明的文字、城邦、青铜器等，还没有出现，但这个过程当中，人们的文化，尽管是原始的、初级的，但都已经存在了。

第三，从形态上分析，文明，一般偏重物质和技术，比如我们文字发明，青铜器产生，城邦的出现，以后的科学技术等，都是文明这种物质和技术的发展进步。而文化（狭义的），主要是精神方面和规范方面。

　　第四，从动态性来看，物质文明变化得比较大，而且快。比如说这些年，新的科学发明不断出现，人们的生活质量不断地提高，这都是物质文明进步的表现。但是，文化这方面变化就比较缓慢，因为这些关于规范的伦理、道德、意识等这些方面要改变起来还比较难，有一个漫长的过程。

　　第五，从词性色彩来看，文明一般是褒义的，它适用的范围也比较窄，一般说这个人很文明，这是一个文明村等，都是褒扬肯定的意思。而文化，一般来说是中性的，无褒贬色彩，使用的范围比较广。

第二节　文化的分类

一、内容分类

（一）二分法（广义与狭义；物质与精神）

　　文化内容的分类，目前有二、三、四分法。二分法就是把文化分为广义的文化和狭义的文化。所谓"广义的文化"，就是包括人类所创造的所有的物质文化和精神文化；所谓"狭义的文化"，就专指广义文化当中的精神文化，也就是人们的思想、感情、观念、意识和道德、规范，等等。这是二分法的一种。还有一种二分法，就是简单地分为物质文化和精神文化，不说广义和狭义，我们经常在说和使用的就是这种分类方法。

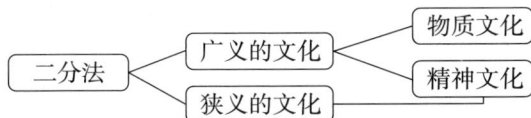

图1-2　文化类型"二分法"

（二）三分法（物质、精神、制度）

在物质文化和精神文化之外，我们又列出了一种制度文化，就是指我们在社会生活中形成的一些规章制度，一些规定性的东西，大家感到把它归到物质或者精神文化都不大合适，就把它单列出来。

（三）四分法（物质、精神、制度、行为）

在三分法的基础上，又分化出一种"行为文化"，就是由风俗习惯形成的一种特别的生活习惯、方式行为。这种四分法，可以说现在比较流行。所以，需要重点把文化的四分法含义搞清楚。

一是物质文化，这是最好理解的，指的是人的物质生产活动及其产品的总和，因为它是我们看得见、摸得着的物质，具有大小高低物的形态，所以又叫物态文化。

二是精神文化，主要是指人们的意识、精神、思想、观念、价值观等等，它和人的精神心理有关，所以又称为心态文化。

三是制度文化，就是人们在社会实践中所建立的各种社会规范、规章制度等，所以称为制度文化。

四是行为文化，是人们交际交往当中约定俗成的一些习惯方式行为，我们把它归为行为文化。

制度文化和行为文化，不具有物质性，其实可以归入精神文化之类，应该说这是从精神文化里面分裂出来的。所以，大的方面，可以只从精神与物质两个方面来把握文化的分类。

（四）新二分法（物质、非物质）

对文化的分类，本书主张，从以下三个角度来进行新的分类。

首先，我们从存在的角度来进行分类，以目前人类的认识而言，世界存在的状态无非就是物质的、非物质的两种状态。

其次，从物质的角度来进行分类的话，我们就可以清楚地看出它有两种形式，一种是纯粹物质，也就是不受人的影响的大自然原始存在状态的物

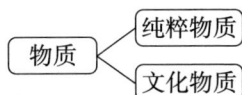

图1-3　物质分类

质，另一种就是文化物质，含有文化的性质，也就是受到人的影响和加工的物质，我们一般把它称为有文化性的物质，或者物质文化。

再从文化的角度着眼，它们都是文化，一个是物质文化，另一个是非物质文化。这个物质文化，是看得见摸着的，或者是依附在或蕴含在有形状的物质上面的，我们把它叫作物质文化。那么另一个非物质文化，就是没有具体形状体积等物质特点的，抽象地存在于大脑、意识、情感中的观念、思想、思维、情绪等，一般把它称为精神文化，又觉得概括不精确、不全面，但没有物质性质，是其特点，所以我们说它是非物质性的文化。显然，把文化分为物质文化和非物质性文化两类是最为恰当，因为这样分类，界限清楚，没有交叉重叠。

目前，一般习惯于把文化分为广义的和狭义的两类，但这两类有交叉部分，给人一种纠缠不清的感觉。所以，在应用上又把它分为物质的与精神的两类，物质的好说，精神的有时就不好说。因此，本书主张，对文化的分类，今后没有必要用什么二分法，广义的狭义的；也不要用什么物质文化和精神文化，更不要三分、四分、六分法，我们只把它分为两大类，就是物质文化和非物质文化就可以了。

图1-4　文化类型"文化二分法"

在文化类别中对物质文化的认识，还有一些容易混淆的地方。有人认为，物质和物质文化有明显的区别，怎么区别呢？表1-4列的"粮食""衣服""房屋""车马"这些物质，如果没有后面这些文学及其语言文化的形容描写，那么它就是纯粹的物质。比如说"粮食"，它的物质功用是充饥和果腹，那么在这个时候，它就是物质。但是，有诗歌描写它："谁知盘中餐，粒粒皆辛苦？"时，粮食就表现为物质文化。再比如"衣服"，认为它是一种物质，它是布料植物纤维的，或者化学纤维做成的，都是物质的。但是，我们用"衣冠楚楚""衣冠不整"之类有文化特色的词语来形容它的时候，这衣服就成了物质文化。再比如"房屋"，一般是用建筑材料做成的，有挡风避雨的功用，是物质的。一旦有文学家用文学语言来描写，比如说"斯是陋室，惟吾德馨"，就带有很浓郁的文化意识，这样一来，房屋也就成了物质文化。又再如"车马"，是一种自然存在的物质，它的功用，就是一种交通运输的工具，是物质。一旦词语当中有"安步当车"这样的文化意蕴，那么使它也带上了文化特色，也成为物质文化。可见，所谓物质与物质文化的区别，就看这个物质有没有文学作品或者语言文化去描写、形容它。

表1-4　错误理解的"物质文化"

物质	物质功用	物质文化
粮食	充饥果腹	谁知盘中餐，粒粒皆辛苦
衣服	遮羞保暖	衣冠楚楚、衣冠不整
房屋	挡风避雨	斯是陋室，惟吾德馨
车马	交通运输	安步当车

这个看法对不对呢？我们认为是不对的。因为我们对文化的定义，说物质文化，就是人的劳动，人的影响，人的改造，从而在物质当中带有人

文特色。大家看看粮食，自然界有粮食吗？自然界没有粮食，是有人以后才出现的，作为我们人吃的这种谷物，才叫作粮食。不然的话，它只能是谷子、糜子、高粱一类的。一旦成为粮食，那就是人吃的东西了，它就有了文化，没有必要必须有"谁知盘中餐，粒粒皆辛苦"这样的文学描写才行。再比如衣服，自然界并不存在，这完全是人用植物纤维或动物皮毛、后来用化学纤维制造出来的，专门供人穿的东西，那么它也没有必要用"衣冠楚楚"这样的词语来形容它，它才是文化物质。房屋更是这样，自然界中并不存在，有了人，才有了房屋。房屋是人制造的，因此它本身就是物质文化，它也没有必要用"斯是陋室，惟吾德馨"的语言句子夸饰才行。还有车，更是人的制造；马，虽然自然存在，但这里的马经过了人工的驯化，成了人们的一种专用工具，因此，即使没有"安步当车"的文雅，它也是一种含有文化性质的物质。

所谓纯粹的物质是什么？纯粹的物质，是完全没有受到人的影响，是一种自然存在的状态，比如像沙土，自然状态下的沙土，那就是纯粹的物质。但一旦受到人的影响，比如把它加工成砖瓦，那么这就成了带有文化的物质了。冰雪，这是自然界的冰雪，是自然存在的物质，但我们把冰做成冰雕，把雪堆成雪人，这里面又有着人的加工改造，那么这显然是有文化的，就不是单纯的冰雪了。雨，是自然界中的雨，肯定是物质之类，但是人工降雨，有人的劳动在里面，人的影响在里面，那么它又成为文化的物质了。因此，一定要理解好我们对文化的定义，文化就是人类对大自然的影响、改造。只要有了人的一丁点儿影响，更不要说人的加工改造，那么这个纯粹的物质就不纯粹了，就变成了带有文化性质的物质了。

表 1-5 正确认识的文化物质

纯物质	文化物质
自然沙土	用沙土制作的砖、瓦
自然冰雪	冰雕、人工堆的雪人
自然下雨	人工降雨
自生野竹	花园、屋前栽培的竹子

二、范畴分类

这是一种相对范畴的文化分类，特点在于两两对举以凸显特点，共有三种。

（一）显文化（儒）与隐文化（法）

指的就是儒家文化和法家文化，一般把儒家文化称为显文化，把法家文化称为隐文化。为什么呢？因为儒家文化，处在显眼的位置，光明正大地显耀在台前。为什么会成为这样的一个图式？因为儒家文化，经过董仲舒的改造，汉武帝罢黜百家、独尊儒术，儒家文化成了统治者大力提倡的显要之学、光明正大之学。统治者之所以光明正大地提倡，因为儒家文化倡导的君臣父子、忠臣孝子、君权神授和臣民的顺之者昌逆之者亡等观念，完全有利于巩固封建[①]皇权；又因为儒家提倡仁政德治、民为邦本、得民心者得天下等观念，使统治者不敢恣意妄为，一定程度上

---

① 关于"封建"一词，学界有人疾呼要改称为"君主专制"，说"封建"指"封土建国""封王建藩"，只有周代是典型的封建制度，秦始皇废封建、立郡县，此后至清代皆非封建社会。笔者认为，这个改称须慎重。因为秦之后的汉唐以至清代还有封王封侯、藩镇割据，这才导致西汉"七国之乱"、西晋亡国的"八王之乱"、唐代"安史之乱"所代表的严重的藩镇割据、明代"靖难之役"（皇帝和藩王之间的内战）、清代"三藩之乱"。虽然秦之后的"封建"与周有异，但并非完全不同，所以后来有"半封建"之称。况且，"封建"一词已经泛化，成为与近代文明相对立的陈腐、落后、反动的制度及思想的代名词（参见冯天瑜《"封建"考论（第 2 版）》，武汉大学出版社 2007 年版），更不能用"君主专制"简单替代了事。所以，本书仍旧采用传统"封建"一词。

要注重百姓的利益，所以也受到百姓的欢迎和拥戴。还有，儒家文化亲君子远小人，重人品，重德行，达则兼济天下，穷则独善其身，倡明的是社会的公德与道义，受到了仁人志士的推崇。这样的文化，它正义、正道、正派、正善，所以也就有头有脸、理直气壮地直面天下，成为一种非常重要的文化。而法家文化，自从韩非集大成，将法、术、势融为一体，为千古一帝的秦始皇看中，列为治国的宝典。但是，因为法家主张治国牧民要以法为主，以德为辅，而且不贵义而贵法，不务德而务法，结果严刑峻法，导致强秦因为暴政而亡。所以司马谈曾经在《论六家指要》中就明确地指出，法家不别亲疏，不分辨贵贱，一切都以法而断，使亲人和尊长之间恩断义绝。这样的法，可以行一时而不长远。法不容情，因此得不到热情的支持，甚至是社会的反对。但是社会不能没有法治，于是，法家就隐身幕后。正因如此，两汉以后，几乎没有独立的法家学派出现。法家文化被吸收到汉代儒学体系中去了，成了中国传统文化中的隐学。这里要注意的是，这两种文化，并不互相排斥，基本上是以明儒暗法、主辅相依的关系，共同效力于社会的治理。

（二）雅文化（士大夫）与俗文化（大众）

所谓雅，就是高雅的意思；所谓俗，就是低俗的意思。显然，这里的雅文化，指的是上层贵族士大夫的文化；俗文化，相应指的是下层大众的文化。由于士大夫一般受过系统的文化教育，能够较好地继承历史文化传统，其思想文化比较精致，艺术上也高雅，在人生追求上大多奉行重义轻利、崇德有为等高尚价值观。比如说《诗经》，分为风、雅、颂三体，雅、颂就为雅文化，其中雅诗分为大雅、小雅，都是中央王畿的声调，描写反映的都是祭祀祖宗、记叙历史征战的大事、正事，语言典雅，文风端庄，所以称为雅文化。而俗文化，就是社会下层大众的世俗文化。《诗经》里面的十五国风的诗歌，基本上就是这种俗文化的反映。风，就是声调的意思，国风就是地方声调，地方民歌，语言生活化，自然化，里面就有一些粗俗俚语掺杂其中，形成了文雅不同的鲜明对比。这是两种状态的文化，在中国文化历史长河当中始终存在。

特别要注意的是，在我们中国传统文化中的雅文化与俗文化，它们都有各自存在的范围，各有各的价值和意义，都有其精华与糟粕。我们既要正视它们各自的价值，又要注意抛弃糟粕，不可因为雅俗的分别而全盘地肯定雅文化，否定俗文化。

（三）庙堂文化（儒）与山林文化（道）

其实就是权贵文化和道家文化的一种对举。所谓权贵也就是在庙堂（朝廷）做官的人，学而优则仕，所以这里的权贵们的庙堂文化其实就是儒家文化。而处在山林民间的隐居者，也就是隐士，代表的是道家文化。这两种文化，就是儒道的对举，一个要入世，一个要出世，显示了两种文化的不同。不过，这两种文化并不是一定要矛盾冲突，也完全可以表现在同一个人身上，比如孔子说："天下有道则见，无道则隐"（《论语·泰伯》），孟子说："穷则独善其身，达则兼善天下"（《孟子·尽心上》），还有范仲淹《岳阳楼记》里面说的，"居庙堂之高则忧其民，处江湖之远则忧其君"。这些都充分显示了儒道互补的文化特点，为中国人的出入进退都找到了堂皇正大的文化依据。

第三节　文化的特性

文化特性，不只是中国文化有，人类文化、世界文化都会有。目前比较一致的看法，基本上有五大特性。

一、民族性

文化的民族性，是指文化的民族特色。因为文化总是民族的、社会的文化，是一个民族的历史积淀。文化总是根植于民族之中，与民族的发展相伴生。民族文化是民族的表现形式之一，具有本民族独有的特色。这些不同的特色，就是文化民族性的典型反映。比如我们看到象形表意的汉字就知道是汉文化，看到英文字母就知道是英美文化；拿碗筷吃饭的一定是中国人，用手抓饭吃的大多是印度人。文化的这种民族性特性，正是一个民族区别于另一个民族的主要特征。

文化的民族性有两个方面的含义，一方面是指文化的民族主体性，即任何文化首先体现和反映的都是一个民族生存与发展的理念以及具体的活动方式、规律和特点。任何文化都是本民族生存与发展同其所处自然条件、社会历史规律融合与创造的结果，它一经形成和确立，就能够构成这个民族共同的思想基础、行为规范和生活方式，从而维系着民族的生存与发展。文化的民族性，正是民族历史主体性的具体表现，它突出了不同民族作为历史主体的地位和作用，突出了不同民族所创造文化的人文价值和所具有的历史意义；另一方面是指文化的民族独特性，任何民族由于其生存与发展的自然环境、政治经济和民族历史等具体条件不同，因而形成自己独特的文化，包括自然特点、风俗习惯、生活方式、价值观念、理想信念等因素，构成了这个民族所具有的特质，鲜明标示了这个民族的独特存在。

一个民族有一个民族的文化，不同民族有不同民族的文化。世界上没有超民族的文化，虽然从人类角度看，文化存在一些共性，但其表现形式却一定是民族的，随民族不同而各具特色，多种多样，五彩纷呈。比如人都要吃饭穿衣，但各民族吃饭穿衣的内容、方式都不尽相同。就是日常饮水，中国人习惯喝烧开晾温的热水，英美人则直饮凉水。文化的这种民族性，是文化的一个重要特性。

二、地域性

地域性是指文化的地方特色。因为文化总是与特定的地域相联系，不同的地域范围内环境、气候、物产、民族等因素的影响，就会造成不同的地域文化特色。中国地域面积广阔，北方与南方，东方与西方，差异极大。不同地域的人们会因为不同的自然和历史条件，形成各自不同的文化风格。比如北方寒冷干燥，自古以来就注重抗寒保暖、穿得较厚，也造就了北方人忠厚、刚直的性格特点；南方气候温暖多雨，河流密布，因此南方人如水清淡润人，性格委婉柔和。这都是地域使然。文化的地域性比较突出地表现在以下三个方面：

一是语言文字差异：中国有 56 个民族，每个民族都有自己生存、繁衍、活动的地域，因而都有自己的语言和方言。即使人口最多、活动区域相对最大的汉族，汉语也因为地域的不同竟有七大方言（北方方言、吴方言、湘方言、赣方言、客家方言、闽方言、粤方言），有学者还主张再分裂出晋语、徽语、平话三种，成为十大方言。方言的差异，导致了文化表达方式的差异和异地语言交流的困难，西安人去广州就基本听不懂粤语。

二是饮食文化的差异：中国的饮食文化博大精深，不同地区的饮食习惯也有很大差异。从口味上说，就有"东辣西酸，南甜北咸"之分；从主食偏爱上说，则有北方人喜吃面食，南方人偏好米饭之别；再从菜肴体系看，竟有十大、十六大菜系之说，一般公认的，是著名的八大菜系：川菜、粤菜、鲁菜、苏菜、浙菜、徽菜、湘菜和闽菜。这些菜系，菜品花样繁多，烹饪技艺炉火纯青，色鲜味美，令人垂涎三尺。凡是吃过的"老外"无不惊羡中华饮食文化的博大、丰富，直言吃中国饮食实为美的享受。这些丰富多彩的美食文化正是中国文化地方特色的精彩展现。

三是生活习俗的差异：西北黄土高原上的人习惯住窑洞，南方人习惯住瓦房。北方人腊月二十三要过小年，南方人好像不过小年，但过小年夜，即大年夜的前一天。北方人过年时喜欢贴对联、放鞭炮，南方人则注重庙会、舞龙舞狮等民俗活动。正月十五元宵节，南方人喜欢吃芝麻、红糖等甜品馅料的汤圆，而北方人则喜欢吃以肉馅或者芝麻来制作的咸口元宵。端午节纪念屈原吃粽子，北方人喜欢吃甜味粽子，在粽子里加上蜜枣、白糖等；而南方人则喜欢吃咸味粽子，在粽子里包上腊肉、蛋黄、香肠等。北方人爱吃饺子，南方人则喜欢吃馄饨。"五里不同风，十里不同俗""一方水土养一方人"，说的就是文化的这种地域性。

三、时代性

文化的时代性，也就是文化的时代特征和时代背景。因为文化，如同一条滚滚不息的大河，从远古流来，经过了各个时代，从而带有不同的时代特色。文化要记载和反映这些时代，必然体现当时时代的风貌特点，形成自己时代典型的文化类型。例如以生产力和科技水平为标志来划分的话，则有石器时代的文化、青铜器时代的文化、铁器时代的文化、蒸汽机时代的文化、电力时代的文化和信息时代的文化；以社会制度为特征来划分的话，则有奴隶制文化、封建主义文化、资本主义文化、社会主义文化；以文化的有机组成部分——文学体裁来划分的话，则有赋、诗、词、曲、戏曲、小说等，它们分别成为我国汉、唐、宋、元、明、清各朝最具时代特征的文学样式。文化的时代性特点，使我们看到甲骨文就仿佛看到了夏商周时代，看到汉服就仿佛看到了大汉一样，有一种身临其境的感觉。再比如我国服饰文化在现代的发展变化：20 世纪 70 年代男士流行喇叭裤，20 世纪 80 年代流行军装，20 世纪 90 年代流行西装、领带，2000年开始流行个性化——牛仔裤有破洞，头发染成五颜六色，男生有的还打耳洞、扎头发——仿佛就是时代的"风向标"。

时代有变迁、有更迭，必然导致文化类型的变异，新的类型取代旧的类型，但这并不会否定文化的一脉相承性，更不会臆造成作为完整体系的文化发展的断裂。相反，人类演进的每一个新时代，都必须继承前人优秀的文化成果，同时又创造出新的文化成果，作为这个时代的标志性特征。所以，文化的时代性，其实是文化的继承性与发展性在历史长河中的阶段性表现。

文化是时代的记录，是时代的见证。可以说，我们在任何地方、任何时候所接触到的任何文化，都是时代文化。

四、同一性

同一性，指一定范围内大家一同认可的思想、行为、方式、规矩等文化内容，也就是文化的普遍性、共同性，简称共性。因为文化只有被一定范围或文化圈内的全体成员认可并共同遵循，才能叫文化。过于个人化的东西，是不能成为文化的。比如一个人或几个人爱穿有破洞的裤子，只能被人们认为是家里贫穷穿不起好裤子，或是嘲笑他们没"正形"故意作怪。但如果相当的青年群体都喜欢如此穿着，这有了同一性、普遍性，成为一种"时尚"，也就成为一种文化，就是服饰文化，人们就会"见怪不怪"，不仅接纳了，还争相攀比谁的裤子破得更艺术、更有范儿。文化的这种同一性（共性），是它之所以成为文化一个重要特性。我们如果离开了文化的这种同一性（共性），就无法谈文化。同一性，正是文化的价值所在。

与同一性相对的多样性，是指各民族、各地区文化的个体性、独特性，它使各民族、各地区的文化互相区别开来，但并不是彼此分立、相互脱离。文化的同一性是各民族、各地区文化普遍具有的属性，是各民族、各地区的文化在数千年的发展过程中，相互影响、相互借鉴，最终在各民族、各地区文化之上形成一般的东西，即共同的、普遍的属性。文化的多样性与同一性是个性与共性的辩证统一，反映着文化的差异性和统一性的辩证关系。文化的同一性不能脱离多样性这个基础而存在，多样性离开了同一性也就失去了存在价值而不能持久。就像我们的中华民族大家庭由 56 个兄弟民族组成一样，中华民族大家庭就是我们民族的同一性，56 个兄弟民族就是我们民族的多样性。没有 56 个兄弟民族，就没有中华民族；但若没有中华民族，各兄弟民族也难以持久存活和发展。所以，维护中华民族这个大家庭，维护中华文化的同一性，就成了各个兄弟民族的根本任务。

我们国家之所以能够长期保持统一的多民族国家的格局，中华民族文化之所以能够数千年绵延不断、经久不衰，与历代统治者能够较好地处理中华民族文化的多样性与同一性有密切关系。

文化同一性特征主要表现在语言文字、法律和价值观层面。多样性或多元化主要表现在风俗习惯、人生礼仪、岁时礼仪、节日、艺术及衣食住行等民族文化的特殊性方面。

历代王朝处理多元的问题，一般实行"一国多制""文化多元"的政策，强调"因俗而治"。在宗教方面，也实行宗教多元和包容的政策，充分利用境内各种宗教来维护社会秩序。不同宗教信徒之间，基本上能够和睦相处，共生共存。尤其是清代，"一国多制""文化多元"和"宗教多元"的方针得到充分体现。

相对而言，历代王朝对文化同一性更为重视，花费的气力更大。因为只有"大一统"，才能政令统一，维护统治，才能避免战乱不止，保护生民，安居乐业。所以，求统一，致和平，维护同一文化价值观，一直是中华民族历史的主基调。秦在统一全国后，实行政治经济和文字上的一体化，废除分封制，建立郡县制，统一文字、度量衡，统一车辆轨道和交通规范，统一法律；通过"焚书坑儒"统一思想文化等，来维护秦王朝的统治。汉武帝时，"罢黜百家，独尊儒术"，使儒家思想和价值观逐步成为国家的主导观念。两千多年来，经多次改朝换代，虽然统一和分裂循环交替，但作为凝聚全国各族的儒家价值观却长期不变，而且不断充实发展。即使是在少数民族统治中国的朝代，仍以儒家思想和价值观作为中心，其重视程度甚至超过历朝。历史上许多少数民族首领、哲学家和思想家，也主动学习儒家文化，将儒家思想和价值观与本民族的思想和价值观融为一体。近代以来，各民族、各地区之间的交往越来越频繁，文化同一性得到显著增强，有力地强化了中华民族的凝聚力，保障了民族团结和国家的统一。

五、发展性

文化的发展性，就是指文化一直处于不断地变化发展之中，呈现出突出的动态性。这是因为，文化是活动的人不断地创造的，只要人不停止活动，文化也就不会停滞；只要人类社会一直存在，文化就会一直不停地发展下去。上面讲的文化的时代性，也说明了文化与时俱进，随时代发展而发展的特点。19世纪的人类进化论学者认为，人类文化是由低级向高级、由简单到复杂不断进化的。从早期的茹毛饮血，到今天的时尚生活；从早期的刀耕火种，到今天的自动化、信息化、智能化，这些都是文化发展的结果。没有文化的发展，人类至今还是猿猴的"堂兄弟"，也就没有现代社会和现代文明。以英国社会人类学家马林诺夫斯基为代表的功能学派认为，文化过程就是文化变迁。文化变迁是现存的社会秩序，包括组织、信仰、知识以及工具和消费者的目的，或多或少地发生改变的过程。总的来说，文化稳定是相对的，变化发展是绝对的。在某种特殊时期，这种变化尤为突出。人类与动物最根本的区别，就是人类能够能动地认识世界，改造世界。在这一过程中，不断创造、丰富人类的文化，推进文化的发展。

从人类社会发展历史来看，文化是一份社会遗产，是一个连续不断地继承、扬弃、创新的动态过程。这个过程的任何一个阶段、任何一个时期的文化，都是从前一个阶段或时期继承下来并增加了新的内容。继承的并不是以往文化的全部，而是继承一部分，舍弃一部分，再增加一部分，融合成为一定时期的新文化。因此文化是一个不断继承、更新的发展过程，不能用孤立和静止的观点去看待文化，而是要用关联和动态的观点、变化发展的态度去看待文化。

文化在继承中传播，在交流中发展，在实践中创新。文化发展的实质是创新，它是文化的生命之源，是先进文化的特质，是实现文化与时俱进，增强文化吸引力和感召力的根本途径，是提高人的素质实现人的全面发展的决定性因素。

从中国近代革命到现代，每一次重大胜利与历史转折无不体现着文化创新这个主题。100多年来民族民主革命的胜利，70多年来共和国发展进步的光辉历程，40多年来改革开放的巨大成就，无不蕴含着创新这个重要元素：开辟农村包围城市的革命道路，建立新民主主义革命理论，是一种创新；改革开放，走自己的路，建设中国特色社会主义就更是一种创新。只有在实践中不断创新，传统文化才能焕发生机、历久弥新，民族文化才能充满活力、日益丰富。文化创新推进文化发展，是一个民族永葆生命力和富有凝聚力的重要保证。

第四节　文化的功用

文化对人类社会的生存与发展，影响与功用是巨大的，其主要功用有八个方面。

一、记录功能

文化，是知识的积累，经验的总结，思想的结晶，历史的沉淀。它像人的大脑一样，记忆着人类积累的知识、经验，形成的思想认识，经历过的事件、历史。只要你接触到文化，就会听到、看到和感到它所记录和保存的东西。这就是文化的记录功能。没有文字的时期，文化一是通过物质实体来记录、反映，二是借用语言这个载体来记录、保存，通过口耳相传来进行交流。

唐代诗人杜牧七言绝句《赤壁》前两句说："折戟沉沙铁未销，自将磨洗认前朝。"诗中的"戟"指沉埋在赤壁古战场沙石之中的一件战斗兵器，这件铁制戈矛合一的兵器虽残损破折、锈迹斑斑，但铸铁还未完全销蚀尽，经过一番磨洗，仍可以认出是赤壁之战时的遗物，让人直接感受到前朝——大将周瑜大败曹操的历史风云。这就是残损破折的实体文物"折戟"所"记录"蕴含的历史文化，600多年后被杜牧认出它所记录的内容，确实令人感慨万千。如今遍布世界各地的历史博物馆，尤其是我们中国的历史博物馆，收集展出有大量的历史文物，包括先民在夏、商时期制作的各种陶土器皿，商、周时期铸造的精美的青铜器，战国时期雕塑的威武的兵马俑等。这些文物反映的是物质文化，是文化被记录留存至今的"活化石"，受到人们的高度重视，其历史文化价值无比珍贵。

用语言工具口耳流传的文化，多是歌谣、说唱小曲、神话故事传说等，使古代的文化得以记录保存并流传下来。比如世界上迄今发现的史诗中演唱篇幅最长的我国藏族英雄史诗《格萨尔王传》，起初一直是靠艺人口头说唱流传下来的，直到2018年7月，300卷英雄史诗《格萨尔王全集》藏文版校样首次亮相，竟包含了370部史诗，长达8000余万字，是世界上最完整、最全面的《格萨尔王传》藏文文库。但是，语言口耳传唱，受时空影响大，更受传唱者记忆能力的影响，容易造成错讹和遗漏，甚至因为传唱人去世又无人续接的情况而使流传中断。

记录语言的工具——文字发明之后，形成了白纸黑字书写的书籍，避免了语言工具受时空、记忆力和传唱者后继无人影响的缺陷，文化的记录、保存和流传就进入了准确、长久、不会轻易中断的新时代。多媒体、胶片、磁带、光盘、芯片等新科技的不断出现，把记录文化的质量、水平和速度提升到很高的层次。但是，这里要注意的是，比起文化本身，语言、文字、纸质书籍、电子书籍等，都是工具，甚至是工具的工具。有不少人认为它们的记录就是文化的记录，这是不准确的。书籍记录的是文字，文字记录的是语言词语，语言词语记录的是概念，概念内涵记录和反映的才是文化内容。只有文化内容本身，才是文化的记录，才是最重要的，这就是我们把记录性列为文化功用第一特性的原因。

二、认知功能

文化是人们对社会和自然界所认识的知识、经验和思想的积累，所以具有认知功能，能够帮助接触和学习文化的人更好地认知自己和周围的世界，了解历史和现实，促进人的思维和智力发展，以把握社会规律和发展趋势，推动社会进步。

就个人而言，一个人呱呱坠地，对世事懵懂无知，然后经过家庭、生活环境和文化氛围潜移默化的熏陶和学校教育，使他逐步认知他生活在社会里的"应知和应会"，获得基本生存技能；渐渐长大中，所接触和学习的各种文化，帮他认知社会历史和文化传统，认识和理解社会所弘扬的思想文化和道德观念，使他能形成正确的价值观和世界观，从而实现其人生价值，并为社会作出应有的贡献。就整个社会而言，不管形势如何变化，社会由古到今的基本发展规律不会变，所以必须学习和继承传统文化，以深入认识把握历史和社会发展规律，从而顺应历史潮流，推动社会发展。可见，无论是个人成长还是社会发展，文化的认知功能都在发挥着巨大的促进作用。

恩格斯在谈到法国伟大作家巴尔扎克时说："他在《人间喜剧》里给我们提供了一部法国'社会'，特别是巴黎'上流社会'的卓越的现实主义历史，""我从这里，甚至在经济细节方面（诸如革命以后动产和不动产的重新分配）所学到的东西，也要比从当时所有职业的史学家、经济学家和统计学家那里学到的全部东西还要多。"[①]我国四大文学名著之一的《红

---

① ［德］恩格斯：《恩格斯致玛·哈克奈斯》（1888 年 4 月初于伦敦），载《马克思主义经典著作选读》，人民出版社 1997 年版，第 296—297 页。

楼梦》，之所以被称为"封建社会的百科全书"，就是因为该书对我国封建社会末期现实情况的翔实描写所产生的突出认知功能，帮助人们生动形象地了解封建社会末期的方方面面。因此可以说，不论是文学作品、历史书籍，还是实体物件，它们所记载和反映的文化，对于今天的人而言，第一位的功能就是其认识价值。它们像一面面的历史镜子、社会生活的镜子和人身心灵的镜子，能照看到人类的昨天和内心深处，从而激发我们深入思考人类的今天与明天，人生的价值与归宿，自觉地为人类光明的未来而努力奋斗。

　　文化认知最终会导向文化认同。文化认同指在文化认知的基础上，对某种文化尤其是本民族文化的认可与赞同，从而自觉接受这一文化，并以此文化为荣，信仰这一文化，维护这一文化。从个人角度，文化认同也被称为"文化身份认同"（Cultural Identity），即个人认定自己属于某一文化或某一民族群体的归属感。美国政治学家萨缪尔·P. 亨廷顿（Samuel P Huntington, 1927—2008）认为："文化认同对于大多数人来说是最有意义的东西""人民和民族正试图回答人类可能面对的最基本的问题：我们是谁？他们用人类曾经用来回答这个问题的传统方式来回答它，即提到对于他们来说最有意义的事物。人们用祖先、宗教、语言、历史、价值观、习俗和体制来界定自己。他们认同于部落、种族集团、宗教社团、民族，以及在最广泛的层面上认同于文明。人们不仅使用政治来促进他们的利益，而且还用它来界定自己的认同。我们只有在了解我们不是谁，并常常只有在了解我们反对谁时，才了解我们是谁。"① 这种认识自我、了解历史、融

---

① ［美］塞缪尔·亨廷顿：《文明的冲突与世界秩序的重建》（修订版），周琪、刘绯、张立平、王圆译，新华出版社 2009 年版，第 4—5 页。

入集体的需要，是一种人类获得归属感、安全感以及稳定感的基本需要。

可见，"文化认同"是人们在一个民族共同体中长期共同生活所形成的对本民族最有意义事物的肯定性体认，其核心是对一个民族的基本价值观的认同；是凝聚这个民族共同体的精神纽带，是这个民族共同体生命存在和延续的精神基础。因而，文化认同是民族认同、国家认同的重要基础，而且是最深层、最重要的基础。如表1-6，中美对自己民族文化的认同，泾渭分明地展现了东西两个大国的文化内涵和民族特色，于是各自才会肯定而自豪地分别说："我是中国人"或"我是美国人"。

表1-6 中美文化认同比较

文化内容	中国（以占人口多数的汉族人说）	美国（以占人口多数的白人说）
形象特征	黑眼睛，黑头发，黄皮肤	蓝眼睛，黄头发，白皮肤
衣着	汉服，唐装，中山装，便装	西装，领带，皮鞋
用餐工具	碗、筷	刀、叉
食物	谷物为主	肉类为主
文字	表意的汉字	表音的英文字母词（word）
宗教	多神（无神），老天爷，祖宗崇拜，少数人信道教、佛教等	多数人信基督教、上帝
家国关系	家国同构，家国一体	家是家，国是国
伦理关系	尊敬长辈、领导，听从和孝敬家长	平等相处，父子独立
社会管理	道德、法治，合情合理合法	民主，法制，法不容情
价值观	天下为公，集体利益优先	自由、平等，个人利益优先
女性地位	贤妻良母，夫唱妇随，现代男女平等	女性独立，男女平等
见面礼仪	鞠躬，作揖，握手	亲吻，拥抱，握手
交流方式	寒暄、客套、委婉，含蓄	开门见山，直截了当，情感不掩饰

文化内容	中国（以占人口多数的汉族人说）	美国（以占人口多数的白人说）
重要节日	清明扫墓祭祖，中秋团圆，春节回家过年	感恩节、圣诞节等宗教节日，情人节、愚人节等年轻人节日

在当今经济全球化的时代，作为民族认同和国家认同重要基础的文化认同，已经成为综合国力竞争中最重要的"软实力"。2014 年 9 月 28 日，习近平总书记在中央民族工作会议上讲话中指出："加强中华民族大团结，长远和根本的是增强文化认同，建设各民族共有精神家园，积极培养中华民族共同体意识。文化认同是最深层次的认同，是民族团结之根、民族和睦之魂。"[①]2022 年 7 月 15 日，习近平总书记在新疆考察时讲话又强调指出："文化认同是最深层次的认同。要端正历史文化认知，突出中华文化特征和中华民族视觉形象。要多角度全方位构建展现中华文化共同性、新疆同内地各民族交往交流交融历史事实的话语体系和有效载体，让中华文化通过实物实景实事得到充分展现、直抵人心，教育引导各族群众树立正确的国家观、历史观、民族观、文化观、宗教观，增进对伟大祖国、中华民族、中华文化、中国共产党、中国特色社会主义的认同。"[②]

三、满足功能

文化的满足功能指文化具有满足我们人的物质和精神需要的功能。作为高级智慧动物的人生存在地球上，不仅有生存的衣食住行等物质文化的基本需要，还有高质量生活的思想、审美等精神文化的高级需要，这是我

---

① 习近平：《构筑各民族共有精神家园》，载《习近平著作选读》第一卷，人民出版社 2023 年版，第 285 页。

② 习近平：《文化认同是最深层次的认同》，转引自百度百家号，https://baijiahao.baidu.com/s?id=17388927039433194386&wfr=spider&for=pc，引用日期：2023 年 6 月 20 日。

们之所以成为人的最重要标志。

　　文化，是人类基本需要和高级需求的供应站、大仓库。英国人类学家马林诺夫斯基（1884—1942）说："文化在其最初时以及伴随在整个进化过程中所起的根本作用，首先在于满足人类最基本的需求。"[①]"文化是包括一套工具及一套风俗——人体的或心灵的习惯，它们都是直接的或间接地满足人类的需要。一切文化要素，若是我们的看法是对的，一定都是在活动着，发生作用，而且是有效的。文化要素的动态性质指示了人类学的重要工作就在研究文化的功能。"[②]

　　根据美国心理学家马斯洛的需求层次理论，一个健康人的需要按层次结构由低到高分为五个层次：一是"基本需要——生理需要"，即呼吸、水、食物、睡眠和衣物等基本生活物资的需要；二是"安全需要"，即人身安全、工作保障、健康保障、财产安全等确保生活有保障的需要；三是"归属和爱的需要"，即与人交往不孤单、有亲情友情爱情等社会需要；四是"自尊需要"，即有自我尊重、被他人尊重、有信心、有成就，能掌握自己命运、具有独立自由的需要；五是"自我实现的需要"，即具有超越个人自我的价值观、创造力和责任感，能起示范带头作用，对社会有引领性等。[③]这五大层次的需要，第一、二层可以归为物质性的价值需求，第三层至第五层可以归为精神性的价值需求，都跳不出物质文化和精神文化两大范围。所以，五大层次需要的满足，都离不开物质与精神总和的文化。尤其在社会进步的今天，物质文化内涵日益增加，吃饱穿暖的基

---

① ［英］马林诺夫斯基：《在文化诞生和成长中的自由》，谭伯杰译，庄锡昌等编《多维视野中的文化理论》，浙江人民出版社1987年版，第106页。

② ［英］马林诺夫斯基：《文化论》，费孝通译，载《费孝通译文集》（上册），群言出版社2002年版，第210页。

③ ［美］马斯洛：《动机与人格》，许金声等译，华夏出版社1987年版，第40—68页。

本物质需求，早已进入到吃好穿美的高级层次。饮食的价值不只是为了满足食欲，还把菜肴做成花鸟等艺术品供人观赏，使人获得美的享受；服饰的意义也不只是满足保暖，更要美化人的形象，体现人的身份、地位、爱好和追求。一切这些，通归于文化需求。再比如男女两性的婚姻，已经远远超出生物本能、人类繁衍的需求。正如马林诺夫斯基所说的："婚姻在任何人类文化中，并不是单纯的两性结合或男女同居。它总是一种法律上的契约，规定着男女共同居住，经济担负，财产合作，夫妇间及双方亲属间的互助；婚姻亦总是一公开的仪式，它是一件关涉着当事男女之外一群人的社会事件。婚姻的解除及婚姻的结束亦都是受着一定传统规则所支配的。"[1] 至于更高层次的需要，其文化满足的特色就更加鲜明了。

人类的需求是无止尽的，文化为满足人类需要而存在，并在满足人的需要中又创造出新的需要，从而形成文化最大的创造力。人类无止尽的需要，文化无止尽的满足，它们互为因果，成了社会进步的主动轮，推动着社会不断地发展、进步。

四、教化功能

文化的教化功能，是指文化的教育转化作用。文化中的精神、思想、道德观念、价值观念、制度、礼仪、规范等内容，无时无刻不在影响和教育着人们，潜移默化地感化、转变着人们的思想和行为，使人由愚昧变得聪明，由低俗变得高雅，由粗鲁变得彬彬有礼。可见，正是文化的教化功能在推进着人类社会的进步与发展。

实质上，文化就是一座无形的学校。文化是人创造的，被创造出来的

---

[1] ［英］马林诺夫斯基：《文化论》，费孝通译，载《费孝通译文集》（上册），群言出版社 2002 年版，第 222—223 页。

文化，又构成一个全面包裹人的不可须臾离开的文化环境，影响和规范着每一个人。人就是在文化的浸润、影响、规范中逐步转化、自我完善的。所以，文化一词就有"教化"之意。教化人、塑造人就是文化的突出功能。

文化的自然沁润、无声影响，往往效果最好，但是需要的时间很漫长。人生苦短，人才难得，所以，我们人类就在重视沁润式社会教育、家庭教育的同时，开办了进行文化教育的专门机构——学校，进行集中的、快速高效的文化教育，以便使文化的教化功能发挥出最大的作用。

人是文化的动物，人的生存是文化的生存。但是，这文化不是与生俱来的，而是后天习得的。一个婴儿来到世间，只是一个什么也不懂的"自然人"，必须通过一定时期的学习和教育，才能逐渐脱离动物性，成为一个社会人。在人的社会化过程中，文化环境起着极其重要的作用，父母、家庭和社会环境构成包围他存在的文化大环境。在这个文化大环境中，父母教他学说话，教他识别器物，教他爱憎；入学后，学校教他知识，教他做人；社会上各种道德伦理、法律规章、风俗习惯、礼仪礼节，都在引导、规范他适应社会，最终成为一个有益于家庭和社会的人。文化的这种使人成为社会意义人的"成人"作用，一直受到整个社会的高度重视。我国著名的传统蒙学读物《三字经》开头就说："人之初，性本善。性相近，习相远。苟不教，性乃迁。"责任在谁？"养不教，父之过。教不严，师之惰"——家庭教育和学校教育，是发挥文化教化功能的重要场所和方式，是正向教育并最能取得良好效果的有效途径。

当然，文化的教化功能不是万能的，既可能是积极的，也可能是消极的，关键看文化的性质。先进的、美善的文化可以教育人向善向美，落后的、腐朽的文化也可以影响人堕落败坏。因此，我们要积极营造健康向上的文化环境，坚持中国先进文化的前进方向，抵制落后文化腐朽文化的影响。坚持中国特色社会主义文化发展道路，以社会主义核心价值观为引领，发展面向现代化、面向世界、面向未来的，民族的科学的大众的社会主义文化，弘扬革命文化，传承中华优秀传统文化，激发全民族文化创新创造活力，实现中华民族全面、伟大的复兴。

五、传播功能

文化的传播功能，是指文化具有传递、交流、扩散的作用，它将自己的内容通过语言工具、图像、文字符号系统、书籍等各种媒介传播出去，使被传播者受到一定的影响。

文化是人类思想精神的播种机。由于文化多表现为动态的信息，交流和传播就是它的生命常态，是它发展的基本动力。如果没有文化传播，文化成了一潭死水，则任何文化都无法葆有生机和活力，最后归于消亡。文化的传播功能与文化的记录功能、认知功能紧密相连，把文明的火种撒向四面八方，把进步的思想和价值观植于心田。文化的传播方式多样，它或是由文化源地向外辐射传播，或是由一个社会群体向另一个社会群体传播；它既可以由本文化主动、直接传播，也可以被别的文化群体间接传播。总之，文化只要一产生，就处于传播之中。一首有特点的新歌，很快就会热播，甚至引发全民传唱，比如刀郎的《罗刹海市》；一种新发型或服饰新款，很快就在年轻人群中流行起来，比如男青年剃"文化头"、年轻女性穿破洞裤；一个生活新时尚，挡不住地蔓延全国，比如个人开播自媒体、退休人员房车自驾游等。这都是文化的传播功能引发的现象。

文化传播依赖于传播工具的发展。语言的产生，使人类把由手势、眼神、体态的内容简单且不清晰的传播，变成了具有更大内涵、更加清晰明确的语言传播，使文化传播的效率大为提高。随着社会的发展，人们发明了文字，克服了语言传播受时空限制的缺陷，使文化传播功效进入新高度，有力地推动了文化的发展。随着造纸术的发明，印刷术的应用，文化传播进入了书籍传播的新时代。书籍容量大，便于随时翻阅学习或查证的优点，打开了文化传播与沟通的新方式和新空间。写书、出书，成了文化人价值与使命的追求，造成了思想文化百花齐放、百家争鸣的兴盛局面。信息化的现代社会，广播、电视、电脑、网络等多媒体，给文化传播插上了腾飞的翅膀，文化传播的容量、速度、效率无可比拟，文化发展迈入了超高速的光电时代。

从语言传播发展到光电信息传播，人类社会进入了信息社会。文化传播也由人际传播进入大众传播、国际传播，甚至是一种全球化的传播。文化传播的全球化，推进人类社会关系的世界化，使人类的文化交流完全突破了时空边界，来到了一个巨大的"信息超市"，一个新的人类的精神家园——虚拟的网络传播世界。网络传播建构了一种全新的文化范式，是一种全新的文化传播形态，具有全新的社会文化价值。

文化传播功能的强化和发挥，进一步强化了文化的认知功能、满足功能和教化功能，也增强了国家文化认同和民族凝聚力，对文化的高质量发展、社会全面进步功莫大焉。同时，也要看到，文化传播具有双刃剑的特点：弘扬正能量的文化传播能凝聚人心，鼓舞斗志，推动社会前进；兜售负能量的文化传播则离散人心，瓦解斗志，阻碍社会前进。我们一定要加强宣传引导，大力弘扬正能量的文化传播，最大限度地减少甚或杜绝负能量的文化传播，确保文化传播为文化繁荣、社会团结进步服务。

六、调控功能

文化的调控功能，是指文化的引导、规范作用，这与文化的教育作用是类似的，不过从管理者的角度看，就是规范和调控，其目的在于对文化受众的观念、行为进行调节和控制，使其符合主流文化的要求。

人是社会的人，社会是人的社会。人既有社会属性，又有自然属性；既有理性的方面，又有非理性的方面。由于每个人所处的环境、自身素质和物质、精神需求千差万别，因而人与自然、人与人、人与社会群体始终会存在各式各样的矛盾、冲突。如果这些矛盾不能理顺，非理性诉求和冲突不能控制，社会生活就会陷入混乱无序状态。因此，为了保障社会生活的正常有序和人类理性的生存发展，所有社会成员必须有与主流一致的价值观念，必须遵守共同的社会规范。文化则是这种价值观念、社会规范的统一者、集成者，包括道德、礼仪、习俗、禁忌、纪律、法规、制度等。它明确告诉人们什么是对的，什么是错的；什么可以做，什么不能做，什么必须做，以此来规范和调节人们的行为方式与行为习惯，使社会有序、协调，顺利发展。从这个意义上来说，文化就是人的"门禁卡"，就是社会的调控器。

人不是纯粹的自然人，人是文化的人，文化的存在。人在接受文化的熏陶、润泽，享受文化对身心满足的同时，更要受文化的规范和约束，不断地提高文化素养，以成为一个高尚的、大写的"人"。这是人与文化不可分离的两个方面。在现实生活中，我们会清楚地看到，凡是优秀杰出的人士，都是思想品德的表率，遵循社会规范的楷模；凡是腐败堕落者，都是道德低下、社会规范的违背者，甚至是破坏者。所以，能否自觉地、积极地接受文化的制约和规范，则是鉴别一个人文化素质高低的"试金石"。我们每个有文化的人，都应该自觉接受文化的调控和规范，成为一个有理想、有素质的模范，一个有纪律、守规矩的模范。

文化的调控规范，分为柔性的和刚性的两种。柔性的，通过家庭、学校和社会，通过启发、引导和教育，提高受教育者道德水平，以养成自觉遵守纪律规范的习惯。这种柔性的调控规范，是文化调控的主要方式。它能收到春风化雨、润物无声的效果，使被教育、规范者心服口服，效果也稳固而长远，一般被简称为"德治"。刚性的，通过法律、监狱，通过强制、惩罚等强硬手段，使不遵守法制规范甚至破坏法制规范者受到严厉惩处，以维护法制、规范的严肃性。这种被称为"法治"的强硬手段，虽然"快刀斩乱麻"，对社会、他人有警戒作用，但缺乏长远效果，一般作为"德治"的辅助。孔子早就说过："道之以政，齐之以刑，民免而无耻；道之以德，齐之以礼，有耻且格。"（《论语·为政》）用政令来引导，用刑法来整治，民众会因为害怕受罚而避免犯罪，但不会有羞耻感；用德行来教导，用礼仪来规范，民众不仅会有羞耻之感，而且有敬服之心。也就是说，治理社会，进行调控规范，应该德治与法治相结合，以德治为首、为主，才能收到最好效果。

七、凝聚功能

文化的凝聚功能，指文化凝聚人心、团结社会成员的作用。任何文化都是创造这一文化的民族的凝聚剂、连心锁；任何民族都会聚拢在民族文化的大旗之下，形成一个有着共同思想信仰和价值观的大家庭。在这个大家庭内，人们友爱互助，繁衍共生，凭借民族团结集聚的强大力量，外御侵略，内谋发展，赢得民族长治久安。

物以类聚，人以群分。文化正是类聚成群的内因和动力。前面在论及文化的同一性时说，同一性，指一定范围内大家一同认可的思想、行为、方式、规矩等文化内容，也就是文化的普遍性、共同性，简称共性。因为文化只有被一定范围或文化圈内的全体成员认可并共同遵循，才能叫文化。过于个人化的东西，是不能成为文化的。文化的这一特性，使它产生凝聚性的内在因素，即社会成员因为文化共性而自然类聚成群。另外，地球上的各个民族要想安全生存，就必须使全体民族成员团结起来，以积聚起强大的力量来抵御外侮，保卫自己的生存安全，并赢得优越发展的外部条件，比如土地、矿山等资源。这种生存、发展的需要，就成为文化凝聚的动力，使文化的凝聚功能更加突出。

文化的凝聚功能其实是教化功能的延伸。因为文化使一个社会群体中的人们，在同一文化环境中得到教化，形成共同的思维方式、价值观念、行为习惯等，从而紧密团结在一起，产生巨大的认同抗异力量，以维系民族的生生不息。在世界近代史上，苏联战胜德国法西斯，中国打败日本侵略者，一个重要原因就在于文化的凝聚功能，它动员起千百万人民，汇成无敌于天下的伟大力量，战胜了侵略者，保卫了民族的生存和发展。

文化作为价值体系和行为规范，文化提供着关于是与非、善与恶、美与丑、好与坏等社会标准，通过教化功能而内化为个人的是非感、正义感、羞耻感、审美感、责任感，等等，提高了人们的道德情操、认识水平和人生境界，从而凝聚了团体力量和社会力量。社会的发展离不开社会力量的凝聚，社会力量的凝聚有赖于民族认同，民族认同则来自文化认同。

文化是民族的血脉，文化的力量充分地凝结在民族的生命力、创造力和凝聚力之中，因而能够导向国家的共同利益和人民的共同理想追求，以凝成强烈的感召力和向心力，从而使整个社会团结起来，形成战无不胜的强大力量，推进国家、民族长盛不衰、持久发展。

八、推动功能

文化对社会的发展有巨大的推动功能，这是不容置疑的。

人类始终处于对物质生活和精神生活不断满足的追求之中，物质文化和精神文化就是人们追求满足的结果，也是追求满足的动力，结果与动力互相作用，有力地推动了社会的发展与进步，从而使人类社会由低级向高级进化，由野蛮向文明迈进。仔细观察社会历史发展规律，我们会发现，文化与社会的进步程度基本上是成正比的，进步的社会文化一定先进，落后的社会文化一定守旧。尤其是当落后社会用武力夺取政权、统治进步社会时，事与愿违地出现了进步社会的先进文化对武力统治者落后文化的反征服，如中国历史上北方"五胡乱华"时少数民族建立的北朝以及后来对中原地域的改朝换代，最后的结局都是先进的中原文化"不战而屈人之兵"，赢得了胜利。这充分证明了文化对社会的巨大作用力，它总是在不断地、潜移默化地影响和直接推动社会向前发展，这种发展尽管缓慢，有时会出现暂时停滞，甚至倒退，但最终的趋势和结果是向前、进步。这就是文化对社会经济政治也包括文化自身发展的重要作用之一。

除此以外，近代以来，一些人类文化学家发现，我们过去总觉得文化属于上层建筑，属于意识形态，对社会发展只能是间接的影响，比较

"虚"，而事实上，这种看法不对，至少是不准确的。因为我们惊人地发现，在社会进步到今天，文化已经由"虚"变"实"了——文化本身就具有强大的生产力或经济力，这是文化的另一个重要作用。

这里的文化生产力或经济力，是指文化作为满足人类精神文化生活需求所蕴含所拥有的物质财富的创造力，简言之是指文化在产品创意和产品生产流通领域中创造价值的能力。它包括文化的创意（创造）力和文化的生产力两个层面或两大领域，这是当今文化产业的主要内涵与实质，是当代文化区别于传统文化最具影响力的方面。

文化创意力的本质是文化在精神产品与物质产品领域的创造力。创意在艺术产品、网络游戏、广告设计、工业设计和娱乐领域拥有强大的优势，是这些文化产业的财富源泉。在欧美发达国家，创意产业早已成为涉及众多领域的产品更新换代和提高产品价值的产业，因此在一定意义上，创意产业被视为文化产业的代名词。

文化生产力是文化产品的工业化生产和文化服务的市场规模化所产生的价值创造力。如今，越来越多的区别于一般物质产品的文化产品包括文化用品与文化服务的生产，已经和正在成为满足人民日益增长的精神文化、生活需要的社会化大生产。文化市场早已独树一帜，文化产业从第三产业中脱颖而出。这方面，发达国家凭借已经拥有的经济、技术优势先行一步，成为把握先机的幸运者；发展中国家也已开始觉醒，并积极调整战略、整合资源，努力发展自己的民族文化产业。

由于受教条主义特别是"左"的思潮的影响，我们曾一度形而上学地认为文化属于意识形态，否认文化的商品属性，无视文化产业的价值与发展前景。然而文化力却始终伴随着社会进步在潜滋暗长。在 20 世纪最后二三十年代，世界经济、科技的迅猛发展，使人类的文化需求与创造力被释放出来，文化展示了它蕴藏的促进社会发展、创造社会财富的巨大潜力，文化产业异军突起，并迅速发展成为经济领域的朝阳产业。进入 21世纪后，全球文化产业高歌猛进，文化所蕴含的巨大生产力正在被释放出来，文化创造财富的神话已经变为活生生的现实，文化生产力事实上已成为当今社会生产力的重要组成部分之一。文化在今天，不仅推动社会发展，更是置身其中，直接参与社会发展。

第五节　中国文化与中国传统文化

一、中国文化的地域范围和民族人口界定

所谓"中国文化"，从地域面积和民族、人口方面来说，是指位于中国境域内的地域面积及其民族人口范围之内的文化。地域面积及其民族、人口在不同时代都有大小多少的变化，历史上中国不少朝代都曾经拥有过比今天中国领土更大的疆域。但是，以地处黄河、长江流域和华夏民族人口为主的基本事实而言，一直没有变，而且是越来越壮大，越来越稳固。周边一些所谓的地域疆界争执，只要实事求是，尊重历史，都无一例外的属于中国。从位置和土地面积而言，我们今天的中国，处于亚洲东部、太平洋西岸，以北纬 34° 32′ 27.00″、东经 108° 55′ 25.00″ 地理原点（中国陕西省泾阳县永乐镇北流村）为地理中心，最宽处南北相距约 5500 千米，东西相距约 5200 千米，有总面积约 960 万平方千米的陆地领土；还有领海，由渤海（内海）和黄海、东海、南海三大边海组成，总的海域面

积约 473 万平方千米。生活在这片疆域上的民族、人口，有汉族、壮族、维吾尔族、回族、苗族、满族、彝族、土家族、藏族、蒙古族、布依族等 56 个民族共 14 亿多人口，是当今世界上人口数量仅次于印度的多民族统一国家①。这就是地域面积和及其民族人口范围所界定的"中国文化"。

二、中国文化的时间界定

这个时间，就是从中国人起源的远古到今，可分为四个阶段：一是古代，时间就是从中国人起源的远古到公元 1840 年鸦片战争前；二是近代，从 1840 年鸦片战争到 1919 年"五四运动"；三是现代，从 1919 年"五四运动"到 1949 年新中国成立；四是当代，从 1949 年新中国成立至今。

表 1-7　时间界定的中国文化

中国文化	古代：从中国人起源的远古—公元 1840 年鸦片战争前
	近代：1840 年鸦片战争—1919 年"五四运动"
	现代：1919 年"五四运动"—1949 年新中国成立
	当代：1949 年新中国成立至今

三、中国文化的内容界定

以内容来界定"中国文化"，有五个方面：

一是近现代的马列主义红色文化，这个文化，在我们中国文化中占主

---

① 据 2021 年 5 月 11 日第七次全国人口普查公报，截止 2020 年 11 月 1 日零时全国总人口为 1,443,497,378 人。其中，汉族人口为 1,286,311,334 人，占 91.11%；少数民族按人数排名前十位的是：壮族，约 1957 万人；维吾尔族，约 1177 万人；回族，约 1138 万人；苗族，约 1107 万人；满族，约 1042 万人；彝族，约 983 万人；土家族，约 959 万人；藏族，约 706 万人；蒙古族，约 629 万人；布依族，约 358 万人。据最新数据，印度在 2023 年的人口 1,450,935,785，已经超过中国，成为世界上人口最多的国家。

导地位，起指导作用；

二是近现代中国共产党所领导的革命文化，包括反帝反封建的新民主主义文化，是中国文化的重要组成部分；

三是历史传承下来的古代优秀传统文化，是构成中国文化的基础部分；

四是近现代西方进步的民主科学文化，是对我们中国文化有益的借鉴和补充；

五是新中国成立后人民当家作主、在中国共产党领导下不断创新的社会主义文化，是中国文化的主体部分。

这五个方面融会贯通，构成我们中国文化博大精深的丰富内容。

表 1-8　中国文化内容构成

中国文化	1. 马列主义红色文化（主导地位）
	2. 近现代革命文化（重要组成部分）
	3. 古代优秀传统文化（基础部分）
	4. 西方进步的民主科学文化（有益的借鉴补充部分）
	5. 当代社会主义文化（主体部分）

四、中国文化与中国传统文化的关系

关于中国文化与中国传统文化的关系，有几个认识上的误区，需要进行纠正。

第一个误区，就是把传统文化等同于中国文化，仿佛说到中国文化，就只有传统文化。所以，有的教科书，名为《中国文化概论》或者《中国文化导论》，内容只有中国传统文化。一些高校的中国文化课，用的教材就是《中国传统文化》或者《中国古代文化》。

第二个误区，则把我们的传统文化等同于封建文化，好像我们传统文化都非常落后，几乎都是糟粕。

第三个误区，把中国文化与中国传统文化割裂，认为中国文化和中国传统文化没有什么联系。

这三种对于中国传统文化与中国文化关系的认识，都是不对的。我们说了，中国文化不等于中国传统文化，因为中国文化不论从时间上还是范围上，都大于中国传统文化。中国传统文化主要是指古代社会的文化，我们中国文化不仅包括古代社会的，还包括近代的、现当代社会的中国文化。把我们的传统文化等同于封建文化，那就更不对了，因为我们传统文化固然包含几千年封建社会的文化，但是它里面也是精华与糟粕共存，除了少量的封建糟粕以外，也还有大量的、主体的民族文化精华部分，不能笼统地用封建文化来封杀它。那么第三种观点，就走向了极端，把中国文化与中国传统文化割裂，其实这是受了第二种观点的影响，认为中国传统文化全是糟粕，认为中国文化不能保留中国传统文化。这都是错误的，因为如果离开了数千年积累的传统文化，中国文化不仅在数量上大为减少，还失掉了存在和发展的基础。这是万万不不可的。

第二章

中国文化的起源与成因

在这一章中，主要谈两个问题，分成两个小节。

第一节，谈谈中国文化的起源，重点是揭示中国文化起源于何时？何地？何人？让我们一起把那个最早的老祖宗和发祥地给找出来，以免数典忘祖，丢失了根本。

第二节，谈谈中国文化的成因，主要从地理环境、气候、纬度、社会经济和学术思想各方面进行探索，以期得到翔实的根据。

第一节　中国文化的起源

一、文明古国

说到文化的起源，不可避免地要谈到中国文明多少年的问题。我们一般都说，中国文明5000年，是世界文明古国中一直延续至今，虽有曲折沉浮但日趋兴盛的伟大文明。这一点令我们很是自豪。可是，在西方一些人类文化学家那里，不认为中国文明有5000年，只说中国文明3300年左右，远不及西方巴比伦5500多年的文明。这是怎么回事？这要从世界文明古国及文明的标准说起。

大家知道，世界上说到文明古国，常有六大文明古国与四大文明古国的两种说法，但如果从文明是否是原创而论，就可以知道，真正的文明古国，其实只有四个国家。请看表2-1：

表2-1　文明古国

文明古国	所在地域	形成时间	距今（年）	现在国家	古国现状	原创文明
巴比伦	两河流域	前3500	5500	伊拉克	不存	是

续表

文明古国	所在地域	形成时间	距今（年）	现在国家	古国现状	原创文明
古埃及	尼罗河畔	前3500	5500	埃及	不存	是
古希腊	地中海边			希腊		否（为巴比伦、古埃及文化在海上的遇合）
古印度	印度河	前2500	4500	印度、巴基斯坦	不存	是
波斯	高加索			伊朗		否（为巴比伦、古印度文化在陆上的遇合）
中国	黄河长江	前1300	3300	中国	一直存在	是

　　表中罗列了一般认为的六大文明古国。但是，古希腊文明其实是巴比伦和古埃及两大文明在地中海上的相遇，融合而成了古希腊文明，属于次生文明，并非古希腊人的原生文明；而波斯文明，则是巴比伦文明与古印度文明在陆地上的遇合，也属于次生文明，不是波斯人的原生文明。这两个非原生的次生文明就从世界原生文明古国中给排除掉了。这样一来，世界上就剩下了四大原生文明古国。

　　这四大原生文明古国，第一个是巴比伦，形成于两河流域，时间在公元前大约3500年，距今也有5500多年的历史。不过，可惜的是，巴比伦早已消亡。巴比伦原来的地方，现在的国家叫伊拉克，就是那个战火硝烟不断、疮痍满目的国家，他们现在的文明与古代的巴比伦文明已经没有什么联系了。

　　第二个是古埃及，形成于尼罗河畔，时间也在公元前3500年，距今已有5500多年的历史。在这片土地上，现在的国家还叫埃及，不过已经不是 5000 多年前的埃及。现在的人们谈到早期埃及时，为了与现在的埃及相区别，都要在前面加上一个"古"字，叫古埃及。

第三个是古印度。古印度文明形成于印度河流域，时间稍晚，约在公元前 2500 年，距今也有 4500 多年的历史。现在这个地方的国家是印度、巴基斯坦，名字虽然还有印度，但今天印度的文化，与古代印度原生的哈拉巴文化中断了，哈拉巴文字、历史乃至种族已经无法确知了。所以，人们说到古代印度，也加个"古"字，叫作古印度，以表示区别。

前面的三大古代原生文明都不存在，都消亡了，只有中国的原生文明从诞生起一直发展到现在，是唯一没有中断，更没有消亡的文明。可是遗憾的是，西方人的偏见，仅凭商朝殷墟出土的甲骨文，就认定中国文明形成于公元前 1300 多年的殷商时期，使中国文明的历史至今只有 3300 多年。造成这个问题的原因，除了西方学界一些人自大偏见以外，与文明形成的标准也有关系。

在世界人类文化学术界，尤其是西方学界，认定文明的形成有三大标志，这就是城邦的出现、青铜器的使用和文字的发明[1]。由于过去大量出土的甲骨文残片、钟鼎一类的青铜器和古城遗址，大多都是商朝时期的，所以一直难以改变西方的偏见。不过，近几年来，考古研究成果非常丰富，有望改变一些人的近视和偏见。

---

[1] "全国政协委员、南京大学文化与自然遗产研究所所长贺云翱说，西方学者根据地中海东岸的考古实践提出了关于文明的界定标准，也就是当下广为传播的文明三要素——文字、青铜器、城邦，但如果以这样的标准，中国甚至到了距今 3400—3100 多年间的商代殷墟甲骨文出现时才能称之为'文明'"。（易舒冉：《全国政协委员围绕深化中华文明影响力和感召力建言建策——把中国文明历史研究引向深入》，载人民网 http://politics.people.com.cn/n1/2023/0209/c1001-32620308.html，引用日期：2024/9/29）

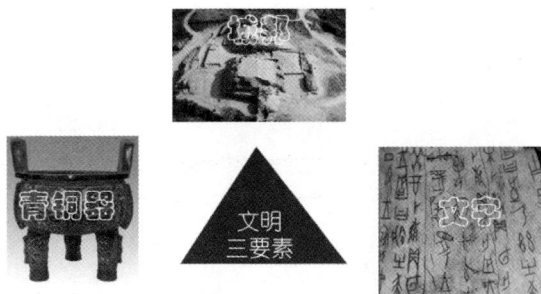

图 2-1　文明三要素

比如说，古城邦遗址，现在发现的不少，例如陕西省神木县的石峁古城遗址，距今已有 4000 多年；安徽省含山县凌家滩的古城遗址距今大约有 5500 年；湖南省常德市澧县的城头山古城遗址距今有 6000 多年。再从青铜器来看，甘肃省临洮县马家窑遗址出土的单刃青铜刀，距今有 5000 多年。文字方面，除开甲骨文不说，距今约 7300 年的双墩（安徽省蚌埠市淮上区小蚌埠镇）遗址有 630 多个刻画符号；河南省舞阳县贾湖遗址的刻符，距今约 7700 多年；贵州省清镇市麦格县的观游天书，比甲骨文还早 7000 多年，距今在万年以上。

图 2-2　距今约 7300 年的安徽省蚌埠双墩遗址刻画符号

图 2-3　距今约 7700 多年河南舞阳县贾湖遗址的刻符

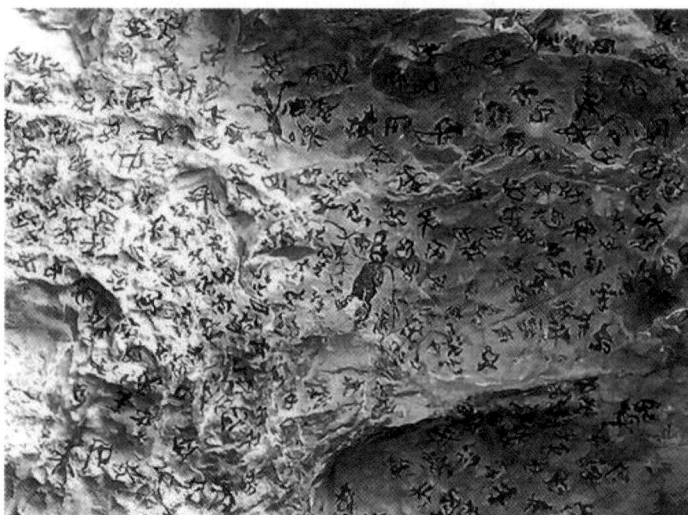

图 2-4　比甲骨文还早 7000 多年的贵州麦格县观游天书

　　所以，就按"城邦、青铜器、文字"这个文明三要素标准，我们也完全可以理直气壮地说，中华文明不是 3300 年，也不止 5000 年，其出现之早，少说也在万年之前，远超其他文明古国。不过，话又说回来，我们这里讲的是文化，不是文明。再长的文明，比起文化，那都是短的，因为文明是文化发展到相当成熟阶段的称谓。我们在这里，主要探索文化的起源，它绝不是数千年，而是数万年，几十万年，甚至上百万年。

二、中国文化的起源

（一）起源于何时

前面"绪论"里讲过，文化，就是人化、人文化。有了人，才有了文化、有了历史，文化的起源与人的起源是一致的。所以，只要我们明确了人的起源时间，也就解决了文化起源的时间问题。

关于中国人的起源，最早的发现，是 1929 年 12 月在北京周口店龙骨山的山洞里发现了一个远古人类的头盖骨化石，距今 50 多万年，被命名为"北京猿人"。此后，就是 1964 年 5 月在陕西蓝田县公王岭发现的"蓝田猿人"头骨化石，和稍后 1965 年 5 月在云南元谋县上那蚌村考古发现的两枚"元谋猿人"的门齿化石，1984 年至 2012 年在重庆市巫山县庙宇镇龙骨坡遗址经过四次发掘发现的"巫山人"的一小段下颌骨和两枚牙齿，和 2004 年开始、2018 年才正式对外公布的陕西省西安市蓝田县玉山镇上陈村发现的一处重要的旧石器时代遗址——上陈遗址。据考古测定，"蓝田猿人"距今约 100 万年，"元谋猿人"距今约 170 万年，"巫山人"距今约 200 万年，"上陈遗址"石器化石距今 126–212 万年。这说明，我们中国境内起码在 200 多万年前，就已经有早期的古猿人在生息繁衍。

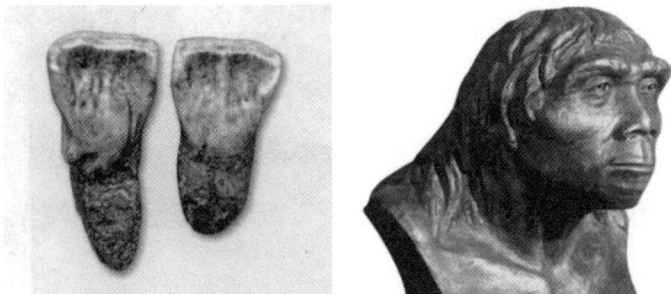

图 2-5　距今约 170 万年的云南"元谋猿人"门齿化石和复原头像

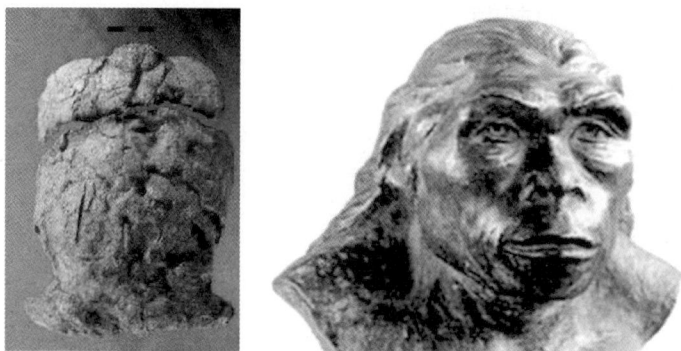

图 2-6 距今约 100 万年的"蓝田猿人"头骨化石和复原头像

图 2-7 距今至少 50 多万年的"北京猿人"头盖骨化石和复原头像

但是，这些早期的猿人，还不是人类学意义上的"人"。它们由动物性"猿"的成分比"人"的成分多，逐步向"人"的成分居多转化，处于古猿→猿人→人的过渡期。只有"人"的成分上升到绝对高度，人与猿彻底分别，才是人类的真正起始。所以，人与猿是何时分别的？这是决定人起源的关键。对于人与猿的分别，人类学家早就定了两条原则，一条是有没有语言，一条是会不会使用工具。但是后来发现，人有人言，鸟有鸟语。因此，有没有语言这条就不成立了。那么，会不会使用工具，就成了人与猿的基本区别。

因此，人类文化学家就把会使用工具的时代定为旧石器时代，把能够打磨和制造工具的时代，定为新石器时代。新石器时代距今在 7000 年到 1 万年左右。也就是说，人类形成或者起源的时间，也就在旧石器时代的末期，或者新石器时代的开始。但是，更令人遗憾的是，这个论断并没有坚持多久，人们发现了黑猩猩就会使用工具：它用树枝钓树洞里的蚂蚁吃；猴子也会制造工具，搬石头砸核桃；乌鸦更是使用工具的高手，等等。所以，"工具论"也就靠不住了。

还是思想家马克思、恩格斯伟大，恩格斯把火的使用作为人与动物的分界，便解决了这一人类起源难题。恩格斯曾经在他的著作中说："摩擦生火第一次使人支配了一种自然力，从而最终把人同动物分开。"①。

据此，我们中国的考古学家在陕西"蓝田猿人"头盖骨发现地——公王岭含化石层里还发现了三四处灰烬和灰屑，研究者认为很可能是"蓝田猿人"用火的遗迹。而在"北京猿人"的"洞穴家园"——周口店文化遗址中，发现了大量燃烧后成堆的灰烬，还有紫荆树木炭块。这些说明，"蓝田猿人"已经开始用火，后来的"北京猿人"已经大量用火，并能够有效地保存从自然界取来的火种。

由此，我们可以断定中国"人猿相揖别"的时间，早一点说，是距今一百多万年前的"蓝田猿人"时期；由于周口店"北京猿人"遗址的用火证据已经被国际学术界广泛认可②，所以，我们保守一点说，至少是在五十万年以前的"北京猿人"时期。那么，我们中国文化起源的时间也就是五十万年以前的"北京猿人"时期！相应地，"北京猿人"的叫法，最好去掉"猿"字，改称"北京古人"，或"北京猿（古）人"。

---

① 《马克思恩格斯选集》第 3 卷，人民出版社 1995 年版，第 456 页。
② 高星、张双权、张乐、陈福友：《关于北京猿人用火的证据：研究历史、争议与新进展》，载《人类学学报》2016 年第 4 期，第 481—492 页。

（二）起源于何地

中国文化起源于何地？有两类大的说法，一类是外来说，说中国文化是由外部输入的，也就是说中国文化并非中国人原创；一类是自源说，即中国文化就是中国人的原创，就发生起源于中国本土之内。

1. 外来说

外来说，有 5 种：

（1）古埃及说

指中国文化源于古埃及。这是德国耶稣教会的教士基尔什尔（A. Kircher）的说法。他在 17 世纪的中期出版了两本书《埃及谜解》（*Cedipi Aegyptiaci*，1654 年）和《中国图说》。他在《中国图说》（*China Illustrata*，1667 年）第四章讨论《中国文字与埃及形象文字之异同》中说：

> 古代中国人既系埃及人之苗裔，故其书法亦一遵埃及之旧。此非之文字之结构而言，乃指其各种自然事物中提出之形象而言，中国人实借此以表示其观念者也。中国文字之标记所以与其所欲表明之事同其数量，其故即在于此。

> 含之子孙，既率其殖民者以至中国，并携文字以俱往，唯并未将埃及形象文字所含之真意全部传入也，仅取其足以说明思想及表示概念与情感之必要部分而已，唯稍粗率耳。

> 古代中国人对于世界上所有事物均制有文字，而足以应付一切之用途，此可于其编年史及其文字之形象上见之。盖其制造文字之程序与埃及同。最初所造者所以代表鸟兽，继之以虫鱼，终之以草木、

线、点、圈及其他事物。①

意思是说，诺亚的二儿子（诺亚有三个儿子：闪、含、雅弗）含的子孙带着埃及文字以殖民者身份来到中国，把他们文字的秘诀——说明思想及表达概念与情感之必要部分——传给了成为他们后代的中国人，中国人借此造出了和埃及类似的象形文字。

法国阿夫郎什主教胡爱（Huet，又译尤埃）在其 1716 年出版的著作《古代商业航海史》第九章和第十章中竟然断定，中国人与印度人为埃及人之苗裔，认为中国人的文字、语言，以及相信轮回、善养黄牛、反对外国商人之入国等与古代埃及人完全一样：

> 印度与埃及商业之相当既有古代史为之证明，则当吾人读史时，不能不信中国与印度两民族虽非全属埃及人之苗裔，至少其大部分必属埃及人。

> 中国人对于本族起源之感觉极灵，其习惯与埃及人极其符合，其正体与变体之两种文字甚至语言，信轮回之说，养黄牛之习，亦复相似。而尤足使予惊叹者，则中国人反对外国商人之入国，始终不变是也。此与斯特拉波（Strabon）所述古代埃及人之态度竟完全无异。②

影响最大的是法国著名汉学家德经（Joseph de Guignes）在他 1759 年出版的《论中国人为埃及之殖民文》中直接下断语说："吾于是深信中国之文字、法律、政体、君主，甚至政府中大臣及全部帝国均源自埃及。而

① 三段不连贯引文均转引自何炳松《中华民族起源之新神话》，载于《何炳松史学论文集》，上海古籍出版社 2012 年版，第 184—185 页。
② 两段不连贯引文均转引自何炳松《中华民族起源之新神话》，载于《何炳松史学论文集》，上海古籍出版社 2012 年版，第 186 页。

所谓《中国古代史》实即《埃及史》，弁诸中国史之首而已。"[1]

此后，虽有反对的声音，但也挡不住这种似是而非的偏见的流行。

（2）巴比伦说

1894年，英国伦敦大学教授、法国人拉古柏里（Terrien de Lacouperie，现在通译为拉克伯里）发表《中国上古文明的西方起源》一书，"谓中国古代之'百姓'，实即巴比伦之巴克族（Bak）。此辈移入中国后，对于故国旧习多未能忘。如：（一）洪水传说之保存，（二）神农即巴比伦之萨贡（Sargon），（三）仓颉即巴比伦之同基（Dungi），（四）黄帝即巴比伦之那洪特（Nakhunte），（五）荒古时代半鱼半人之先后辈出及文字之起源，（六）人生吉凶之说及历书等，皆其著例。"[2]

此说西洋人附和者不乏其人。英国教士、牛津大学教授鲍尔（C. J. Ball）1913年出版著作《中国人与苏美连人》，其中分析两国文字，列出部分字形相同的文字，由此认为中国文字源自巴比伦。

（3）古印度说

说中国文化，源于古印度。这是法国人哥比诺（A. de Gobineau）1853年出版的《人类种族不平等论》一书第二卷中的说法，他说中国人的先祖盘古氏是印度族人：

> 一切均足以证明摩奴法典所言之无误，而且因之足以证明中国
> 文化实由印度英雄时代后一种印度民族——即白色阿利安种之首陀罗
> 人——传入之。而中国神话中之盘古实即此印度民族迁入中国河南时

---

[1] 转引自何炳松：《中华民族起源之新神话》，载于《何炳松史学论文集》，上海古籍出版社2012年版，第188页。

[2] 转引自何炳松：《中华民族起源之新神话》，载于《何炳松史学论文集》，上海古籍出版社2012年版，第195页。

之酋长，或诸酋长中之一，或即白种民族之人格化；正与前此一群印度人之迁入尼罗河上流同。[①]

（4）西来说

这是瑞典地质学家安特生（Johan Gunnar Andersson）的观点。他认为，仰韶文化遗址出土的大量彩陶瓶壶，就是西方文化传入中国的物证。由于安特生是中国近代考古学的奠基人，受到了国人的敬重。所以，他的这一观点，影响了很多中国学者：

中国文化西来说在西方学术界由来已久，而在中西学术界产生极大影响则源自1921年瑞典学者安特生在河南渑池县仰韶村的发掘。

安特生在仰韶村发现大量的彩陶，他将其与东南欧的特里波里、中亚安诺等遗址的彩陶相比，发现有许多相同的地方。在当时的学术思潮中，所谓传播论十分盛行。传播论认为，文化的发明和创造是很困难的，而人群集团之间的文化学习和借鉴则是十分自然的事情。所以世界上许多文化是由一地发明后相互传播的结果。加上正值中国文化西来说在欧洲流行，在此背景下，安特生说"然以河南与安诺之相较，其器形相似之点既多且切，实令吾人不能不起同一源之感想。两地艺术彼此流传未可知也。诚知河南距安诺道里极远，然两地之间实不乏交通孔道。"

为了探寻彩陶的传播路线，安氏寻踪西进，由西安到兰州，再到西宁。经调查，安特生认为甘青地区发现的大量陶器都属于新石器时代，可归入仰韶文化，同时认为它们都是由西方传入，完善了他的中

---

① 转引自何炳松：《中华民族起源之新神话》，载于《何炳松史学论文集》，上海古籍出版社2012年版，第197页。

国文化西来说体系。①

（5）非洲说

复旦大学生命科学院，从 1997 年开始采集中国各民族的 DNA 样本。在对近 2 万个 DNA 样本进行分析后，得出了结论：在 10 万年前后，现代智人逐渐迁移出非洲，来到了中亚，其中一部分人迁移到东亚，进入中国。经过 4 万年的演化，产生了中国 56 个民族②。

英美分子生物学界的研究，也指向了一个相同的结论：现代人起源于非洲。2003 年 4 月 14 日，美国科学家在华盛顿宣布：美、英、日、法、德、中六国联合研究，经过 13 年的努力，共同绘制完成了《人类基因序列图》③。表明：全世界 60 多亿人，可能源自一个母亲，就是《圣经》当中说的"夏娃"！我国著名学者易中天，就接受了这个观点，在他 24 卷的皇皇巨著《易中天中华史·祖先》第一章《创世》中说："在世界神话的谱系里，女娲不是第一个神，甚至不是第一个女人。第一个女人是谁？夏娃。""夏娃是女娲的前身。女娲有前身吗？有。因为她是母亲，或母亲神。"

前面这五种说法，多是猜想臆测，无可靠历史和科学依据。来自埃及说和来自巴比伦

图 2-8　古埃及圣书字

① 刘学堂：《中国文化西来说的终结》，载于《光明日报》2008 年 10 月 20 日第 12 版。
② 《DNA 研究显示：中国 56 个民族汉藏血缘最亲》，载中国新闻网 https://www.chinanews.com/news/2005/2005-04-21/26/565507.shtml，访问日期：2023 年 7 月 26 日。
③ 吴苡婷：《中国人从何而来？人类迁移路线图出来了》，微信公众号《上海科协》2016 年 8 月 10 日，访问日期：2023 年 7 月 26 日。

说，主要依据是文字的相似性。

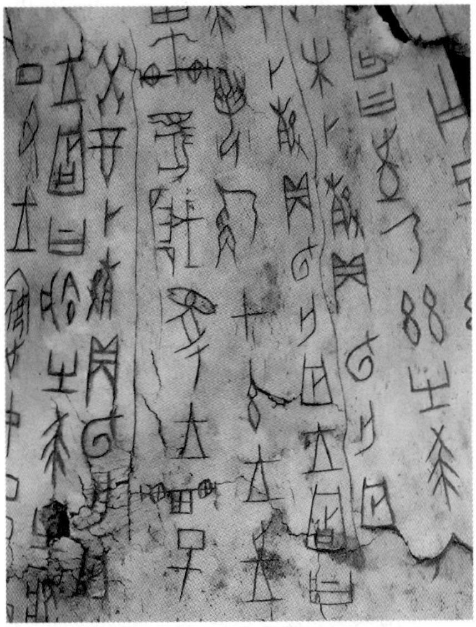

图 2-9　中国殷商甲骨文

象形文字的演变	原始期	变化期	早期巴比伦楔形文字
鸟			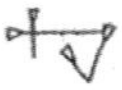
鱼			
牛			
白天			
麦穗		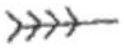	
果树园		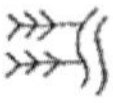	

图 2-10　中国古代象形文字与巴比伦楔形文字

如果我们从整体上比较它们，如图 2-8、图 2-9、图 2-10，就会发现它们是根本不同的文字体系。个别、少部分字形近似，是不足为凭的。退一万步说，即使两者大部分字形相同，甚至文字体系也相同，又凭什么判定谁早谁迟，谁是源起者？如果仅据少数形近字断定，那我们也可以武断地说，古埃及、巴比伦文化起源于中国文化。

来自印度说，主要是神话人物盘古的归属。法国人哥比诺说盘古是印度人，是因为印度佛教经典中就有盘古神话：

> 《外道小乘涅槃论》云："本无日月星辰、虚空及地，唯有大水。时大安荼（Adam）生。形如鸡子，周匝金色。时熟破为二段：一段在上作天，一段在下作地。"《摩登伽经》云："自在以头为天，足为地，目为日月，腹为虚空，发为草木，流泪为河，众骨为山，大小便利为海。"①

> 天地混沌如鸡子，盘古生其中。万八千岁，天地开辟，阳清为天，阴浊为地。盘古在其中，一日九变。神于天，圣于地，天日高一丈，地日厚一丈，盘古日长一丈。如此万八千岁，天数极高，地数极深，盘古极长，后乃有三皇。②

第一段引文转引自《吕思勉读史札记·甲帙·先秦盘古考》，第二段引文为《艺文类聚》（卷一）所录徐整所记之盘古故事，感觉它们二者非常相像。据学者研究，中国盘古神话，最早见于徐整的《五运历年记》。徐整，字文操，豫章（今江西南昌）人，三国时任东吴太常卿。之后，提到盘古

---

① 吕思勉：《吕思勉读史札记》之《甲帙·先秦·盘古考》，上海古籍出版社 1982 年版，第 2 页。
② 欧阳询：《艺文类聚》卷第一《天部上·天》，汪绍楹校，上海古籍出版社 1982 年版，第 2 页。

之名的是北宋黄休复《益州名画录》"无画有名"条所记《益州学馆记》的记载："献帝兴平元年（194 年），陈留高朕为益州太守，更葺成都玉堂石室，东别创一石室，自为周公礼殿，其壁上图画盘古、李老等神及历代帝王之像。"说明盘古之名汉末已有，且已形之壁画。一般认为佛教于西汉哀帝元寿元年，也就是公元前 2 年传入中国，可见中国的盘古神话是后起的，显然受了印度佛教传入的影响。印度佛教传入中国，对中国文化的影响公认是巨大的，但是也没有人可以据此说中国文化源于印度，而仅凭一个盘古神话的影响就说中国文化源于印度，显然是轻率的，不成立的。

安特生的文化"西来说"，则被中国考古取得的新成果否定。1931 年留学归国的梁启超的次子梁思永，发掘了安阳高楼庄的后岗，发现了中国考古学史上著名的"后岗三叠层"，即仰韶文化层、龙山文化层、商文化层由下而上的三层堆积，证明了中国的历史从史前到之后的历史时期是一脉相承、连续发展的，从而极大地冲击了安特生的文化"西来说"。

夏鼐，中国科学院学部委员，第三世界科学院院士，曾获美、英、德等 7 个国外最高学术机构颁发的荣誉称号，是中国著名考古学家、历史学家。1943 年，学成归来的夏鼐加入由"中研院"史语所等学术机构联合组成的西北科学考察团，几乎重访了安特生此前考察过的每一处遗址。1945 年 5 月，夏鼐在考古发掘中第一次从地层学上找到了齐家文化年代晚于甘肃仰韶文化（现称"马家窑文化"）的明确证据，从而推翻了安特生关于甘肃新石器时代文化的分期，同时也纠正了其对中国史前文化年代排序的失误，"中国文化西来说"于是不攻自破。夏鼐明确指出：

> 偃师二里头文化就其文化内容和所在地点而言，显然是从晚期河南龙山文化发展过来的。但可能又吸收了其他地区一些文化中某些元

素，例如山东晚期龙山文化（陶器某些类型、铜器），晚期大汶口文化（陶器上刻画符号，可能还有铜器），江浙地区的良渚文化（玉璧、玉琮等玉器），西北地区的"甘肃仰韶文化"（陶器上符号，铜器）等。我以为中国文明的产生，主要是由于本身的发展，但这并不排斥在发展过程中有时可能加上一些外来的影响。这些外来的影响不限于今天的中国境内各地区，还可能有来自国外的。但是根据上面所讲的，我们根据考古学上的证据，中国虽然并不是完全同外界隔离，但是中国文明还是在中国土地上土生土长的。中国文明有它的个样，它的特殊风格和特征。中国新石器时代主要文化中已具有一些带中国特色的文化因素。中国文明的形成过程是在这些因素的基础上发展的。[①]

以上前四种外来说，现代西方开明学者也感到理据不足，难以服人，已经明确表示摈弃不用。1911 年由剑桥大学帮助编辑出版的第 11 版《大英百科全书》（第 6 卷）第 191 页云："在所有中国书籍中，并无记录足使吾人借以断定中华民族之来自外国；至于巴比伦、埃及、印度、和阗，及其他古代文明发祥之地为中国人迁徙之出发点，皆属想入非非之原理，吾人应视为无根之说而摈弃之。"[②]

第五种来自非洲说，基于基因排序，看似科学，但全世界六七十亿人都是一个女人的后代，这个结论也太匪夷所思了吧？它符合人类及动植物繁衍生发的规律吗？这个测序结果，就像一片土地上有几十上百棵大树，最后竟然只有一棵大树存活了下来，并且枝繁叶茂，果实累累，其种子飘

---

① 夏鼐：《中国文明的起源》，文物出版社 1985 年版，第 100 页。
② 转引自何炳松：《中华民族起源之新神话》，载于《何炳松史学论文集》，上海古籍出版社 2012 年版，第 203 页注①。

落广袤大地，也竟然不受自然灾害的影响，都能枝繁叶茂，果实累累，继续繁衍，子孙万代，继续下去……这不像是自然社会，倒像是造物主安排的，最初只造了这么一个女性，然后再用她的肋骨造一个男性，之后由他们结合，繁衍人类。这就是上帝造人故事的翻版，今天不过是借着基因的名号倒推，自然也就找到了最初上帝造的第一个人——夏娃。但这，到底是科学？还是神话？还是宗教故事？让我们再想想，自然的世界上最初不可能只是一个人吧？他们分布在彼此差异很大的环境中，他们都会面临各种艰难困苦的考验甚至是毁灭性的灾难，怎么可能会只有一个人幸运地存活下来，并幸运地繁衍了后代？他的后代之后代，又怎么可能都很顺利、都能避免天灾人祸而持续不断地繁衍下来？可能的是，他们要么都毁灭，要么少部分或大部分存在，甚至全部存在，唯独不可能的只是一个人存在并繁衍下去。用这样的单纯基因测序方法而不考虑环境条件和人类社会的特有因素来探索人类起源和证明民族文化的来源地，显然是有问题的。无独有偶，在基因测序结果发布三年后的 2006 年 7 月，美国科学家史蒂夫·奥尔森在《自然》杂志发表文章称，现在生活在这个地球上的 65 亿人有一个共同的祖先，就生活在几千年前，确切地说是生活在几千年前的东亚一带，甚至是中国。这个结论是通过一系列的数学计算得出的。全球如此多肤色、语言和遗传基因迥异的人竟然都是一个人的后裔。这个人不是非洲的那个夏娃了，他很可能是一个中国人！[①]

　　数学计算和基因测序，在现今都是不可否认的科学，但测算出的结论，差异如此之大，也只能说明这种“科学”方法不靠谱，所得结论不可信。

---

① 《美科学家通过数学计算得出中国人是人类祖先》，载新浪科技网 https://tech.sina.com.cn/d/2006-07-25/09311053511.shtml，引用日期：2023 年 08 月 10 日。

2018 年 7 月 12 日，世界著名的《自然》杂志在线发表了广州地化所研究员朱照宇关于陕西蓝田县玉山镇上陈遗址的研究论文。文章说："这些旧石器主要出现在气候温暖和湿润的古土壤发育时期，少量出现在气候干冷的黄土层时期。同时，这些文化层的时间跨度长达约 85 万年，显示了古人类可能在 212 万年到 126 万年前曾反复地（不一定连续地）生活在中国黄土高原。"[①]传统观点认为非洲直立人在距今 180 万到 190 万年前走出非洲向世界各地迁移，而此次发现的非洲以外的蓝田上陈遗址旧石器层位的年龄远早于这个时间。尽管目前尚未发现古人类的化石，但是曾生活于此的古人类应该属于人类进化过程中一个非常原始的种群。它无可辩驳地证明了人类起源于非洲说的难以立足。

2. 自源说

自源说，即中国文化就是中国人原创的，就源自于中国大地，如夏鼐所说，"中国文明还是在中国土地上土生土长的"。因为在中国的大地上，这样的考古物证已经比比皆是：

（1）距今 1 万多年的浙江省金华市浦江县黄宅镇上山遗址和辽宁省阜新市阜新蒙古族自治县沙拉镇查海遗址，发现了世界上最早的稻作农业碳化物遗迹，以及大量的陶器、石器、玉器、猪骨等。

（2）距今 9000 多年前的浙江省金华市义乌市城西街道桥头遗址、河南省漯河市舞阳县舞渡镇贾湖遗址、内蒙古自治区赤峰市敖汉旗宝国吐乡兴隆洼遗址、湖南省澧县大坪乡彭头山遗址等，出土了世界上最早的彩陶、骨笛、酿酒作坊，以及中国最早的玉器、文字、八卦符号、河图洛

[①]　记者吴月辉：《陕西蓝田发现约 212 万到 126 万年前古人类活动遗迹》，载《人民日报》2018 年 7 月 13 日第 12 版。

书、龙凤器皿等。

（3）距今 8000 多年前的甘肃省天水市秦安县五营乡大地湾遗址、河北省武安市磁山村磁山遗址、河南省郑州市新郑市裴李岗村裴李岗遗址、湖南省怀化市洪江市安江镇岔头乡高庙遗址和浙江省杭州市萧山城区城厢街道跨湖桥遗址等，出土了世界上最早的船和船桨，以及中国最早的雕塑、水泥、草药罐、旱作农业等。

（4）距今 7000 多年的河南省三门峡市渑池县仰韶镇仰韶遗址、浙江省嘉兴市南湖乡天带桥村马家浜遗址、浙江省宁波市余姚市河姆渡镇河姆渡遗址和山东省淄博市临淄区齐陵镇后李遗址等，出土了比西亚早 2000 多年的粟粒和世界上最早的漆器，彩陶文化更是精彩绝伦。

（5）距今 6000 多年的内蒙古自治区赤峰市城东北红山北麓红山遗址、湖南省常德市安乡县安全乡汤家岗遗址、湖南省澧县车溪乡城头山遗址、重庆市巫山县大溪镇大溪遗址和河南省南阳市卧龙区蒲山镇黄山古城，出土了中华第一玉龙，中国玉文化达到一个新的高峰，还有中华远古第一城遗迹，中国开始进入城市文明时代。

（6）距今 5000 多年的安徽省马鞍山市含山县铜闸镇凌家滩遗址、浙江省杭州市余杭区瓶窑镇良渚遗址、湖北省荆门市京山市易家岭办事处屈家岭遗址、甘肃省定西市临洮县洮阳镇马家窑遗址、山东省泰安市岱岳区大汶口镇和宁阳县磁窑镇大汶口遗址等，出土了世界上第一把青铜刀，为中国最早的、规模庞大的都城遗迹等。

这些文化遗址出土的文物无可辩驳地说明，远古时期的中国，其文明成就远超距今 5500 年的巴比伦和距今 5300 年的古埃及。

通过这些文化遗址，我们明确发现，中国先民多民族共同参与了中国文化的创造。其中，最为突出的有三大文化集团：

第一个，就是西北的"华夏集团"，由炎帝（也称烈山氏、神农氏）和黄帝两大部落组成，他们主要活动在黄河流域，位于河南省渑池县的仰韶文化遗址，和山东省济南市章丘区龙山文化遗址，就是证明。除了炎帝、黄帝以外，五帝中的颛顼、帝喾、尧、舜，以及传说中怒撞不周山的共工，都属于这个集团。这是中华文化发源的核心集团，是后来人口众多的汉族的前身。

第二个，就是东方的"东夷集团"，活动区域在今天的山东、河南东部，以及安徽中部一带，是山东泰安大汶口文化、山东龙山文化的分布区。集团早期的首领就是五帝中的第一位少昊，著名的人物还有连续射落九个太阳的英雄后羿等。这些人物在中国古代神话传说和历史中占有重要地位。这个集团与华夏集团交流密切，文化融合度相对较高。

第三个，就是南方的"苗蛮集团"，主要活动在今天的湖北、湖南、江西、浙江一带，为湖北京山市的屈家岭文化遗址、浙江余姚的河姆渡文化遗址、杭州余杭区的良渚文化遗址的分布区。三皇之首的太昊伏羲是其早期的首领和代表，抟黄土造人的女娲、与黄帝恶战的蚩尤，都属于这个集团。

上面讲的这三大文化集团中，华夏集团、东夷集团都在黄河流域，苗蛮集团在长江流域。所以，我们可以明确地说，中国文化起源之地，就是在中国的两河流域——黄河长江。

（三）起源于何人

中国文化究竟起源于何人，也就是我们最早最早的那个祖先，她（他）到底是谁？

图 2-11　陕西黄陵县黄帝陵

　　读者如果去过陕西北部黄陵县桥山的黄帝陵，就会看到匾额上有大大的榜书："人文初祖"或者"华夏始祖"；如果再去陕西宝鸡的炎帝陵，也会看到大殿匾额上书写的"民族始祖"。

图 2-12　陕西宝鸡炎帝陵

　　如果再到河南周口太昊陵去看看，就会看到"中华人文始祖太昊伏羲"的巨大横额；如果再到河北邯郸市涉县的女娲庙、陵，又会看到女娲庙匾额的"华夏始祖""中华之母"的称呼。

图 2-13　河南周口太昊陵

　　他们都是"人文初祖""华夏始祖"，那么，谁才是最早的那个老祖宗呢？

　　让我们来把各种神话传说理一

图 2-14　河北邯郸市涉县女娲庙、陵

理，可以得出神话传说中华先祖表如下：

表 2-2　神话传说中华先祖

先祖		功勋	《纲鉴易知录》[①]记载
神话时代	盘古氏	开天辟地。	［纲］盘古氏首出御世。
	天皇氏	维护天，制干支，定岁之所在。	［纲］天皇氏，继盘古氏以治。
	地皇氏	维护地，定日月星三辰，分昼夜，以30日为一月。	［纲］地皇氏，继天皇氏以治。
	人皇氏	相厥山川，分为九区，人居一方，万物群生，饮食男女自始。	［纲］人皇氏，继地皇氏以治。
	有巢氏	构木为巢，教民居之，以避其害。	［纲］有巢氏构木为巢。
	燧人氏	钻木取火，教民烹饪；始作结绳之政，立传教之台，兴交易之道。	［纲］燧人氏钻木取火。 ［纪］自有巢氏教民巢居，然犹未知熟食也。燧人氏作，观星辰而察五行，知空有火，丽木则明，于是钻木取火，教民以烹饪。
	伏羲氏女娲氏	伏羲、女娲兄妹结合，繁衍人类。伏羲氏教民佃渔畜牧；画八卦，造书契以代结绳之政；作甲历，定四时；制嫁娶，正姓氏；造琴瑟，作荒乐，以通神明之祝，以合天人之和。	［纲］太昊伏羲氏，以木德王。 ［纪］太昊之母居於华胥（在今陕西蓝田县）之渚（小渊曰渚），生帝于成纪。 【唐代史学家司马贞《补史记·三皇本纪》："太皞庖牺氏，风姓。代燧人氏，继天而王。母曰华胥。履大人迹于雷泽，而生庖牺于成纪。蛇身人首，有圣德。"】
	炎帝神农氏	艺五谷，尝百草，制医药，始为日中之市。	［纲］炎帝神农氏，以火德王。 ［纪］少典氏之君娶于有娇氏之女曰安登，生二子焉，长曰石年，育于姜水，故以姜为姓。以火德代伏羲氏治天下，故曰炎帝。

---

① 吴乘权等：《纲鉴易知录》，中华书局 1960 年版，第 1—25 页。

先祖		功勋	《纲鉴易知录》记载
传说时代	黄帝有熊氏	战炎帝于阪泉，诛蚩尤于涿鹿，诸侯共尊为天子。立六相及史官，命仓颉为左史，制文字；作冕旒，正衣裳；作器用，作舟车；作合宫，作货币，作内经；命元妃嫘祖教民养蚕；画野分州，经土设井，采铜铸鼎。	[纲]黄帝有熊氏，以土德王。 [纪]少典国君之妃曰附宝者，感电光绕斗而有娠，生帝于轩辕之丘，因名轩辕，姓公孙……国于有熊，故号有熊氏。长于姬水，故又以姬为姓。 [纲]诸侯尊帝为天子，代神农氏以治天下 [纪]轩辕自涿鹿诛蚩尤还，天下诸侯共尊为天子，以代神农氏治天下。因其有土德之瑞，故号曰黄帝。
	少昊金天氏	迁徙都城于曲阜。因为凤鸟来集，就"以鸟纪官"，即以鸟类来命名官员的职位和名称，如凤鸟官、玄鸟官、青鸟官等。当时，诸福之物毕至，作《大渊》之乐以谐人神，和上下，是曰《九渊》。	[纲]少昊金天氏，以金德王。 [纪]名挚，姓己，黄帝之子玄嚣也。母曰嫘祖，感大星如虹下临华渚之祥而生帝……以金德王天下，遂号金天氏。能修太昊之法，故曰少昊。 [纲]帝崩，葬于曲阜。高阳氏践位。
	颛顼高阳氏	都于帝丘。改作历象，以建寅月为历元。作《承云》之乐，以召气而生物；铸钟，作《五基》《六英》之乐以调阴阳、享上帝、朝群后。	[纲]颛顼高阳氏，以水德王，色尚赤。 [纪]帝姬姓，祖黄帝，父昌意……初国高阳，故号高阳氏。 [纲]帝崩，葬于濮阳。高辛氏践位。
	帝喾高辛氏	都于亳。普施利物，不私其身，聪以知远，明以察微。顺天之义，知民之急。仁而威，惠而信，修身而天下服。	[纲]帝喾高辛氏，以木德王，色尚黑。 [纪]帝姬姓，名夋。祖曰少昊，父曰娇极……以其肇基于辛，故号高辛氏。 [纲]帝崩，葬于顿丘。子挚践位。 [纲]帝挚尸位九年而废，诸侯尊弟放勋践位。 [纪]挚在位九年，荒淫无度，不修善政，诸侯于是废之，而推尊尧为天子。

续表

先祖		功勋	《纲鉴易知录》记载
传说时代	帝尧陶唐氏	以建寅之月为岁首，命羲、和置润法，定四时成岁。巡守方岳，用鲧治洪水。征召以孝闻名的虞舜为用。儿子丹朱不肖，求贤自代。逊位于舜。帝之为君也，其仁如天，其智为神，就之如日，望之为云，富而不骄，贵而不舒。	［纲］甲辰，唐帝尧元载，帝自唐侯践天子位于平阳，以火德王。 ［纪］帝姓伊耆，名放勋。帝喾高辛之子，帝挚之弟，黄帝轩辕氏之曾孙也……受封于陶，年十有五复封于唐，为唐侯，故又号陶唐氏。 ［纲］癸丑，七十载，徵虞舜登庸，二女嫔于虞。 ［纲］帝试舜以事。 ［纪］尧将逊位于舜，先试之以事，以观其才德。 ［纲］癸未，一百载，帝崩于阳城。 ［纲］乙酉，一百有二载，舜避尧之子居于南河之南，天下不归尧之子而归于舜，舜于是践天子位。
	帝舜有虞氏	命设九官，治水有功的大禹为司空（总领国政），弃（周始祖）为后稷（教人稼穑），契（殷商的祖先）为司徒（负责五教），皋陶为士（掌管五刑）等。求贤才，纳谏，立诽谤木，造五弦琴，命禹叙《洪范九畴》（治天下之大法），划天下为九州。命禹征伐有苗，等。	［纲］丙戌，虞帝舜元载（前2255），春正月元日，帝格于文祖，践位于蒲阪，以土德王。 ［纪］帝姚姓，名重华。瞽瞍之子。帝尧登庸而禅以帝位，摄政二十有八载。尧崩，丧毕，始践天子之位于蒲阪。以土德王。 ［纲］癸酉，四十有八载（前2208），帝南巡狩，崩于苍梧之野。 ［纲］乙卯，五十载（前2206），禹避舜之子，居于阳城。天下不归舜之子而归于禹，禹于是践天子位。

从开天辟地的盘古氏直到炎帝神农氏，台湾学人柏杨称为"神话时代"；从黄帝姬轩辕到虞舜帝姚重华，柏杨称为"传说时代"①。统而言

① "神话时代"：盘古——天皇氏——地皇氏——人皇氏——有巢氏——燧人氏——伏羲氏——女娲氏——神农氏。"传说时代"：黄帝姬轩辕——少昊己挚——玄帝姬颛顼——帝喾姬夋——帝挚姬挚——唐尧帝伊祁放勋——虞舜帝姚重华。（柏杨：《柏杨全集》第15册历史卷，人民文学出版社2010年版，第11—18页。）

之，都是神话传说。以历史学家的眼光看，都靠不住，是不能作数的。但要是从文化的角度看，任何民族的历史，起始阶段都少不了神话传说，它们是历史的影子。传说多了，地下挖出的证据多了，自然就成了信史，被写入史册。如果挖出的证据不多，甚至没有，就只能作为"神话传说"继续流传下去。文化始祖年代十分久远，要能挖出证据成为信史，可以说希望渺茫。但是，我们不能因此没有始祖，因为这个始祖确实曾经存在过，也就只好在神话传说中去追溯了。表2-2就是综合各种神话传说归纳出来的。在这里，按照恩格斯以火的使用作为人类起源标志的观点而论，燧人氏是送火的天使，蓝田华胥氏是用火之人。一些学者研究说，华胥氏姓氏中有"华"字，"胥"同"夏"，华胥氏实际是指华夏。

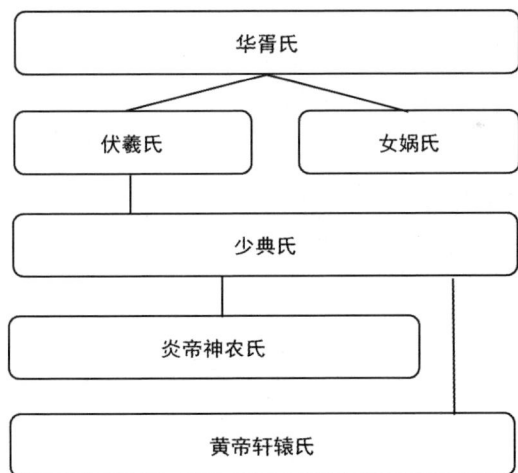

图 2-15　华胥氏子孙

华胥氏生了伏羲、女娲兄妹（明吴国伦《春秋世谱》："华胥生男名伏羲，生女名女娲。"），两兄妹结为夫妻又繁衍了华夏民族（其记载见晚唐李冗的《独异志》和唐末五代时期的敦煌写卷《天地开辟已来帝

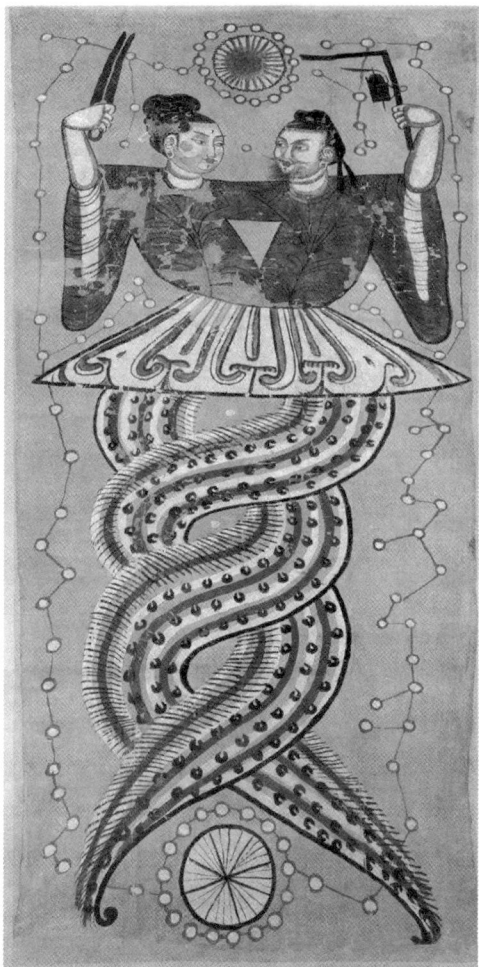

图 2-16　伏羲　女娲

王记》）。

伏羲氏的后裔少典氏[①]生了炎帝、黄帝[②]。这个世系，虽然是神话与传说，但相对而言还是比较系统、一致的。

所以，我们就可以基本确定：我们华夏民族的始祖就是伏羲、女娲的母亲华胥氏，这位民族圣母的圣地，就在陕西省蓝田县的华胥镇。华胥氏是有文物遗迹可追溯的我们华夏民族的始祖母。

至此，我们就算基本弄清楚了中华文化起源的三大问题：

中华文化起源于何时？起源于 50 万年前"北京猿（古）人"时期。

起源于何地？起源于中国的黄河长江流域。

起源于何人？起源于远古时期（今陕西蓝田县）华胥镇的华胥氏。她是我们中华民族的始祖母，是中国文化的人文老祖宗。

---

① 《伏羲庙残碑》："东迁少典君于颛顼，以奉伏羲之祀。"碑文说明少典为伏羲后裔。
② 《国语·晋语四》："昔少典娶有蟜氏女，生黄帝、炎帝。"《史记·五帝本纪》："黄帝者，少典之子，姓公孙，名曰轩辕。"

图 2-17　中华民族始祖母——华胥氏

（四）三个重大概念

在中国文化起源问题上，还有三个重大概念，或者叫历史事件，我们一定要予以高度的关注：一个是三皇五帝，一个是炎、黄、蚩尤之间的两大战，一个是千古美谈"禅让制"。

1. 三皇五帝

表 2-3　三皇五帝不同的排名

三皇五帝	排　名	出　处
三皇	燧人氏、伏羲、神农	《尚书大传》
	伏羲、女娲、神农	《春秋运斗枢》
	伏羲、神农、黄帝	《三字经》
五帝	少昊、颛顼、帝喾、尧、舜	《帝王世系》
	太昊、炎帝、黄帝、少昊、颛顼	《吕氏春秋》
	黄帝、颛顼、帝喾、尧、舜	《史记》

在明确了华夏民族的始祖母华胥氏以后，真正对华夏民族和华夏文化作出重大贡献的，就是三皇五帝了，先看三皇。

在众多史书中关于三皇的记载并不一致。请看表 2-3：《尚书大传》说三皇是燧人氏、伏羲、神农，《春秋运斗枢》说是伏羲、女娲、神农，流传比较广泛的《三字经》，说是伏羲、神农、黄帝，司马迁的《史记·五帝本纪》，只记了五帝，没有三皇，恐怕是因为传说太离奇，而且很杂乱的缘故。这里，本书建议采用广为流传的《三字经》的说法比较妥当。因为伏羲、女娲本为兄妹，女娲再列入三皇之中就没有多少必要；燧

图 2-18　太昊伏羲氏　　　图 2-19　炎帝神农氏　　　图 2-20　黄帝轩辕氏

人氏只是传火一事，虽然功劳大，但显得单薄，不好入列。而伏羲发明八卦，参天、地、人之玄机；神农尝百草，发明农业；黄帝三战炎帝、大战蚩尤，一统华夏，还发明了文字、衣裳、车船，等等。这三位确实是人文之祖，文化泰斗，他们位列三皇，天经地义。

再看五帝。《吕氏春秋》把属于三皇的太昊伏羲、炎帝神农列入其中，《史记》则把黄帝与其功名并不突出的颛顼、帝喾、尧、舜列在一起，尧、舜也只是因为禅让而出名，所以我们感到不妥。

请看表2-4：

我们发现，少昊、颛顼、帝喾、尧、舜，都是黄帝的子孙。其中少昊是黄帝的长子，颛顼是黄帝的孙子，帝喾则是黄帝的曾孙，尧是黄帝的玄孙，舜是黄帝的九世孙。《吕氏春秋》和《史记》把黄帝降格，与其子孙们列在一块儿，确实不妥。所以，本书采用《帝王世系》书中对五帝的排列，五帝是少昊、颛顼、帝喾、尧、舜。

表2-4 五帝与黄帝的关系

五帝	与黄帝的关系
少昊	黄帝长子
颛顼	黄帝之孙，昌意之子
帝喾	黄帝曾孙
尧	帝喾之子，黄帝玄孙
舜	颛顼六世孙

图2-21 少昊金天氏　　图2-22 颛顼高阳氏　　图2-23 帝喾高辛氏

图 2-24　帝尧陶唐氏　　图 2-25　帝舜有虞氏

2. 两大决战

两大决战，即阪泉之战与涿鹿之战，是远古时期关乎华夏民族生死存亡的大决战，是中华民族历史上的第一次民族统一之战。这两大决战前后次序的说法，历史上也比较乱，我们采用比较有依据的司马迁《史记》的说法，先是炎帝与黄帝的阪泉之战，后是黄帝与蚩尤的涿鹿之战。

据《史记·五帝本纪》记载："轩辕之时，神农氏世衰，诸侯相侵伐，暴虐百姓，而神农氏弗能征。于是轩辕乃习用干戈，以征不享，诸侯咸来宾从……炎帝欲侵陵诸侯，诸侯咸归轩辕。轩辕乃修德振兵，治五气，蓺五种，抚万民，度四方，教熊罴貔貅䝙虎，以与炎帝战于阪泉之野，三战，然后得其志。"意思是说，轩辕黄帝时代，神农氏炎帝势力逐渐衰微，其部下互相侵伐，残暴百姓，而炎帝神农不去管理，还想侵伐其他的部族。这些部族的首领们纷纷归顺贤德的黄帝。黄帝则进一步加强德治，整顿军队，安抚万民，然后统领以熊、罴、貔貅、䝙虎等为图腾的各个部落，与炎帝大战于阪泉之野，前后经过三次大战，终于征服了炎帝，统一了炎、黄两大部落。

然后是涿鹿之战。司马迁《史记·五帝本纪》记载："蚩尤作乱，不用帝命，于是黄帝乃征师诸侯，与蚩尤战于涿鹿之野。"蚩尤属于苗蛮集团，屡屡暴乱侵犯，于是黄帝征集各路诸侯，与蚩尤大战于涿鹿之野。据说，蚩尤还会呼风唤雨，飞沙走石，大雾弥漫，令黄帝的部队迷失了方向。幸而黄帝发明了指南车，最终擒杀了蚩尤。

这两大决战，使黄河长江流域的三大文化集团统一为华夏民族，成为炎黄一家，所以，其后人就被称其为炎黄子孙。可见，这两大决战的历史意义多么重大！

3. 禅让制

禅让制，就是光耀中华文明史册的尧、舜、禹创造的帝位禅让制度。

"禅"，指在祖宗灵位面前大力推荐有贤能的人，"让"指志愿让出帝位给贤能者。这里说的就是五帝中的尧、舜二帝和之后的大禹，他们德高望重，不贪恋权位，把帝位自愿让给有贤德的人：尧让给舜，舜让给禹，禹让给伯益，创造了帝王权力唯贤任能、和平更替的道德佳话。最早记有"禅让"之事的是被儒家列为十三经之一的《尚书》。其中《尧典》说的是"尧舜禅让"，《大禹谟》则有"舜禹禅让"的记载。

尧，号陶唐氏，又称唐尧，是帝喾的儿子，黄帝的五世孙。尧任部落联盟的首领，从不特殊，和大家一样住茅草房，吃糙米饭，衣服、鞋子不到破烂，绝不更换，百姓十分拥护他。尧在位70年，年纪大了，有人推荐尧的儿子丹朱来继位，但是尧不同意，因为丹朱粗野不贤，爱闹事。尧就走访民间，发现了德才兼备、很能干的舜，就把帝位让给舜，还把两个女儿娥皇、女英都嫁给了他。据说，还是考验了28年后才将帝位禅让给舜。

舜，号有虞氏，又称虞舜，传说是颛顼的七世孙，黄帝的九世孙。舜即位后，亲自耕田，打鱼制陶，对多次迫害自己的父亲和弟弟也从无怨言，因此很受大家的敬爱。由于太过劳累，舜到晚年身体不好，他就学习尧，在民间寻访到了才德俱佳的禹做继承人，把帝位禅让给他。据说，舜是在巡视的途中，病死在今天湖南境内苍梧之地的。

图 2-26　大禹

禹，姒姓，夏后氏，名文命，史称大禹、帝禹、神禹，是黄帝的玄孙颛顼的后代，鲧的儿子，母为有莘氏之女修己。因为禹治理洪水有功，接受帝舜禅让，国号为夏，分封尧的儿子丹朱于唐国，分封舜的儿子商均于虞国。禹作为夏朝的开国君王，被称为夏禹，成为上古时代与伏羲、黄帝比肩的贤圣帝王。最卓著的功勋，就是平息了滔天洪水，救天下万民于水深火热之中；又划天下为九州，建章立制，奠定夏朝，被后人尊称为大禹。大禹去世前，本想禅让传位给贤能的名臣皋陶，但准备要授政时皋陶不幸去世，就传给了协助大禹治水有功的皋陶儿子伯益。[1]据说，后来因禹的儿子启有德行，所以人们都去归附启。伯益见此情形，在大禹之丧满三年后自己归隐，将帝位让给启，启便继承了夏王朝。[2]启之后，王位的禅让传授就改为在家族内部父传子的世袭制了。

尧、舜、禹帝位禅让这则政治神话，将古代的道德推到了无以复加的高度。

---

[1]《史记·夏本纪》："帝禹立而举皋陶荐之，且授政焉，而皋陶卒。封皋陶之后于英、六，或在许。而后举益，任之政。"

[2]《史记·夏本纪》："夏禹十年，帝禹东巡狩，至于会稽而崩。以天下授益。三年之丧毕，益让帝禹之子启，而辟居箕山之阳。禹子启贤，天下属意焉。及禹崩，虽授益，益之佐禹日浅，天下未洽。故诸侯皆去益而朝启，曰'吾君帝禹之子也。'于是启遂即天子之位，是为夏后帝启。"

可惜，只传了三代帝王，到夏启后，他把帝位直接传给了长子太康，家天下、世袭制从此便沿袭下去了。美丽的政治神话，被残酷的现实打碎了。

不过，对于"禅让"之说，早在战国时期就有人提出了怀疑。最早不相信的是荀子："夫曰尧舜禅让，是虚言也，是浅者之传，陋者之说也"（《荀子·正论》）。战国末的韩非，不但不承认有"禅让"，反而说舜和禹是通过臣弑君继承帝位的："舜逼尧，禹逼舜，汤放桀，武王伐纣，此四王者，人臣弑其君者也"（《韩非子·说疑》）。唐代的刘知几在他所著的《史通》中引《汲冢琐语》说："舜放尧于平阳"，又说舜是被禹赶到苍梧落水而死的。稍后的《史记正义》作者司马贞，引《竹书纪年》说："尧德衰，为舜所囚。舜囚尧，复偃塞丹朱，使父子不得相见也。"《竹书纪年》等书成于战国，西晋初出自汲冢，后即散乱不传。如此说来，《尚书》中关于尧舜禅让的记载就靠不住了。这个美丽的政治神话，终于暴露出了它残酷的一面。

历史中这种正反不同的说法很多，到底应该怎么看？对尧舜禅让到底是应该肯定还是否定？这是让人很犯难的事。因为不管哪一种说法，都不是无风起浪，也不是铁证如山。对此，我们的态度就是不偏听偏信。以理性判断，《竹书纪年》的说法不靠谱。因为，如果舜是犯上作乱，囚尧夺位，尧的两个女儿娥皇和女英，就不会到苍梧去哭祭夫君，更不会眼睛哭出血，滴滴血泪把潇湘竹子染成斑竹。历史的事情还是让历史说话，让我们假以时日，等待着历史揭开真面目的那一天。

第二节　中国文化的成因

一、地理环境

在探讨这个问题之前，先看一下西瓜的神奇经历：

图 2-27　由圆变方的西瓜

本来自然长成的圆圆的西瓜怎么成了方形的西瓜？

原来是瓜农在西瓜成长时，给它套上了方形透光的玻璃筐子，让它处在方框的环境下生长，结果就长成了方形的西瓜。由此可以看出，环境对事物成长的巨大影响。

我们在讲文化的特性时，就讲到了文化的民族性、时代性和地域性。这三性都是文化的生长环境，尤其是地域环境、气候条件等，对文化生成的影响如西瓜的套框一样，也是很大的。下面这张中国地形图，就勾勒出了地理环境对中国文化形成的巨大影响。

从这张地形图上可以清楚看到，中国位于亚洲的东部、太平洋的西岸，版图内的地形是西高东低。其西南部是山脉和高原，著名的天山、昆仑山、喜马拉雅山由北向南排列在西部，尤其是世界屋脊珠穆朗玛峰矗立在青藏高原上，把西南部堵得死死的，可以说没有一只鸟能飞得过去；北部，则是一片一望无际的沙漠和高寒无人的西伯利亚荒原；东部及东南，是浩瀚无垠、难以横渡的太平洋。

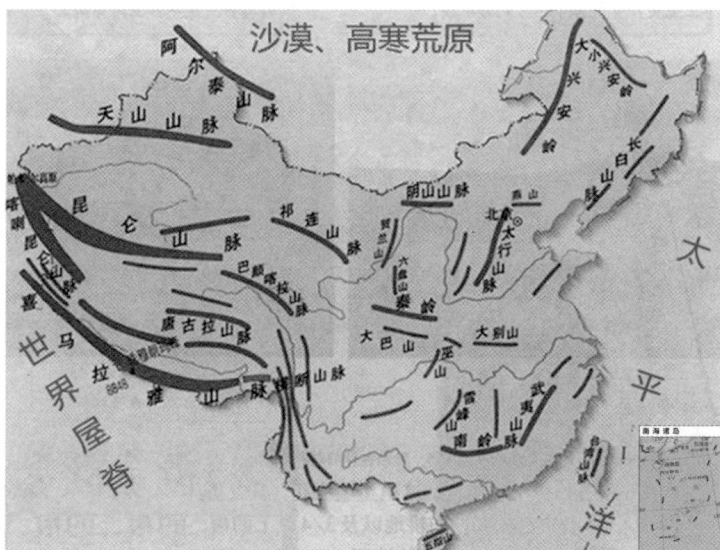

图 2-28 中国地形图

中国早期的先民，就是处在这样一个叫作中原的四面封闭的环境中，走不出去，可能也就从未想到过要走出去。

在这样的环境下，会形成什么样的心理和文化呢？恐怕在这样封闭隔绝的地理环境下，有很大的概率会导致自我中心和自我封闭。

例如说我们是中央之国"中国"，中国的名称大概就是这样来的。像左边的这个甲骨文"中"字就明确地表达了这一点：在旗杆的上下居中，在地域（圆圈）的左右居中。中国如"中"字，就处在大地四方的中央。

由于是中央之国，所以就认为天下山水都环绕拱卫着我，我是天下的中心。于是，自尊自大，看不起周围处于恶劣环境中的荒野边民，称他们为"蛮夷"。请看这张图片右边，华夏东边的称为"东夷"，西边的称为"西戎"，北边的称为"北狄"，南边的称为"南蛮"。"狄"字反犬旁，

"蛮"字虫字底，说明从心理上就没有把他们当人看，而是看作畜生虫蚁一般。

图 2-29　甲骨文"中"字与中原华夏"四夷"形势图

在此环境心理之下，就会造成盲目的骄傲自大：说自己，则是泱泱大国、物华天宝；看别人，却是蕞尔小国、不毛之地。自大自傲，便坐井观天，不思进取，保守固执，一方面随遇而安，小富即满，知足常乐；一方面小心谨慎，畏天畏地，听天由命，造成了中国人性格心理上的不少缺陷。可见，这种封闭隔绝的环境，确实不是一个文化生发的好环境。

但是也有学者说，别看这个封闭的环境，它也有好处，它地理上的隔绝，一定程度上保护了华夏民族不被外来侵略所灭绝，甚至认为四大文明古国唯有中国被保存了下来，还要感谢四周的大山和大洋的隔绝保护。

这种观点能站住脚吗？

且看中国古代比较强盛的秦汉两代。能够灭掉山东六国、一统天下的强秦，对付外族入侵，没有良策，秦始皇也不得不采用修筑万里长城的办法来防御隔绝它们。西汉也不弱，但北方强大的匈奴把汉朝皇帝逼得用自己的公主女儿去和亲，以求得暂时的安宁。

图 2-30　万里长城

图 2-31　郑慕康《昭君出塞图》

再看最强盛的唐朝，北方的突厥汗国几次都打到了长安城，肆意地烧杀抢掠，有一次逼得大唐在渭河边上和突厥签订了合约。

高寒的西北沙漠，隔绝了中原人的脚步，却从未挡住强悍的匈奴、突厥。要不是雄才大略的汉武帝打败匈奴，强盛的唐朝最后灭了突厥，恐怕中华文明就会被他们掐断了。

再看近现代，西方列强翻山越海，数次侵略中华国土，高山大洋又怎么能阻隔侵略者的步伐？

前后大的侵华战争有六次，世界有名的列强几乎都来过：第一次在1840年至1842年，英国发动了对中国的鸦片战争；第二次，1856年至1860年，英、法又发动了第二次鸦片战争；第三次，1883年至1885年，法国又发动了对中国的中法战争；第四次，1894年至1895年，日本人发动了对中国的甲午战争；第五次，1900年至1901年，世界上最强的英、美、法、俄、日、德、意、奥八国联军侵华，火烧圆明园；第六次，1931年至1945年，日本发动了全面的侵华战争，要不是全民奋起抗战，恐怕中国文化、中华文明就不存在了。可见，所谓的地理隔绝，不仅保护不了华夏文明，反而遮挡了中国人的视线，阻挡了中国人外向发展的步伐。

二、气候条件

地球上气候带的划分，从赤道所在为零至南北纬23.5度，是热带地区；南北纬23.5度至南北纬66.5度为温带地区，南北纬66.5度至南北纬90度为寒带地区；中国处于北纬20度16分至北纬53度33分，主要在北温带，还有少部分在热带。

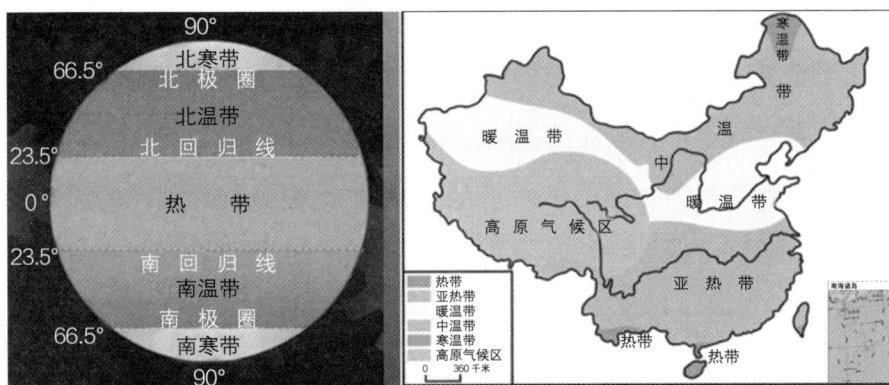

图 2-32　纬度与气候

中国的黄河中下游地区，常年的平均气温在 12.4℃—14.3℃。春夏秋冬，四季分明。

中国年均降水量

年降水量（mm）	干湿区域
200 以下	干旱区
400 以下	半干旱区
400—800	半湿润区
800 以上	湿润区

0
50
150
200
年均降水量（mm）
300 1000
400 1200
500 1600
600 2000
700 3000
800 4000

南海诸岛

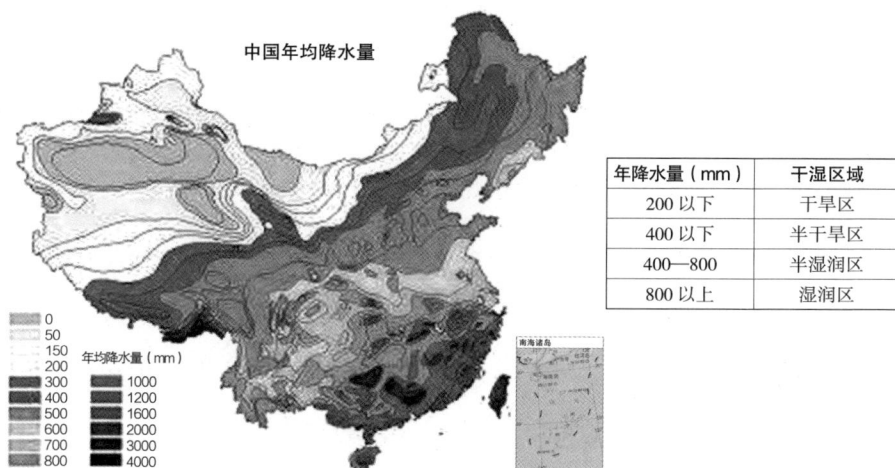

图 2-33　年降雨量分布区域

由于属于大陆季风气候，雨量也比较充沛，年降水量 400 毫米以上的半湿润区，主要在黄河、长江流域，因而非常适于农作物的生长，自然而然地形成了以土地为根本的农耕文明。这种温润的气候条件，导致农耕文化的产生。

农耕文化的特点：日出而作，日落而息；春种夏长，秋收冬藏；祈求老天风调雨顺，盼望大地五谷丰登；满足于老婆娃娃热炕头，完全是一幅温饱即安的小民安居图景。这也就导致了中国文化在生产方式，社会结构，文化生态方面的必然状态。

上述地理环境与气候条件综合作用，导致的第一个结果，就是产生自给自足的家庭作坊式的小农经济。这种经济，规模小、效益低，严重靠天吃饭，一直在饥饿与温饱之间摇摆，所以安土重迁，小富即安。知足常乐，处顺安命，也就成了大多数人的生活哲学和文化心理。

导致的第二个结果，就是重视农业生产，所谓"一夫不耕，或受之饥；一女不织，或受之寒"（贾谊《论积贮疏》），因而以农业为本，重农抑商，导致商品经济发展不起来，社会进步非常缓慢。

导致的第三个结果，由于自给自足、家庭作坊式的生产，家庭就成了最基础的单位，维护这个基础单位的安稳就成了居家过日子的关键。用什么维系？最自然的选择——血缘亲情，因为它具有天经地义的可信性和可靠性。所以，以血缘关系为纽带的宗法等级制度自然形成。这是导致文化形态的一个最主要的关键制度。

导致的第四个结果，就是自然形成了"家国同构"的政治结构：由个体的家庭发展为同宗的家族，家族再构成大的宗族，最大的宗族成为掌握权力的国家。如此一来，一脉相承的家长制就在家族→宗族→国家的体制模式中自然地存在下来，那么家庭、家族、宗族、国家的继承者，也自然为正妻长子——嫡长子，形成了嫡长子继承制的封建宗法制度。在家里，对家长孝；在国家便以孝为忠，对国君忠。这就是家国同构的政治含义。所以中国古代的这套伦理政治文化就这样自然而然、顺理成章地发展起来了。

三、儒家的卫道

但是，这个文化为什么在古代社会发展延续了数千年而没有大的变化？关键是有一个强势的儒家出现，成了这一文化坚强的维护者和有力的推手，这也是中国传统文化寿命悠长的最大原因。儒学虽然有突出的讲求伦理道德的特点，但是主要的功能还是社会治理之学，具有浓厚的政治特色。它以修身、齐家、治国、平天下为目标，将个人、家庭、社会巧妙地扭结在一起，统摄引导管理，有利于个人与家庭的安居乐业和社会统治的长治久安，被统治者名正言顺地利用以稳固自己的江山就成为历史发展的必然。儒学代有名家大儒出现，更有集大成者在承继传统、包容吸纳百家优长基础上的不断创新，使儒学成为时代思想引领者，独立潮头。如先期有汉代大儒董仲舒的"大一统""天人三策"，对孔孟儒学神化改造使其成为朝廷"独尊"之学；中期有唐代大儒韩愈"儒学道统"的加持使其成为文化"正统"；后期有朱熹和王阳明吸纳佛学等诸家学说而集成和创新的新儒学——宋明理学，儒学始终成为封建社会"官学"，牢牢地稳坐头把交椅，成为整个社会的正统思想文化。儒学忠心不二地为统治者服务，统治者则"投桃报李"给儒者以高官厚禄，使其出人头地，光宗耀祖，二者互相利用，互为推手，使封建社会即使改朝换代，但也换汤不换药地长此以往。倘若没有 1840 年外来强盗明火执仗地砸门拧锁，打砸烧抢，中国社会被迫改变，估计还会夜郎自大地以老大帝国自居延续下去。

所以，封闭的地理环境，适宜的气候温度和雨水，造成了农耕文明，形成了小农经济和血缘宗法制度，造成家国同构的社会经济、政治生态，加之儒家坚持不懈地维护道统的卫道推动，使中国文化呈现出了华夏民族所特有的农耕家族、血缘宗族、家国天下一体的人文伦理的文化特色，从而使中华民族英勇顽强地屹立于世界的东方，不时放射出耀眼的光芒。

中国文化的源头与主流

中国文化的源头由三大部分构成，一是迷信与崇拜；二是先秦哲学思想，三是宗教信仰。

第一节　中国文化的源头

一、迷信与崇拜

中国先民是一个非常迷信的群体，对于周围万物都瞪大了惊异的眼睛，一旦发现它们超乎寻常之处，便顶礼膜拜起来，当神圣来敬奉崇拜。这方面屈指算来，大概有六种崇拜。

（一）自然崇拜

一是对打雷、闪电、刮风、下雨等自然现象不理解，对于这些自然现象所表现出的伟力感到恐惧，把它们视为神灵而俯身磕头朝拜。天上惊雷滚滚，以为那是雷公大神在发怒；闪电射人眼目，以为是电母在生气；狂风大作，以为是风伯在耍威风；大雨瓢泼，以为雨师在作法。这些神灵都在天公大帝的殿堂里分别掌管下界，造福或者降罪于人间。人间草民，只有祈求它们的保佑才能风调雨顺，温饱安乐，这就自然形成了对天神的崇拜。

天公　　雷公　　电母　　风伯　　雨师

图 3-1　天神崇拜

　　二是对大地的崇拜，认为大地有地母，大山有山神，大海有龙王，大河有河伯，大树为神树，它们与天神一起都能对人间造福或者致祸。所以，也只有敬拜它们才能消灾免祸，求得福报，实现五谷丰登，自然也就形成了对大地的崇拜。

图 3-2　地神崇拜

（二）神仙崇拜

　　这里要说明神和仙不是一回事。一般认为，仙是人修炼而成的，可以长生不老，是有各种特异功能、与神有联系的超人。神不是人，人也成不了神。神高居在天界之上，人与神之间是隔绝不通的。神的能耐比仙大得多，只是谁也难以见到神。传说中的玉皇大帝、太上老君、观音菩萨等，都是道教、佛教树立的神，非常神秘高远，人们也只能在心中顶礼膜拜。中国文化具有多重崇拜的特征，不管是天地自然的，还是佛、道等宗教信仰的，以及民间传说的，只要有突出于常人的能力与杰出贡献的，大都可以进入神、仙之列，受到人们的崇拜祭祀。西汉刘向的《列仙传》、东晋葛洪的《神仙传》、明代的《三教源流搜神大全》《历代神仙通鉴》等，收录有名有姓的神仙就有 500 多位。

图 3-3　神仙崇拜

（三）鬼魂崇拜

中国先民认为，人死为"归"，就叫作"鬼"，灵魂离开肉身，四处游荡，偶尔还能被人看见。只有生前无罪的鬼魂能再投胎做人，有罪的则要在地狱中遭受各种酷刑。佛教还描绘了地狱的总管家是阎王爷，有判官掌管着人的生死簿，有牛头马面在阎王殿当差捉人，地狱有 18 层，有无数的鬼魂在其中受酷刑。在国人的头脑中，鬼一直是一个抹不去的阴影。不信鬼、不怕鬼的人少之又少，就连孔子这样的圣人，也是"敬鬼神而远之"（《论语·雍也》）了。

图 3-4　鬼魂崇拜

（四）祖先崇拜

在怕天、怕地、怕鬼神而敬拜之后，中国先民对生养自己、护佑自己的祖先，从感恩的角度，把他们也列入了崇拜的对象。感恩之外也怕，因为祖先是死去的人，成了鬼魂。如果对待好了，就能护佑子孙；对待不好，恐怕也会给子孙降祸。可见，这种崇拜，其实也是鬼魂崇拜的翻版。

祭拜祖先　　　宗族祠堂　　　先人灵牌

图 3-5　祖先崇拜

（五）生殖崇拜

因为中国先民早期所处的生存环境，非常恶劣，大部分人的寿命，只有三四十岁。人丁是否兴旺，关乎着家庭、家族的成败。因此人们非常关注自身的繁衍，由此形成生殖崇拜。在一些出土的陶器上，有男、女生殖器的花纹，甚至实体形象。有的学者还考证，甲骨文中祖先的"祖"字，

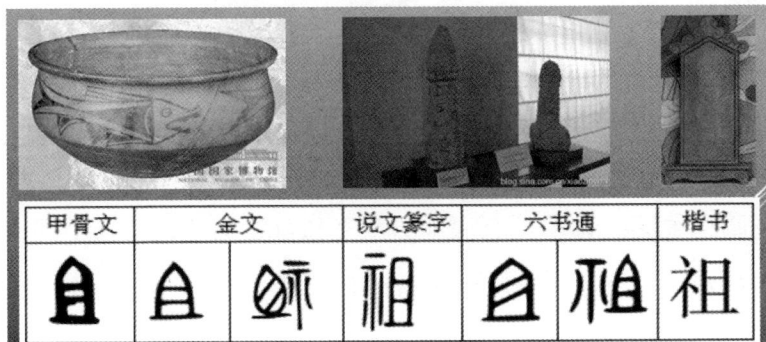

图 3-6　生殖崇拜

原本没有示字旁，就是男性生殖器的直接描绘，以崇拜先祖繁衍后代的伟业。这个字后来才加上了表示祭祀的礻字旁。

（六）图腾崇拜

图腾是印第安语"totem"的音译，意思是"我的亲族"或"我的氏族"。在许多图腾神话中，认为自己的祖先就来源于某种动物或植物，或者是与某种动物或植物发生过亲缘关系，这种动物或植物便成了这个民族最古老的祖先保护神。可见，图腾崇拜其实还是祖先崇拜。比如伏羲以龙为图腾，因为伏羲、女娲兄妹，本身就是人头蛇身，这蛇便演化为龙图腾。黄帝本来以云为图腾，所以黄帝时期的官吏，多以四种颜色的云来命名，比如青云氏、缙云氏、白云氏、黑云氏等。后来因为功劳很大，乘龙飞天，且"云从龙，风从虎"（《易经·乾卦》），也就以龙为图腾了。黄帝的儿子少昊出生的时候，有五只凤凰落在院子里，就以凤凰为图腾。后来炎、黄部落联手，华夏子民都以龙为图腾，成为龙的传人。

| 伏羲龙图腾 | 炎帝水图腾 | 黄帝云龙图腾 | 少昊凤图腾 |

图 3-7　图腾崇拜

龙图腾在中国文化中具有深远的意义和重要的地位。在中国，龙是掌管着降雨的神，而降雨又直接关系到农耕收成，因此龙成为农耕社会中最为重要的图腾之一。

图 3-8 中华龙

龙图腾的特点包括了多种动物的特征，如角似鹿、头似驼、眼似兔、项似蛇、腹似蜃、鳞似鱼、爪似鹰、掌似虎、耳似牛。这种集合性的形象，是黄帝部族对虎、豹、熊、罴、牛、马、鹿、羊、鸟、蛇、鱼等多个氏族部落的包容吸纳和其图腾的综合，体现了中华民族的多元融合、有容乃大的胸襟气度，展现了中华民族丰富的想象力和伟大的创造力。

在中国文化中，龙具有极其深刻的含义。它不仅是中华民族的象征，而且还是中国文化的象征。龙代表着力量、威严、尊贵和神秘，同时也象征着吉祥和幸福。在各种节日和庆典活动中，龙的形象都会出现，鼓舞和激励人们豪情满怀地走向光明灿烂的明天。

（七）三大基本崇拜

以上这些崇拜归类整理一下，可以看到：天地崇拜，表达的是对神秘莫测的大自然的崇拜；鬼魂、祖先、生殖、图腾等崇拜，都是祖先崇拜。到了西周时期文化昌盛，人们又对君王和传授知识的圣人给予崇拜。这与对大自然和鬼魂的畏惧性崇拜不一样，是一种理性的崇拜。由此形成了中国文化的三大崇拜：天地、祖先、君师。史学家司马迁《史记·礼书》中说："天地者，生之本也；先祖者，类之本也；君师者，治之本也。无天地，恶生？无先祖，恶出？无君师，恶治？三者偏亡，则无安人。故礼，上事天，下事地，尊先祖而隆君师，是礼之三本也。"司马迁的意思是说，天地是万物生长的根本，先祖是后人生存的根本，君师是社会治理的根本。没有天地，万物怎么能够生长？没有先祖，后人怎么能够出生？没有君师，天下又怎么能治理？如果三者都没有的话，就没办法安置人类。所以，礼仪，就是对上尊奉天，对下尊奉地，要尊重祖先和君师，这就是礼仪的三大根本。

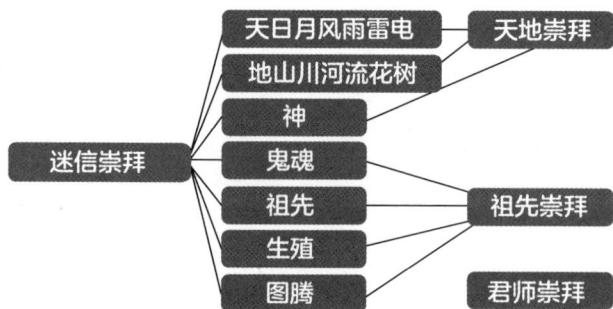

司马迁总结为三大崇拜

图 3-9　三大崇拜

对这三大根本，中国文化自有隆重的礼拜仪式。

1. 天地崇拜

天地崇拜，就是虔诚地祭拜天地。由帝王代表国家和万民百姓祭拜天地，最典型的仪式就是泰山封禅。

图 3-10　泰山封禅

由于天高上不去，就选地上最高大的山脉，以便离天更近些，好让天神看到、听到人间帝王的祭拜。地上最高大的山，就是当时公认的五岳独尊的泰山。泰山封禅，"封"的意思，就是在泰山顶上设坛祭天；"禅"的意思，就是在泰山附近的小山上祭地，较为著名的就是梁父山，所以史书上记载"封泰山而禅梁父"。秦始皇，因为一统天下，成为千古一帝，功超前人，所以第一个封禅泰山，并让丞相李斯用规整的小篆撰文立碑，记载封禅大典。之后，有不少帝王赴泰山封禅。后来因为泰山封禅耗费巨大，在明、清时就改在了北京的天坛、地坛分别祭拜天地。

在天坛祈年殿祭天　　　　　在地坛祭地

图 3-11　天坛祭天　地坛祭地

图 3-12　婚礼仪式：一拜天地

民间没有力量去泰山封禅，但在生活中也绝不敢忘记天地，所以在男女成婚的大礼上，必须"一拜天地"，才能"二拜父母"，最后"夫妻对拜"。可见，中国人对天地的敬畏是根深蒂固的。

2. 祖先崇拜

中国敬拜祖先，层次很分明：帝王在太庙中祭拜自己的先祖，臣民在宗祠和自己家里中堂设灵位祭拜，丝毫不敢马虎。不过，随着时代的变迁，这种祭拜越来越简单化了。

图 3-13　祖先崇拜

3. 君师崇拜

这里的君是历代帝王、国君。明、清两朝，在北京修建有历代帝王庙，从传说中的三皇五帝，到历朝历代帝王，他们的灵位都排列其中，按时祭拜。

北京历代帝王庙　　秦始皇　　汉武帝　　唐太宗　　宋太祖

图 3-14　帝王国君崇拜

对师的祭拜，国家级的就是祭拜孔子。孔子，儒家的创始人，伟大的思想家、教育家，受到了万世敬仰，被清朝封为"大成至圣文宣先师"，受到国家祭拜，从汉代到清代历史上有十个皇帝去往山东曲阜孔子的家乡进行祭拜。传统文化热兴盛以后，2008年，山东曲阜又恢复了春、秋祭孔的盛大典礼。

图 3-15　至圣先师孔子崇拜

这里有个有趣的现象，充分展现了中国人的聪明智慧：由于三大崇拜深深地扎根在中国人的心里，但分开祭拜要登泰山，要进宗庙祠堂，要到曲阜，殊为不易，于是发明了一个独特的中堂神牌，把三大崇拜都写上，一次性都崇拜了，这就是"天地君亲师"中堂灵位神牌。有条件的大家庭，会设立专门的神龛；一般家庭用红纸书写，挂在中堂，四季按时焚香祭拜。

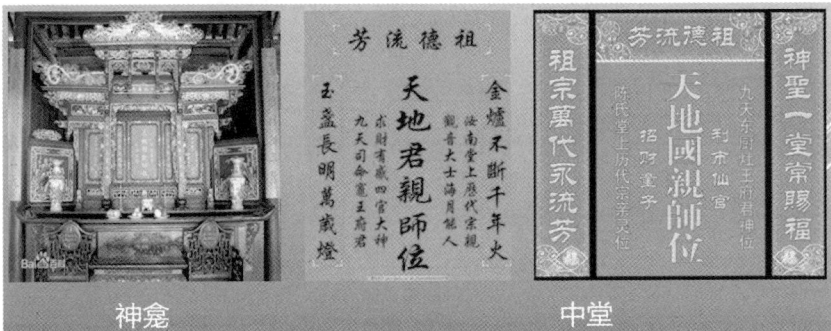

图 3-16　"天地君亲师"中堂灵位神牌

到近现代，由于封建帝国被推翻了，没有君王了，所以把君改为国，成了"天地国亲师"。在一些受传统文化影响较深的家庭中，中堂一般都有这个神牌。现在，形式上越来越简化，中堂神牌也逐渐消失不见了。

二、先秦哲学思想

先秦哲学思想分两个方面：一个是易学，就是《易经》所蕴含的哲学思想；另一个就是子学，也就是以诸子百家为代表的哲学思想。这些都是中国文化中非常光辉灿烂的思想，为中国文化奠定了厚实的基础，涂抹上了耀眼的亮色。可以说，中国文化的传统观念和基本精神，主要出自先秦哲学思想。

（一）易学

这里的易学就是《周易》。《汉书·艺文志》说："六艺之文……盖五常之道，相须而备，而《易》为之原。"学界概括为《易经》乃"群经之首，大道之源"。这就高度地肯定了它在古代经典和儒家经典中的崇高地位。

一般认为，中国朝代的历史是从夏朝开始的。夏、商、周三代，代代都有易学。《周礼·春官》中说："大卜掌三易之法。一曰《连山》；二曰《归藏》；三曰《周易》。其经卦皆八，其别皆六十四。"南宋王应麟《玉海》卷三十五《艺文·周三易》云："姚信曰：'连山氏（神农）得河图，夏人因之曰《连山》；归藏氏（黄帝）得河图，商人因之曰《归藏》；伏羲氏得河图，周人因之曰《周易》。'"由此可知，夏代的易学叫《连山易》。顾名思义，它的首卦是以两个象征山的艮卦（☶）相重，两山相连，所以叫"连山易"。商代的易学为《归藏易》，首卦则是以两个象征大地的坤卦（☷☷）相重，大地为承载，为归藏，所以叫"归藏易"。《周易》，就是周代的易学，它的首卦是以两个象征天的乾卦（☰☰）相重。汉代经学大家郑玄在《易赞》中解释说："连山者，像山之出云，连绵不绝。归藏者，万物莫不归藏于其中。周易者言易道周普，无所不备。"可惜的是，夏代的《连山易》，商代的《归藏易》，在汉代已经失传，只知道它的书名，却看不到它的内容，唯有《周易》完整地流传了下来。

近年来有好消息传出，《连山易》和《归藏易》先后被发现了。2005年，贵州省荔波县档案局从民间收集到了一本珍贵的水书《连山易》。捐献此书的是 76 岁的民间水书先生谢朝海，他是此书的第七代传承人。据初步研究，水书《连山易》的内容大体可以归纳为三个方面：天象历法、阴阳五行的冲克规则，以及根据这些原理进行预测和指导各类活动。1993年 3 月，湖北江陵荆州镇邱北村王家台 15 号秦墓，出土《归藏》竹简 394枚，约 4000 字，使《归藏》这部亡佚已久的上古易书重见天日。这两部易书的发现，弥补了易学三书不完整的缺憾，为了解和研究中国古代易学全貌提供了宝贵的资料。只是，这两部易书的内容还在专家辑录整理之中，目前对易学的研究、学习，主要对象还是《周易》。

1. 作者与成书

《汉书·艺文志》记载，《周易》的作者及成书时间为"人更三圣，世历三古"。意思是说《周易》一书的作者，先后换了三位圣人；成书的时间也经历了上古、中古和下古三个漫长的年代，实属不易。

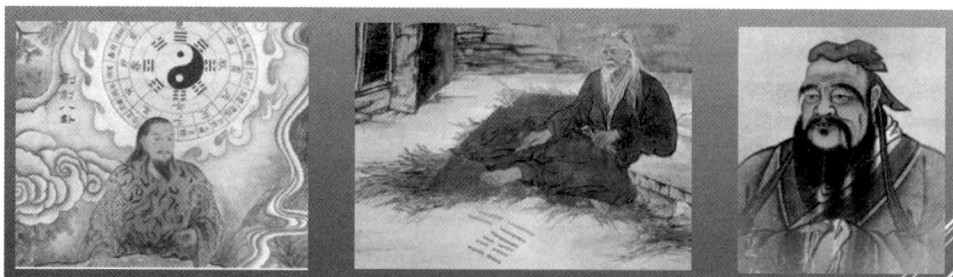

图 3-17 《周易》成书三圣：伏羲 文王 孔子

这三位圣人的第一位，就是三皇的首位，太昊伏羲，他是创制八卦的人，史称"伏羲画卦"。第二位，就是周文王，传说他被商纣王关押在羑里牢狱中的时候，推演八卦，每两卦相重推演成了八八六十四卦，史称"文王演卦"。不少学者认为，"文王演卦"过程中和后来的补缀卦爻辞也少不了周公的贡献，只因为他是文王的第四子，就略去不提了。不过，据《周礼·春官宗伯第三》记载："（太卜）掌三易之法：一曰《连山》，二曰《归藏》，三曰《周易》，其经卦皆八，其别皆六十有四。"1993 年，在湖北江陵市 15 号秦墓出土的"秦简归藏"，确有 64 卦。这些，都说明《周易》同《连山》《归藏》一样，均为 64 卦，并非文王推演出来的。虽然如此，周文王对《周易》的贡献还是很重大的。他在被囚禁期间对伏羲八卦进行了深入研究，借鉴夏商的易经《连山》和《归藏》，完善了《周易》64 卦的卦象体系。他撰写了 64 卦的卦辞和部分爻辞（大量爻辞可能是他的儿子周公补充的），为各卦提供了比较明确的卦象意义，给人们解卦用卦指明了方向。他还将道德和政治理念融入《周易》，使卦辞充满了丰富的哲理和智慧，深深影响了后世的道德观念和政治思想。此外，周文王对筮法进行了改进，使之更加系统实用，增强了《周易》的占卜功能。这些，为后来的儒家学者的深入研究提供了借鉴，也为《周易》在中国文化中的重要地位奠定了坚实的基础。第三位就是孔子，他给《周易》作《易传》十篇，阐发《周易》的哲理大义。就是他们三位圣人共同完成了这么一部充满神秘色彩和深邃哲思的文化奇书。

2.《周易》的内容

《周易》全书分为两大内容，一是《易经》，也就是经文部分，分上经 30 卦，下经 34 卦，共 64 卦。二是《易传》，据说是孔子作的十篇关于《易经》的解释、阐发的文章。这十篇文章分别是《彖传》，分上下篇，解释卦名和卦辞；《象传》分上下篇，解释卦辞和爻辞；《文言》一篇，阐发乾、坤两卦的义理；《系辞》分上下两篇，从整体上解释《周易》；《说卦》一篇，重点解释八卦的卦象；《杂卦》一篇，说明 64 卦的排列顺序。

经文部分是 64 卦及其卦爻辞。这 64 卦是由八个经卦（也叫纯卦、基本卦）两两相重而构成的。八卦的基本符号是阴爻（－－）、阳爻（－），象征相互对立的事物，以"天地人三才"[①]为据，每三爻叠成一卦，构成八个基本卦，即所谓"八卦"，分别为乾（☰）、坤（☷）、震（☳）、巽（☴）、坎（☵）、离（☲）、艮（☶）、兑（☱），象征天、地、雷、风、水、火、山、泽。然后，八卦两两相重，如乾卦和乾卦上下相重，构成 64 卦的首卦"天天乾"卦；乾卦与兑卦上下相重为"天泽履"卦，乾卦与离卦上下相重为"天火同人"卦，依此类推，八八相乘就构成了 64 卦。图 3–17 是画出的 64 卦卦象。

---

① 《易传·系辞下》："有天道焉，有人道焉，有地道焉。兼三才而两之，故六。六者非它也，三才之道也。"

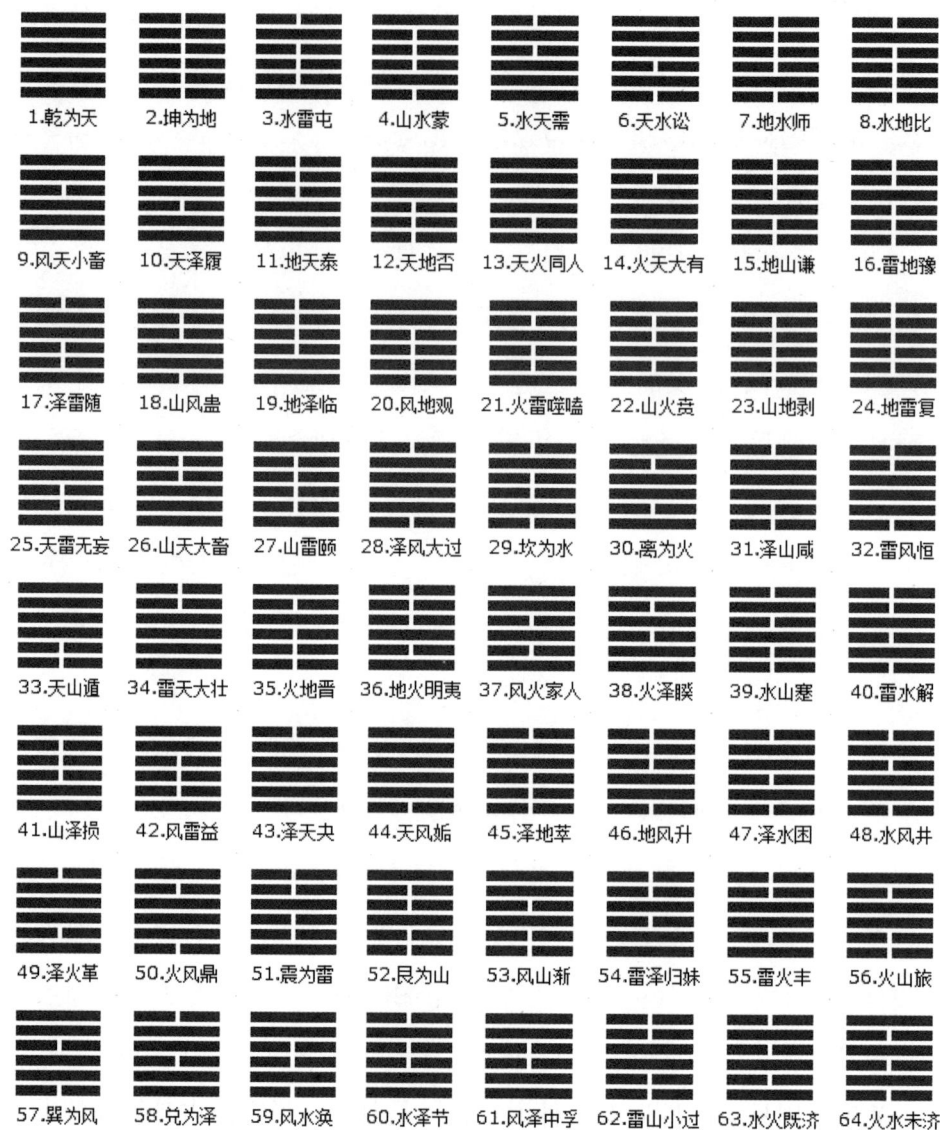

1.乾为天	2.坤为地	3.水雷屯	4.山水蒙	5.水天需	6.天水讼	7.地水师	8.水地比
9.风天小畜	10.天泽履	11.地天泰	12.天地否	13.天火同人	14.火天大有	15.地山谦	16.雷地豫
17.泽雷随	18.山风蛊	19.地泽临	20.风地观	21.火雷噬嗑	22.山火贲	23.山地剥	24.地雷复
25.天雷无妄	26.山天大畜	27.山雷颐	28.泽风大过	29.坎为水	30.离为火	31.泽山咸	32.雷风恒
33.天山遁	34.雷天大壮	35.火地晋	36.地火明夷	37.风火家人	38.火泽睽	39.水山蹇	40.雷水解
41.山泽损	42.风雷益	43.泽天夬	44.天风姤	45.泽地萃	46.地风升	47.泽水困	48.水风井
49.泽火革	50.火风鼎	51.震为雷	52.艮为山	53.风山渐	54.雷泽归妹	55.雷火丰	56.火山旅
57.巽为风	58.兑为泽	59.风水涣	60.水泽节	61.风泽中孚	62.雷山小过	63.水火既济	64.火水未济

图 3-18　64 卦卦象

依附在卦象上的卦辞和爻辞，就是经文。比如表 3-1 泰卦、恒卦等，第一行文字，为卦辞，提示卦象的整体意蕴。然后从下往上排列爻，在每一爻，也就是阴阳这个横线后面，附上爻辞。注意最下的爻不叫"一爻"，叫"初爻"，然后二、三、四、五爻依次往上排列，最上面的爻不叫"六爻"叫"上爻"。阴爻为六，阳爻为九，这是《周易》整个卦象及经文的格式。由于《易传》的《彖传》和《象传》是重点解释卦辞和爻辞的，后来的人为了方便，就把它们依附在相应的卦象后面，这就是《周易》一书的内容安排。

表 3-1　卦象 卦辞、爻辞举例

卦名	（地天）泰卦（11）		（雷风）恒卦（32）	
卦象 卦辞	䷊	小往大来，吉，亨。	䷟	亨，无咎，利贞，利有攸往。
爻　　　　　　　辞	上爻	上六：城复于隍，勿用师，自邑告命，贞吝。	上六：振恒，凶。	
	五爻	六五：帝乙归妹，以祉元吉。	六五：恒其德，贞妇人吉，夫子凶。	
	四爻	六四：翩翩，不富以其邻，不戒以孚。	九四：田无禽。	
	三爻	九三：无平不陂，无往不复，艰贞无咎。勿恤其孚，于食有福。	九三：不恒其德，或承之羞，贞吝。	
	二爻	九二：包荒，用冯河，不暇遗朋；（勿）亡，得尚于中行。	九二：悔亡。	
	初爻	初九：拔茅茹，以其汇，征吉。	初六：浚恒，贞凶，无攸利。	

3.《周易》的性质

关于《周易》的性质有三种说法，一是卦书，说它是占卦算命的书，因此有不少人把它归入封建迷信；二是哲学书，说它是讲人类社会生活各方面大道理的书，是经典中的经典，哲学中的哲学；三是以卦象占筮为形式，以揭示哲理大义为内容的一部独特的哲学经典。我们赞成第三种说法，既看重它的哲学部分，也不轻易否定它的卦象部分。那么，为什么

《周易》不像夏的易学叫"连山"、商的易学叫"归藏"那样叫"连天"，而是叫《周易》呢？

据学者们研究，"易"的意思，有三个：一是"简易"，因为大道至简，讲的道理最为简单，明白；二是"变易"，是说万事万物，都处在生生不息的变化之中，没有一成不变的；三是"不易"，就是易所呈现的基本规律确实是一直不变的。简易、变易、不易，就是易学的三大特性。至于说"周"，是指周朝，这是周朝的易学，所以叫《周易》。另外，"周"还有"周普"，就是周全普遍；还有周详、周密、周流变化之意，体现《周易》的周流普适性。可见，书名叫《周易》，是十分恰切的。

4.《周易》的学术流派

《周易》的学术流派，大致可以分为两大类：一类叫作象数派，一类叫作义理派。先看象数派。象数派注重对《易经》卦象、卦变的研究，借以推导人事的变化，预测事象的吉凶祸福，其代表人物为汉代的孟喜、京房、焦延寿，宋代的陈抟、邵雍等。图 3-19 展示的就是易学原理：太极生两仪，两仪生四象，四象生八卦，体现了道家《老子》的"道生一，一生二，二生三，三生万物"之理。

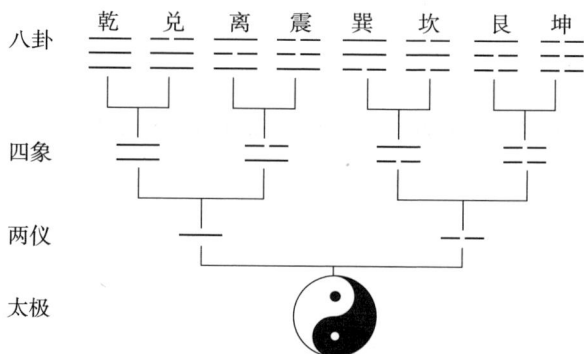

图 3-19 太极生两仪 两仪生四象 四象生八卦

再看义理派。义理派注重发掘卦名、卦爻辞、卦象，尤其是孔子《易传》中所阐发的大义和哲理，不屑于算卦预测。其代表人物为魏晋时的王弼，宋朝的胡援、程颐、李光、杨万里等。图3-20就是魏晋王弼解释卦爻辞，阐发《易经》哲理大义的著作，很受后代学者的推崇。

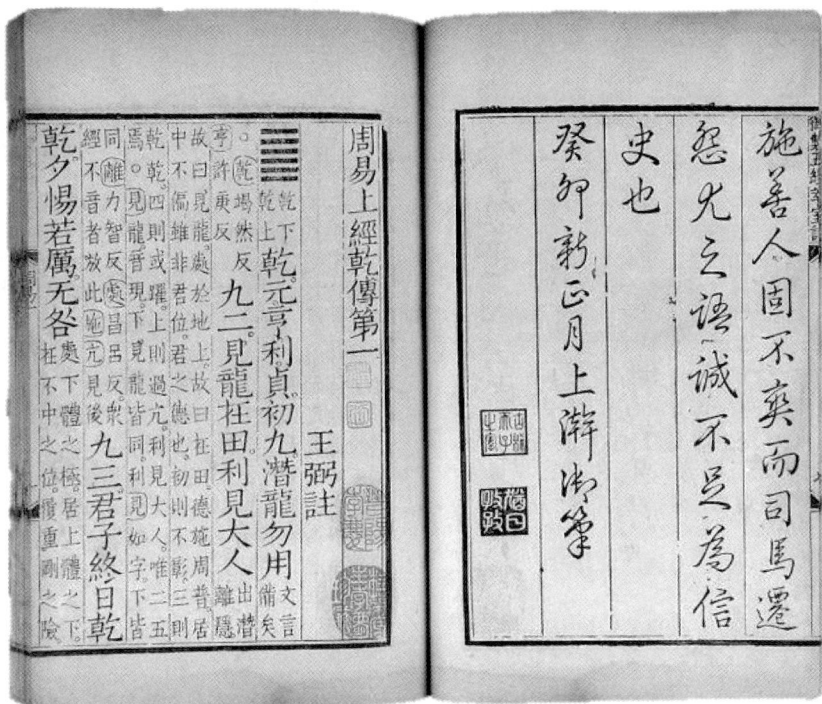

图3-20 ［魏晋］王弼《周易注》

5.《周易》的学习

如何学习《周易》这部奇书？其方法就是分别从义理和象数入手。

（1）从义理入手学习《周易》

在这个方面，主要是研读孔子作的《易传》，共有十篇，前面介绍过，它们被附在《周易》中，仿佛使《周易》可以腾飞的翅翼，所以又叫"十翼"。

表 3-2　《易传》篇目内容

	篇名	内容
易传（十翼）	系辞传（上、下）	系是"联络""联系"之意。上篇以形而上的道体为主，下篇以形而下的器用为主。
	彖传（上、下）	彖是断的意思，每卦都有"彖曰"，又称"彖辞"，论断卦象、卦德和六爻的排列。
	象传（上、下）	象表示"像"的意思，卦象为大象，爻象为小象，用来模拟形态和事理。
	文言传	乾卦和坤卦，各加文言传，分别对此两卦仔细加以解说。
	序卦传	说明六十四卦的排列次序。
	说卦传	解释六十四卦的卦名含义。
	杂卦传	说明各卦之间的错综关系。

　　《易传》的字数，比经文多得多，内容丰富而深邃，其中有不少的名言名句，已经渗透在我们的生活、思想中。这里，我们选了五大名言，以展现其博大深奥的哲理意蕴。当然《周易》不止于五大名言，还有十大、二十大、五十大名言，等等。当然，也不要断章取义地择一两句名言来简单读一读，最好是认真地阅读原文、全文。

　　第一句名言："一阴一阳之谓道"。（《周易·系辞上》第五章）《周易》最基础的有两个符号，阴爻（－－）和阳爻（－），象征世界万事万物阴、阳两面。这两面，相互对立，相互依存，相反相成，相互转化，不可偏废。世界万事万物有阴就有阳，有善就有恶，有好就有坏，有男就有女，有君子就有小人。希望全是君子，没有小人，就像希望只有白天没有黑夜一样的不可能。阴阳互依互转，相反相成，就是人世间的大道理、大规律。这个大道理、大规律就叫作"道"。

　　第二句名言："生生之谓易"。（《周易·系辞上》第五章）阴、阳生生不息，变化不停，阴盛转阳，阳盛转阴，始终变化无穷，这就叫"易"，即"变易"，说明世界永远处于变化发展之中。东方思想家、圣人孔子面对滔滔奔流的河水慨叹"逝者如斯夫"（《论语·子罕》），希腊哲学家赫拉克利特（Herakleitos，约前544—约前483）说"人不能两次踏进同一条河流"①，因为河流在不停地流淌变化。我们只有用发展变化的眼光看待万事万物，才能正确把握这个生机勃勃、瞬息万变的世界。

第三句名言："穷则变，变则通，通则久。"（《周易·系辞下》第二章）穷，即穷尽，尽头，事物或者事情到了尽头，堵塞不通了，就会物极必反，向相反转变，这一转变就峰回路转，通达了。坚信这样的穷通变化而灵活应变，就能持久发展。这句话，我们如果借用宋代大诗人陆游《游山西村》的诗句来形容，那就是"山重水复疑无路，柳暗花明又一村"。这是对自然和社会发展规律的揭示，也是我们面对困境和挫折应该采取的正确态度。

第四句名言："天行健，君子以自强不息。"（《周易·乾卦·象传》）古人讲天人合一，人要与天道一致，按自然规律做人做事。宇宙天体从来就没有停止过运行，不管时运好坏，照旧运转不息，非常的坚韧强健，作为君子，就要效法天体，勤于进德修业，自强不息。这是何等的鼓舞人啊！

第五句名言："地势坤，君子以厚德载物。"（《周易·坤卦·象传》）大地的势态就像坤卦征象一样，敦厚宽广，承载包容万物。君子呢，就要把自己的德行修炼得如同大地一样宽广深厚，这样才能承载和包容人间万事万

---

① 转引自金炳华等编：《哲学大辞典（修订本）》"赫拉克利特"条，上海辞书出版社2001年版，第524页。

物，包括成功与失败，荣誉与贬毁，逆境与顺境。德不厚，就不能担大任、成大事。"厚德载物"也就成了千古名言，被人们挂在厅堂，作为座右铭。

仅仅这五句至理名言，就让我们佩服得五体投地。所以，我们要深入地研读《易传》原文，深刻地理解它的思想精髓。

（2）从象数入手学习《周易》

朱熹在《周易本义·答刘君房》中说："易本为卜筮而作，以断吉凶。"但是一些儒生只空谈义理，导致《周易》难读难解。为此，他撰写了《周易本义》和《易学启蒙》两书，以纠正这种偏向，强调易学要重视象数卜筮，以利于《周易》精髓的全面正确把握。可见，从象数入手学习《周易》的重要。这里，我们从卦象、卦数和预测占卜这三个方面作以介绍。

先说卦象，有三象：一是卦象，即阴爻（--）、阳爻（—）、八卦、64卦。请看图3-21爻象和卦象。

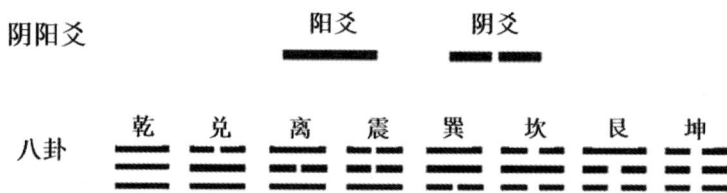

图 3-21 爻象和卦象

阴爻是中间断开的两短横，阳爻是一横，分别表示阴、阳。八卦，由三个阴阳爻由下往上排列，分别组合成八个卦。为何三爻成卦？因为三爻代表天、地、人三才。为何只组成八卦而不是六卦或者十卦？因为四面八方只有八个方向，八卦起初就是为了表示这八个方向或者方位而设计的。

这八个卦是基本卦，也叫三爻卦、经卦、八纯卦。如何记住并画出八个卦？南宋的哲学家朱熹编了一首八卦取象歌，歌诀是这样的："乾三连，坤六断，震仰盂，艮覆碗，离中虚，坎中满，兑上缺，巽下断。"
（朱熹《周易本义》卷首）意思是什么？就是乾卦的三个阳爻是三横，中间都没有断开，连在一起，所以是"乾三连"。坤卦三个阴爻，都从中间断开，六个短横，所以称"坤六断"。震卦三爻就像口朝上的钵盂，艮卦相反，就像是口朝下覆盖的碗，所以称"震仰盂，艮覆碗"。下来看特点：离卦只有中间一爻是阴爻 --，是个断开的虚线，所以称"离中虚"；坎卦相反，只有中间一爻是阳爻，感觉满实，为了押韵好记，称"坎中满"。兑卦只有上爻是阴爻，巽卦只有初爻是阴爻，爻画中间（--）是断开的，就像缺口，所以称为"兑上缺，巽下断"。这个口诀押韵好记，记住了，

表 3-3　朱熹八卦取象歌诀

卦象	八卦取象（画卦）歌诀
☰	乾三连
☷	坤六断
☳	震仰盂
☶	艮覆碗
☲	离中虚
☵	坎中满
☱	兑上缺
☴	巽下断

就能很容易画出八卦的卦象。

　　卦象之后，就是征象，也就是八卦的象征意义。请看表 3-4 八卦征象。这里的乾天、坤地、震雷、巽风、坎水、离火、艮山、兑泽，其在卦名后的天、地、雷、风、水、火、山、泽，就是卦的象征意义。这是最基本、最关键的象征意义，一定要记住。另外，八卦在季节、方位、属性、家人、五行等方面，也都有它的象征意义。这些，都是占卦判断的主要依据，占卜者也应该掌握。

表 3-4　八卦征象

卦象	卦名	自然	季节	方位	属性	家人	动物	器官	内脏	五行	气象	节气
☰	乾	天	秋冬间	西北	健	父	马	首	肺	金	晴	立冬
☷	坤	地	夏秋间	西南	顺	母	牛	腹	脾	土	云	立秋
☳	震	雷	春	东	动	长男	龙	足	肝	木	雷	春分
☴	巽	风	春夏间	东南	入	长女	鸡	股	胆	木	风	立夏
☵	坎	水	冬	北	陷	中男	豕	耳	肾脏膀胱	水	雨	冬
☲	离	火	夏	南	附	中女	雉	目	心脏小肠	火	晴	夏至
☶	艮	山	冬春间	东北	止	少男	狗	手	胃	土	雾	立春
☱	兑	泽	秋	西	悦	少女	羊	口	大肠	金	雨	秋分

　　再就是事象，也就是卦辞、爻辞中涉及的龙、马、风、云、山、水等具体事物之象。

　　卦象明白了，再看卦数。卦数也有三个方面：第一个是爻数，就是八卦有阴、阳二爻，每个纯卦（经卦）由三爻构成，八卦就是三八二十四爻；八卦两两相重为 64 重卦，每个重卦都由六个爻构成，又叫六爻卦。64 卦乘六爻就等于 384 爻，这就叫爻数，代表天地万物 384 种状态和变化。第二个就是卦数，一般采用的是先天伏羲八卦的卦数，也就是"乾1兑2离3震4巽5坎6艮7坤8"中的这八个数，非常重要，是八卦断卦的数量依据或数字代表：如果是乾卦就意味数量1，是兑卦则意味数量2，其余以此类推；反之，如果得到数字1，即乾卦；如果得到数字2，即兑卦，其余亦以此类推。

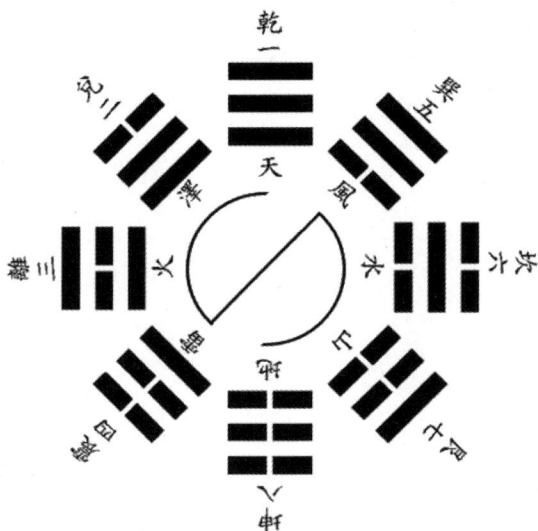

图3-22　伏羲先天八卦数

第三个是量数，指时间数和物量数，这要以实际发生的数量为准。

明白了卦象、卦数，就进入预测占断，这是《周易》最神秘的部分。在进行占断之前，先要掌握五个术语。

一是体用问题。大家看右边的这个谦卦，艮山为下，坤地为上，构成地山谦卦。易学规定：下卦为体卦、主卦、内卦、自身卦；上卦为用卦、客卦、外卦、身外卦。一般算卦，无非是探讨人与外部的关系，所以一定要分清体、用和主、客。拿这个谦卦（图3-23）来说，其中的下卦艮山，就是体卦，就代表求卦的本人；上卦坤地就是用卦，就代表求卦者之外的一切外部环境、因素、条件等。

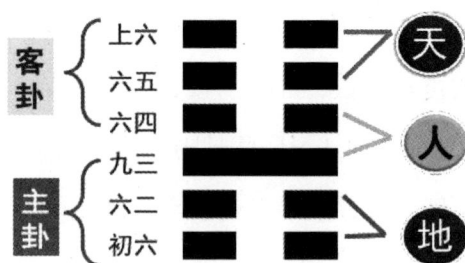

图 3-23　占卦时的主客体用

二是卦位，也就是八卦的方位。这里有伏羲先天八卦方位和文王后天八卦方位，一般采用文王后天八卦方位，也就是乾卦指西北，坤卦指西南，巽卦指东南，艮卦指东北，离卦指正南，坎卦指正北，震卦指正东，兑卦指正西。

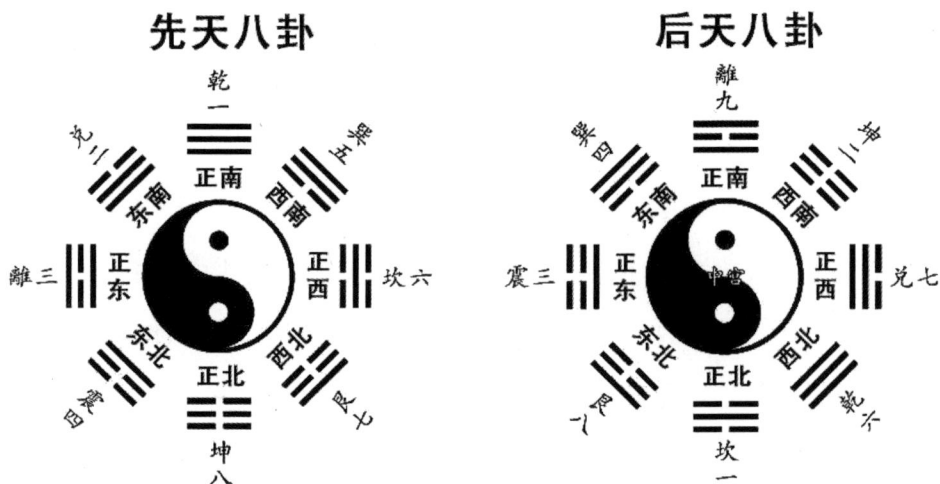

图 3-24　八卦方位

三是交感，也就是交互感应。如果重卦的上下卦能交互感应，就会通达顺利，否则就阻隔不通，不吉利。比如图 3-25 左边这个否卦，乾天在上，坤地在下。乾天为阳，阳气上升；坤地为阴，阴气下降，两者背道而驰，不相交互，也就是不交互感应，不通达，所以为不吉利之卦。而右边的泰卦，乾天在下，坤地在上，乾卦阳气上升，遇到坤卦，坤卦阴气下降，遇到乾卦，阴阳交互，地天交感，所以通泰吉利，为大吉大利之卦。

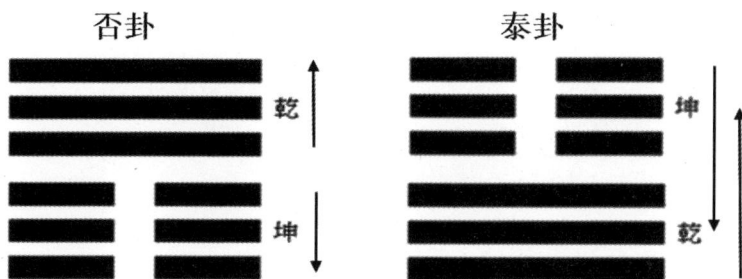

图 3-25　否、泰卦各自上下卦交互情况

四是运势强弱。一般来说，每卦都有六爻，从下面的初爻，一直到上面的上爻，运势逐步加强，就像万物生长一样，由小到大，由弱到强，但是到了最高最强的时候，马上会向相反转化，这就是易理，就是卦的强弱始终处于变化之中。

表 3-5　爻位变化趋势

爻位	状况趋势		升降强弱增减
	事物情势	人	
上爻	成熟（衰朽）	老年	
五爻	兴盛	中年	
四爻	勃发	青年	
三爻	成长	少年	
二爻	出生	婴幼	
初爻	萌芽	孕育	

五是断辞，也就是占断语辞，在《周易》中有吉、元、亨、利、贞、悔、吝、厉、咎、凶十个断辞，它们就是对预测之事的吉凶所下的判断之辞，其含义如表 3-6 所列。

表 3-6　断辞含义

断辞	含义	吉凶程度	
元	初始，大，善		
吉	吉祥		
亨	亨通		吉
利	有益，适宜		
贞	占卜，正而固		
悔	懊悔，趋吉		
吝	困难，趋凶		
厉	危险		凶
咎	灾难		
凶	凶祸		

掌握了上述这些术语及知识，就可以占卦预测了。占卦预测分为两步，第一步，起卦；第二步，占断。

起卦，也叫打卦，就是在求卦者问卦之后，占卜者（算卦人）起出一个六爻卦象。《周易》正规的方法是用 50 根蓍草起卦，比较复杂。《周易·系辞上传》曰："大衍之数五十，其用四十有九。分而为二以象两，挂一以象三，揲（shé，古代用蓍草占卜吉凶时，将蓍草按整数四根一束分开）之以四以象四时（春夏秋冬），归奇（零数）于扐（lè，手指之间）以象闰；五岁再闰，故再扐而后挂。……是故四营而成易，十有八变而成卦。"

具体说，就是在进行占筮时，依据天地自然衍化之数 50，准备 50 根蓍草茎作为推算筹策，取出一根象征太极，置于案头上方，只用 49 根来推演。将这 49 根随机分为左右两堆，象征阴阳两仪；在右堆中抽出一根挂在左手小指间，这时左右两堆和所夹筹策象征天地人三才；再以四根一组去分开左堆筹策，象征一年四季；把最后一组或不足四根或就是四根的筹策作为余数夹挂在左手无名指间，象征闰月。因为每五年有两次闰月，所以要把右堆筹策也按四根一组分开，把最后一组或不足四根或就是四根的筹策作为余数，也夹挂在左手中指间。如此经过"四营"即分二、挂一、揲、归奇四步（后文归并为三步或三变），最后一变，左右两堆筹策分组数，结果不外是或六、或七、或八、或九共四种情况之一。七、九是奇数，为阳，画阳爻，其中九为老阳，老阳则物极必反，是为变爻；六、八是偶数，为阴，画阴爻，其中六为老阴，老阴也物极必反，是为变爻，打 × 标记。至此画出一个爻画，六爻重卦则共需十八步操作（或十八变）才能画出一卦。

　　朱熹《周易本义》卷末下《筮仪》，对起卦筮法有详细叙述，不过大部分人读过之后，还是无法按图索骥，正确起出一卦来，因为有关细节交代不清。这里，不用故弄玄虚以增加神秘感，将《周易》起卦筮法详细说明如下，以便利读者学习研究。

表 3-7　起卦筮法

起卦步骤		操作方法
一、三变（遍）画一爻 【※第二、第三变（遍）从第 2 步开始执行到第 7 步】	1	在 50 筹策中任意取一筹策放置在书桌上部，以象征太极。此筹策在起卦每三变画一爻中不再动。
	2	第一变（遍）时随机信手将其余 49 个筹策一分为二，分为左右两堆；第二、三变（遍）时，将上一变（遍）合到一起的筹策随机信手一分为二，分为左右两堆。
	3	从右堆中任取一筹策挂于左手小手指间。
	4	按四个筹策一组去分左堆筹策，将最后一组（或余 1 策，或余 2 策，或余 3 策，或 4 策）挂夹在左手无名指间。

续表

起卦步骤		操作方法
一、三变（遍）画一爻 【※第二、第三变（遍）从第2步开始执行到第7步】	5	再按四个筹策一组去分右堆筹策，将最后一组（或余1策，或余2策，或余3策，或4策）挂夹在左手中指间。
	6	将挂夹在左手指缝间的筹策集中起来放到书桌一边，以腾空左手。注意放在这里的筹策不要和其他筹策混到一起。
	7	将桌上左右两堆四个一组的筹策合到一起。注意：在第三变（遍）时不要合到一起。
	8	第三变（遍）完成后，数一数桌上左右两堆四个筹策一组的组数有多少。结果不外是6组、7组、8组或9组四种情况之一。若是奇数7组或9组，就画出阳爻；若是偶数6组或8组，就画出阴爻。 注意：如果是6组［老阴］或9组［老阳］，属变爻，就要在爻画旁标注变爻符号"×"。
二、十八变（遍）成一卦		将上面步骤一执行六次。
三、画出卦象		由下往上，第一变（遍）为初爻，第二变（遍）为二爻，直至上爻（第六爻），排成一卦。

到了唐代，人们嫌蓍草起卦方法繁难费时，就发明了简易的金钱（铜制钱币）打卦法，俗称金钱卦。金钱卦的打法说法不一，这里我们采用曾仕强先生在视频[①]讲解中的说法。因为他将金钱有字面设为3，图案面设为2，最后摇卦抛掷得出画爻画的六、七、八、九之数，与蓍草占筮法得数一样，不仅易于区分阴、阳爻和变爻，还符合《周易·系辞传下·第三章》"阳卦多阴，阴卦多阳"之辩证观。具体方法：找三枚铜钱，最好是中间有方孔的乾隆通宝铜钱，将有字面（正面，阳面）设为3，图饰面（背面，阴面）设为2，把三枚铜钱扣在两手中反复摇动，随机抛到案几上，无外乎四

---

① 《曾仕强：三个硬币转六次，教你怎样占卜新一年的运势》，哔哩哔哩网 https://www.bilibili.com/video/BV1yr4y1N78G/，视频日期：2021-01-23；引用日期：2023年10月23日。

种结果（见表 3-8 金钱卦摇卦四种结果），从而画出一个爻画。一个重卦有六个爻画，所以用金钱摇卦六次，从下往上画出一个六爻重卦。

表 3-8 金钱卦摇卦四种结果

铜钱摇卦结果	图字面	演算	说明	画爻画
	图＋图＋图	2+2+2=6	偶数为阴，六为老阴，阴转阳之变爻	-- ×
	图＋图＋字	2+2+3=7	奇数为阳，七为少阳（阳卦多阴）	—
	图＋字＋字	2+3+3=8	偶数为阴，八为少阴（阴卦多阳）	--
	字＋字＋字	3+3+3=9	奇数为阳，九为老阳，阳转阴之变爻	— ×

到了北宋，易学大师邵雍撰写《增广校证梅花易数》，提出了用时间数起卦的方法[①]，具体为：

（年数＋月数＋日数）÷8= 整数……余数，用余数对应的卦作上卦，无余数则用坤卦（坤卦卦数为 8）作上卦；

（年数＋月数＋日数＋时数）÷8= 整数……余数，用余数对应的卦作下卦，无余数则用坤卦（坤卦卦数为 8）作下卦；

（年数＋月数＋日数＋时数）÷6= 整数……余数，用余数对应的爻作变爻，无余数则变爻为上爻（第六爻）。

起卦的时间数，可取事象发生或发现之时，也可用求卦问卦之时。其中的日期用农历，时间用 12 时辰，见表 3-9 时辰钟点取数。

[①] 邵雍：《增广校证梅花易数》，李一忻点校，九州出版社 2007 年版，第 8 页。

表 3-9　时辰钟点取数

时辰	子时	丑时	寅时	卯时	辰时	巳时
钟点	23:00–00:59	01:00–02:59	03:00–04:59	05:00–06:59	07:00–08:59	09:00–10:59
取数	1	2	3	4	5	6
时辰	午时	未时	申时	酉时	戌时	亥时
钟点	11:00–12:59	13:00–14:59	15:00–16:59	17:00–18:59	19:00–20:59	21:00–22:59
取数	7	8	9	10	11	12

例如农历二〇二三年四月初二日未时（18：27）打卦：

（2023+4+2）÷8=253……5，即按余数 5 取卦数为 5 的巽卦（☴）为上卦；

（2023+4+2+10）÷8=254……7，即按余数 7 取卦数为 7 的艮卦（☶）为下卦；

（2023+4+2+10）÷6=339……5，即按余数 5 标第 5 爻为变爻。

如此，打出巽上艮下的风山渐卦，其第 5 爻为变爻：

表 3-10　风山渐（53）卦

上（客）卦 下（主）卦	风山渐（53）卦（卦辞：女归，吉，利，贞）	
	卦象	爻辞：
上卦（巽）	▬▬▬▬▬	上九：鸿渐于逵，其羽可用为仪，吉。
	▬▬▬▬▬ ×	九五：鸿渐于陵，妇三岁不孕，终莫之胜，吉。
	▬▬　▬▬	六四：鸿渐于木，或得其桷，无咎。
下卦（艮）	▬▬▬▬▬	九三：鸿渐于陆，夫征不复，妇孕不育，凶，利御寇。
	▬▬　▬▬	六二：鸿渐于磐，饮食衎衎，吉。
	▬▬　▬▬	初六：鸿渐于干，小子厉，有言，无咎。

　　更有十分简易的取数为卦之法，同样来自邵雍《梅花易数》[①]。方法是随机取一数，不限位数，用8除，按其余数取卦（无余数则取卦数为8的坤卦）为上卦；再随机取一数，不限位数，用8除，按其余数取卦（无余数则取卦数为8的坤卦）为下卦，将上下卦随机所取之数的和除以6，按其余数定变爻（无余数则取第6爻即上爻为变爻）。

　　例如，先随机取数为11，除以8余3，3为震卦之数，即取震卦为上卦；再随机取数为382，除以8余6，6为坎卦之数，即取坎卦为下卦；然后将上卦随机取数11+下卦随机取数382之和393除以6余3，则第三爻为变爻，从而得到震上坎下的雷水解卦。

表 3-11　雷水解（40）卦

上（客）卦 下（主）卦	雷水解（40）卦（卦辞：利西南，无所往，其来复，吉；有攸往，夙吉。）	
	卦象	爻辞
上卦（震）	▬▬　▬▬	上六：公用射隼于高墉之上，获之无不利。
	▬▬　▬▬	六五：君子维有解，吉，有孚于小人。
	▬▬▬▬▬	九四：解而拇，朋至斯孚。
下卦（坎）	▬▬　▬▬ ×	六三：负且乘，致寇至，贞吝。
	▬▬▬▬▬	九二：田获三狐，得黄矢，贞吉。
	▬▬　▬▬	初六：无咎。

　　用以上四种起卦方法之一种起得一个六爻重卦后，就可以进入第二步，依据卦象进行占断。

　　具体断卦方法，在有了《周易》之后，通常是通过卦爻辞中的变爻爻辞来判断的。比如在史书《春秋左传》中就曾经记载了二十几例用《周易》卦爻辞占断的实例，这里举的例子是《左传·襄公二十五年》，也就是公元前548年发生的一件事。说的是齐国大夫崔武子（崔杼）去吊唁国

---

① 邵雍：《增广校证梅花易数》，李一忻点校，九州出版社2007年版，第6页。

君齐棠公，看见了棠公的遗孀棠姜很美，就想娶来做老婆。

行不行呢？让人占了一卦，是困卦，变爻为六三爻。

表 3-12　困卦卦爻辞

卦名	（泽水）困卦（47）	
卦象 卦辞	䷮	亨，贞，大人吉，无咎。有言不信。
爻辞	上爻	上六：困于葛藟，于臲卼，曰动悔，有悔，征吉。
	五爻	九五：劓刖，困于赤绂，乃徐有说，利用祭祀。
	四爻	九四：来徐徐，困于金车，吝，有终。
	三爻ˣ	六三：困于石，据于蒺藜，入于其宫，不见其妻，凶。
	二爻	九二：困于酒食，朱绂方来，利用亨祀，征凶，无咎。
	初爻	初六：臀困于株木，入于幽谷，三岁不觌。

这个困卦，在《周易》中属第 47 卦，变爻为六三，就是从下往上数的第三个阴爻，其爻辞是"困于石，据于蒺藜，入于其宫，不见其妻，凶。"所以，从爻辞就断定是凶卦，很不吉利，占卦者劝崔武子不要娶棠姜为妻。但是崔武子迷恋美色，还是坚持娶回了家。仅仅两年后，棠姜就与新国君齐庄公私通，从而引起内乱，崔武子的家人都被杀了，他因此绝望而自杀。这确实是一个非常凶险的卦象，说明《周易》的预测还是比较准确的。

另外一种断卦方法，就是把五行生克纳入卦象进行占断。如表 3-13 八卦五行属性。

表 3-13　八卦五行属性

八卦	乾	兑	离	震	巽	坎	艮	坤
五行属性	金	金	火	木	木	水	土	土

五行生克关系如图 3-26，一是生助关系：金生水（金属遇热空气冷凝为水珠），水生木（水滋润草木生长），木生火（木柴燃烧起火），火生土（火烧完后成为灰烬尘土），土生金（土中埋藏金属矿物）；二是克制关系：金克木（金属刀具砍伐树木），木克土（树木能扎根土中制止水土流失），

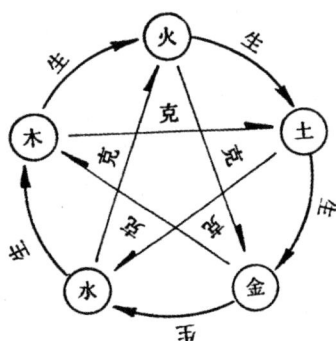

图 3-26　五行生克关系

土克水（土堤能挡住汹涌洪水不使泛滥成灾），水克火（水能灭火），火克金（火能熔化金属）。

除了这种固有的生克关系外，还有因为旺、相、休、囚、死的强弱而成的第三种反生克关系，例如水与火，本是水克火，水灭掉火，但如果水小火大，火强（旺）水弱（死），就会反过来，火克水，将水烧干。所以，五行生克还与五行是否当令得时，是否强大旺盛有关。五行如果不当令得时，与对方相比不够旺盛强大，结果就会相反，本应生助的却生助不了，反而空耗资源；本应克制杀灭对方的，却被对方反制杀灭。

表 3-14　五行旺相休囚死

五行	旺	相	休	囚	死
木	春	冬	夏	四季月	秋
火	夏	春	四季月	秋	冬
土	四季月	夏	秋	冬	春
金	秋	四季月	冬	春	夏
水	冬	秋	春	夏	四季月

※ 四季月：即每个季节的最后一个月。

同时，对五行在自然界和人体方面的属性，如表 3-15，也应清楚掌握。

表 3-15　五行属性

五行	自然界							人体						
	五季	五方	五气	五化	五色	五味	五音	五脏	五腑	五官	五声	形体	情志	变动
木	春	东	风	生	青	酸	角	肝	胆	目	呼	筋	怒	握
火	夏	南	暑	长	赤	苦	徵	心	小肠	舌	笑	脉	喜	忧
土	长夏	中	湿	化	黄	甘	宫	脾	胃	口	歌	肉	思	哕
金	秋	西	燥	收	白	辛	商	肺	大肠	鼻	哭	皮	悲	咳
水	冬	北	寒	藏	黑	咸	羽	肾	膀胱	耳	呻	骨	恐	栗

如此，则可以用五行生克来断卦了。假如起得一卦为火天大有卦，上卦为离卦，五行属火；下卦为乾卦，五行属金，卦象五行关系为上卦火克下卦金，也就是外部环境对下卦（主卦）很不利。如果算卦之时为秋，火弱金强，外部环境就限制不了主卦行事；如果算卦之时为夏，火强金弱，外部环境就把主卦限制死了，动辄得咎。主卦只可服软潜藏，等待时机，切不可轻举妄动，招致祸患。如此等等。

表 3-16　火天大有卦之上下卦五行

上（客）卦 下（主）卦	火天大有（14）卦	五行及方位季节
	卦象	
上卦（离） 外卦		火（南，夏）
下卦（乾） 内卦		金（西，秋）

　　从象数入手学习研究《周易》，绕不开《周易》预测，通俗说，就是"《易经》算卦"。夏商周三代，《易经》在社会生活中的应用就是算卦预测，至今民间还有不少人以此为业，说明了它强大的生命力。肯定它的人，顶礼膜拜，极力将其神秘化；否定它的人，极端鄙视，用"封建迷信"将其封杀。笔者认为，都是不可取的。

　　对于《周易》，历代大家都有定评，认为它是一部占卜哲学书，蕴含了深刻的哲学思想和宇宙观。孔子曾说："加我数年，五十以学《易》，可以无大过矣。"（论语·述而）因此他"居则观其象而玩其辞，动则观其变而玩其占"（《周易·系辞上》）。唐太宗的宰相虞世南向他的好朋友推崇《易经》说："不读《易》不可为将相。"[1]唐药王孙思邈说："凡欲为大医，必须谙《素问》《甲乙》……《周易》、六壬，并须精熟，如此乃得为大医。"（孙思邈《备急千金要方·大医习业第一》）南宋大儒朱熹慨叹："至哉《易》乎！其道至大而无不包，其用至神而无不存。"（《周易本义·序》）乾隆皇帝主持编撰《四库全书》，其《四库全书总目提要》说："易道广大，无所不包，旁及天文、地理、乐律、兵法、韵学、算术，以逮方外之炉火，皆可援易以为说。"学界将史学家班固"六艺之文……盖五常之道，相须而备，而《易》为之原"（《汉书·艺文志》）的话概括为《易经》乃"群经之首，大道之源"。这都说明《周易》内容极其丰富，是中国文化生长发展的厚固基石。《易经》算卦作为《周易》的重要功能，一直有着源远流长的文化实践，其在现代社会的意义已经远超简单的算卦预测。它实际上是一种深刻的哲学思考方式，通过对阴阳、五行等传统哲学概念的运用，提供了一种理解和解释世界的独特视角。在快

---

[1]　南怀瑾《易经杂说》，复旦大学出版社 2002 年版，第 4 页。

节奏的现代生活中，人们面临着各种复杂的决策和挑战，易经算卦可以作为一种辅助工具，帮助人们从更广阔的角度审视问题，寻找可能的解决路径。同时，它也是一种文化传承的方式，通过一代代的实践和研究，使得这一古老的智慧得以延续。

然而，《易经》算卦并不是一种随意的娱乐活动，它需要在特定的心态和环境下进行。如果占卜者心态不真诚、不专注，或者在不适当的环境下进行，如身体不适、心情不佳或环境嘈杂，都可能影响占卜结果的参考价值。此外，《易经》算卦也不应该被用于不正当的方面，如违法犯罪或违背社会公德等，这些都是对这一传统文化的歪曲和亵渎。

《易经》算卦的真正价值在于它所蕴含的哲学思想和对人生的深刻洞察。它启发我们，生活中的每一个决策和行动都应该建立在深思熟虑和真诚的态度之上。同时，它也提醒我们，虽然占卜可以提供一定的参考，但最终的命运仍然掌握在自己手中。因此，《易经》算卦不应该成为一种逃避现实的手段，而应该被视为一种启发思考、拓宽思路和自我反省的工具。通过这种方式，我们可以更好地理解自己的行为和选择，以及如何把握自己的未来。总之，《易经》算卦是一种深刻的文化实践，它要求我们在尊重传统的同时，要以现代的眼光去理解和运用它。

（二）子学

子学，就是诸子百家的学说。东汉史学家班固在《汉书·艺文志》中说，数得上名字的共有189家，著作有4324篇。最终，有十家发展成了著名学派，这就是儒家、道家、墨家、法家、阴阳家、名家、纵横家、杂家、农家和小说家。

1. 儒家

儒，古代早期指专门主持祭祀礼仪的人，逐渐发展为兼具职司礼仪和知识教育的人。这些人都是有知识的文化人，后来便用"儒"指称读书人，可见儒家学说其实就是古代读书人、知识分子的主张学说。儒家学说的创始人，就是号称有三千弟子的思想家、教育家孔子。

孔子（前551—前479），子姓，孔氏，名丘，字仲尼，鲁国陬邑（今山东曲阜）人。面对春秋时期礼崩乐坏，君不君，臣不臣，屡屡有犯上作乱、大逆不道事件的混乱局面，他大力倡导仁爱，以恢复西周礼仪制度为目标，带领学生周游卫、曹、宋、郑、陈、蔡、叶、楚等列国14年，宣传仁爱、德治的政治主张。他的弟子们把他的言语和师生之间的对话记录下来，编为《论语》一书，成为儒家学说的经典。其思想核心就是"仁"，政治目标就是"礼"，倡导仁者"爱人"（《论语·颜渊》），主张德治仁政，要求"克己复礼"，以恢复西周君君、臣臣、父父、子子的礼仪制度，使社会恢复礼乐有序的和谐局面。孔子的"仁"，具有很大的概括性，可以说是人类社会一切道德规范的总和，全部道德观念的总称，它包含忠（《论语·子路》："樊迟问仁。子曰：'居处恭，执事敬，与人忠。'"）、孝（《论语·学而》："孝悌也者，其为仁之本与！"）、礼（《论语·颜渊》："克己复礼为仁。一日克己复礼，天

图3-27 孔子画像

下归仁焉。"）、义和恭宽信敏惠五大德（《论语·阳货》："子张问仁于孔子。孔子曰：'能行五者于天下为仁矣。''请问之。'曰：'恭、宽、信、敏、惠。恭则不侮，宽则得众，信则人任焉，敏则有功，惠则足以使人。'"）。"仁"的核心是爱人——"樊迟问仁。子曰：'爱人。'"（《论语·颜渊》）这个"爱"不是兼爱、普爱，而是"亲亲"之爱，从血缘亲情之爱开始，由近及远，逐渐延伸开来，形成亲疏有别的仁爱关系：先爱父母——尽孝，次爱兄弟——友恭，再由小家推到大家，由大家推到宗族，再推到国家——爱国君，就尽忠；爱朋友，就守信；最后"老吾老以及人之老，幼吾幼以及人之幼"，最终实现以血缘亲情为伦理基础的仁爱德治社会。作为教育家的孔子，开办私学，培养以仁德立身、文质彬彬的君子人格，贬斥无德逐利、同而不和的宵小小人，提倡"己所不欲，勿施于人"的忠恕之道，和不偏不倚的中庸之道，当仁不让，以天下为己任，不惜杀身成仁以实现天下为公、世界大同的理想。孔子的"仁在中国历史上首次意指超越生死的终极价值：'子曰："志士仁人，无求生以害仁，有杀身以成仁。"'（《论语·威灵公》）从这个意义上讲，清楚地表明这种'突破'是'超越的'。""认识到仁是人类存在的终极价值逐渐成了一名儒者精神上的自我定位，即使在孔子的时代，已被其弟子广为接受。孔子的门生曾子可称仁士，他说道：'士不可以不弘毅，任重而道远，仁以为己任，不亦重乎？死而后已，不亦远乎？'（《论语·泰伯》）"。[①] 孔子办私学，弟子 3000，贤人 72，代有儒学人才辈出，对中华民族思想文化多有巨大贡献。孔子在其教书育人中创立的有教无类、因材施教、诲人

---

① 杜维明：《道·学·政——论儒家知识分子》，钱文忠、盛勤译，世纪出版集团 上海人民出版社2000 年版，第 3 页。

不倦、学思并举、温故知新、愤悱启发（《论语·述而》："不愤不启，不悱不发。"）、举一反三等教育教学思想和方法，已成为中国教育永恒的典范。

孔子百年之后，有战国时邹国（今山东邹城东南）人孟轲继起，成为儒学第二人。孟轲（约前372—前289），名轲，字子舆（一说子车），受业于孔子之孙子思的门人，是著名的思想家、教育家。

孟子继承和发展了孔子的儒学思想，著有《孟子》一书，提出了著名的"性善论"，认为人性本来具有四大善端："恻隐之心，仁之端也；羞恶之心，义之端也；辞让之心，礼之端也；是非之心，智之端也。"（《孟子·公孙丑上》），为孔子仁爱思想建立了坚实的人性论哲学基础，从而使其上升为不可移易的中华伦理道德。而勇敢高调地提出"民贵君轻"（《孟子·尽心下》："孟子

图 3-28　孟子

曰：'民为贵，社稷次之，君为轻。'"）的民本思想，要求统治者打起爱民的政治招牌，推行仁政，以使百姓有恒产，老少能不饥不寒；面对义、利不可兼得的两难选择，主张像杀身成仁一样地"舍生取义"（《孟子·告子上》："生，亦我所欲也，义，亦我所欲也。二者不可得兼，舍生而取义者也。"）；特别推崇人和，强调"天时不如地利，地利不如人和"（《孟子·公孙丑下》），等等。孟子以其新颖的思想、明晰的逻辑、善辩的口才和浩然之气，把儒学推上一个新的高度。尤其是孟子把孔子以来的道德规范概括为"仁、义、礼、智"四种，把人伦关系概括为五种，主张

"父子有亲，君臣有义，夫妇有别，长幼有序，朋友有信"（《孟子·滕文公上》），使儒家学说简洁而又内涵丰富、明确而又正义崇高，所以，上下普适，深入人心。因此，儒学便被称为"孔孟之道"而名扬天下，为后来独尊为朝廷官学之正统打下了坚实基础。孟子由此也成为圣人孔子之后的"亚圣"。

其后又过了50多年，有一个战国末期赵国人荀子扛起了儒学大旗。荀子（约前313—前238），名况，字卿（一说时人尊而号为卿），曾三次担任齐国稷下学宫的祭酒（学宫的主管），为著名的思想家、哲学家、教育家，有著作《荀子》32篇。

荀子高举孔孟儒学思想大旗，对儒学理论做出了纠偏补正的贡献。一是针对孟子性善论提出了"性恶论"（《荀子·性恶篇》："人之性恶，其善者伪也"），认为人性"生而有好利焉""生而有疾恶焉""生而有耳目之欲，有好色焉"，主张通过教育和礼法规范来改变人的本性，"化性起伪"（即变化先天的本性，兴起后天的人为），为善去恶，最后"所积而致"成为圣人；二是针对儒学的天命论，提出了天道自然的思想，认为

图3-29　荀子

"天行有常，不为尧存，不为桀亡。应之以治则吉，应之以乱则凶"（《荀子·天伦》），主张"制天命而用之"；三是针对厚古薄今"法先王"的儒学传统，提出厚今薄古的"法后王"说，认为"先王"的时代久远，事迹简略，不如近世的后王可靠："欲观圣王之迹，则于其粲然者矣，后王是也"（《荀子·非相》），以此避免儒学复古倒退。荀子

因为正视人性之恶，所以特别重视礼乐教化，认为"礼"不仅是一个人人生的最高准则，也是治理国家的最高准则，建议统治者"隆礼尊贤而王，重法爱民而霸"（《荀子·大略》）。他接受孟子民贵君轻的民本思想，但更为机智地以"君舟民水、载舟覆舟"（《荀子·王制篇》："传曰：'君者，舟也；庶人者，水也；水则载舟，水则覆舟'。"）的历史经验，警告统治者，使统治者为自身地位的稳固而不得不重视民本，仁民爱物。荀子很推崇孔子的思想，认为是最好的治国理念。他以孔子的继承人自居，在发扬儒学理论的同时，又从知识论的立场上批判地总结和吸收了诸子百家的理论主张，形成了富有特色的"明于天人之分"的自然观、"化性起伪"的道德观、"礼仪之治"的社会历史观，并在此基础上，对先秦哲学进行了总结。所以被称为孔孟之后儒家学派的代表人物，先秦时代百家争鸣的集大成者。

至此，孔子、孟子、荀子就完成了以仁为核心的儒家学说的创建和首次完善。其主要的理论主张为德治仁政，有仁、义、礼、智、信、忠、孝、勇、恕、廉等道德范畴，对中国品德为上、以天下为己任的君子人格和忠孝礼义、伦理纲常、修身齐家治国平天下为主旨的中国德治伦理文化的形成具有十分重大的贡献和影响，成为中国传统文化思想的核心和主流，位居诸子学说之首。三大儒学圣人也以"仁"（孔子的中心思想）、"义"（孟子中心的思想）和"礼""法"（荀子的中心思想）的光辉思想主张而彪炳史册，光耀万代。

2. 道家

道家代表人物是老子、庄子。老子姓李，名耳，字聃，生卒年不详，一说老子大孔子 20 岁，生于公元前 571 年，是春秋末期陈国苦县（今河南鹿邑县）人，战国时期著名思想家、哲学家和史学家。传说生下来满头白发，像个老人，后世又因为创立道家学说被尊称为老子。曾任周朝的柱下史，管理典籍图书。后因所管典籍被王子朝携至楚国，被免职。之后他离开故土，出函谷关去四方云游。把守函谷关的官长尹喜知道老子学问大，要他留下一部著作才能出关。老子就写下了一篇五千多字的文章，然后骑着大青牛走了，不知所终。这篇文章，就是著名的五千言（字）《道德经》，集中反映了老子的思想学说。

老子认为"道"是宇宙最高的本体，是一切事物的本源，也是宇宙中万事万物运动的法则，所以老子的学说被称为道学，他的这个学派也就被称为道家了。老子曰："人法地，地法天，天法道，道法自然。"（《道德经》第 25 章，以下引用只注章节）所谓"道法自然"，自然者，自然而然，自得其然，一切因其自然，一切顺其自然，自然无为，自生自化，绝

图 3-30　老子

不需要人为影响、干预，"道常无为而无不为"（第 37 章）——道常常是顺其自然无为的，然而没有一件事不是它所为的。所以强烈主张"处无为之事，行无言之教"（第 2 章），不干预，不说教，以身示范。"我无为，而民自化；我好静，而民自正；我无事，而民自富；我无欲，而民自朴。"（第 57 章）为此，甚至极端主张"绝圣弃智"（第 19 章），回归朴素无知无为的境界，最好是回到"邻国相望，鸡犬之声相闻，民至老死，不相往来"（第 80 章）的小国寡民社

会。正因为天道自然无为,"是以圣人为而不恃,功成而不处"(第 77 章),主张"功成身退"(第 9 章),淡泊名利。老子认为"柔弱胜刚强"(第 36 章)"天下莫柔弱于水,而攻坚强者莫之能先"(第 78 章),进而主张"上善若水",以柔克刚。老子还认为万物都有对立面,它们相互依存,"有无相生,难易相成,长短相形,高下相应,音声相和,前后相随。"(第 2 章),"祸兮福所倚,福兮祸所伏"(第 58 章),而且物极必反,此消彼长,互相转化。这些丰富的辩证思想,对中国哲学的发展产生了深远的影响。

庄子(约前 369—前 286),姓庄名周,宋国蒙(今安徽省亳州市蒙城县)人,因崇尚自由不应楚威王为相之聘,仅担任过宋国地方的漆园吏,是战国中期思想家、哲学家和文学家。

庄子继承了老子的天道自然无为思想,并且有新的发展和创见,所以世人将他与老子并称为"老庄",成为道家的代表人物。庄子的主要精神思想创见有四点:一是绝

图 3-31　庄子

对精神自由,出自名篇《逍遥游》,特指不依赖外界任何事物的无条件自由,对外物"无所待",也不受自己身心的牵制,做到无物无己,成为天地间的至人、神人、圣人,无忧无虑,无为无能,无祸无患,逍遥自在。这一精神是庄子思想的核心,体现了人类最高的理想追求,是庄子之所以为世人仰慕的主要原因。二是平等无差别思想,出自名篇《齐物论》,认为天人之间、物我之间、生死之间、万物之间,只存在无条件的同一,

即绝对的"齐",因此主张齐物我、齐是非、齐生死、齐贵贱。之所以这样说,因为除了产生万事万物的"道"是绝对不变的存在外,宇宙间的一切事物都是相对存在的,"物无非彼,物无非是""彼出于是,是亦因彼""彼亦一是非,此亦一是非"(《齐物论》)。这种相对性的认识论,推动了人类认识世界的深入发展,并对后世产生了不可估量的影响。他的"天地与我并生,而万物与我为一"的名句,被后来的北宋大思想家张载明确概括为"天人合一"(张载《正蒙·乾称篇》:"儒者因明致诚,因诚致明,故天人合一,致学而可以成圣,得天而未始遗人。"),成为公认的中国文化的主要精神之一,可见影响之大。三是"内圣外王"思想,为庄子首先提出,语出《庄子·天下篇》:"是故内圣外王之道,暗而不明,郁而不发,天下之人各为所欲焉以自为方。"内圣外王指内修圣人之德,外施王者之政。虽然庄子注重"内圣"之学,主要论述其心学、气论以及天人之学,但都对后代哲学产生了重大的影响,"内圣外王"之说最终被儒家借用,成为儒家关于人格理想和实现王道政治理想的最为著名的政治思想学说。四是"有用无用"等辩证思想。"人皆知有用之用,而莫知无用之用也。"(《庄子·人间世》)。庄子为此举例说:"今子有大树,患其无用,何不树之于无何有之乡,广莫之野,彷徨乎无为其侧,逍遥乎寝卧其下?不夭斤斧,物无害者用,安所困苦哉!"(《逍遥游》),以此引导人们不以"用"的眼光和立场观物与待物。这一命题的论述,既包含"善于大用""物尽其用"的思想,又含有"有失必有得"和"塞翁失马,安知非福"的辩证思维,给人们生活处世哲学以深刻的启迪,表现了庄子独有的哲思与境界,在中国哲学史上具有重要的地位。此外,庄子善用寓言故事来讲明深奥的道理,作品集《庄子》文笔汪洋恣肆,想象奇特,幽默浪漫，使人读其作品，如御马乘风，与神仙畅游名山大川一般，既美不胜收，又其乐无穷，这也是庄子和庄子思想受人喜爱与崇拜的主要原因。

3. 墨家

墨家的创始人叫墨翟（约前468—前376），尊称墨子（一说墨子非姓墨，墨为墨家学说之称），宋国（今河南商丘）人，宋国大夫。"墨子学儒者之业，受孔子之术"（《淮南子·要略》），后来发现儒学的不足，于是对儒学进行了批判和改造，建立起自己的学派。

墨家的思想主要体现在71篇（今存53篇）的《墨子》一书中，其中最为著名的是墨子的十大主张，以《墨子》篇章先后

图 3-32　墨子

为序，即尚贤、尚同、兼爱、非攻、节用、节葬、天志、明鬼、非乐、非命。

"**兼爱**"，就是"兼相爱，交相利"（《墨子·兼爱中》），即人人相爱相利。墨子认为："圣人以治天下为事者，不可不察乱之所起。尝察乱何自起，起不相爱。"（《墨子·兼爱上》）"凡天下祸篡怨恨……以不想爱生也。是以仁者非之。何以易之？……以兼相爱交相利之法易之。"（《墨子·兼爱中》）。如何兼爱？针对儒家的亲亲有别之爱，墨子主张爱不分亲疏远近，兼爱众人，"视人之国，若视其国；视人之家，若视其家；视人之身，若视其身。是故诸侯相爱，则不野战；家主相爱，则不相篡；人与人相爱，则不相贼；君臣相爱，则惠忠；父子相爱，则慈孝；兄弟相

爱，则和调。天下之人皆相爱，强不执弱，众不劫寡，富不侮贫，贵不傲贱，诈不欺愚，凡天下祸篡怨恨，可使毋起者，以相爱生也，是以仁者誉之。"（《墨子·兼爱中》）。

"**非攻**"，即以不义攻伐他国为非，否定侵略战争，爱好和平。主张兼爱，必然非攻。战国时期，诸侯为了各自国家利益，不择手段，"兵不厌诈"，武力豪夺，攻城略地的战争不断，百姓饱受妻离子散、家破人亡之苦。墨子站在道义立场，强烈谴责"亏人自利"的攻伐战争。"今有一人，入人园圃，窃其桃李，众闻则非之，上为政者得则罚之。此何也？以亏人自利也。至攘人犬豕鸡豚者，其不义又甚入人园圃窃桃李。是何故也？以亏人愈多。苟亏人愈多，其不仁兹甚，罪益厚。至入人栏厩，取人马牛者，其不仁义又甚攘人犬豕鸡豚。此何故也？以其亏人愈多。苟亏人愈多，其不仁兹甚，罪益厚。至杀不辜人也，拖其衣裘、取戈剑者，其不义又甚入人栏厩取人马牛。此何故也？以其亏人愈多。苟亏人愈多，其不仁兹甚，罪益厚。当此，天下之君子皆知而非之，谓之不义。今至大为不义攻国，则弗知非，从而誉之，谓之义。此可谓知义与不义之别乎？"（《墨子·非攻上》）最大的不义为攻伐他国，天下之君却以非为是，就在于"诸侯各爱其国，不爱异国"（《墨子·兼爱中》），忘却了大义，必须非之！

"**尚贤**"，即崇尚贤才，"官无常贵，民无终贱，有能则举之，无能则下之"（《墨子·尚贤上》），主张在官吏选拔上任人唯贤，重用贤才。

"**尚同**"，即"一同天下之义"（《墨子·尚同下》），"上之所是，必皆是之；所非，必皆非之"（《墨子·尚同上》），全社会形成一个统一的思想意志，以免造成思想混乱，是非不分，引起社会分裂、动乱。

"**非乐**"，即以当时讲排场、奢侈浪费的礼乐为非。墨子说："仁者之事，必务求兴天下之利，除天下之害，将以为法乎天下，利人乎，即为；不利人乎，即止。且夫仁者之为天下度也，非为其目之所美，耳之所乐，口之所甘，身体之所安，以此亏夺民衣食之财，仁者弗为也。""民有三患：饥者不得食，寒者不得衣，劳者不得息，三者民之巨患也。然即当为之撞巨钟、击鸣鼓、弹琴瑟、吹竽笙而扬干戚，民衣食之财将安可得乎……姑尝厚措敛乎万民，以为大钟鸣鼓、琴瑟竽笙之声，以求兴天下之利，除天下之害，而无补也。是故子墨子曰：为乐非也。"（《墨子·非乐上》）

"**非命**"，即以有天命为非，反对儒家的天命论。"今天下之士君子，或以命为有，盖（通"盍"，何不之意）尝观于圣王之事？古者桀之所乱，汤受而治之；纣之所乱，武王受而治之。此世未易，民未渝，在于桀、纣，则天下乱；在于汤、武，则天下治。岂可谓有命哉！""安危治乱，在上之发政也，则岂可谓有命哉！"（《墨子·非命中》）"今用执有命者之言，则上不听治，下不从事。上不听治，则刑政乱；下不从事，则财用不足；上无以供粢盛酒醴祭祀上帝鬼神，下无以降绥天下贤可之士，外无以应待诸侯之宾客，内无以食饥衣寒，将养老弱。故命上不利于天，中不利于鬼，下不利于人。"天命之说，为"天下之大害也。"（《墨子·非命上》）

"**天志**"，即天的意志，是人间是非善恶的最高标准，最高统治者也要遵从："天子又总天下之义，以上同于天。"（《墨子·尚同下》）以此防止统治者随心所欲，滥用权威。

"**明鬼**"，即以鬼为能力超常的神灵。墨子认为鬼神是一种客观存在（《墨子·明鬼下》："鬼神之有，岂可疑哉！"），分为"天鬼神""山水鬼""人死而为鬼者"三类（《墨子·明鬼下》："古之今之为鬼，非他也，有天鬼，亦有山水鬼神者，亦有人死而为鬼者。"）。它们英明正确，赏善罚恶，力量巨大，无所不能。所以，贤明的君主都会听从鬼神的意愿，努力为天下兴利除弊。可以看出来，"明鬼"同"天志"一样，也是墨子为制约统治者而创设的神灵。

"**节葬**"，节俭办丧事。墨子反对儒家倡导的服丧三年之厚葬、久丧风习。"细计厚葬，为多埋赋之财者也；计久丧，为久禁从事者也。财以成者，扶而埋之；后得生者，而久禁之。以此求富，此譬犹禁耕而求获也，富之说无可得焉。"（《墨子·节葬下》）仔细计算厚葬之事，实际是大量埋掉钱财；计算长久服丧之事，实际是长久禁止人们去做事。财产已形成了的，掩在棺材里埋掉了；丧后应当生产的，又被长时间禁止。用这种做法去追求财富，就好像禁止耕田而想求收获一样。"故子墨子言曰：'今天下之士君子，中请将欲为仁义，求为上士，上欲中圣王之道，下欲中国家百姓之利，故当若节丧之为政，而不可不察此者也。'"（《墨子·节葬下》）所以墨子说：现在天下的士君子，内心确实想行仁义，追求做上士，上想要符合圣王之道，下想要符合国家百姓利益，就应当对以节葬来行政的道理，不可不加以考察。

"**节用**"，节约费用，反对浪费。"凡足以奉给民用，则止。诸加费不加于民利者，圣王弗为。"（《墨子·节用中》）衣食住行、婚嫁丧葬都要"去无用之费"，以使"用财不费，民德不劳"，这是"圣王之道，天下之大利也。"（《墨子·节用上》）

墨家有严密的组织，其成员称为"墨者"。墨子之后，"墨者"的掌门人称巨子（钜子）。他们以"兴天下之利，除天下之害"（《墨子·兼爱下》）为己任，"重然诺"，"其言必信，其行必果，已诺必诚，不爱其躯，赴士之困厄"，"千里赡急，不吝其生"（《史记·游侠列传》），深得社会中下层敬重。

墨家"摩顶放踵"以"利天下"（《孟子·尽心上》），其"兼爱""非攻""非命""尚贤""节葬"等平民思想，和"贵义"重信用的任侠精神，有相当的进步性，在当时影响很大，极受社会中下层民众欢迎，与儒家并为当世"显学"。（《韩非子·显学》："世之显学，儒、墨也。儒之所至，孔丘也；墨之所至，墨翟也。"）

4. 法家

法家的代表人物是商鞅和韩非。商鞅（约前390—前338），姬姓，公孙氏，名鞅，卫国人，是战国时期政治家、改革家、思想家。他到秦国在秦孝公支持下搞变法图强，使秦国迅速地强大起来，为秦国最终统一天下奠定了坚实基础。韩非（约前280—前233），又称韩非子，战国后期韩国新郑（今河南省新郑市）人，与李斯都是荀子的学生，是法家思想的集大成者。

图 3-33　韩非子

韩非子将商鞅的严法令、赵国人慎到（约前390—前315）的讲权术、韩国人申不害（生卒年不详）的重权势结合起来，构建了法（法令）、术（权术谋略）、势（权势）为一体的法治体系。"法者，编著之图籍，设之于官府，而布之于百姓者也"（《韩非子·难三》）；"术者，因任而授官，循名而责实，操杀生之柄，课群臣之能者也，此人主之所执也"（《韩非子·定法》）；"君无术则蔽于上，臣无法则乱于下，此不可一无，皆帝王之具也"（《韩非子·定法》）；"夫有才无势，虽贤不能制不肖……桀为天子，能制天下，非贤也，势重也；尧为匹夫，不能正三家，非不肖也，位卑也"（《韩非子·功名》）。"君执柄以处势，故令行禁止。柄者，杀生之制也；势者，胜众之资也"（《韩非子·八经》）。所以，法、术、势三者必集于君王一身。同时，韩非主张"遏过赏，失过诛。上之于下，下之于上，亦然。是故上下贵贱相畏以法"（《韩非子·八经》），即使君王人主，也"不得背法而专制"（《韩非子·南面》），以革除"刑不上大夫"的贵族特权，"王子犯法，与庶民同罪"，坚持执法必严，违法必究。韩非子倡导的法、术、势集于君主一身的君主集权专制，深为秦始皇喜爱，感叹说："嗟乎，寡人得见此人与之游，死不恨矣！"（《史记·韩非列传》）秦国于是通过武力攻韩，迫使韩国把韩非作为使臣派遣到秦国。但这两位法家名士最后都死在了秦国：支持变法图强的秦孝公死后，被商鞅因违法而处罚过的太子即位为秦惠文王，他下令追捕商鞅。商鞅走投无路，被逼叛乱而死，后被车裂。韩非则被认为是韩国间谍而下在大狱中服药而亡。但法家的"循名责实""依法治国"的法治思想却流传了下来，虽不曾成为和儒学一样的显学，但也非"无名小辈"，作为统治阶级"硬"的一手，与儒学"软"的一手，台前幕后，配合默契，成为中国传统政治不可或缺的一大文化思想。

5. 阴阳家

阴阳家的代表人物是战国末期齐国人邹衍（约前305—前210）。阴阳的概念最早见于《周易·系辞上》："一阴一阳之谓道。"金木水火土"五行"的概念迟于阴阳，最早见于《尚书·洪范》："五行：一曰水，二曰火，三曰木，四曰金，五曰土。"

图3-34　邹衍

阴阳家将阴阳与五行结合起来，提出了"阴阳消息，五行转移"的主张，所以被称为阴阳五行家，简称阴阳家。阴阳消息是说阴消阳长，阳消阴长，互相转化；五行转移是说五行会按照生克的方向转移，又称为"五德"（金木水火土）始终说："五德从所不胜，虞土、夏木、殷金、周火。"（《文选·魏都赋》李善注引）依此来比会朝代的兴替循环，解释历史的发展。《吕氏春秋·应同》曰："凡帝王者之将兴也，天必先见祥乎下民。黄帝之时，天先见大螾大蝼。黄帝曰：'土气胜。'土气胜，故其色尚黄，其事则土。及禹之时，天先见草木秋冬不杀。禹曰：'木气胜。'木气胜，故其色尚青，其事则木。及汤之时，天先见金刃生于水。汤曰：'金气胜。'金气胜，故其色尚白，其事则金。及文王之时，天先见火赤乌衔丹书集于周社。文王曰：'火气胜。'火气胜，故其色尚赤，其事则火。代火者必将水，天且先见水气胜。水气胜，故其色尚黑，其事则水。水气至而不知数备，将徙于土。"阴阳家因为虞朝为土德，胜虞朝的夏朝，必为能克土的木德，而胜夏朝的殷商朝必为能克木的金德，以此类推，胜商朝的周朝必为能克金的火德。后人接着再附会为秦朝灭周统一天下，是水克火，秦为水德；汉灭秦而兴，这就是土克水，即汉为土德。

表 3-17　五德始终

朝代	虞	夏	商	周	秦	汉
五德	土德	木德	金德	火德	水德	土德
生克	后朝克胜前朝					

　　这一学说在当时影响很大（《史记·封禅书》："邹衍以阴阳主运显于诸侯。"），后来的秦朝统一天下后，就定本朝为水德，可见其邹衍五德始终之说的影响之大，导致把政治、经济，甚至社会生活中的一切，都可以用五行生克来比会，以至于《周易》占卦由卦爻辞占断的传统也一变而为以五行生克为主进行占断，成为中国古代文化中无法轻视的一个重要哲学观念。就其实质而言，五行生克说明相关事物之间存在着生克转换的关系，但把万物只归属金木水火土五类，并用五行生克比附人事和社会发展规律，没有科学依据，显得荒诞不经，应当抛弃；而阴阳之说，是事物对立统一规律的典型反映，科学价值非凡。

6. 名家

　　名家代表人物是惠施和公孙龙。惠施（约前370—前310）是宋国人，亦称惠子，战国中期哲学家，与庄子是朋友。公孙龙（约前330—前242）是赵国邯郸（今河北邯郸）人，传说字子秉，又称公孙龙子，战国末期哲学家。

图 3-35　惠子

图 3-36　公孙龙子

　　名家之所以叫名家，因为他们主要研究的是名与实，也就是概念与存在的逻辑关系。探讨这种关系少不了辩论，所以名家也被称为"辩者""察士"。其中以公孙龙的"白马非马"论和"离坚白"论最为有名。据说公孙龙一次骑白马过关卡，关吏要收取白马的过关费，公孙龙就辩解说白马非马。因为说马是说马的形体，说白是说马的颜色，既然白马说的是颜色而非形体，所以说"白马非马"。（《公孙龙子·白马论》："马者，所以命形也；白者，所以命色也。命色者，非命形也。故曰：白马非马。"）关吏被他的辩说给迷惑了，免费放行。这显然是诡辩。一块白石，目视只能看到白色而看不到坚硬，因此坚硬就不存在；手摸石头只能感到坚硬而感觉不到白色，因此白色就不存在。可见，石之坚与石之白是分离的，这就叫作"离坚白"。（《公孙龙子·坚白论》："视不得其所坚，而得其所白者，无坚也；拊不得其所白，而得其所坚，无白也。"）公孙龙在这里把物质的属性看成是依赖于人的感觉而存在的，否认物质属性的客观存在性。名家对名与实的关系进行感觉与理性的思考与诡辩，引发了人们对逻辑思维的好奇和探究，有力地推动了古代逻辑学的发展。

7. 纵横家

　　纵横家代表人物是东周洛阳人苏秦（生卒年不详，字季子）和魏国人张仪（？—前310），他们都是鬼谷子的学生。面对战国七雄争战不休的形势，苏秦游说燕、赵、韩、魏、齐、楚六国，纵向（南北）联合六国御秦，竟然当上了"合纵长"，挂上了六个诸侯国的相印，合纵弱国以抗强秦，成为合纵派的代表人物。张仪则为秦国横向（东西）分别联合魏、楚、韩、齐、燕、赵等国，破坏苏秦的合纵，成为强弱联合各个击破的连横派的代表人物。

图 3-37　苏秦

图 3-38　张仪

苏秦、张仪两人纵横捭阖，以审察时势、陈明利害的办法，游说诸侯，仅凭三寸不烂之舌就取得了功名富贵。他们的游说，对战国时期的政治军事格局的变化，有重要的影响。不过，虽然他们游说的技巧令人惊叹，但他们的出发点只讲利与不利，不谈义与不义，且朝秦暮楚，反复无常，既无独特学说，更无思想深度，除去言辞游说的技巧，没有什么可取之处。所以，国学大师章太炎就说，纵横家"语无执守，拨宜事制，本不可以学术名者"（《诸子略说》），而今人学者蒋伯潜在其《诸子通考》中说得更为明确："纵横本策略，不足以言学术。不但不能望儒、道、墨、法、名五家之项背，且不能与阴阳家比也。""汉志以纵横家为诸子十家之一，可谓不伦不类。"

8. 杂家

杂家，代表人物是吕不韦（？—前235）。吕不韦是战国末卫国商人，后来因为帮助秦始皇父亲庄襄王（子楚）取得王位而成了秦国的丞相。

吕不韦组织自己的门客，于秦始皇八年（公元前239年）编撰成了20多万字的《吕氏春秋》。这本书"兼儒、墨，合名、法"（《汉书·艺文志》），兼收并蓄，博采众长，汇集了当时百家九流的思想学说，所以被称为杂家。由于这种杂糅众说、博采众长的做法，为统治者治国提供了充分的参考，因而受到欢迎。杂家虽然没有自己的学术思想，但它却把博学众采、包容万家的学术精神带进了中国文化，这是杂家的贡献，也是中国文化长盛不衰的秘诀之一。

图 3-39 吕不韦

9. 农家

农家，代表人物是战国时楚国的许行（约前372—约前289），他是与孟子同时代的人。他的著作《神农》20篇，已经失传。事迹载于《孟子·滕文公上》。

滕文公元年（公元前332年），许行率门徒到滕国，滕文公给他划定了一块可以耕种的土地。由于经营效果好，儒家陈良之徒陈相以及弟弟陈辛带着农具从宋国来到滕

图 3-40 许行

国，拜许行为师，成为农家学派的信徒。由于民以食为天，国家八政（指食、货、祀、司空、司徒、司寇、宾、师）列在头两位的，一是食，二是货，所以《史记》中就有《食货志》。我国一直以农业立国，重农抑商是长期的国策，所以农家反对不劳而食、劝农耕桑，自然受到重视。许行还主张贤明的统治者应该"与民同耕而食"，反映了官民平等的思想，富有

历史进步性。

10. 小说家

小说家代表人物是西汉时的河南人虞初（约前 140—前 87），号"黄车使者"。他辑录小说汇编《虞初周说》943 篇，已经失传。

图 3-41　虞初画像

这里说的小说家，不是今天编故事的小说家，而是道听途说故事的记录编纂者。当然，这些故事也不是编（虚构）的，都是生活中发生的实事，所以可以帮助统治者了解社会下层的民情民风。不过，东汉史学家班固在《汉书》中虽然列举出了包括小说家在内的"诸子十家"，但紧接着说"诸子十家，其可观者九家而已"（《汉书·艺文志》），还是排除了"小说家"。

除了上述这十家，有的说兵家、医家也应该列入。如果从诸子思想来说，兵家的《孙子兵法》（齐国人孙武撰），医家的名医扁鹊（著有《扁鹊内经》《扁鹊外经》）等，成就也很大。不过，《艺文志》没有列入，后来都习惯了以诸子十家来称说。

表 3-18　诸子百家人物思想

诸子百家	儒家	道家	墨家	法家	阴阳家	名家	纵横家	杂家	农家	小说家	兵家	医家
代表人物	孔子孟子荀子	老子庄子	墨子	商鞅韩非	邹衍	惠施公孙龙	苏秦张仪	吕不韦	许行	虞初	孙武	扁鹊

续表

诸子百家	儒家	道家	墨家	法家	阴阳家	名家	纵横家	杂家	农家	小说家	兵家	医家
经典著作	论语孟子荀子	老子庄子	墨子	商君书韩非子	邹子	惠子公孙龙子	苏子张子	吕氏春秋	神农	虞初周说	孙子兵法	扁鹊内经外经
主要思想主张	仁爱礼制中庸德政修齐治平	道法自然无欲无为	兼爱非攻尚贤节用	严峻法治集权专制	阴阳五行五德始终	名实辩证白马非马	权谋外交利益至上	兼收并蓄博采众长	重农抑商官民同耕	故事采风反映民情	兵法谋略不战而屈人之兵	治病救人标本兼治医未病

兴起于春秋战国之世的诸子之学，打破了商、周时期相沿的思想一统的局面，创造了学术思想百花齐放、百家争鸣的欣欣局面，为中国文化的蓬勃发展奠定了厚实而广大的思想基础。著名史学家吕思勉，在《先秦学术概论》中指出："历代学术，纯我所自创者，实止先秦之学耳。"[1]这应该是对先秦诸子之学其特殊价值的中肯评价。

三、宗教信仰

文化源头的第三个方面："宗教信仰"。中国是个多宗教的国家，其本土和外来的宗教不少，有名的就有佛教、道教、伊斯兰教、天主教、基督教、萨满教、东正教、东巴教等。如果就其规模之大、时间之长、地域之广、思想文化意义的影响之巨而言，我国本土的道教和外来而又中国化的佛教，则是我国古代宗教的主体，是我们要关注的主要对象。

在这里，先要纠正两个有关宗教与早期崇拜、宗教与儒学方面的认识误区，这就是将早期先民的迷信与崇拜说成是原始宗教，将儒学也当作宗教。

---

[1]　吕思勉：《先秦学术概论》，载民国丛书编辑委员会编《民国丛书》第四编第一册，上海书店1992年版，第1页。

一般认为，宗教的本质是精神寄托和终极关怀，以解释人生的诸多烦恼，以及回答人类从哪里来、最终向何处去的问题。它有明确的精神信仰，有严密的组织和教典教规，有教主和信徒，信徒的加入都有严格的程序，入教的信徒要无条件地信仰教义，严格地遵守教规。

相比而言，早期的迷信与崇拜，只是人们对大自然伟力不认识的一种恐惧而盲目的反映，不具有像加入宗教般的自觉意识。一旦认识到事情的真相，就不会迷信和崇拜了。比如现在随着对月亮天体认识的深入，人们就不会去迷信和崇拜所谓的月亮神了。所以，将人类早期的对自然的迷信与崇拜称为原始宗教或者远古宗教等，是不妥当的。

对于儒学，也有称为儒教的，比如说"中国有儒释道三教"，我们认为这种说法也是不妥的。把儒学与道教、佛教作一比较，就可明确看出：儒学没有教主，没有教徒，也没有教规，更没有严密的组织。儒学只是一种社会主张，一种学术思想，对社会的治理有很大的帮助，所以被统治者强力倡导和推行。但是，绝不能把它等同于宗教。中国社会也没有出现所谓"三教合一"的局面，儒学和道教、佛教只是学说思想（儒家、道家）和宗教思想（道教、佛教）的共存，被人们各取所需而已。也有人说："中国传统上所谓'三教'的'教'，其含义是教化的教，而不是宗教的教。"[1]但是，三者之中，两个是宗教，很难使人把它理解为教化之教。我们建议，用"儒释道三家"或"儒释道三学"来称谓，以免混淆致错。

（一）道教

1. 道教的产生与发展

道教是中国的本土宗教，以"道"为最高的信仰。道教产生于东汉末

---

[1]　楼宇烈：《中国文化的根本精神》，中华书局2016年版，第212页。

三国时期，初期的创始人有三位：第一个是东汉顺帝年间（126—144）的琅琊（今山东临沂）人干吉（一作于吉、干室）。他自称得了神书170卷，名为《太平清领书》，后来称为《太平经》，由他的门徒将书献给了皇帝，这算是道教理论上的创始。

第二个是沛国丰（今江苏徐州丰县）人，名叫张陵（34—156），又名张道陵。他依据《太平经》作道书24篇，创立了道教。因为入教者需交纳五斗米，所以又称"五斗米道"。据东晋常璩《华阳国志》记载[①]，张陵死后，他的儿子张衡传其业；张衡死，其子张鲁传其业。这就是道教所说的"道教三张"。三张的"五斗米道"，主要是教人悔过奉道，多以符水咒语治病。因为教徒尊张陵为天师，又称"天师道"。

第三个是巨鹿（今河北平乡）人张角

图3-42　张道陵

（？—184）及其兄弟张宝、张梁，他们创立了"太平道"，因为组织教团和领导黄巾军起义，遭到朝廷剿灭。

道教创立后，由于重视对穷苦民众的治病祛邪，救急解困，得到了很快的发展，入教的信徒越来越多。到东晋时期，葛洪著《抱朴子》《神仙

① 常璩：《华阳国志》卷二："汉末，沛国张陵学道于蜀鹤鸣山，造作道书，自称'太清玄元'，以惑百姓。陵死，子衡传其业。衡死，子鲁传其业。鲁字公祺，以鬼道见信于益州牧刘焉。鲁母有少容，往来焉家。初平中，以鲁为督义司马，住汉中，断谷道。鲁既至，行宽惠，以鬼道教。立义舍，置义米、义肉其中，行者取之，量腹而已，不得过。过多，云鬼病之。其市肆贾平亦然。犯法者，三原而后行刑。学道未信者谓之'鬼卒'，后乃为'祭酒'。巴、汉夷民多便之。其供，通限出五斗米，故世谓之'米道'。"

图 3-43　葛洪

传》，从神仙方术的角度，创立了道教以炼丹为主的丹鼎派，使道教神仙系统化、理论化。葛洪（约284—约364）提出了天仙、地仙和尸解仙的概念，为道教的神仙系统提供了明确的分类和层次。他认为，虽然成仙的途径不易，但只要坚持修炼，积累善行，就有可能达到长生不老的神仙境界。这一理念对后世道教的发展产生了深远影响。葛洪的贡献不仅仅局限于道教理论，他还是一位杰出的医学家，他强调医术在修炼过程中的辅助作用，提倡道士兼修医术以救世。他的医学著作《肘后备急方》对后世的中医学发展产生了重要影响。

南北朝时，北魏的道士寇谦之改革五斗米道教，创立"北天师道"。寇谦之（365—448）的改革旨在净化和提升道教的教义与实践，使其更加符合当时社会的伦理和宗教需求。他整顿道教组织结构，废除了道官世袭制度，强调唯贤是举，以德行和修行选拔道官，提升了教团的整体素质。他制定了新的斋醮仪式和戒律，引入了音乐伴奏诵经，

图 3-44　寇谦之

使得道教的仪式更加庄严和神圣。他强调儒家的五常（父义，母慈，兄友，弟恭，子孝）观念，并吸收了佛教的轮回和善恶报应学说，借鉴佛教戒律，使道教的教义更加丰富和系统。寇谦之还去除了一些旧有的不符合时代要求的教规和做法，用香火斋功取代房中术和服仙方养生，形成了一

套更加完善的修炼体系。寇谦之的改革得到了北魏太武帝拓跋焘的支持，他被封为国师，道教也因此获得了国教的地位，对后世道教的发展产生了深远的影响。

图 3-45 陆修静

南朝道士陆修静和其再传弟子陶弘景，改革"五斗米道"，创立了"南天师道"。陆修静（406—477）作为南天师道的主要改革者，他通过整顿道教组织，健全了道官的以功德晋升的制度。陆修静十分重视道教斋仪的作用，制定了"九斋十二法"的斋醮体系，并汲取了儒家和佛教的思想，使道教斋法和仪范的理论与仪式更加完备。同时，他对道教经典按照"三洞"分类经书，编撰《三洞经书目录》，成为中国道教史上第一部道经目录，为后世道经的编目和成藏奠定了基础。

陶弘景（456—536）是陆修静的再传弟子，他继承并发展了陆修静的道教改革成果，进一步整理道教经书，颇有贡献。陶弘景的思想融合了老庄哲理和葛洪的仙学思想，并糅合了道、佛二教观念，主张道、儒、释三家合流。他撰写了《真灵位业图》，排列了包括天神、地祇、人鬼以及群仙众真在内的等级森严的神仙世界。陶弘景还整理了《神农本草经》，增收魏晋间名医所用的新药，编成《本草经集注》7 卷，共记载有药物 700 余种。他的著作很多，包括《真诰》《登真隐诀》《养性延命录》《集金丹黄白方》《药总诀》《华阳陶隐居集》等。陶

图 3-46　陶弘景

弘景的改革和贡献对后世道教的发展产生了深远的影响。

　　唐、宋、元、明时期，是道教的兴盛期。唐朝皇帝姓李，拜道家创始人老子李耳为祖宗，道教成了国教。北宋的徽宗皇帝，自称"教主道君皇帝"，道教地位自然是十分崇高。道教与政治、文化的深度互动，道教逐渐成为国家宗教和主流意识形态的一部分。

　　南宋时期，统治者对道教的尊崇有所减弱，但道教在民间依然有广泛的影响。尤其是全真道的创建，对道教的进一步发展推动很大。全真道是金代道士王重阳于金世宗大定七年（1167年）创立的道教派别。王重阳（1112—1170)，原名中孚，字允卿，后改名世雄，字德威。入道后，改名嚞，字知明，号重阳子，咸阳（今陕西咸阳）人。自称得神人传授神仙秘法，往山东地区传道，先后收马钰（丹阳子，后为全真道第二代掌教）、谭处端（长真子，后为全真道第三代掌教）、刘处玄（长生子，后为全真道第四代掌教）、丘处机（长春子，后为全真道第五代掌教）、王处一（玉阳子）、郝大通（广宁子）和孙不二（清静散人，女冠）等七人为徒，世称"全真七

图 3-47　王重阳

子"。全真教以"三教合一"为理论基础，强调道教、儒教（学）和佛教的融合，倡导内丹修炼和心性修养，追求精神层面的净化和提升。他强调功行并重，在修炼内功的同时注重德行实践，实行出家制度以保持教团纯洁性，并将儒家伦理道德融入教义，促进社会和谐。政治上与统治者建立良好关系，获得支持，扩大了道教的社会影响力。全真道以其独特的宗教体系和实践方式，对道教的持续发展产生了深远影响。

元代时期，道教与佛教、儒学等思想体系进一步融合，形成了更为丰富的宗教文化景观。元代丘处机（1148—1227，字通密，道号长春子，山东登州栖霞［今属山东省］人）作为全真道的第五任掌教，继承了师父王重阳开创全真道专重养生修性的宗旨，提出了"立观度人"的主张，推动了全真道观的广泛建立和门徒的大量招收，使得全真道影响力迅速扩大。因此得到成吉思汗召请，

图 3-48　丘处机画像

丘处机借机劝其"敬天爱民""去暴止杀"，在一定程度上减轻了蒙古统治者对所征服地区人民的残酷杀戮，大幅提升了全真道的影响和地位。在成吉思汗的支持下，丘处机掌管了天下道教，并获得了免除道院、道士一切赋税差役的特权，进一步促进了全真道和整个道教的繁荣。

明代世宗皇帝自号为"玄都境万寿帝君"，可见道教的盛大。明代道教呈现出更加世俗化和民间化的趋势，与庙会和社区之间的互动关系更加密切，神仙信仰和民间信仰的界限变得模糊。同时，道教在精英层面的影响力有所减弱，但在普通民众中的影响力却越来越大。

到了清代，其统治者——满族贵族在入关之前已经信奉藏传佛教，入关后更加重视利用儒学治国，对道教虽有保护，但远不及前朝的尊崇；道教的教理教义缺乏改革创新，教团组织松散，加之西欧科学技术的传入，使得旧的封建的宗教意识受到冲击，道教的影响力逐渐减弱，走向衰落。

2. 道教的信仰、教典和教规

道教的基本信仰为"道"，以《老子》5000言为经典，其教典为3000多卷的《道藏》。道教信奉的最高神为三清尊神，第一是"玉清元始天尊"，为开天辟地的盘古氏化身，居中位；第二是"上清灵宝天尊"，为伏羲氏化身，居于右位；第三是"太清道德天尊"，为太上老君，居于左位。

图 3-49　道教三清尊神

道教的终极目的，是得道升仙，成为长生不老之人，也就是道教所说的"长生久视"。如图 3-50，嫦娥奔月，是说嫦娥偷吃了丈夫后羿从西王母那里得来的仙药，飞升到月宫去了。图3-51是陕西城固县升仙村，传说居住在这里的唐公昉一家，吃了神仙李八百给的仙药，全家包括鸡犬和屋宅，白日飞升成仙，由此留下了"一人得道，鸡犬升天"的成语。

图3-50　嫦娥奔月

图3-51　陕西省城固县唐公昉白日升仙处

道教的修炼方法为道功和道术。道功，指修身养性的内养功夫，如清静、寡欲、坐忘、守一、抱朴等。道术，指修命固本的具体方法，如呼吸、吐纳、导引、服气、辟谷、炼丹、服食药饵、画用符箓、斋醮，等等。

道教的教规，有五戒十善。五戒：一、不得杀生；二、不得嗜酒；三、不得口是心非；四、不得偷盗；五、不得淫色。十善：一、孝顺父母；二、忠事君师；三、慈心万物；四、忍性容非；五、谏诤黜恶；六、损己救穷；七、放生养物，种诸果林；八、道边舍井，种树立桥；九、为人兴利除害；十、读三宝经律，恒奉香花供养之具。

3. 道教的流派

第一种，以修炼方式划分，有下面三类。

第一类，以丹鼎为主，由方术发展而来，通过炼丹服食以祈求长生成仙，属于的流派有茅山派、楼观派、丹鼎派等。

第二类，以符箓为主，由巫术发展而来，以神鬼崇拜、画符念咒、驱鬼降妖、祈福禳灾等为特点，属于的流派有天师道、太平道、楼观派、茅山派、正一道、符箓派等。

第三类，以修行为主，特点是主张儒、道、佛三家合一，不重符，也不烧炼，专注养生修行，属于的流派有全真道、上清派、灵宝派等。

第二种，以是否出家来划分，有两大流派。

一个是正一道，主要以天师道为主，结合上清、灵宝、茅山等派形成的一个大教派，保留了符箓派的许多特点。传道基地，为江西龙虎山。天师世袭为张道陵后裔。它的最大特点，道士可以结婚，不必出家。

另一个是全真道，创始人为金代道士王重阳。主张儒、佛、道三家合一，不重符，也不烧炼，重养生和修行。教规很严，道士必须出家修行。

4. 道教的思想渊源

有四个方面：一是早期迷信崇拜和巫术。那时的人们，认为巫婆神汉可以通鬼神，通过祭祀、祈祷和禳改的巫术，以求得神明的保佑，消灾免祸。这种思想和巫术，被道教吸收。

二是春秋战国时产生的方术。即鼓吹长生不老，借助炼食丹药飞升成仙的一种秘术。掌握这种秘术的人叫方士。秦始皇、汉武帝都曾迷信方士，派方士去寻找海上仙山，祈求长生不老。这种方术及其神仙信仰也被道教所采纳。

三是阴阳五行学说。战国时邹衍的阴阳五行思想在秦汉之际广为流传，成为道教内外丹学的重要理论依据。

四是黄老学说。道教把黄帝和老子当作道教的最早创始人，认为《黄帝四经》（《十六经》《经法》《道原》《称》）和老子的《道德经》就是道教的最高经典。

由此，我们可以给道教下这么一个定义：道教是以道家学说为基本理论，吸收民间信仰和各类方术，以成道升仙为目的的中国本土宗教。

5. 道教对中国文化的影响

大的有五个方面：

一是对中国古代化学的影响。由于道教丹药派为了制作丹药，写了许多炼造金丹的书籍，对大量的炼丹实验进行了理论和方法上的总结。葛洪的《抱朴子》书中，就记述了一般无机物的化学变化，以及制作黄金、白银、提炼水银等各种方法。正是这些炼丹的实践和理论，催生了中国古代化学及其发展。

二是对中国古代医学的影响。道教徒不管炼丹与否，都要学习医学和药物学，以便随时给人治病疗伤。汉顺帝时的《太平经》已经运用阴阳五行说，阐述经络学说以及人体的生理与病理，还记述了针灸治疗的效应。葛洪不仅记载了仙药，还著有《金匮药方》《肘后备急方》等医学书籍，对我国中医学贡献很大。南天师道的陶弘景著有《神农本草经集注》《效验方》《药总诀》《肘后一百方》等医学著作，隋唐之际的著名道士孙思邈著有《千金要方》，都已成为我国医学的宝典，现在还在发挥着巨大的作用。

三是对文人、官宦思想观念的影响。道教强调自然无为、返璞归真、清静寡欲，追求长生不老和精神上的超脱。一些文人和士大夫官宦受道教"看破红尘"的影响，认识到世俗的虚幻和名利欲望的束缚，从而由"入世"转而为"出世"，以追求精神上的自由和解脱。他们或山林清修，或辞官归隐，以远离尘世的纷扰，隐居山林，独善其身。"归隐"成了一种新的生活方式，出现了不少学问和德行都很超迈的"隐士"，形成了一种独特的文化现象。

四是道教对中国古代文学艺术的影响。仅就小说而言，许多作品都深受道教的影响，如六朝时出现的许多志怪小说，像《汉武帝内传》《海内十洲记》《洞冥记》，等等，而以神仙道教为题材的传奇小说，更是代代都有，如晋代《搜神记》和《后搜神记》，唐代的《枕中记》，宋代的《太平广记》，明代的《四游记》，等等，形成了亮眼的文学大观。

五是对中国民众及其民间习俗的影响，可以说是影响广泛而且深远。比如对城隍、土地爷、灶王爷的崇拜和祭祀，几乎遍及全国各地。这种信仰的源头，最早出自原始先民的迷信崇拜，但后来都已经成为道教的神灵。中国人不管信不信道教，但对这些神灵都很恭敬，祭拜也很殷勤。在一些较远的地区，有些家庭的灶台上还贴着"上天言好事，回宫降吉祥"的对联，以祈求灶神为家人保佑平安。春节到来之前，人们都忙于贴门神、春联，这些都是道教的巨大影响。由此，鲁迅总结说"中国根底全在道教"[①]，就是针对道教对中国民俗文化的巨大影响而言的。

---

① 鲁迅1918年8月20日致许寿裳信，载鲁迅著《鲁迅全集》第11卷，人民文学出版社2005年版，第365页。

（二）佛教

1. 佛教的创始人

佛教的创始人是释迦牟尼。"释迦"是种族名，"牟尼"是尊称，合起来的意思是指释迦族的圣人。据佛经记载，释迦牟尼出家前的俗名为乔达摩·悉达多（Siddhārtha Gautama），"乔达摩"是他的姓氏，"悉达多"是他的名字。他父亲叫首图驮那，是古印度迦毗罗卫国（今属尼泊尔境）的国王。释迦牟尼生于公元前565年，卒于公元前485年。这个时段，相当于我国孔子所处春秋时代的后期。

图3-52　释迦牟尼佛祖等身塑像

释迦牟尼的出生非同一般。母亲摩耶夫人于45岁时，梦见巨象从左胁进入腹中，不久就怀胎了。释迦牟尼出生落地时就会说话，一手指天，一手指地，说："天上地下，唯吾独尊。"出生7天后母亲就去世了。释迦牟尼从小受所罗门教育，也就是贵族教育，但他天生就悲天悯人，看到农夫非常辛勤地耕作，人有生老病死，感到人生的痛苦太多，因而常常愁眉不展。即使结婚生子以后，还是不开心，终于在20岁的时候出家苦修，一心想寻找解脱人生苦难的真谛。结果苦行了6年，身形消瘦，形同枯木，仍是一无所得。后来在菩提树下静坐深思，49天后终于悟到一个真理：人生的痛苦来源于"无明"产生的烦恼，无明就是不了解，不明白。世界万物都是因缘条件和合而成的，一旦这些条件发生了变化，或者不存在，该事物也就不存在了。既然如此，人就不应该苦苦执着地去刻意追求一切事物。明白了这一点，对一切无所求，也就消除了烦恼痛苦之根。释迦牟尼因此大彻大悟，尽除烦恼而成了佛陀。"佛陀"是梵文 Buddha 的音译，意思是觉悟者，简称为"佛"。成佛的这一天，汉传佛教认定是农历四月初八，藏传佛教认定是四月十五，南传傣族佛教认定是清明节后第十天，这一天，就成了傣族的泼水节。

释迦牟尼悟道成佛后，就开始了讲经说法，前后达 40 年。圆寂后火化，遗骨结晶成的舍利子，有 8 斛 4 斗。当时印度孔雀王朝的皇帝阿育王，在世界各地造了 84,000 座佛塔来存放这些舍利子。我国陕西扶风法门寺的佛塔地宫中，就存放着释迦牟尼的佛骨舍利子，是两节手指骨。由于释迦牟尼创建佛教的伟大功勋，被尊称为释迦族的圣人，即"释迦牟尼"，但在中国民间，一般习惯将释迦牟尼称为"如来佛祖"。

2. 佛教在中国的传播发展

一般认为佛教最早于西汉哀帝元寿元年（公元前2年）传入中国[①]，正式大规模传播是在东汉明帝时期，先后经历了大发展、兴盛、停滞、衰落四个阶段。

魏晋南北朝时期是佛教的大发展时期。由于魏晋盛行老、庄玄学和清谈，名士和名僧互相交往，他们谈玄学，谈佛理，逐渐变为以玄释佛，即以玄学的"无"去释佛学的"空"，使佛学加快了中国化的步伐，逐渐地发展起来。佛教徒众多，僧院、寺庙林立。唐诗人杜牧就有《江南春》诗描写南北朝时佛教大发展的状况："千里莺啼绿映红，水村山郭酒旗风，南朝四百八十寺，多少楼台烟雨中？"

---

① 《三国志·魏书·乌丸鲜卑东夷传第三十》裴松之引注："昔汉哀帝元寿元年（公元前2年），博士弟子景卢受大月氏王使者伊存口授《浮屠经》。"（[晋]陈寿撰，[宋]裴松之注《三国志》（简体字本），中华书局1999年版，第637页）。

到了隋唐，则是佛教的辉煌兴盛期。女皇武则天下令将佛教置于道教之上，极力崇佛；唐德宗李适竟然让律宗僧人道澄为自己受菩萨戒，以表示皈依佛法；唐宪宗李纯还将法门寺佛指骨舍利迎入皇宫大内供养。由于最高统治者的大力倡导，佛教进入了鼎盛时期：一是寺院林立，据说有5万多所；二是僧尼众多，据说有30多万人；三是中国化的佛教宗派大量出现，如天台宗、华严宗、禅宗，等等。唐朝统治者在崇佛的同时，也鼓励佛、道与儒学的融合，多次举办佛、道教辩论会，促进了佛教与中国本土文化的融合，使其成为中国文化的一部分。

宋、元、明时期，是佛教发展的停滞期。由于宋代理学的兴起，他们吸收佛教的心性学说，建立了以心为本的理学体系。同时，又批判佛教的消极出世思想，为治国平天下的理想寻找哲学依据，终于使理学成为官方哲学，佛教因此处于从属的地位，陷于停滞不前状态。

到了清代，佛教就全面衰落了。

3. 佛教的教派与宗派

佛教与其他宗教一样，由于认识和主张的差异，形成了不同的教派和宗派。教派是大的分类，宗派是具体的流派。从大的教派看，佛教分为"小乘佛教"和"大乘佛教"。所谓的"乘"（yana），指运载，也含有行程、道路之意。

据龙树菩萨所著《大智度论》记载，大、小乘佛教都有同一的目标，就是寻求人的解脱，一如渡人至彼岸涅槃境界的舟船。不过"小乘佛教"寻求的是自身的解脱，而"大乘佛教"不仅自渡，还要求渡他人，普度众生，寻求大众的解脱。所以小乘如一叶小舟，只能运载一人，故称小乘；而大乘则如巨舟大船，可以载渡无量众生，所以称为大乘。

从地域上说，小乘传播于东南亚各国。这些国家，在古印度的南边，所以又称南传佛教。

大乘佛教传入中国、朝鲜、日本，都在古印度的北部，故称北传佛教。大乘佛教传入西藏叫喇嘛教，因为和西藏地方的苯教相结合，又称藏传佛教。

宗派，就是佛教在中国发展产生的各个流派，较为有名的是禅宗、净土宗、天台宗、华严宗、律宗、密宗、法相宗、三论宗等八大宗派。他们都属于大乘佛教，各有其特色和修行方法，但都以解脱生死、达到涅槃为目标。在中国佛教的发展过程中，这些宗派相互影响，共同丰富了中国佛教的内涵。

禅宗：中国佛教中影响最大的宗派之一，强调"直指人心，见性成佛"，以《六祖坛经》为代表经典（见下面"5. 中国化佛教的代表'禅宗'"）。

净土宗：以《无量寿经》《观无量寿经》和《阿弥陀经》为主要经典，其始祖为北朝东魏时的昙鸾。主张以念佛求生西方净土之极乐世界，故称"净土宗"。其教义强调信、愿、行三要素，即深信阿弥陀佛的愿力，发愿往生西方极乐世界，并通过持名念佛（即通过持续不断地念诵"阿弥陀佛"名号，使心境专一，达到净化心灵的目的）修行方法，来实现往生的目标。净土宗的修行方法简单易行，适合各种根性的众生。

天台宗：以其创立地浙江天台山得名，创始人为南朝陈、隋时代的高僧智顗。天台宗以《法华经》为主要经典，又称"法华宗"。主张诸法实相，万物互通，"一念三千"（即一心具有三千世界），强调一切众生皆有佛性，通过修行可以觉悟成佛，提倡止观双修来达到心灵的清净和解脱。"止"指通过禅定来止息内心的烦恼和妄念，使心保持平静和专注；"观"指在禅定的基础上，用智慧去观照事物的真相，从而获得洞见和理解。天台宗的教义体系完整，对佛教理论有深入的阐述。

华严宗：以《华严经》为主要经典。实际创始人是三祖法藏，称"贤首国师"，所以该宗又称"贤首宗"。华严宗强调一切法相互依存，一切现象都是相互联系的；主张心为世界万物的本源，外在世界只有内心感受到它时才存在。这种主观唯心论，为后世南宋陆九渊的"心即理也"和明代王阳明的"心学"提供了理论基础。

律宗：依据的经典是《四分律》，专注于佛教戒律的研究和实践，强调遵守戒律作为修行的基础。创始人是道宣，其再传弟子鉴真东渡日本，创立日本律宗。

密宗：又称真言宗、金刚乘。始于唐代三位印度僧人善无畏、金刚智和不空，自称受大日如来佛秘密传授教旨，故称"密宗"。其特点在于通过特定的咒语、仪式和冥想来实现修行，它包含了许多秘密的仪式、修行方法和咒语（真言），不对外公开，只在师徒之间秘密传授。密宗强调通过身、口、意三密的相应修行来达到即身成佛的目标。身密包括手印（特定的手势）、口密包括真言（咒语）、意密则是内心的观想和禅定。

法相宗：又称瑜伽行派，以《解深密经》《瑜伽师地论》和玄奘《成唯识论》为主要经典。创始人为玄奘及其弟子窥基。他们主张万法唯识，心外无境，一切现象都是心识所变现，所以又称"唯识宗"。和华严宗一样，属于主观唯心论。

三论宗：又称大乘空宗、般若宗、性宗、破相宗。以古印度高僧龙树及其弟子所著《中论》《百论》和《十二门论》为根本经典，主张万物虚空，一切"不生亦不灭，不常亦不断，不一亦不异，不来亦不出"（即八不偈）。强调"一切法自性空"的中道实相论，即一切现象皆因缘和合而生，一切法无自性，一切现象都是空的。

4.佛教教义和基本思想

佛教主要的教义就是四圣谛、缘起论、四法印。

四圣谛简称四谛。一是苦谛，就是使人烦恼的痛苦之事。这里有八苦：生、老、病、死、求不得苦（就是欲望得不到满足的苦）、爱别离苦（就是相爱的人，却要忍受别离之苦）、五取蕴苦（指色、受、想、行、识这五事蕴结不分之苦）、怨憎会苦（就是不得不与怨憎的人相会相处之苦）。一句话，人生皆苦。二是集谛，就是造成痛苦的原因，贪嗔痴三毒。三是灭谛，就是痛苦被消灭的结果，到达涅槃寂静的境界。四是道谛，就是消灭痛苦的道路方法，即八正道：正见（正确的理解，认识到生命的苦难和解脱的可能性）、正思维（正确的思想或意图，放弃恶意、贪婪和妄想）、正语（正确的言语，不说谎、不恶语、不绮语、不诽谤）、正业（正确的行为，不杀生、不偷盗、不邪淫）、正命（正确的生计，避免任何可能导致不道德行为的职业，维持正当的谋生方式）、正精进（正确的努力，防止恶行的发生，培养善行）、正念（正确的觉知，对自己的身心状态保持觉知和正念）、正定（正确的禅定，通过冥想禅修等方法达到精神的集中和平静）

缘起论，即"诸法因缘而起"，有四个论点：无造物主、无我、无常、因果相续。也就是说，万事万物都无主宰，无恒常，一切事物的生成变化都是由因果关系支配的，因成果，果为因，因果互化续接，像流水一般，永不间断。

四法印，有四句话：诸行无常，意思是万物不存在永恒的固定状态；诸法无我，也就是万物无主宰；有漏皆苦，漏指的是各种烦恼；涅槃寂静，指智慧福德圆满成就，永恒寂静，无生死轮回，最安乐的世界。

总的来说，佛教的基本精神，始终表现在对现实生活的否定上。在佛教看来，整个客观世界就是一个无边的苦海。处在三世（前世，今世，来世）因果、六道（天道、人道、畜生道、魔道、饿鬼道、地狱道）轮回之中的芸芸众生，因为身（行为）、口（言论）、意（意识观念）"三业"种下苦果，一直承受着八种苦难。因此对于人生而言，一切皆苦，且苦海无边。

佛教认为造成人生痛苦的根源是认不清楚现象世界的真实面目，被现实世界的假象迷惑而颠倒妄想产生的无明烦恼，突出表现为贪（贪欲）、嗔（嗔怨）、痴（痴迷）"三毒"。为了摆脱痛苦，解除烦恼，就要以清净去贪欲，以慈悲去嗔怨，以智慧去痴迷，概括为戒、定、慧三学。戒，有五戒（即戒杀生、戒偷盗、戒奸淫、戒妄语、戒饮酒）、八戒（就是五戒加上戒奢华、戒坐卧高广大床、戒非时食）；定，就是"禅定"，修持者要思虑集中，观悟佛理，断除欲念；慧，就是智慧，要求修行者用智慧来摆脱迷妄。

佛教教义的基本思想，是宣传人生充满痛苦，只有信仰佛教，视世界万物和自我皆为空，从而熄灭一切欲望，达到永恒寂静的涅槃境界。这样的话，就必须长期修道。佛教还主张人人都能修道，而且都能修成正果，最终成佛。

实话说来，在中国一般人的心目中，业报轮回才是佛教的基本思想。而在中国佛学界看来，因果报应才是佛教的实理和根本。

5. 中国化佛教的代表"禅宗"

禅宗，是印度高僧菩提达摩（Bodhidharma，？—528 或 536）在中国传教时所创，其后由慧可、僧璨、道信、弘忍、慧能五个祖师弘扬光大，

图3-53　禅宗六祖慧能肉身像

被认为是最中国化的佛教，有的人干脆就说，禅宗就是中国的本土佛教。禅宗的六祖慧能（638—713）俗姓卢，对禅宗的发展贡献很大。据说，当初五祖弘忍（602—675，俗姓周）法师准备挑选接班人，大家认定是大师兄神秀，但五祖弘忍采取了考试的办法，要人人都作一偈语，谁的水平最高，对佛理体悟最深，祖师的衣钵就由谁来继承。神秀作的偈语是："身是菩提树，心如明镜台。时时勤拂拭，莫使惹尘埃。"这时还是厨房打杂的不识字的慧能听后，将听到的神秀的偈语修改为："菩提本无树，明镜亦非台，本来无一物，何处惹尘埃？"显然，慧能对佛理空无的体悟，远高于神秀。于是继承了祖师的衣钵，成为禅宗六祖。慧能对禅宗的贡献，就是大胆地摆脱了佛教以往的经典教条和烦琐的宗教仪式的束缚，主张不读经，不礼佛，不坐禅，识心见性，顿悟成佛。其关键的创新之处便是"即心即佛""见性成佛""言下顿悟"。即心即佛的意思是，心即佛，佛即心，心外无佛，佛外无心，也就是求佛不向外求，只要在自己内心里面去求就可以了，因为你自己的那颗本心就是佛。见性成佛，就是只要识见自己的本性，就可以成佛。所谓的"顿悟"，就是顿时觉悟，也就是一下子豁然开朗，什么都明白了。禅宗认为，人的迷悟只是一念之差，只要能够认识本心就能立地成佛。成佛并非另有佛身，见性就是佛，由此把心外的佛变成了内心的佛，把至高无上的佛变成了举目常见的平常人。这种见性成佛、顿悟成佛的观点，与儒家的圣贤、道家的至真有相通之处，且又能破除烦琐的宗教仪式束缚，受到了广大信徒的欢迎，成为在中国流传时间最长、影响最大的宗教。

6.佛教对中国文化的影响

佛教对中国文化的影响，大的来说有五个方面：

一是对哲学思想的影响。自魏晋以后，中国哲学就与佛教结下了不解之缘。魏晋的玄学，先是为佛教般若学所取代。宋明的理学显然是受了佛教理论的影响，尤其是形而上的论证方式，加之佛教的空无观念，明心见性的成佛之道，使理学最终由南宋朱熹的客观唯心主义滑入了明朝王阳明的主观唯心主义的心学。佛教成为中国人的修心养性的性命之学，从而与儒学治世、道教养身而三足鼎立。佛教思想中对宇宙、对人性的分析，对中国人重经验认识、轻理论分析的传统思维方式等，都有很大的启迪。当然，佛教把一切看成空，所谓万法皆空，叫人熄灭一切欲念，心如枯井，随遇而安，遇事无争，也产生了无可辩驳的消极影响。

二是佛教对文学的影响。佛经的翻译其实就是我国翻译文学产生的标志，佛经中的无远弗届的美妙想象、新颖出奇的夸张手法，成就了中国文学美轮美奂的浪漫主义风格；佛经中虚无、空灵和觉悟、涅槃等佛学新词，沁润作家作品，使一些诗赋篇章充满了空灵的禅意和幽深的意境，如王维的诗和苏东坡的《赤壁赋》等，极大地提高了文学作品的感染力；佛经故事也催生了中国佛教文学，四大古典名著之一的《西游记》，就是以佛教故事为内容主题的经典之作。

三是对绘画、雕塑和书法艺术的影响。世界闻名的甘肃敦煌莫高窟，河南洛阳龙门石窟，山西大同云冈石窟，它里面的雕塑和壁画显然都是受了佛教艺术的重大影响。中国书画艺术中所讲的境界或者意境，与佛教的禅意、禅机多有相通之处，可见影响之大。

四是佛教对语言、文字的影响。由于大量佛经译自梵文，使汉字由重视形意转而重视语音，从而建立起汉字音韵学，定出了汉字的四声，编制出依照声音排列的新字典。尤其是唐朝的守温和尚，依照梵文字母制作出的汉语辅音字母表，推动了汉语语音学的发展。佛教词汇也大量地涌入，有学者研究说，在我们日常用语中大约有30%的词汇都来自佛典，可我们因为太常用了，竟浑然不觉。如现行、方便、刹那、一尘不染、三生有幸、当头棒喝、醍醐灌顶、苦海无边回头是岸、作茧自缚、执迷不悟、自作自受、恍然大悟、前因后果、皆大欢喜，等等，极大地丰富了汉语的词汇和表达。

五是对中国民俗文化的影响。首先，佛教的慈悲为怀、积德行善、因果报应等核心理念深刻地影响了人们的道德观念和行为准则。这些理念转化为对善行的追求和对恶行的遏制，促进了民俗文化之公序良俗的形成。例如救死扶伤、帮助孤寡老人、动物放生等，不仅是对生命的尊重，也是实践慈悲为怀的具体表现。这种活动在民间广泛流行，成为良善民俗的重要部分。其次，佛教的许多仪式和习俗，如烧香拜佛、吃素念佛、许愿还愿等，被纳入民间信仰体系，成为人们精神生活的重要组成部分。这些活动不仅在寺庙中进行，也在日常家庭生活中得到体现，如在特定的日子吃素、进行佛事等，逐渐溶入民间习俗。再有，佛教节日如农历四月初八释迦牟尼佛的生日、二月十九观音菩萨的生日、七月十五日超度历代宗亲盂兰盆节等，与民间信仰相结合，演变成具有浓厚民俗色彩的节日庆典活动。在这些节日庆典中，人们通过祭祀、祈福、超度亡灵等活动，表达了对佛祖、菩萨和祖先的怀念及其对未来的祈愿，既丰富了民间文化生活，也加强了家庭、社会的凝聚力。

第二节　中国传统文化的主流

中国传统文化三大源头，形成了一河滚滚向前的洪流。在这个巨大的洪流之中，谁是主流，形成主流的干流之间都是什么关系，对于认识和把握中国文化的实质与特点，意义重大。为此，这里分为两个问题来探讨：一是"中国传统文化主流的形成"，主要探讨文化起源后，滚滚向前发展的历史脉络，介绍它在不同时期的哲学流派及文化思想；二是"文化主流关系"，揭示文化主流构成部分谁为主干谁为辅、对立还是互补，从而全面地把握中国文化的主辅结构关系。

一、文化主流学术流派

中国文化经过先秦诸子时期的勃发，形成了一条汹涌奔腾的文化大河，一路滚滚向前。历经不同朝代，先后产生了两汉经学、魏晋玄学、隋唐佛学、宋明理学、清代朴学和现代新儒学等六大主流学术流派。它们串珠缀玉，此起彼伏，高峰迭起，波澜壮阔，令人叹为观止。

（一）两汉经学

两汉经学是指西汉、东汉时期对儒家经典进行训诂考据，并阐发其哲理大义的学术研究。

西汉初，汉武帝接受董仲舒（前179—前104）"天人三策"的建议，罢黜百家，独尊儒术，官方设立研读《诗》《书》《礼》《易》《春秋》五经的博士官位，使儒学经典成为官学，一下子显耀了起来，从此一发不可收。儒家从诸子百家中脱颖而出，一家独大。其后虽然沉浮不定，但始终没有脱离主流的地位。董仲舒对儒学的发展，可以说功莫大焉！

经学热闹起来以后，由于研究方法的不同，着眼点不同，形成了两大学派：一派是古文经学，一派是今文经学。两家的分别是从经学书籍所用的字体古今来区分的。

由于古文经学以训诂、考据为主，本子越古老越好，所以就采用了金文、大小篆等古文字刻印经文的本子。这些本子，据说是秦始皇焚书时人们藏在墙壁夹缝中保存下来的古书，所以叫古文经学。古文经学家认为，《五经》不过是孔子整理过的古籍，真正的古意还有待于研究，所以比较重视名物训诂，多以考据为特色，不随意阐发所谓的"微言大义"。其代表人物有贾逵、许慎、马融、服虔、卢植等。

今文经学，主要采用汉代隶书这类今文字刻印的本子，所以叫今文经学。今文经学家认为，孔子删定六经（《五经》＋佚失的《乐经》）是为万世立不易之法，所以尊孔子为经学之祖，特别注重阐发经学的"微言大义"，其代表人物是董仲舒、何休等。

这两个学派互相攻讦，争论不休，弄得统治者很是头痛，在东汉初年举行白虎观会议，以统一学术的纷争。会议的结果，由史学家班固写成《白虎通义》一书，但并未结束纷争。直到东汉末年，由经学大家郑玄（127—200）以古文经学为基础，网罗众家学说，遍注群经，对古、今文经学进行了全面的总结，成为一家之言，终于结束了古、今文经学的纷争。今文经学，后来过度阐发，就逐渐衰微不存在了。

图 3-54　郑玄

两汉经学，如果从思想上看，除了"热剩饭"，没有新发展。古文经学，由于重视考据、训诂，对古籍的整理与完善作出了贡献。今文经学，董仲舒上《天人三策》，提出大一统理论，使儒学更贴近统治者一统天下的需要，凸显了儒学其实是政治学的特点，由此才奠定了它独尊的地位。缺点是无限制地阐发所谓的微言大义，导致随意解释，甚至是歪曲经典的不良学风。加之董仲舒的"天人感应"学说，引发了汉代谶纬的流行，依附经学的纬书大量出现，导致经学神学化，一定程度上降低了儒家经典在人们心目中的尊贵地位。这也就是后来古文经学尚存，今文经学消亡的主要原因。

（二）魏晋玄学

魏晋时期，由于当政的司马氏集团高压政策，士人都噤若寒蝉，只好以不着边际的"清谈"来掩饰。由清谈而谈玄，即谈论古深玄奥的《易经》《道德经》和庄子的《南华经》这三部"玄书"，探讨天地万物之本源的有无，以此来回避敏感的社会现实问题，借以展示其学问和才华，间接反映对现状的不满。

其间形成的玄学流派有三个：第一个是"贵无派"，以何晏（？—249）、王弼（227—249）为代表，认为"无"是宇宙的本源，"有"是"无"的外在表现，"无"可以生"有"。

第二个是"贵有派"，以裴頠（267—300）为代表，反对以"无"为本，提出了"崇有论"。

第三个是"独化派"，以郭象（约252—312）为代表，认为"无"不能生"有"，"有"也不能生"有"，万物其实是独化自生。

玄学这种"贵有""贵无""独化自生"的思想，与逐渐兴起的佛学有了相通之处，以玄释佛，用"无"解释佛学的"空"成为普遍现象，形成玄佛相融合的特点。

玄学造成了有趣的文化现象：

一是士大夫的高议清谈。所谓的清谈，是指与社会、生活等现实问题没有任何关系的空谈、闲话，其态度可以非常淡定，其旨意可以非常高远，高远到纵论天地万物的本源。比如谈《周易》卦象的玄奥隐秘，谈老子《道德经》的玄奥古深，谈庄子《逍遥游》的玄虚悠远，使大部分听者觉得非常玄秘，难以理解，如坠云雾之中。不少士大夫以此为乐，为显示自己的高深才学，常常在家中聚集讲谈，乐此不疲。

刘义庆的笔记小品《世说新语·文学部》，就大量地记载了这类清谈。其中一则小品说：何晏，当时任吏部尚书，有威望，常常是谈客盈门。王弼，当时还是一个不到20岁的毛头小伙子，也来凑热闹。但何晏知道王弼的名气，就把自己以前认为谈得最好的段子说给王弼听，并问王弼：我说的这些话题，你觉得难吗？王弼口头上说很难，但自己一个人分别扮演正方、反方，对何晏的话题展开激烈辩论，使在座的人大惊，都以为谁也比不上王弼的才学。按说，一个身为吏部尚书的大官，该有多少国事、政事在等着他，但他却用心在聚客论谈以显示自己的辩才上，可以想见魏晋时期的清谈风气及其危害。所以，有人指斥清谈误国，说何晏等清谈名流都是罪人。

二是读书人放荡不羁的"名士风流"。

这里最有名的就是"竹林七贤"。魏晋间，阮籍、嵇康、山涛、刘伶、阮咸（阮籍的侄儿）、向秀、王戎七位玄学名士，经常雅集在竹林之下，谈玄宴饮，不拘礼教，任性旷达，肆意酣畅，史称"竹林七贤"。七贤中最出名的是嵇康（224—263，一作 223—262）和阮籍（210—263）。由于山涛投靠司马氏，当上了吏部尚书，他准备给好朋友嵇康安排个官位。嵇康知道后，立即给山涛（字巨源）写了《与山巨源绝交书》，与其断绝了朋友关系。如此耿直、清高的嵇康，后来被司马昭以"非汤武而薄周孔"、反对儒家礼教的罪名杀害。被杀之时，嵇康非常从容淡定，他平静地弹完了名曲《广陵散》，赴刑就戮。阮籍看着好朋友嵇康被冤杀，而不能救，就假装狂放，以逃避迫害。据说司马昭想为自己的儿子司马炎娶阮籍的女儿为妻，阮籍却借酒大醉了两个多月，使说媒的人无从开口，才躲过了阮籍不愿意的这门婚事。阮籍的嫂子要回娘家，阮籍也不回避，给嫂子饯行，还送她上路。这在"男女授受不亲"的封建时代，是非常严重的"败坏风气"，自然遭到旁人非议。阮籍却理直气壮地说：礼法难道是为我辈设的吗？

图 3-55 竹林七贤

可见，竹林七贤的名士风流，就是对当时司马氏集团的迫害和封建礼教束缚的一种反抗。清谈空谈，总不能持久，社会、人生，总还是要关注的。所以，魏晋玄学被逐渐兴起的佛学所代替。

（三）隋唐佛学

隋唐兴起的佛学，在讲宗教信仰之"佛教"时已有涉及，这里，也就从理论特点方面作一简论。

佛学，是指关于佛教的宗教理论和修养方法的学说。佛学的理论多种多样，但都围绕着人与外在客观世界的关系展开。佛学一般认为，外在客观世界，是人的主观想象，是一种假象，人始终被这种假象所蒙蔽，才有种种问题和烦恼。只有破了这个假象，认识到真正的本体，才能实现真正的超脱和自由。但这个本体是什么，始终说不清，也没法说清。最后，只好归于你自己内心的体悟，这又回到了主观对于客观的反映。没办法，有的佛学宗派就主张破除"我执"，人、境俱夺，也就是连"我"自身也不存在，主观和客观都不存在了。但是，这样一来，又如何来研究佛学、佛理？研究的意义和价值又何在？佛学就这样陷入了自身的矛盾之中。不过，从哲学思想方面来说，佛教思想蕴藏着极深的智慧，它对宇宙人生的洞察，对心理活动的分析，形成了深刻独到的见解和完整严密的体系。佛教思想的核心是缘起，认为事物永远处于无始无终、无边无际的因果关系中。同时强调个人解脱和普度众生。魏晋时期，佛教的哲学思想与道教合流，丰富了后期玄学的内容。隋唐时期佛教形成八宗，各宗对佛典都进行了深入研究，形成了有别于印度佛教的中国佛教独有的理论体系。宋明时期，儒家似乎反对佛教，实际上却又从思想上汲取佛教的精髓，形成了新儒学——理学。朱熹的"一旦豁然贯通"，就脱胎于禅宗顿悟之说。佛教的根本宗旨和特质在于通过修身和修心，追求人生的永恒解脱。对现实人生的超越，就要解决如何认识人生，如何认识周围的客观世界，以及如何才能把握和达到解脱境界的问题，是佛教认识论的核心问题。印度佛教尤其是大乘佛教认为，解脱境界是真谛，我们的经验世界是俗谛，真俗二谛的性质根本不同，但又是相互联系的。绝对的真实就存在于经验世界中，人们生活在现实世界，通过闻、思、修三慧的修习，破除执着一切事物的自性和实性，获得对解脱境界的证悟。证悟的过程有"渐""顿"之说，渐修是在生活中契证真实，断除贪、嗔、痴、慢、疑和不正见对人们精神的缠缚，逐渐破除精神上的尘垢和杂染，达到断惑证真的涅槃境界；而顿悟就不是一般的感性或理性思维，而是直接体验，屏除外在经验世界的分别执着，回归自心，以直觉的方式超越时空的限制而证真实，顿时觉悟。对真实的境界即涅槃的把握是不能用语言文字来表述的（言语道断），也不是用概念、判断、推理（心行处灭），而是用超越世智聪辩的"般若"来感悟的。般若即无上的智慧，它并不脱离一般的思维活动，而是一般思维活动的升华与提高。因此，佛教的认识论是以超验的直觉为基本特征的。

（四）宋明理学

理学或称"道学"，是指宋、明时期，以孔孟儒家思想为核心，融合佛、道哲学思想而形成的儒家学说。它强调通过"理"这一核心概念来阐释宇宙万物本原、人类社会伦理以及个人道德修养等问题，以实现齐家、治国、平天下的社会理想和道德追求。其代表人物有"北宋五杰"，即邵雍、张载、周敦颐、程颢、程颐，和南宋的朱熹、陆九渊，以及明代的王守仁。南宋朱熹是客观唯心主义理学的完成者，儒学的集大成者。他总结了北宋五杰的思想，提出了以天理为核心的理学。明代王守仁继承并深化了陆九渊"心即理"的主张，提出了"理在心中"的心学，完成了宋明主观唯心主义理学的创建。

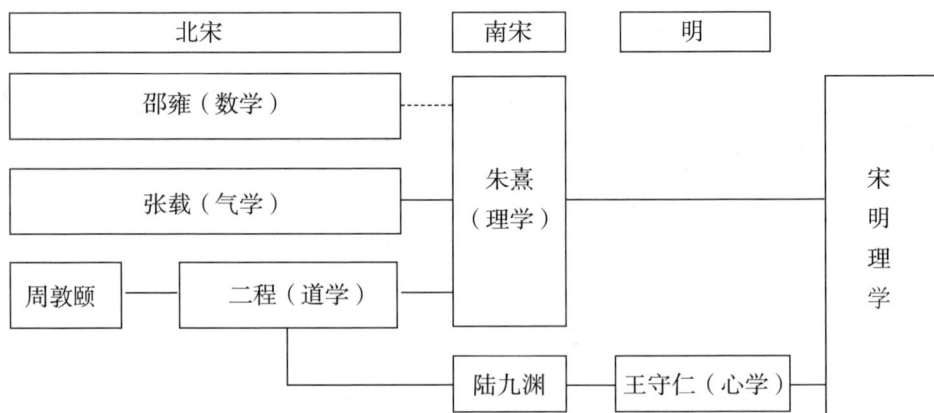

图 3-56 宋明理学关系

如图 3-56，宋明理学体系有四派：气学（张载为代表）、数学（邵雍为代表）、理学（二程〔道学〕、朱熹〔理学〕为代表）、心学（陆九渊、王守仁为代表）。下面，逐一介绍各位哲学大师的主要观点。

图 3-57 邵雍

第一位，邵雍（1012—1077），字尧夫，死后谥"康节"，人称康节先生，河南洛阳人。人们把他的学说称为"数学"。注意，这里的数学，不是与物理、化学并称的数学，而是探讨数理之学。

邵雍根据一年有 12 个月、一月有 30 天、一天有 12 时辰的历法，发现宇宙时间有一个"12、30、12、30"的交替循环的变化规律。据此，他提出了"宇宙大运数"的概念，即人类社会按照"12 时辰为 1 天、30 天为 1 月、12 月为 1 年、30 年为 1 世、12 世为 1 运、30 运为 1 会、12 会为 1 元"的递增规律运行。这样每一元共有 129,600 年。1 元之数尽，旧的天地就会毁灭，新的天地就会产生。这种过程会循环无穷。

表 3-19　宇宙大运数

	元	会	运	世	年	月	天	时辰
1元	1	12	360	4,320	129,600	1,555,200	46,656,000	559,872,000
1会			30	360	4,320	129,600	1,555,200	46,656,000
1运				12	360	4,320	129,600	1,555,200
1世					30	360	4,320	51,840
1年						12	360	4,320
1月							30	360
1天								12

邵雍的这个宇宙大运数，以自然时、日、月、年的进阶为依据，把宇宙生命生灭运行的数理规律揭示了出来，一下子打破了"天"的神秘畏惧感，使人们看到了"理"（规律）的巨大作用，启发和引导人们去探讨天地之理，有力地推动了宋代理学的形成。

图 3-58　张载

第二位，张载（1020—1077），字子厚，祖籍河南开封，生于长安。因久居陕西关中眉县横渠镇讲学，学者多称其为"横渠先生"。因为是关中人，其学说称"关学"。

张载认为，太虚即气，世界万物都是气聚合而成的。物体毁灭以后，气又散于太虚之中。万物的生灭，实质上就是气的聚散变化。张载主张的

图 3-59　周敦颐

气学，从根本上打击了隋唐的佛教与道教崇尚空无的说教，为儒家学说建立了唯物主义的宇宙观。张载最有名的是"横渠四句"："为天地立志，为生民立道，为去圣继绝学，为万世开太平。"①该名句在明代沈自彰编刻的《张子全书》（共 15 卷［含附录一卷］）卷十四，《近思录拾遗》中变为"为天地立心，为生民立命，为往圣继绝学，为万世开太平"，成为之后最为流行的"横渠四句"。这四句的意思，概括而言，就是君子要为天地立正道，为世人立正心，使百姓大众不仅能安身立命，更要安乐生存，把先贤圣人绝断了的优秀文化传承下来，积极担当，以天下为己任，为大众后世谋求长久福祉和太平，以此作为自己的人生价值和目标追求。这里包含着探索精神、担当精神、奉献精神和使命精神。这是儒家"关学"对真正读书人的责任要求，具有伟大的崇高感，令无数的正人君子——中国脊梁们为国家、为民族前赴后继，死而后已。张载的这四句话，极大地提升了儒学的思想境界，受到了后世人们高度推崇。

第三位，周敦颐（1017—1073），字茂叔，河南道州（今湖南道县）人。因家乡有条溪水名濂溪，他晚年隐居的庐山住屋旁边，也有一条小溪。周敦颐将其命名为濂溪，又在溪上构筑书屋，称为"濂溪书堂"。所以，学者称他为濂溪先生，其学说也被称为"濂学"。

---

① 张载：《张载集·张子语录·语录中》，张锡琛点校，中华书局 1978 年版，第 320 页。

周敦颐的主要著作是《太极图说》。由于理
学创立者二程，曾在十四五岁的时候被父亲送来
向他求学，所以周敦颐被后来的学者视为道学
的开山之祖。这里所说的"道学"，指以继承孔
孟"道统"为目标，以讲求"性与天道"之学为
主旨的学问，也就是理学。周敦颐在他的《太极
图说》中提出宇宙发展的图式是：太极元气化为
阴、阳二气，这二气变化、交合，形成金、木、
水、火、土五行，各有特殊性质的五行进一步聚
合凝聚而生成万物。显然，周敦颐的宇宙论是
"气"的一元论，与张载的气学不谋而合。

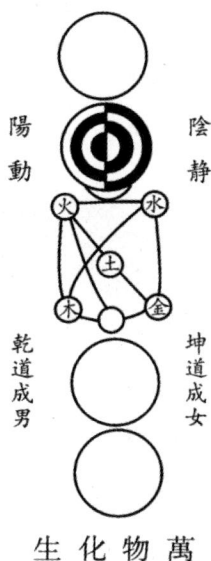

图 3-60　太极图说

第四、五位，就是程颢、程颐兄弟。兄程
颢（1032—1085），字伯淳，又称明道先生；弟程颐（1033—1107），字
正叔，又称伊川先生。他们是河南伊川（今河南伊川县）人，并称"二

图 3-61　程颢

图 3-62　程颐

程"。由于长期在洛阳讲学，传统称他们的学说为"洛学"。

二程对理学的最大贡献，就是提出了"天者理也"的命题，把"理"作为宇宙的本源，为后来朱熹"天即理也"——以天理为核心的理学开辟了道路。所以，他们二人是理学的奠基者。

图3-63　朱熹

第六位，南宋的朱熹。朱熹（1130—1200），字元晦，晚称晦翁，谥号为文，世称朱文公，祖籍徽州婺源（今江西婺源）。因长期在福建的崇安、建阳讲学，传统称他的学派为"闽学"。他是南宋著名的理学家、思想家、教育家、诗人，儒学的集大成者，世人尊称为朱子。他也是唯一非孔子弟子而享祀孔庙者，位列文庙大成殿十二哲中，享受儒学圣贤的祭祀。

朱熹借鉴北宋五杰，尤其是二程的道学，建立了"理学"，被称为"程朱理学"。朱熹理学有四大要点：

一是认为"理"是先于自然现象和社会现象的形而上者，万物各有其理，理是事物的规律，而万物之理终归于一，这就是太极。

二是认为"气"是仅次于理的第二个范畴，是铸成万物的质料。天下万物都是理与气相统一的产物。但是，理为主、为先，是第一性的；气为客、为后，是第二性的。

三是"理"在人身上的就是人性，是先天的善性所在，人人皆有，所以叫"天命之性"。

四是求理之途有三条，即格物致知、知先行后、存天理灭人欲。

所谓"格物致知"，出自《礼记·大学》的八目，即"正心、诚意、格物、致知、修身、齐家、治国、平天下"，明确"致知在格物"。朱熹讲的格物致知，具体内容就是"穷天理，明人伦，讲圣言，通世故"（《朱文公文集》卷三十九《答陈齐仲》）。通俗点说，就是《现代汉语大词典》对"格物致知"一词的解释："研究事物原理而获得知识。"①

所谓"知先行后"，这是朱熹的主张，即先明理，再用所明白的天理指导实践行为。因为理不明，无法行，所以要知先行后。

所谓"存天理灭人欲"，二程解释说："人心私欲，故危殆；道心天理，故精微。灭私欲则天理明矣。"（《二程遗书》卷二十四）朱熹强调说："圣贤千言万语，只是教人存天理，灭人欲。"（《朱子语类》卷十二）这里的人欲，是指人的私欲邪念，而非人的一切欲念，不可绝对化理解。

第七位，南宋陆九渊（1139—1193），字子静，抚州金溪（今江西金溪县）人。因为书斋名为"存斋"，世称存斋先生。又因在贵溪象山讲学，自称象山居士，人称象山先生，学者常称其为陆象山。

陆九渊出生于一个九世同堂、阖门百口的大家庭，少年时候就不满二程"天即理也"的言论，在读书笔记中写道："宇宙便是吾心，吾心即是宇宙。"（《陆九渊集》卷三十六）这是他后来创立"心学"的最早发端。与二程一样，他和他的哥哥陆九龄同在

图 3-64　陆九渊

---

① 《现代汉语大词典》，上海辞书出版社 2010 年版，第 2074 页。

家乡讲学，人称江西二陆。陆九渊的心学观点有两个亮点：

一是"人皆有本心"，认为任何人都有先验的道德理性，这就是本心，又称仁义之心。这是先天就具有的，是不虑而知、不学而能的"良心"。人的一切不道德的行为，就是因为丢失了本心。所以，为学的功夫，就是要力保本心不丢失。

二是"心即是理"。即"人皆有此心，心皆具是理，心即理也。"（《陆九渊集》卷十一）把程朱外在的理转到了内在的人心，这就为王守仁"心即理也"的心学打下了理论基础。

第八位，王守仁（1472—1529），字伯安，别号阳明，浙江余姚人，青年时结庐于会稽山阳明洞，自号阳明子，学者称为阳明先生。王阳明是明代影响最大的思想家、政治家，集立德、立功、立言于一身，实现了儒家最高理想"人生三不朽"：立德者，成为与孔子、孟子、朱子并列的圣人，号"孔孟朱王"；立功者，以微弱兵力，一举平定了宁王朱宸濠的叛乱，建立了不世之功；立言者，著有《传习录》一书，成为一代理（心）学大师。

图 3-65　王阳明

王阳明的心学，是对陆九渊心学理论的完善，也是对朱熹理学的纠偏，其要点有三：

一是"心即理也"（《王阳明全集》卷一《传习录上》），认为"天理在人心，亘古恒今，无有始终"（《王阳明全集》卷三《传习录下》），"心外无物，心外无事，心外无理，心外无义，心外无善"（《王阳明全集》

卷四《文录一·与王纯甫·二癸酉》）。"吾心之良知，即所谓天理也。"（《王阳明全集》卷二《传习录中》）天理就是良知，存在于每一个人的心中。只要除去内心的私欲，保持善良心地，就可以成为圣人。

二是格心致知，一反朱熹的格物致知。这里有个小故事，是说王阳明按照朱熹说的格物致知，对着庭院的竹子，苦思冥想地"格"了七天，结果不但没有格出理，还把人"格"得累倒了。后来，在被贬职的贵州龙场驿，终于悟到格物不对，应该格心，因为理在心中，要从自己的内心去寻找理，这就是有名的"龙场悟道"。

三是知行合一，一反朱熹的先知后行。因为万事万物之理，都在我心中，这就是知了，那么关键就是行，不行就不能算作知，也就是把心中的良知要体现在行动上，成为一个表里如一、知行一致的道德君子。王阳明的这一心学理论，把人的道德修养由外在的要求变为内在的省察，把知、行分离变为知行合一，内外一致。由此，把宋代理学推到了炉火纯青的新高度，成为中国哲学发展史上的一个里程碑。

至此，可以对宋明理学从哲学范畴方面总结如下：

表 3-20　宋明理学的学派、范畴

学家	学派	哲学范畴	本体论
张载	气学	朴素唯物主义	
周敦颐			
程颢、程颐	理学	客观唯心主义	一元论
朱熹			
陆九渊	心学	主观唯心主义	
王守仁			

看表3-20，张载、周敦颐的"气学"，将物质"气"列为第一性，属于朴素的唯物主义；后来的理学、心学都转入了唯心主义。程朱理学的"天理"属于客观唯心主义，陆王心学就转入了人的内心，成了主观唯心主义。这是我们在研习宋明理学时，要注意把握的地方。

（五）清代朴学

何谓朴学？质朴之学的简称。古人把文风朴实、重视实证的训诂考据学称为朴学。实际上也就是汉代的古文经学。为什么清代哲学会退回汉代的古文经学？这里有两方面的原因：

一是明末清初思想家顾炎武、黄宗羲、王夫之等几位大儒，有感于明朝的亡国之痛，严厉谴责理学家空谈心性，误国误民，大力倡导经世致用之学。要经世致用，就要先有根有据，其结果就是走向考据。

二是清代统治者实行严厉的思想控制，屡屡大兴文字狱，一些学者为了避祸自保，也就钻进故纸堆中进行训诂考据了。所以，朴学一下子盛况空前，著作汗牛充栋，以乾隆、嘉庆年间最为辉煌，形成了所谓的"乾嘉学派"。朴学同古文经学一样，除了对传统儒家经典从资料方面有全面整理和完善外，思想上价值不高。

（六）现代新儒学

新儒学是相对于传统儒学而言，就是以传统儒学为基础，融合中西哲学，建立一种适应现代开放社会的新儒学。该学派开创的标志是1921年学衡社的成立，和1922年《学衡》杂志的创刊。其学术观点主要有四点：

一是强调中国传统文化的一本性和优越性，认为从尧、舜、禹、汤、文、武、周公、孔、孟，到程、朱、陆、王等的儒学道统，也就是儒家人文主义，一直是中国传统文化的本源和核心；

二是坚持宋明理学的本体论，认为中国传统哲学是天人合一的宇宙本体论，主客合一，知行合一，避免了西方哲学人与自然的对立、主体与客体的分离；

三是中国哲学内圣强、外王弱，那么现在条件下，外王就是科学与民主，一定要强化这两个方面；

四是认为中国传统文化不仅可以现代化，而且可以世界化，可以解决后工业文明所带来的人与环境的不和谐、人的价值意义失落等现代化问题。所以，新儒学，大有前途！

二、传统文化主流的核心主干及其关系

现在，将前面所讲述的六大学术流派和春秋战国子学之学术思想归属列表归纳如下：

表 3-21　历代学术思想归属

朝代	春秋战国	两汉	魏晋	隋唐	宋明	清代	近现代
学说	子学	经学	玄学	佛学	理学	朴学	新儒学
主要归属	儒墨道法	儒学	儒道	佛学	儒学	儒学	儒学

可以清楚地看出，春秋战国时期诸子之学，十家之中，除去法学隐身台后，剩下的只有儒、道在后期延续发展，隋唐又增加了佛学，所以形成了中国文化主流的三大家，这便是儒学、道学、佛学。

（一）儒学——中国传统文化洪流的主干核心

那么主流之中，谁是主干核心呢？我们先看看中国文化的道统。

表 3-22 历代文化道统传人

时代	五帝	夏	商	周	春秋战国	两汉	唐	两宋	明	清
人物	尧舜	禹	汤	文王武王周公	孔子孟子荀子	董仲舒郑玄	韩愈孔颖达	张载程颢程颐朱熹陆九渊	王守仁	黄宗羲顾炎武王夫之

所谓道统，就是社会主流认定的正道传统。这个文化道统，由唐代大儒韩愈提出，上溯尧、舜、禹、汤，下接文、武、周公、孔、孟，得到一致公认[①]。孔孟之后，再续接如表 3-22，可以清楚地看出，从传说中的五帝，到清代中国的政治文化传统，一直是以尧、舜、禹、汤、文、武、周公、孔、孟、程、朱、陆、王，到清代三杰等圣人先贤为代表的儒家人文文化。这个文化道统，代代有圣人，有承先启后的新学说，不断强化着儒学的主导地位和影响。在儒学产生之后的两千多年内，虽有短暂低潮之时，但绝大时期都站立潮头，叱咤风云。所以，儒学，毫无疑问是中国文化洪流的主干核心。

（二）儒学与道、佛的主辅关系和互补交融关系

既然儒学为主干、为核心，则佛、道自然为辅助，它们形成一主两翼，共同推动中国文化的腾飞。

[①] ［唐］韩愈：《原道》："斯吾所谓道也，非向所谓老与佛之道也。尧以是传之舜，舜以是传之禹，禹以是传之汤，汤以是传之文、武、周公，文、武、周公传之孔子，孔子传之孟轲，轲之死，不得其传焉。荀与扬也，择焉而不精，语焉而不详。由周公而上，上而为君，故其事行。由周公而下，下而为臣，故其说长。"

图 3-66　儒道佛祖师

　　至于颇为流行的南宋孝宗皇帝赵昚的"以佛治心，以道治身，以儒治世"（《三教平心论》卷上）之说，貌似简明地说清了儒佛道关系，实则偏执一端，反而模糊了文化主次关系。儒家治世，是通过修身、齐家来治国、平天下的，前提是身心俱治，不能单言治世之功，是当然的核心主干；道家治身，注重养生，但如果心不修，则难以静养其身；佛家治心，以空无来熄灭心灵追求，如无儒家进取担当之精神来振作，极易滑入悲观厌世的消极人生。所以，儒、佛、道绝不是各有所长、平等互补的关系，更非单一的治世、治身、治心的分工协作关系，而是一主两翼的主辅关系。表 3-23 的儒佛道定位，因为特点鲜明，区别突出，易于辨别而被社会称道，流行很广。但是，我们一定要知道它在功用和境界方面的表述如上所言是有偏差的，不可受此影响。

表 3-23　儒道佛定位

学说宗教	功用	境界	定位
儒学	治世	儒为表	主体
道教	治身	道为骨	辅助
佛教	治心	佛为心	

除此以外，它们之间还有第二种关系：借鉴互补关系。

一是儒、道借鉴互补。儒家的阳刚与道家的阴柔，儒家的进取与道家的退守，儒家的倾心庙堂与道家的钟爱山林；儒家的注重群体关系与道家的注重个人生命，等等，都能够取长补短，互相补遗，从而进而儒、退而道，进退自如，游刃有余，使人生进退有据，不至于彷徨无措。这是儒道互补的最大意义。

二是儒、佛借鉴互补。儒家重功名与佛家一切皆空，儒佛互补，既可以冲淡功名利禄之心，又可防止消极厌世；儒家重现世，佛家看三世（今世、前世、来世），可以使人放眼长远，避免急功近利；儒家多担当与佛家多放下，可以使人既有责任感，又把握好度，不至于走极端，等等。

中国文化主流中的这种互补关系，使中国文化的免疫力大为增强，从而保证了中国文化的强壮和持久不绝的生命力。

中国文化的源头与主流

中国文化的发展，主要是指发展脉络，或者说发展阶段，综合各家的说法，将中国文化的发展分为九个阶段：一、先秦生发期，二、秦汉统一期，三、魏晋南北朝交融期，四、隋唐繁盛期，五、两宋成熟期，六、辽夏金元争胜与外播期，七、明清总结期，八、近代变革期，九、新中国社会主义新文化时期。

第一节　先秦生发期

在这个生发期，中国文化经历了萌生、创制、深化和勃发四个段落。

一、新旧石器时代物质文化的萌生

中国文化萌生于石器时代。考古发现，距今约 50 万年前的北京猿人已经开始用火。前面的章节中讲了，用火是人和动物分界的标志，有了人就有了文化。所以，中国的文化，从北京猿人所处的旧石器时代就开始萌生了。在这个阶段，人们主要是使用工具捕猎。到了距今 8,000—10,000 年前，进入会打磨和制造工具的新石器时代，先民们打制工具，钻木取火，结绳记事，披麻为衣，构木为巢，以生活物资创造为主的物质文化就一步步生发了。

二、三皇五帝时代物质与精神文化并举创制

到了三皇五帝时代，因为三皇伏羲、神农、黄帝这些伟人、圣人的出现，使中国早期文化进入了创制阶段。伏羲氏创制了八卦，规范了人与自然的关系；神农氏尝百草，教导先民进行农耕，解决粮食生产问题；皇帝则缝衣冠、造舟车、创文字、制音律、筑宫室、明历法、创医药，全面解

决社会生活问题。这个时候，文化创制的特点是物质文化和精神文化并举，全面发展。

三、夏商周时代制度文化的创制和深化

夏、商、周时代，是中国早期文化的深化阶段。在夏代，大禹治水，遵循自然规律，因势利导，然后分天下为九州，分区治理，形成了初步的政体系统。夏启在接受伯益禅让后进行了制度文化的创新，把尧舜禹时代的禅让制改为世袭制，开启了家天下时代。这些重要的体制创建，都是对中国制度文化的创制。到了商代，文明呈现，神本文化占主导地位。《礼记·表记》里面说，"殷人尊神，率民以事神"。所以，敬神重巫，国家大事都要用龟策进行占卜，表现了浓郁的神本文化特色。到了周朝。人们逐步认识到，神鬼难以捉摸，人才是最重要的，所以，由敬神转为"敬德保民"，由神本文化向人本文化转化。为了以人为中心，治理好人的社会，周公制礼作乐，形成了系统完整的礼乐制度，对社会进行全面的以典章制度为中心的文化规范。天子、诸侯、贵族、士人在祭祀、用兵、朝聘和婚丧嫁娶等大事上，都要严格遵循合乎其身份等级的礼节仪式行事，违逆者即为大逆不道，要受到杀头夷族的严厉惩罚。这套以维护君臣、父子、兄弟、夫妻上下尊卑有别之等级制度的"周礼"，后来被儒家进一步发扬光大，成为中国封建社会的重要制度，延续了两千多年，对中国文化产生了巨大的影响。

四、春秋战国时代思想文化的勃发

春秋战国时期，是中国早期思想文化勃发的时代，被称为"轴心时代"。这个时代，百花齐放，百家争鸣，各种思想学说丛生蓬发，中国文

化该有的苗木全部都生发出来了。我们曾经讲过先秦子学，班固的《汉书·艺文志》说有百多家，最有名的也有十多家，比如儒家、道家、墨家、法家、阴阳家、纵横家、名家、杂家、农家、小说家、医家、兵家等，充分展现了中国文化在生发阶段蓬勃旺盛的状态，是中国思想文化的黄金时代，对后世体现中国特质的文化高质量的形成有着巨大而深远的影响。

第二节　秦汉统一期

在秦汉时期，中国文化的突出特点是统一。有两大统一：一个是秦朝秦始皇所进行的文化统一，一个是汉朝汉武帝所进行的文化统一。秦始皇的文化统一，有两个方面：第一个方面是生活文化的统一，包括实行书同文、车同轨、行同伦、度同制；第二个方面就是思想文化的统一，采取了比较惨烈的"焚书坑儒"的办法，强制进行统一。汉武帝的文化统一，实行的就是一个办法："罢黜百家，独尊儒术。"就是用儒家思想文化一统天下。这种统一，是统治者强化君主专制政治以确保其江山社稷长久稳固的必然需要，同时也增强了帝国版图内各族人民在政治、经济、文化等社会生活及家庭生活上的文化认同，促进了以中华文化共同体为核心的、统一的多民族国家的形成。

图 4-1　秦始皇

一、秦始皇的文化统一

针对"田畴异亩，车涂异轨，律令异法，衣冠异制，言语异声，文字异形"（许慎《说文解字·叙》）的战国诸侯割据分裂局面，一统天下的秦始皇坚定实行了文化统一，分为生活文化的统一和思想文化的统一两个方面。

（一）通过"四同"实现生活文化的统一

生活文化的统一，称为"四同"，主要出自两部典籍的记载。一部是《礼记·中庸》第 28 章："今天下车同轨，书同文，行同伦。"——说了"三同"；另一部是司马迁的《史记·秦始皇本纪》说"一法度衡石丈尺，车同轨，书同文字。""一法度衡"即统一度量衡。加上前面的三同，就形成了生活文化的四同，即"书同文，车同轨，行同伦，度同制"。

1. 书同文

书同文，就是在书写的时候用相同的文字，即统一文字。

在战国时代，齐、楚、燕、韩、赵、魏、秦七个国家的文字虽然说是大同小异，但是这些小的差异也非常麻烦。比如表 4-1 所举的这个"马"字，七国的写法都不一样：

表 4-1　七国文字统一为秦小篆举例

诸侯国	齐	楚	燕	韩	赵	魏	秦
例字（馬）							
秦统一文字							

不统一的话，对日常生活应用是非常不便。所以，秦始皇就宣布废除六国文字，用秦国通行的小篆来统一天下的文字。书同文统一了文字书写，促进了政令畅通，有效维护了天下统一，大大地促进了经济文化的交流和各地之间的民族融合，为统一的多民族国家的形成奠定了坚实的文化基础。秦始皇书同文可谓"功在当代、业在千秋"，在其后的两千多年里，国家政治版图虽分分合合，但终归于一统，秦始皇"书同文"功不可没。

2. 车同轨

车同轨，指全国车辆通行的轨道宽窄相同。当然，古代没有人为的轨道。由于古时候都是土路，车轮反复碾压之后会形成与车轮宽度相同的两条如轨道一样的车辙道。车辆，当时主要是马车，长途运输时，让两个车轮一直行走在这个车辙轨道上，就会行走平稳，能够显著减少畜力消耗和车轴磨损。所以，如果不统一车辆两轮之间的宽度，就难以在不同车辙轨道上行走。为此，秦朝统一全国车辆轮距宽度为六尺，使全国各地的道路在几年之内压成宽度一样的车辙轨道，不仅能够减少商品和旅客运输过程的成本，而且有利于帝国军队带着物资快速通达全国任何郡县。所以，车同轨是秦国统一的一项重要战略举措，对经济、军事有重大影响。实行车

图 4-2　秦直道　　　　　　　图 4-3　战国铜车马

同轨后，秦始皇为阻止和防范北方匈奴的侵扰，令大将蒙恬率30万大军用两年时间修筑了南起陕西咸阳北部林光宫（汉代为甘泉宫，位于今淳化县），北至九原郡（今内蒙古包头市西）的一条南北长达700多公里的军事通道，史称"秦直道"，一直使用，到了清朝才逐渐废弃。

3. 行同伦

行同伦，指人们的日常行为要遵从统一的伦理道德规范。秦统一山东六国后，分天下为36郡，郡下设县，县下有里、亭、乡。基本上是十里一亭，十亭一乡，乡设乡官名"三老"，对民众进行广泛的法制教育和思想教化，以达到日常行为规范统一的目的。

4. 度同制

度，在这里代称度量衡。度量衡的度指计量长度，量指计量容积，衡指计量重量。度同制，即统一计量标准。秦统一全国尺的长度，经换算1尺约等于23.2厘米；量器的大小，经实测一升约等于200毫升；衡器的重量，经实测折算，一斤约等于250克。此外，还统一货币，废除六国刀

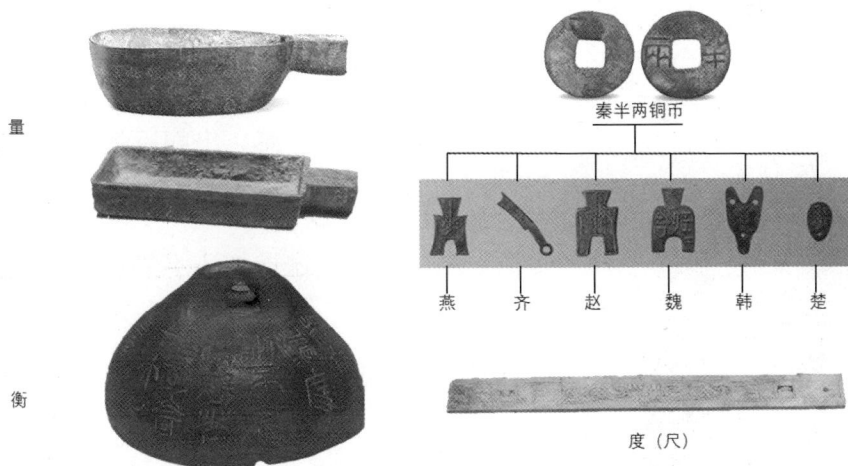

图 4-4　统一度量衡

币、铲币、环形币，实行统一的圆形中有方孔的秦半两铜币。度量衡与货币统一的措施，对全国经济的发展意义十分重大。

秦始皇实行社会生活文化的"四同"，并非首创，因为至少在东周春秋时就已经实现前"三同"。《中庸》第 28 章记载孔子说："今天下，车同轨，书同文，行同伦。"只是因为进入东周，王室衰微，诸侯争霸；到战国时期，天下大乱，统一局面被打破，诸侯国各自为政。所以，秦始皇统一天下后，就必须对混乱的社会生活文化重新实行"四同"。它的意义并非因为不是首创而减小。

（二）通过"焚书坑儒"实现思想文化的统一

相比经济生活的统一，思想文化的统一更为重要。

据《史记·秦始皇本纪》记载，秦始皇三十四年（前 213 年），秦始皇在咸阳宫摆设酒宴，70 位博士官上前敬酒，献祝颂辞。丞相李斯冒死进言：古代天下分散紊乱，没人能统一，因此诸侯群起，议论都是称道古代，非难当今，粉饰虚夸，以淆乱真实，人人欣赏自己私下学的知识，来非议圣上确立的制度。现在皇帝统一了天下，辨别黑白，定于一尊。私家学问又一起反对法制教化，人们一听到法令下达，就以各自的学问来评议，入朝时心存反感，出朝后就街谈巷议，浮言欺主以盗名，标新立异以为高明，率领臣下制造谣言。这样如还不禁止，那么在上君威就会下降，在下党羽就会形成。要禁止这些才行。我请求史官将不是秦国历史的史书全部烧毁；不是博士官所职掌，天下有敢收藏《诗》《书》、诸子百家著作的，都要交

图 4-5　李斯

给地方官员一起烧掉。有敢相互一起谈论《诗》《书》的处死。凡以古非今的灭族。官吏知情而不检举的同罪。命令下达 30 天不烧书的，受黥刑，去筑城。不要烧毁的，只是医药、卜筮、种树一类的书。如想学习法令，就以官吏为师。秦始皇下令：可以，照此办理。[①] 这就是历史上有名的"焚书"，以此办法用秦统治者的思想文化强制进行全国的思想统一。

　　在焚书后的第二年，也就是秦始皇三十五年（公元前 212 年），《史记·秦始皇本纪》记载，方士侯生、卢生在一起商量谋划说：始皇为人，天性刚戾自用，出身诸侯，兼并天下，志得意满，认为自古以来没人比得上他。特别重用狱吏，狱吏得到宠幸。博士虽有 70 人，只是凑数，并不任用。丞相和大臣们都接受成命，倚仗皇上办事。皇上乐于以重刑和杀戮建立威势，天下人畏罪怕事，想得到官位，没人敢尽忠劝谏。皇上听不到自己的过失日益骄横，臣子担心害怕，欺骗主上苟取容身之地。按照秦法，一人不能兼有两种方术，方术不灵验，立即处死。可观测星象的 300 人，都是好人才，害怕皇帝，讳过献谀，不敢直言皇上的过失。天下之事无论大小都由皇帝决定，以致皇上每天要用秤来称百十多斤的必看文书，每天每夜都有限额，不达限额不能休息。贪恋权势到了这种程度，不能为他去寻求仙药。于是就逃走了。秦始皇听说他们逃走了，就大怒道："我以前收缴天下不中用的书全部烧毁，尽力召集文学、方术之士多人，想来振兴太平之业，方士们去寻求奇药。现在听说韩众不辞而别，徐市等花费

---

① 《史记·秦始皇本纪》："始皇置酒咸阳宫，博士七十人前为寿。……丞相臣斯昧死言：'古者天下散乱，莫之能一，是以诸侯并作，语皆道古以害今，饰虚言以乱实，人善其所私学，以非上之所创建。今皇帝并有天下，别黑白而定一尊。私相与非法教，人闻令下，则各以其学议之，入则心非，出则巷议，夸主以为名，异取以为高，率群下以造谤。如此弗禁，则主势降乎上，党与成乎下。禁之便。臣请史官非《秦记》皆烧之。非博士官所职，天下敢有藏《诗》《书》、百家语者，悉诣守、尉杂烧之。有敢偶语《诗》《书》者弃市。以古非今者族。吏见知不举者与同罪。令下三十日不烧，黥为城旦。所不去者，医药、卜筮、种树之书。若欲有学法令，以吏为师。'制曰：'可。'"

以亿计算，始终没找到奇药，只是每天听到他们互相告发非法牟利。我尊重卢生等人，赏赐非常优厚，现在却诽谤我，以加重我的行为失当。在咸阳的儒生们，我派人访察过，有人制造妖言，蛊惑百姓。"于是派御史一一审问这些人，他们互相告发，皇帝亲自判他们的罪。犯禁的有 460 余人，都在咸阳活埋，让全国人都知道，以惩戒后人。① 这就是历史上有名的"坑儒"，用暴力坑杀的手段强制进行思想言论的统一。

对秦始皇烧书、坑杀妖言惑众者的历史事件，司马迁在《史记·儒林列传》中称为"焚诗书，坑术士"，并没有说他们都是儒生。由于《史记·秦始皇本纪》记载了秦始皇长子扶苏"诸生皆诵法孔子，今上皆重法绳之，臣恐天下不安，唯上察之"的劝谏之话，西汉大儒、孔子十世孙孔安国就在《尚书·序》中说："及秦始皇灭先代典籍，焚书坑儒，天下学士逃难解散。"明确将所坑杀的人都指称为儒生。西汉末刘向的《战国策·序》则说秦始皇"遂燔烧诗书，坑杀儒士"。这就把那些神巫方术之人都归于儒士，"焚书坑儒"的历史罪名从此坐实。

对于"焚书坑儒"怎么看呢？有学者认为，焚书，只焚烧了《秦记》以外的列国史书，以及不属于博士馆私藏的《诗》《书》，属于博士馆的《诗》《书》都保留不烧。另外，种树、占卜、医药之书也除外。所以，烧

---

① 《史记·秦始皇本纪》："侯生、卢生相与谋曰：'始皇为人，天性刚戾自用，起诸侯，并天下，意得欲从，以为自古莫及己。专任狱吏，狱吏得亲幸。博士虽七十人，特备员弗用。丞相诸大臣皆受成事，倚辨于上。上乐以刑杀为威，天下畏罪持禄，莫敢尽忠。上不闻过而日骄，下慑伏谩欺以取容。秦法，不得兼方，不验，辄死。然候星气者至三百人，皆良士，畏忌讳谀，不敢端言其过。天下之事无小大皆决于上，上至以衡石量书，日夜有呈，不中呈不得休息。贪于权势至如此，未可为求仙药。'于是乃亡去。始皇闻亡，乃大怒曰：'吾前收天下书不中用者尽去之。悉召文学方术士甚众，欲以兴太平，方士欲练以求奇药。今闻韩众去不报，徐市等费以巨万计，终不得药，徒奸利相告日闻。卢生等吾尊赐之甚厚，今乃诽谤我，以重吾不德也。诸生在咸阳者，吾使人廉问，或为妖言以乱黔首。'于是使御史悉案问诸生，诸生传相告引，乃自除。犯禁者四百六十余人，皆坑之咸阳，使天下知之，以惩后。"

掉书的种类并不多。并且认为，真正烧书的人，不是秦始皇而是项羽。因为项羽火烧阿房宫，三个月大火不灭，不知烧掉了多少典籍。对于被坑杀的人来说，虽有文学儒生，但主要的还是侯生、卢生之类骗人的方士。孔安国、刘向把他们统称为"儒士"，显然不符合史实。

当然，我们这里并不是要为秦始皇焚书坑儒进行历史翻案。但我们是历史唯物主义者，要实事求是地看待历史问题。

毛泽东曾经写了一首诗，叫《七律·读〈封建论〉，致郭老》："劝君少骂秦始皇，焚坑事业要商量。祖龙魂死秦犹在，孔学名高实秕糠。百代都行秦政法，十批不是好文章。熟读唐人《封建论》，莫从子厚返文王。"毛泽东的这首诗，主要是针对郭沫若当年写的《十批判书》中对秦始皇批判而言的。显然，毛泽东对秦始皇的"焚书坑儒"有自己的看法，提出要"商量"，就是要商榷、探讨。那么，我们今天也要好好地研究这个问题，实事求是地、公正地对待历史问题。

二、汉武帝的文化统一

第二个进行思想文化统一的人，就是雄才大略的汉武帝。据《汉书·董仲舒传》记载，西汉著名哲学家董仲舒上书"天人三策"，回答汉武帝的策问说：《春秋》推重统一，这是天地永恒的原则，是古今共通的道理。如今为师者所述的道理彼此不同，人们的议论也彼此各异，诸子百家研究的方向不同，意旨也不一样，所以处在上位的人君不能掌握统一的标准，法令制度多次改变，在下的百姓不知道应当怎样遵守。臣认为凡是不属于六艺的科目和孔子学术的学说都一律禁止，不许它们同样发展。邪僻的学说消失，然后学术的系统可以统一，法令制度就可以明白，人民也知

图 4-6　汉武帝

图 4-7　董仲舒

道服从的对象了[1]。汉武帝接受了董仲舒的建议，尊儒家经典《诗》《书》《礼》《易》《春秋》为"五经"，设立研究"五经"的官位"五经博士"，并实行"以经取士"的选官制度。从此使儒家学说成为唯一的官方哲学。这就是有名的"罢黜百家，独尊儒术"，奠定了儒学在以后中国两千多年封建社会的独尊地位，用儒学统一了中国文化。董仲舒对儒学的贡献功莫大焉，对中国文化的贡献更是功莫大焉。

汉武帝时期的文化统一，"汉族、汉语、汉字、汉文化"等中国文化标志性名词的流行，确定了中国文化的主体格局和基本面貌，为中国文化最终一统天下、永续不断奠定了坚实的基础。

第三节　魏晋南北朝交融期

魏晋南北朝，又称三国两晋南北朝，是中国历史上政权更迭最频繁、战乱最频仍的时期之一。这一时期，主要分为三国（曹魏、蜀汉、

---

[1]《汉书·董仲舒传》："《春秋》大一统者，天地之常经，古今之通谊也。今师异道，人异论，百家殊方，指意不同，是以上亡（无）以持一统；法制数变，下不知所守。臣愚以为诸不在六艺之科孔子之术者，皆绝其道，勿使并进。邪辟之说灭息，然后统纪可一而法度可明，民知所从矣。"

东吴）、西晋、东晋和南北朝时期，除了西晋有 50 多年短暂的统一外，300 多年都处于封建割据和连绵不断的战争之中，使人民饱受战乱之苦。此时的中国文化，由于北方胡人取代汉人纷纷建立政权、西晋王室南迁建立东晋，出现了胡人"汉化"和汉俗"胡化"的胡汉民族大交融、南北文化大交融、儒佛道学大交融的局面，因此概括为中国文化发展的交融期。

一、胡汉民族大交融

史称"五胡乱华"，是指北方五胡，即匈奴、羯、氐、羌、鲜卑五个少数民族，他们通过武力取代汉人政权而内迁，造成胡汉杂居通婚，与汉族逐步融为一体。如匈奴，除北匈奴远走欧洲外，南匈奴逐渐融进汉族，至唐宋已经不可分开，彻底汉化。陕西作家高建群长篇小说《最后一个匈奴》，描写的就是已经汉化的陕北匈奴的后裔。再如鲜卑，北朝的五个朝代（北魏、东魏、北齐［汉］、西魏、北周）有四个都是鲜卑人建立的，可见其强悍。尤其鲜卑人所建的北魏（386—534）在统一中国北部过程中和长达 148 年的统治时间里，尽量吸收中原汉人先进文化，孝文帝实施穿汉装、讲汉语、改汉姓、通婚姻、改籍贯等一系列改革，使鲜卑人与汉人融为一体。而北魏均田制、北周兵农合一的府兵制，也为后来隋、唐两朝所借鉴。隋唐以后，鲜卑已不再作为政治实体和民族实体存在，但他们的后裔却在这两个朝代居于重要地位。隋唐的建国者杨、李二家即鲜卑化的汉人。至于两朝的达官显宦有很多鲜卑人，仅位至宰相的就有 20 多人，其他如尚书、侍郎，地方上的都督、刺史，更不胜枚举。这不仅表明了这时北方与中原民族融合的深度，也显示了鲜卑人在社会重要性方面的广度，如隋代筑造学家宇文恺，唐初权相长孙无忌，中唐诗人元稹，金末元初文学家元好问等，都是中国历史上的著名人物。

二、南北文化大交融

西晋在"五胡乱华"中灭亡，西晋宗室司马睿南迁到南方的建康（今南京）建立东晋，大量士子跟随，使中原文化中心南移，形成南北文化大交融。北方士子才人去南方，被温和柔美的南方山水融化，变得温文尔雅、柔软细腻起来。如南朝民歌《西洲曲》，其末句"海水梦悠悠，君愁我亦愁。南风知我意，吹梦到西洲"，就显得十分的细腻婉转，缠绵悠长。

而原在北方的汉文化则受到五胡强悍的民族气息影响，变得更加粗犷豪放起来。如北朝民歌《敕勒歌》："敕勒川，阴山下。天似穹庐，笼盖四野。天苍苍，野茫茫，风吹草低见牛羊。"还有《木兰辞》："昨夜见军帖，可汗大点兵，军书十二卷，卷卷有爷名。阿爷无大儿，木兰无长兄，愿为市鞍马，从此替爷征""万里赴戎机，关山度若飞。朔气传金柝，寒光照铁衣。将军百战死，壮士十年归"等，多么的大气磅礴，豪迈雄壮！由此，南文北武，形成独特的中国人文景观——南方才子北方将。这是中国文化南北交融的独特成果。

三、儒佛道玄大交融

在魏晋南北朝时期，酝酿于东汉、发展于魏晋的中国本土宗教道教，在南北朝进入大发展时期；东汉传入的佛教也盛大起来；魏晋还产生了自己的哲学——由老庄哲学发展而来的、以"贵无"为宗旨的玄学，就与汉代独尊的儒学相与激荡，形成了儒学、道学、佛教、道教、玄学多元文化思想的大碰撞、大交流、大融合。

儒、道、佛、玄，相与激荡，有相斗互斥，也有相和互补。比如佛、道斗法，有历史记载大的斗法活动就有 14 次之多，他们互有胜负。而玄、佛一拍即合，到了东晋，玄学几乎完全融入佛教之中。范文澜在《中国通史》第二编中说："大体上，儒家对佛教排斥多于调和，佛教对儒家调和多于排斥，佛教和道教互相排斥（道教徒中也有主张调和的）；儒家对道教不排斥也不调和，道教对儒家有调和无排斥。"[1]儒与道、玄，儒家贵名教，道、玄法自然，所以儒与玄、道也有冲突。不过，后来意识到各有长短，所以儒佛道玄互有借鉴，渐趋互鉴互补交融之势，具体情形见本书第三章第二节之（二）"儒学与道、佛的主辅关系和互补交融关系"。

第四节　隋唐繁盛期

到了隋唐，中国由南北分裂进入空前的大统一时期，中国文化的发展也进入繁荣昌盛时期。先是隋朝结束了南北分治的战乱状态重归统一，但时间太短，立国只有 38 年。由于王朝短命，便遭到后起王朝的贬损，如唐朝每每以汲取前隋败亡教训为话题，给人们留下了强烈的坏印象。说隋朝开运河、建两京（西京长安、东京洛阳）、三游江南、三征高丽（古朝鲜），将国家和百姓搞到崩溃而亡。但是，隋朝创立三省六部制官制、废除魏晋九品中正制以改革选官制、开凿京杭大运河三件大事，却是空前巨功，足以彪炳史册。尤其是京杭大运河，全长约 1797 公里，是世界上里程最长、工程最大的古代运河，至今还在发挥作用，对中国南北地区之

---

[1]　范文澜：《中国通史》第二编，人民出版社 2004 年版，第 554 页。

间的经济、文化的发展与交流，厥功至伟，无与伦比。这里有一个有趣的历史现象：开创性的王朝如果短命，后面必有一个兴盛的长寿大王朝。如统一全国仅15年的秦朝后面，是426年的大汉朝；立国仅38年的隋朝后面，是近300年的兴盛大唐；立国只有24年的北周后面，是320年的大宋。所以，我们不能小看隋朝。

隋朝之后大气而繁盛的唐朝，有六个方面值得夸耀。

一、政治上，国家一统，万国来朝

唐朝与世界上70多个国家有外交关系，唐都长安俨然是国际大都会，仅接待外国使者、宾客的机构——鸿胪寺就有4000多外国人。盛唐诗人王维有诗《和贾至舍人早朝大明宫之作》赞道："九天阊阖开宫殿，万国衣冠拜冕旒。"近代著名学者王国维《读史》诗也赞美说"南海商船来大食，西京祆寺建波斯。远人尽有如归乐，知是唐家全盛时"。大食

图4-8　万国使节朝拜

（dà shí），是穆罕默德所创建的信奉伊斯兰教的阿拉伯帝国；祆（xiān）寺，波斯人拜火教寺院；波斯，古国名，即今伊朗。这些诗作，充分展现了大唐"万国来朝"的盛大气象。

二、经济上，风调雨顺，连年丰收

诗圣杜甫有《忆昔》诗赞美道：

> 忆昔开元全盛日，小邑犹藏万家室。
>
> 稻米流脂粟米白，公私仓廪俱丰实。
>
> 九州道路无豺虎，远行不劳吉日出。
>
> 齐纨鲁缟车班班，男耕女桑不相失。
>
> 宫中圣人奏云门，天下朋友皆胶漆。
>
> 百余年间未灾变，叔孙礼乐萧何律。

忆想当年开元盛世之时，即使小小的城镇也人丁兴旺，居住有上万家人口。农业大丰收，稻粟籽粒饱满，舂出的米雪白，好像还流着油脂，不论官府还是私人的粮仓也都装得满满的。社会秩序安定，天下太平。没有寇盗横行，路无豺虎，旅途平安，随时可以出门远行，自然不必选什么好日子。手工业和商业也很发达，齐地的丝绸，鲁地的绫缎，东来西去，商贾贸易往来的车辆络绎不绝于道。男耕女织，各得其所，安居乐业。宫中天子奏响祭祀天地的喜庆乐曲，一派太平祥和气象。社会风气良好，人们互相友善，关系如同兄弟般融洽。一百多年间风调雨顺，连小小的自然灾害都没有，真真是顺应法制礼乐的太平盛世。

三、文化上，重视文教，广设学校

唐太宗励精图治，深知"致安之本，唯在得人"（吴兢《贞观政要》

卷三《论择官》），而人才又必须以德行、学识为准。他采纳魏徵"偃武修文"的建议，锐意经籍，大兴文治，"解戎衣而开学校，饰贲帛（bēn bó，指帝王尊贤礼士所赐予的束帛）而礼儒生"（《旧唐书·列传》卷一百四十），努力发展文化教育事业。从中央到地方建立了完善的官学制，在中央设有国子学、太学、四门学、律学、算学，在州县则有州学、县学，大力倡导文教兴国。

四、气度上，胸襟阔达，包容开放

唐太宗说过："自古皆贵中华，贱夷、狄，朕独爱之如一，故其种落皆依朕如父母。"（司马光《资治通鉴》卷一百九十八，贞观二十一年〔647 年〕）这种"华夷一体，四海一家"的思想主张，促进了民族融合，使大唐广泛地吸收各族文化，丰富了文化的内容。唐代统治者对胡族生活习俗也不排斥，使得唐代中国许多城市都弥漫着有别于华夏正统的胡风。这种风气也促进了唐代思想的兼容并包。佛教与道教的兴盛都挑战了儒家的正统地位，儒家不再有绝对优势，儒、道、佛并行发展。贞观年间，玄奘法师赴印度求法 17 年，载誉归国后受到至高礼遇，唐太宗令大臣、僧众出城高接远迎。朝廷还修建大慈恩寺（大雁塔）及翻（译）经院，让玄奘在那里著书立说，传经布道。武则天虽说佞佛，却也提倡儒释道并重，既不准僧人排斥老子，也不准道士毁谤佛法，命大臣汇集儒释道典籍，撰成 1300 卷的大书《三教珠英》，传播天下。这使唐人思想更加丰富，文化更加繁荣。

由于思想上的开放，唐人也广博地吸收兼容外域文化，特别是长安，外商云集，各国使节来往如梭。南亚的佛学、历法、医学、语言学、音乐、美术，中亚的音乐、舞蹈，西方的祆教、景教（从希腊正教"东正教"分化出来的基督教教派）、伊斯兰教、医术、建筑艺术和马球运动等等，"八面来风"般一拥而入，长安成为世界驰名的国际性大都市。

五、制度上，科举取士，唯才是举

唐朝正式开科取士，全面推开科举制。科举取士打破门阀世袭，为文人开通了"学而优则仕"的晋身之路，使他们对自己的前途命运充满自信，觉得大有作为而意气风发，纷纷通过苦读进学的正道，光明正大地博取功名利禄，社会风气蓬勃向上。因而在政治、文学、艺术等方面都涌现出了许多杰出的人才。其中，科举出身者占有相当大的比例。例如在政治家中，宰相张柬之以主谋迫使武则天退位还政而知名，不但登进士第，而且举贤良科，对策第一；宰相狄仁杰明经科出身，在武则天时期，他两次入朝为相，政绩斐然；宰相张说对武则天任用酷吏维持统治，大胆进谏，希望武则天能够"济之以宽"，其勇气可嘉，受到武则天的赞赏；宰相张九龄弱冠即进士及第，诗文高雅，有政治远见，曾主张对讨伐奚、契丹战败的安禄山按军法处以极刑，但玄宗皇帝没有同意，等到安禄山造反，唐玄宗逃亡四川才后悔没有听从他的建议，只是此时张九龄已经去世，玄宗特别遣使对其进行祭拜。此外，名相姚崇、宋璟、裴度等也均是进士出身。

除了政治家以外，由科举出身的诗歌、散文等文学大家也不胜枚举。虽然由于科举名额有限，在制度上又有"通榜""行卷"（即主考官可以依据考生在社会上的才德声望和朝廷高官的举荐来决定录取与否）等缺陷，并不是所有人才都能顺利通过科举，造成李白、杜甫、孟浩然、贾岛等著名诗人落榜，但是大量优秀人才还是脱颖而出，在大唐文坛熠熠闪耀。"初唐四杰"的陈子昂24岁时举进士，其进步、充实的思想内容，质朴、刚健的语言风格，对整个唐代诗歌产生了巨大影响；"文起八代之衰"的韩愈虽然三试不第，直到第四次才得以登进士第，但之后却成为唐宋八大家之首，引领了唐宋以降"文以载道"的朴实文风；诗人孟郊46岁登进士第；唐宋八大家之一的柳宗元20岁时考中进士，25岁登博学鸿词科；杜牧23岁时以《阿房宫赋》名闻天下，26岁时进士及第，同年又考中贤良方正直言极谏科。此外，著名诗人王勃、杨炯、贺知章、王维、白居易、刘禹锡、李商隐等也都是科举出身。他们使大唐的星空灿烂辉煌，光彩夺人。

唐代通过相对公正的科举制选拔官员，端正社会风气，使大量的饱学之士进入上层社会，在一定程度上实现了如唐太宗所希望的"天下英雄入吾彀（gòu，弓箭射程所及范围，喻圈套、牢笼）中"的愿望（〔五代〕王定保《唐摭言》卷一），也达到了人才兴邦的目的，从而开拓出千年称颂的大唐盛世。

六、艺术上，成就辉煌，唐诗顶峰

文章有在唐宋八大家中领头的韩愈、柳宗元；绘画有阎立本和"画圣"吴道子；壁画有敦煌莫高窟的"飞天"；雕刻有龙门石窟的卢舍那大佛和四川乐山大佛；音乐有唐玄宗根据西凉乐曲亲自改编的《霓裳羽衣曲》，白居易诗赞"千歌百舞不可数，就中最爱霓裳舞"；书法有楷书欧、虞、颜、柳（初唐欧阳询、虞世南和中唐颜真卿及柳公权）及草书之圣张旭和怀素；医药有"药王"孙思邈广收博采自古代至唐代的重要方剂

《千金方》，等等。

尤其是诗歌，简直就是文学传奇。闻一多先生曾把唐代称为"诗唐"，唐朝近300年间创造出了诗的神话。在唐代，几乎认识字的人都会吟诗。且不说李白、杜甫这样的大诗人，就是幼小时的骆宾王都可以吟出像模像样的《咏鹅》作品，还有上官昭、薛涛这样的女诗人。吟诗已成为各个阶层的习惯，唐太宗、唐玄宗、武则天都喜好吟诗。在《全唐诗》中，有诗歌48,900首，诗人2300多位。唐代诗歌"无体不备，无体不善"，诗人们完善了乐府体，将绝句、律诗推向了高峰，成为中国诗歌不可逾越的顶巅。名垂千古的大诗人辈出："初唐四杰"（王勃、杨炯、卢照邻、骆宾王），盛唐李杜王岑（李白、杜甫、王维、岑参），中唐李韩白（李贺、韩愈、白居易），晚唐小李杜（李商隐、杜牧）。诗歌圣手名号如群星灿烂，如"诗骨"陈子昂（其诗情意激昂，风格高峻，大有"汉魏风骨"）、"诗杰"王勃（其诗流利婉畅，宏放杰特，独具一格）、"诗狂"贺知章（自号"四明［其家乡在四明也就是宁波］狂客"，因其诗豪迈狂放）、"诗家天子""七绝圣手"王昌龄（其七绝写得"深情幽怨，意旨微茫"）、"诗仙"李白（诗想象丰富奇特，风格雄浑奔放，色彩绚丽，语言清新自然，被誉为"诗仙"）、"诗圣"杜甫（其诗紧密结合时事，思想深厚，境界广阔，人称为"诗圣"）、"诗王"白居易（唐朝留下作品最多的诗人，艺术上的成就仅次于李白和杜甫；又称诗魔："酒狂又引诗魔发，日午悲吟到日夕。"）、"诗佛"王维（"一生几许伤心事，不向空门何处消。""晚年唯好静，万事不关心。"）、"诗豪"刘禹锡（其诗沉稳凝重，格调自然，格律粗切，白居易赠他"诗豪"）、"诗鬼"李贺（空灵甚至诡异见长，在内容上主要是抒发怀才不遇的悲愤；描写幻想中的神鬼世界。《秋来》："秋坟鬼唱鲍家诗，恨血千年土中碧"，诗中多有鬼、泣、血、死四字）、"诗囚"孟郊（"郊寒岛瘦"。《游子吟》："慈母手中线，游子身上衣。临行密密缝，意恐迟迟归。谁言寸草心，报得三春晖。"作诗苦心孤诣，惨淡经营，元好问曾称为"诗囚"；诗作愁苦，如《归信吟》："泪墨洒为书，将寄万里亲。书去魂亦去，兀然空一身。"）、"诗奴"贾岛（一生以作诗为命，刻意苦吟，人称其为"诗奴"）……苏轼在《东坡题拨·书吴道子画后》中说："君子之于学，百工之于技，自三代历汉至唐而备矣！故诗至于子美，文至韩退之，书至于颜鲁公，画至于吴道子，古今之变，天下之能事毕矣。"

中国文化发展至唐，显示出一种阶段性的集大成的灿烂风采，其辉煌令后世追慕不已。

第五节　两宋成熟期

在这一时期，中国文化的发展到了成熟时期，被学者称赞为中国文化的极致。这可能与我们的感觉不太一样。两宋重文抑武，常被强敌欺侮，北宋亡于女真金国，南宋偏安江南，最后灭亡于元朝。政治、军事如此不堪的"弱宋"，文化反而强盛到极致，怎么回事？这要从宋朝和平得国说起。

公元 959 年，后周世宗柴荣驾崩，七岁的周恭帝柴宗训即位。时任殿前都点检、归德军节度使的赵匡胤掌握了军权。公元 960 年正月初一，传闻契丹联合北汉南下攻周，宰相范质等未辨真伪，急遣赵匡胤统率诸军北上御敌。军伍行至陈桥驿，赵匡胤和赵普等密谋策划，发动兵变，众将将黄袍披在赵匡胤身上，拥立他为皇帝。随后，赵匡胤率军回师开封，胁迫周恭帝禅让帝位。赵匡胤登基后，改国号为"宋"，史称北宋。不费一枪一弹，轻易取得皇权，使赵匡胤深感军权的厉害。因为怕后人学他的样子，就导演了"杯酒释兵权"，在酒桌上将几位掌握军队实权的将领解职，外放地方任节度使。从此，严防军人，实行重文抑武的国策，导致国家军力越来越弱。

学过历史的人都知道，宋朝建立前后的环境不好，先后面对契丹建立的大辽、党项建立的西夏、女真建立的金国和强悍的蒙古国等四大敌国的威胁、侵略，时时有亡国的危险。

图4-9 辽、西夏、北宋形势图

从图4-9、图4-10两张历史地图看，北宋被大辽和西夏压制到大陆东南部，女真金国崛起灭亡了辽和北宋，把南宋压制到偏远的江南。最后，偏安一隅的南宋被迅速崛起的强悍的元帝国在灭掉西夏和金后所灭亡。

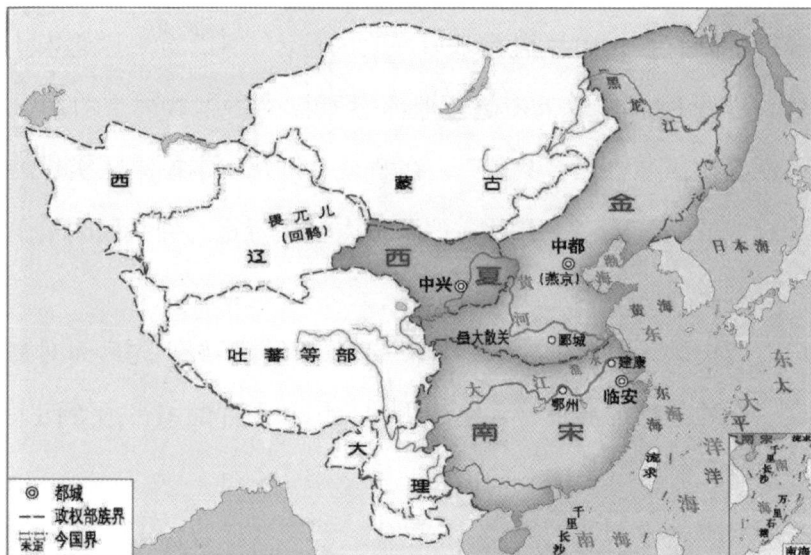

图 4-10　金、西夏、南宋形势图

与北面强敌比较，宋朝显得软弱无能。但是，宋朝也不是软弱到一口可以吞掉的地步，而是在强敌环伺下，勇敢地挺立了 320 多年，先后熬死了大辽、西夏、金国三大敌国。它一直坚持的重文抑武、文治建国的国策，使文化比起先前任何朝代都辉煌无比。元代史臣评价说："三代而降，考论声明文物之治，道德仁义之风，宋于汉、唐，盖无让焉。"[①]至于现代，宋代文化顶峰论已逐渐成为学界的共识，为世人所普遍接受。如国学大师王国维说："天水一朝，人智之活动与文化之多方面，前之汉唐，后之元明，皆所不逮也。"[②]宋朝的国姓为赵，而天水是赵姓的郡望，即赵姓望族曾聚居在天水郡，学界即以"天水一朝"来指代"赵宋一朝"。著

---

① 脱脱等：《宋史》卷三《太祖本纪》，中华书局 1985 年版，第 51 页。
② 王国维：《宋代之金石学》，载《王国维遗书》第三册《静安文集续编》，上海书店出版社 1983 年版，第 709 页。

名历史学家、国学大师陈寅恪先生也同样判断："华夏民族之文化，历数千载之演进，造极于赵宋之世。"[1]著名宋史学家邓广铭先生更明确指出："宋代是我国封建社会发展的最高阶段。两宋期内的物质文明和精神文明所达到的高度，在中国整个封建社会历史时期之内，可以说是空前绝后的。"[2]不仅国人如此赞美，西方有识之士也有类似评价，中、美国家科学院外籍院士、英国学者李约瑟博士说："宋代虽然军事上常常出师不利，且屡为少数民族邦国所困扰，但帝国的文化和科学却达到了前所未有的高峰。卡特（作者注：Carter［la］）很贴切地称为成熟时期。这时，博学的散文代替了抒情诗，哲学的探讨和科学的描述代替了宗教信仰（作者注：但对敦煌石窟的修饰还在继续进行）。在技术上，宋代把唐代所设想的许多东西都变成现实。"[3]宋代文化突出表现在以下三个方面：文治领先，文化昌明；五大文化，成就空前；贬斥势利，崇尚气节。

一、文治领先，文化昌明

一是贬斥武人，实行文治，文人地位高升。宋代自太祖、太宗起，把崇文抑武立为祖宗家法。"优待文士""不得杀士大夫及上书言事人"[4]等国

---

[1]　陈寅恪：《邓广铭〈宋史职官志考证〉序》，载《金明馆丛稿二编》，三联书店2001年版，第277页。
[2]　邓广铭：《谈谈有关宋史研究的几个问题》，载《社会科学战线》1986年第2期，第138页。
[3]　［英］李约瑟：《中国科学技术史》第一卷《导论》，孙燕明、王晓华、吴伯译，科学出版社、上海古籍出版社1990年版，第138页。
[4]　丁傅靖辑：《宋人轶事汇编》卷一《太祖》："艺祖受命之三年，密镌一碑，立于太庙寝殿之夹室，谓之誓碑，用销金黄幔蔽之，门钥封闭甚严。因敕有司，自后时享及新天子即位，谒庙礼毕，奏请恭读誓词。独一小黄门不识字者从，余皆远立。上至碑前，再拜跪瞻默诵讫，复再拜出。群臣近侍，皆不知所誓何事。自后列圣相承，皆踵故事。靖康之变，门皆洞开，人得纵观。碑高七八尺，阔四尺余，誓词三行，一云：'柴氏子孙，有罪不得加刑，纵犯谋逆，止于狱内赐尽，不得市曹刑戮，亦不得连坐支属。'一云：'不得杀士大夫及上书言事人。'一云：'子孙有渝此誓者，天必殛之。'后建炎间，曹勋自金回，太上寄语，祖宗誓碑在太庙，恐今天子不及知云。《避暑漫抄》。"（近人丁傅靖辑：《宋人轶事汇编》卷一《太祖》，中华书局1981年版，第7—8页。）

策导向与家法规定，使文人、文化受到前所未有的礼遇与尊重。

二是社会风气以文化为荣，贵族文化平民化，世俗生活文雅化。张择端《清明上河图》所展现的汴河风俗画，州桥夜市煎茶卖浆，相国寺内品果博鱼，金明池畔填词吟诗，白矾楼头宴饮听琴，一座汴梁城中，处处弥漫着醉人的"文化情调"。

图4-11　清明上河图（局部）

三是改革科举，纠正唐朝"行卷"——"走后门"的不正之风，实行糊名和誊录制度，杜绝关系人情，促进选人公正；考中即授官，不像唐朝要在吏部候选，实现用人公正。从而引导社会风清气正，正能量大增。

二、五大文化，成就空前

（一）理学顶梁，学术繁荣

宋代文化最重要的标志是理学的建构。

程朱理学，不仅将纲常伦理确立为万事万物之理所当然和所以然，亦即"天理"，而且高度强调人们对"天理"的自觉意识。为指明自觉认识天理的途径，朱熹特意从《礼记》中抽出《中庸》《大学》二篇，与《论语》《孟子》汇集到一起，撰写了《四书章句集注》，成为了儒家经典中的核心文献。在对《大学》集注、阐释中，突出了"正心、诚意"的"修身"公式："古之欲明明德于天下者，先治其国；欲治其国者，先齐其家；欲齐其家者，先修其身；欲修其身者，先正其心；欲正其心者，先诚其意；欲诚其意者，先致其知；致知在格物。"（《礼记·大学》）也就是《大学》"八目"：格物、致知、正心、诚意、修身、齐家、治国、平天下。从"格物"到"致知"，实质上将外在规范转化为内在的主动欲求，亦即伦理学上的"自律"，有了这一自律，才有条件取得治国平天下的功业。理学，是中国后期封建社会最为精致、最为完备的哲学体系，其影响至深至巨。

在理学的主导下，学术流派众多，有名的就有十二三家，先后形成了张载的关学、周敦颐的濂学、二程的洛学、邵雍的象数学、朱熹的闽学、王安石的新学、婺州学派的婺学、三苏的蜀学、陆九渊的心学、胡安国等的湖湘学派，等等，从而形成了中国历史上继春秋战国之后第二次百家争鸣的盛况，使宋代的思想文化呈现出一派勃勃生机和前所未有的活跃局面。

（二）文学创新，宋词拔尖

诗、文是一代文学的代表。对于文，宋朝可以说是超越了唐朝。著名的唐宋八大家，其中欧阳修、苏洵、苏轼、苏辙、王安石、曾巩六家都是宋朝的名人。面对艺术顶峰的唐诗，宋人也不甘落后。他们另辟蹊径，借用市井歌谣传唱的词，进行文学创新，终于使宋词亦成为中国古代文学皇冠上光辉夺目的一颗巨钻。她以姹紫嫣红、千姿百态的丰神，与唐诗争奇斗艳，成为一代文学之圣。宋词，作为一种新的文学形式，精致、高雅。在两宋，文人都以词作比胜，形成了以苏轼、辛弃疾为代表的豪放派和以柳永、晏殊、欧阳修、秦观、贺铸、周邦彦、李清照等为代表的婉约派。其特点主要是内容侧重于社会生活、儿女风情，结构深细缜密，音律婉转和谐，语言圆润清丽，有一种柔婉之美。其情感表达极为细腻、精致，超过了诗，使宋词成为与唐诗并列的高峰。宋词雅致，词人词作亦多。唐圭璋主编的《全宋词》共收录 1330 家词作者的作品 2 万多首，其中名家名作，琳琅满目，与唐诗互相辉映，光耀着大宋时代。古典文学研究专家周汝昌评价说："唐诗宋词，并列对举，各尽其美，各臻其盛，是中外闻名的。"①

（三）史学卓越，超迈古今

宋代史学，是唐代史学的继续发展。但在史官制度、史学著作、史著体裁、史学大家等方面，都超过了唐代。宋代对于修史的重视，宋人对于撰史的热衷，为前代所不及。因而，宋代史学成就非常突出。历史学家陈寅恪说："中国史学，莫盛于宋"②，"宋贤史学，古今罕匹"③。宋朝有起居院、日历所、实录院、国史院、会要所等多个官方修史机构，可见中央政府对史学的重视程度。宋代最著名的史学著作当属司马光主编的 294 卷的编年体史书《资治通鉴》。随后，另一史学家袁枢又对《资治通鉴》进行全面整理，写成《通鉴纪事本末》42 卷，这是中国历史上第一部纪事本末体史书。还有李焘的《续资治通鉴长编》980 卷。史学名著 24 史中有三部是宋人写的：薛居正等奉旨编修的 150 卷《旧五代史》、欧阳修私人编撰的 74 卷《新五代史》、宋祁欧阳修等撰写的 225 卷《新唐书》。此外，宋朝编修了不少与史学相关的类书，如李昉等奉敕编纂的 1000 卷《太平御

---

① 周汝昌：《唐宋词鉴赏辞典·序（二）》，上海辞书出版社 1988 年版，第 1 页。

② 陈寅恪：《陈垣〈明季滇黔佛教考〉序》，载陈美延编《金明馆丛稿二编》，生活·读书·新知三联书店 2001 年版，第 272 页。

③ 陈寅恪：《隋唐制度渊源略论稿》，上海古籍出版社 1982 年版，第 134 页。

览》；王钦若等奉旨编纂的 1000 卷《册府元龟》；李昉、徐铉等奉旨编纂的 1000 卷《文苑英华》；李昉、扈蒙等奉旨编纂的 500 卷《太平广记》。个个都是空前绝后的皇皇巨著，足见宋代史学之丰厚。

（四）艺术辉煌，建树颇多

传说日本人很佩服中国三样东西：汉朝的武功，唐朝的经济，宋朝的艺术。宋朝艺术，仅以绘画、书法而论，就已超越唐人，自成高峰。我们说宋词雅，其实宋画更雅。苏轼在《跋宋汉杰画山》一文中提出"士人画"这一观念，强调融诗歌、书法于绘画之中，以绘画来表现文人意趣。因此，两宋绘画，意境深远，优雅细密，尽显温柔恬静之美。宋代官方十分重视绘画艺术，朝廷设立了翰林图画院，罗致了天下的画士。院内有名家，院外有画家，可以说是人才辈出。在两宋时期，知名画家千人以上，其中以人物、山水、花鸟画最为杰出。人物画以北宋中叶的李公麟最出名，他擅长画宗教画和人物故事画。在花鸟画方面，最著名的是北宋画院中的黄居来为首的黄派和院外名手徐崇嗣为首的徐派。在山水画方面，有著名的董源、李成、范宽等人。董源的作品大多描绘江南的真山。李成的画，烟云变幻，水石幽娴，树木萧条，山川险异。范宽的画，擅长描写雄伟的雪山，浩荡阔大，浑厚峻拔，气势磅礴；他留下的《雪景寒林图》，群峰雪积，高旷雄伟，使人有身临其境、寒气袭人的感觉。书法是和绘画并行发展的艺术。宋代书法名家辈出，四大名家"苏黄米蔡"即是代表。蔡襄书法，擅长正楷行草；苏轼善行书；黄庭坚是苏门四学士之一，擅长楷书，亦工行草；米芾为人不拘礼法，被人称为"米颠"，成就以行书为最大。四人风格，苏轼天然，黄庭坚劲健，米芾纵逸，蔡襄蕴藉，各具仪态，精美绝伦。

（五）科技发明，享誉世界

古代科技在宋代发展至极盛。北宋贾宪的"贾宪三角"和高次幂开方的"增乘开方法"、南宋秦九韶的"正负开方术"和"大衍求一术"，在数学领域作出了具有世界领先水平的贡献。百科全书式的人物沈括"于天文、方志、律历、音乐、医药、卜筮无所不通，皆有所论著"（《宋史·沈括传》）。他的《梦溪笔谈》，被英国科学家李约瑟博士评价为"中国科学史上的里程碑"[1]。天文学、地理学、地质学、医药学、冶金术、造船术、纺织术、制瓷术等方面也都有令人目眩的空前成就。尤其是享誉世界的四大发明，其中有三大发明（指南针、印刷术、火药）在宋代得到了大量应用。勺子状的指南针在战国时代就出现了，被称为"司南"。但未推广应用。到宋代，"司南"被发明创新为便于应用的"指南鱼"和"指南针"，在宋代航船、明代郑和七下西洋的航海中都有应用。指南针从宋代传入阿拉伯地区，再传到欧洲人手中。火药源自古人炼丹，作为火器运用，开始于宋代。北宋末年，宋军在抗金战争中就使用了火药"霹雳炮"；南宋还出现了管形火器——火枪。后来，火药经商人传入阿拉伯地区。欧洲人在与阿拉伯人的战争中学会了火药和火器的制造方法。北宋中期毕昇发明了胶泥活字，实行活字排版印刷，南宋时传入越南、土耳其、伊朗，元代从伊朗传到埃及和欧洲。加上造纸术的中国四大发明，一向以其深远的意义而享誉世界。著名英国哲学家弗兰西斯·培根曾经指出："印刷，火药和磁石，这三种发明已经在世界范围内把事物的全部面貌和情况都改变了：第一种是在学术方面，第二种是在战事方面，第三种是在

---

① ［英］李约瑟：《中国科学技术史》第一卷《导论》，孙燕明、王晓华、吴伯译，科学出版社、上海古籍出版社1990年版，第140页。

航行方面；并由此又引起难以数计的变化来；竟至任何帝国、任何教派、任何星辰对人类事务的力量和影响都仿佛无过于这些机械性的发现了。"①

三、贬斥势利，崇尚气节

翻阅历史，我们看到，在隋唐前的"六朝"时期，有个"不倒翁"宰相叫冯道，他一生经历五个朝代十任皇帝，却是每朝都受重用，没人说他没气节，死后竟被谥号"文懿"，追封瀛王。直到北宋欧阳修撰写《新五代史》，才明确指斥冯道是"无廉耻者！"（《新五代史》卷五十四《杂传第42》）为此，史学大家陈寅恪赞叹说："（欧阳修）贬斥势利，尊崇气节，遂一匡五代之浇漓（风气浮薄），返之醇正。天水一朝之文化，竟为我民族遗留之瑰宝。"②正是宋人的这种坚强不屈的气节，才在强敌屡屡侵略欺侮下，勇敢地挺立了300多年。北方强悍的蒙古迅速崛起之后，用23年灭亡了曾经是自己宗主的不可一世的金朝；用一年时间灭亡了西辽；用两年时间灭亡了西夏；用3年时间占领了欧洲强国斡罗斯（俄罗斯）。但他们灭亡南宋，整整用了46年，长达半个世纪！史实证明，南宋并非"弱宋"！在南宋可歌可泣的抗金、抗元战争中，坚持到弹尽粮绝后，举家自杀，决不投降者比比皆是。据史书记载，蒙古兵攻取潭州（今长沙）时，知州李芾及部属沈忠、杨震、颜应焱等，在城中矢尽粮绝的情况下战斗到最后，为国殉葬。诗人郑思肖《咏制置李公芾》诗曰："举家自杀尽忠臣，仰面青天哭断云。听得北人歌里唱，潭州城是铁州城。"就在这场潭州保卫战中，岳麓书院几百个儒生子弟、理学门生也全部战死殉国。不少长沙百姓在城破后，都自杀殉国。"尽忠报国""杀身成仁""舍生取

---

① ［英］培根：《新工具》第一卷，许宝骙译，商务印书馆1986年版，第103页。
② 陈寅恪：《赠蒋秉南序》，载《陈寅恪集·寒柳堂集》，三联书店2001年版，第182页。

义"，成为上至将相下至黎民普遍认同的道德规范。南宋右丞相文天祥被俘后拒绝威逼利诱，以生命写成大义凛然的《正气歌》和《过零丁洋》后，英勇就义。《正气歌》曰："天地有正气，杂然赋流形。下则为河岳，上则为日星。于人曰浩然，沛乎塞苍冥。皇路当清夷，含和吐明庭。时穷节乃见，一一垂丹青。"《过零丁洋》曰："辛苦遭逢起一经，干戈寥落四周星。山河破碎风飘絮，身世浮沉雨打萍。惶恐滩头说惶恐，零丁洋里叹零丁。人生自古谁无死？留取丹心照汗青。"公元 1279 年，南宋残军与元军在崖山（今广东江门市新会区南约 50 公里的崖门镇）最后决战，结果宋全军覆没。丞相陆秀夫背负九岁幼帝赵昺毅然投海，"后宫及诸臣多从死者，七日，浮尸出于海十余万人"[1]，最终给"天水一朝"画上了壮烈的句号。历史上还没有哪个朝代，可以这样抵抗到最后一人，皇帝投海，十数万人或战死，或蹈海殉国。这是世界历史上未有过的壮烈，其气节惊天地，泣鬼神！

第六节　辽夏金元争胜与外播期

辽、夏、金、元与两宋，形成中国古代又一个南北朝时期。宋朝尽管分为北宋和南宋，其实北宋也相对说主要在中国南部。除了西夏在中国西部外，辽、金、元主要在中国北部，形成辽、金、元与北宋、南宋的南北对峙。直到元灭亡了南宋，全国才重新统一。从历史的角度看，建立辽国的契丹族、建立西夏的党项族、建立金国的女真族和建立蒙古国的蒙古

---

[1]　脱脱等：《宋史》卷四十七《本纪第四十七》："陆秀夫走卫王舟，王舟大，且诸舟环结，度不得出走，乃负昺投海中，后宫及诸臣多从死者，七日，浮尸出于海十余万人。杨太后闻昺死，抚膺大恸曰：'我忍死艰关至此者，正为赵氏一块肉尔，今无望矣！'遂赴海死，世杰葬之海滨，已而世杰亦自溺死。宋遂亡。"

族，虽然都与汉族政权进行过多年争战，但他们都是中华民族的一员，却是不争的史实。因为他们后来都融入了中华民族这个大家庭。尤其是蒙古用中华文化改国号为"元"，融入中国历史朝代，更表明了他自己也承认是中华民族一分子的意愿和态度。所以，我们在了解了两宋文化发展特点之后，也应了解辽、夏、金、元时期，尤其是元朝统一中国近百年的文化发展情况。辽、夏、金、元时期，虽然汉族政权没有少数民族政权强大，屡屡处于败北的弱势地位，但是，以中原汉文化为代表的中国文化，却是屡屡争胜，除蒙古族外，基本上同化、汉化了少数民族文化。就是在元朝统一全国后，中原汉族文化不仅没有退让，还远播到中亚、西亚和欧洲，乃至世界，为中国文化赢得了世界声誉。

一、中原汉文化的争胜

（一）争胜于辽

契丹族于公元916年建立契丹国，30年后改为"大辽"，又过了十多年，北宋才建立。大辽于1125年被它所管辖的女真族所建立的金朝灭亡。其余部跑到西部建立西辽，到1218年被蒙古国灭亡，前后享国达200多年。

图4-12　辽朝的文字与银币

辽朝全盛时期，疆域东北至今库页岛，北至蒙古国中部的色楞格河、石勒喀河一带，西到阿尔泰山，南部至今天津市的海河、河北省霸州市、山西省雁门关一线与北宋交界，与当时统治中原的宋朝相对峙，《辽史》称"幅员万里"。因为其统治下有契丹人和汉民，辽太宗实行"一国两制"，设南面官和北面官双轨官制，以"以国制治契丹，以汉制待汉人"①。不久，因为大量汉文书籍的翻译，中原人民先进的科学技术、文学、史学等被介绍到了草原地区，带动和促进了游牧民族草原文化的发展。辽朝皇室和契丹贵族多仰慕汉文化，如辽的开国皇帝辽太祖崇拜孔子，先后于上京建国子监，府、州、县设官学，以传授儒家学说，又建立孔子庙；辽圣宗常阅读《贞观政要》，辽道宗爱看《论语》等。辽道宗时，契丹以"诸夏"自称，即自称是属于华夏民族。《松漠纪闻》记载，道宗听讲《论语》时，讲解者遇到"夷狄之有君"句就快读怕犯忌讳不敢讲解，道宗就说："吾修文物彬彬，不异中华，何嫌之有？"就让仔细讲解②。教育方面学习中原汉文化，实行科举取士等。可见，对于辽朝，中原汉文化是胜利者。

（二）争胜于夏

夏朝在北宋立国 79 年后建立，到 1227 年被蒙古国灭亡，享国 190 年。早期与辽、北宋形成三国鼎立局面，后期与蒙古、金、南宋对峙。疆域范围主要在今宁夏及甘肃西北部，青海东北部，内蒙古以及陕西北部地区。西夏的政治、文化、制度深受中原儒家文化影响，从夏太祖李继迁开

① 脱脱：《辽史》第四十五卷《志第十五·百官志一》："至于太宗，兼制中国，官分南、北，以国制治契丹，以汉制待汉人。国制简朴，汉制则沿名之风固存也。辽国官制，分北、南院。北面治宫帐、部族、属国之政，南面治汉人州县、租赋、军马之事。因俗而治，得其宜矣。"
② 洪皓：《松漠纪闻》："大辽道宗朝，有汉人讲《论语》至'北辰居所而众星拱之'，道宗曰：'吾闻北极之下为中国，此岂其地邪？'至'夷狄之有君'，疾读不敢讲，则又曰：'上世獯鬻猃狁荡无礼法，故谓之夷，吾修文物彬彬，不异中华，何嫌之有？'卒令讲之。"

始至西夏末年，历代帝王莫不学习与模仿汉制。

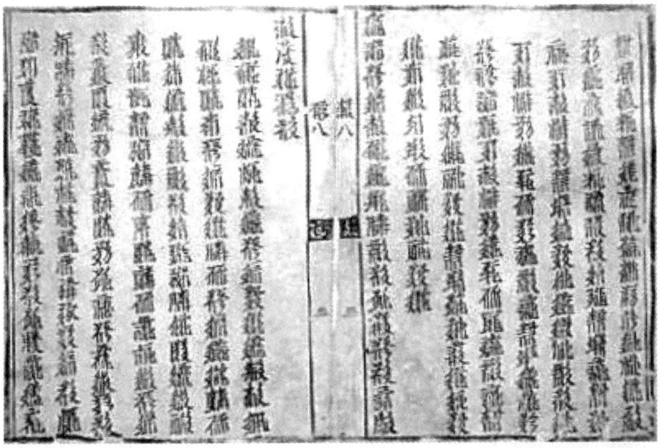

图 4-13　借鉴汉字创制的西夏文及译文刻本《论语》

例如李继迁时"潜设中官，全异羌夷之体，曲延儒士，渐行中国之风"①，夏太宗李德明时"大辇方舆，卤簿仪卫，一如中国帝制"②。西夏党项世代皇亲宗室，尊孔子为文宣帝，"称中国位号，仿中国官属，任中国贤才，读中国书籍，用中国车服，行中国法令"③。显然，对于西夏，中原汉文化还是胜利者。

（三）争胜于金

金朝，是中国历史上由女真族建立的统治中国北方和东北地区的封建王朝，于 1115 年反辽建国，1234 年被蒙古国灭亡，享国 119 年。它当年崛起后，先将它的宗主辽灭掉，又将北宋灭掉，与西夏、南宋形成新的三国鼎立，占据了北部大半个中国。如果不是后来蒙古突然崛起，女真族的

① 李焘：《续资治通鉴长编》第 50 卷（第 4 册），上海师范大学古籍整理研究所、华东师范大学古籍研究所点校，中华书局 1995 年版，第 1099—1100 页。
②《西夏书事》卷九，大中祥符六年春二月。
③ 李焘：《续资治通鉴长编》第 150 卷（第 11 册），上海师范大学古籍整理研究所、华东师范大学古籍研究所点校，中华书局 1995 年版，第 3641 页。

金国也许会提前入主中原，不必等到元、明之后。与契丹辽国一样，金国也实行了"一国两制"的二元政治，即同时奉行女真旧制和汉制的双重体制。但仅仅 20 年后，金熙宗完颜亶"颁行官制"，完全实行唐宋的"三省六部制"。三省指中书省、门下省、尚书省，六部指尚书省下属的吏部、户部、礼部、兵部、刑部、工部，官僚体制完全汉化。《金史·孔璠传》载："熙宗即位，兴制度礼乐，立孔子庙于上京。天眷三年，诏求孔

图 4-14 女真进士题名碑

子后（人），加璠承奉郎，袭封衍圣公，奉祀事。是时，熙宗颇读《论语》《尚书》《春秋左氏传》及诸史、《通历》《唐律》，乙夜（夜里第二更）乃罢。皇统元年二月戊午，上谒奠孔子庙，北面再拜，顾谓侍臣曰：'朕幼年游侠，不知志学，岁月逾迈，深以为悔。大凡为善，不可不勉，孔子虽无位，其道可尊，万世高仰如此。'皇统三年，璠卒。子拯袭封，加文林

郎。"①金朝在文化方面加快汉化，学习中原实施科举。中期以后，女真贵族改汉姓、着汉服的现象越来越普遍。

金世宗一向反对女真人全盘汉化，积极倡导学习女真字、女真语，但仍挽不回女真汉化的趋势。金人最后全盘汉化。可以说，对于金朝，中原汉文化是完胜。

---

① 《二十四史全译〈金史〉第三册》，汉语大词典出版社 2004 年版，第 1747 页。

（四）争胜于元

元朝（1271—1368），是中国历史上首次由少数民族蒙古族建立的大一统王朝。1206年成吉思汗抗金建立蒙古政权，1218年灭西辽，1227年灭西夏，1234年灭亡它的宗主国金朝，1279年灭南宋统一全国，1368年被明朝推翻。如果从成吉思汗抗金建国算起，享国162年；如果从忽必烈1271年定国号元开始历时98年；如果从1279年灭南宋统一中国算起，享国90年。元朝虽然武力强大，横扫亚欧，统一全中国，但终属游牧文化，落后于中原农耕文化，所以同辽、金一样，接受了汉文化，实行汉化。1271年，元世祖忽必烈取《易经》"大哉乾元"之意改国号为"大元"，顺利融入中国历史朝代。次年迁都燕京（即北京），称大都。文化制度上近取金、宋，远法汉、唐（《元史·舆服制》）。元大德十一年（1307年）七月十九日，新即位的元武宗海山加封孔子为"大成至圣文宣王"。

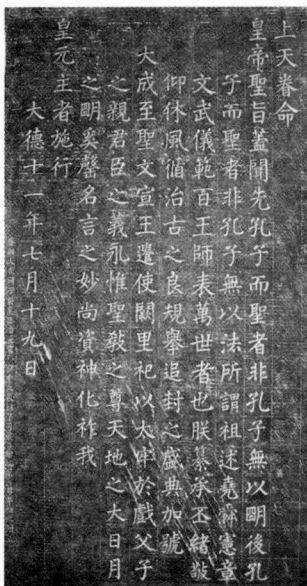

图 4-15　元朝加封孔子碑

元朝在体制上遵奉汉式王朝的框架，对三省六部制加以改革，废除尚书省和门下省，保留中书省与枢密院、御史台，分掌政、军、监察三权，地方实行行省制度，从国号到统治体制完全中国化。史学家吕思勉说："凡异族入居中国的，其制度，可以分作两方面来看：其一，他自己本无所有，即使略有其固有的习惯，入中国以后，亦已不可复用，乃不得不改而从我。在这一点上，异族到中国来做皇帝，和中国人自己做差不多，只不过将前代的制度，作为蓝本，略加修改罢了。""元朝中央的官制，是以中书省为相职，枢密院主兵谋，御史台司监察，庶政则分寄之于六部的。这可说大体是沿袭宋朝。"①后来，汉化遭到以草原本位文化为基本的蒙古上层的反对，加之汉、蒙为两大人口主体，政治体制就出现了"一国两制"的二元色彩，即所谓"既行汉法（中原之法），又存国俗（蒙古汗国之习俗）"。政权主体形式仍然是传统的汉式中央集权统治体系，蒙古旧制也被保留，杂糅其中。由于元疆土广阔，横跨亚欧，有蒙人、有汉人，还有西域色目人，文化上除了本土蒙古文化、中原汉文化，还有吐蕃喇嘛教文化、中亚伊斯兰文化乃至欧洲基督教文化，所以就干脆实行文化多元化，尊重各个民族的文化和宗教，任其自由发展。中原汉文化自然受到高度重视，史学家范文澜说："忽必烈更知尊孔的利益，诏中外崇奉孔子，上都、大都诸路府州县各立孔庙，官吏岁时致祭，月朔释奠（祭祀），禁止军民侵扰孔庙。铁木耳给衍圣公官田 50 顷，供孔子祭祀，特下诏褒崇道：'孔子之道，垂宪（法）万世，有国家者（朝廷）所当崇奉。'""忽必烈在大都立国子学，收学生 100 人，蒙古人 50，诸色目、汉人 50。学生先读孝经、小学（朱熹著）、论语、孟子、大学、中庸，次读诗、书、礼记、周礼、春秋、易。……各路州县设立学校，又别设官立、私立书院。学校、书院生徒免一身杂役，优等生或用为教官，或用为吏员。"②"爱育黎拔力八达延祐二年（1315 年），始举行科举……在朱熹注《大学》《中庸》《论语》《孟子》四书内出题。"③科举继续举行，程朱理学仍是考试内容，朱熹的《四书章句集注》仍是所有读书人的必读书。汉文化在元朝虽未像辽、金朝那样同化了异族而争胜，但也没有败亡，为不胜之胜。

---

①　吕思勉：《给大家看的中国通史》，北京时代华文书局 2015 年版，第 150 页。
②　范文澜：《中国通史简编》，河北教育出版社 2000 年版，第 524 页。
③　范文澜：《中国通史简编》，河北教育出版社 2000 年版，第 525 页。

二、中国文化的外播

说中国文化的外播，就要看元朝统一全国、征服亚欧之后。元帝国对欧亚大陆的征服，使"中国在元代比在以前和以后（直到 20 世纪）的任何时候都更著称于欧洲。这是因为蒙古人统治下的疆土一直扩展到欧洲；喜马拉雅山以北的全部地区，从山海关到布达佩斯，从广州到巴士拉，全都在一个政权统治之下，这在世界历史上是空前绝后的。通过中亚细亚的交通线在当时比在以前和以后的任何时候都更繁忙和安全。"[①] 此时，中国西部和北部边界实际上处于开放状态，阿拉伯、波斯和中亚的穆斯林大规模迁居中国，一个信仰伊斯兰教，使用汉语而又浸润阿拉伯和波斯文化传统的回族，在中国渐趋形成。随着波斯人、阿拉伯人迁居内地，传教士、商人纷纷跟进，基督教也传入中国，阿拉伯天文学、数学也流入中国。元代天文学家郭守敬汲取阿拉伯天文学成果，制定了中国历史上使用时间最长的《授时历》，与目前国际通行的公历完全相同。在这些来到中国的商人中，有一个意大利人非常著名，他叫马可·波罗（Marco Polo, 1254—1324）。17 岁时，跟随父亲和叔叔经商，途经中东，历时四年多，于 1265 年到达元的上都（今中国内蒙古自治区多伦县西北），与大汗忽必烈建立了友谊。他在中国游历了 17 年，曾访问过当时中国的许多古城。回国后他出版《马可·波罗游记》（*Il Milione*），向西方人娓娓动听地描述中华大国的美丽、富饶和繁荣。从此，处于东方的中国成了西方人心目中遥远的梦。中国四大发明之一的火药，以蒙古军和阿拉伯人的战争为中介，传入阿拉伯，再传入欧洲。中国的指南针、活字印刷术也经由蒙古统治下的

[①]［英］李约瑟：《中国科学技术史》第一卷《导论》，孙燕明、王晓华、吴伯译，科学出版社、上海古籍出版社 1990 年版，第 145 页。

波斯以及突厥统治下的埃及传入欧洲。中国的历法、数学、瓷器、茶、丝绸、绘画、算盘，等等，亦通过不同途径，在俄罗斯、阿拉伯与欧洲世界广为传播。相比中西文化的交流幅度，这一时期最大特点，是中国文化的对外传播大大超过对内交流。因此，这一时期，也是中国文化的外播期。

第七节 明清总结期

这一时期的文化，有亮色，也有暗色。但总的来说，由于明代中期"前后七子"的"文必秦汉、诗必盛唐"的文学复古主张，更由于明清两朝严厉的文化专制，文化创新发展不足，总结、收尾成了它的主要特点。先看亮色。

第一个亮色，就是明清小说。它建造了唐诗、宋词、元曲之后的第四个文学高峰。著名的作品（以问世先后为序），明代有罗贯中的《三国演义》、吴承恩的《西游记》、施耐庵的《水浒传》、兰陵笑笑生的《金瓶梅》、冯梦龙的《三言》（《喻世明言》《警世通言》和《醒世恒言》）、凌濛初的《二拍》（《初刻拍案惊奇》和《二刻拍案惊奇》）等；清代有蒲松龄的《聊斋志异》、西周生的《醒世姻缘传》、吴敬梓的《儒林外史》、曹雪芹的《红楼梦》、褚人获的《隋唐演义》、钱彩编次、金丰增订的《说岳全传》、李如春的《镜花缘》等。其代表作就是四大名著：《三国演义》《西游记》《水浒传》《红楼梦》。有人说，应该是五大名著，即加上世情小说《金瓶梅》，还有六大名著[1]，即再加上吴敬梓的《儒林外史》。这些小说，篇幅大，人物多，艺术手法多样，以人物性格和命运为主线，

---

[1] 陈洪：《六大名著导读》，生活·读书·新知三联书店 2013 年版。

深刻地反映了社会生活各个方面，文化底蕴非常深厚。

第二个亮色，就是明清之际出现了三大思想家——黄宗羲、顾炎武、王夫之，他们是中国 17 世纪后半期社会进步思潮的杰出代表。

黄宗羲（1610—1695)，字太冲，号梨洲，又号南雷，人称梨洲先生，浙江余姚人。清兵南下，他招募义兵，成立"世忠营"抗清。明亡后隐居著述，屡拒清廷征召。

顾炎武（1613—1682)，初名绛，字宁人，江苏昆山亭林镇人，世称亭林先生。清兵南下，他参加昆山、嘉定一带的抗清起义。失败后十谒明陵，遍游华北。同时垦荒种地，联络同道，不忘兴复。晚年居住华阴。

王夫之（1619—1692)，字而农，号姜斋，湖南衡阳人。明亡后曾在衡阳起兵抗清，晚年隐居衡阳的石船山麓，世称船山先生。

他们继承了中国古代朴素唯物主义思想传统，在明清之际"天崩地解"的形势下，从不同侧面与封建社会晚期的正宗文化——程朱理学展开论战，勇于破旧立新，提出了带有当时科学技术进步及生产关系中资本主义新因素的一系列新思潮、新主张，令人瞩目的有四点：

 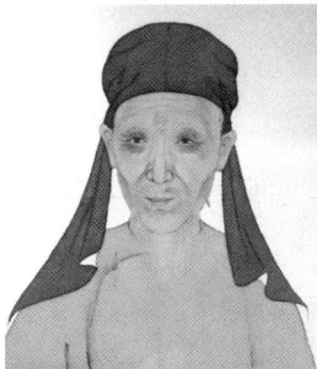 

图 4-16　顾炎武　　　　图 4-17　黄宗羲　　　　图 4-18　王夫之

1.反对宋明理学。顾炎武在《日知录》中指出："以明心见性之空言，代修己治人之实学，股肱惰而万事荒，爪牙亡而四国乱，神州荡覆，宗社丘墟。"他主张回归经学，反对空谈性理。王夫之痛斥陆王心学是误国之学、亡国之学，认为"陆子静出而宋亡"（《张子正蒙注·乾称篇》上），王守仁"祸烈于蛇龙猛兽"（《老子衍·序》），主张"形、神、物三相遇而知觉乃发"（同上）的唯物主义认识论。黄宗羲、顾炎武、王夫之都认为理学坐而论道空谈性理，忽视了实际问题。

2. 反对封建专制君主。黄宗羲在《原君》中提出"荼毒天下之肝脑，离散天下之子女""敲剥天下之骨髓"的君主是人民的"寇仇"与"独夫"，指出"为天下之大害者，君而已矣。"[①]首次勇敢地把批判的矛头直指封建专制君主。顾炎武则提出"众治"的主张："人君之于天下，不能以独治也。独治之而刑繁矣，众治之而刑措矣"（《日知录》卷六），强调"以天下之权寄之天下之人"（《日知录》卷九）。王夫之在《黄书》中写道："不以一人疑天下，不以天下私一人。"反映了他对于权力应该公有、利益应该均分的治国理念。这些反对君主集权、强调天下为公的价值取向，是早期民主思想的重要萌芽。

3. 主张经世致用。顾炎武在《日知录》中提出："君子为学，以明道也，以救世也。徒以诗文而已，所谓雕虫篆刻，亦何益哉？"他痛斥王阳明学派"置四海之穷困不言，而终讲危微精一之说"（《亭林文集》卷三《与友人论学书》），强调学问应用于治理社会和解决问题，倡导经世致用。王夫之也提出"言天者征于人，言心者征于事，言古者征于今"（《思问录》），强调学问必须结合实际，以事实为依据。

4. 倡导工商皆本。黄宗羲在《明夷待访录·财计三》中提出："世儒

---

① 黄宗羲：《明夷待访录·原君》，载《黄宗羲全集（第一册）》，浙江古籍出版社1985年版，第3页。

不察，以工商为末，妄议抑之。夫工固圣王之所欲来，商又使其愿出于途者，盖皆本也。"认为工商业与农业同等重要，都是国家的根本，反对传统的重农抑商政策。

这三位思想家的思想在明清之际的中国社会中产生了深远的影响，展现了当时思想文化的新高度，透露出社会与文化将要发生巨大变革的重要讯息。

暗色，就是严厉的文化专制。明清是中国君主专制制度登峰造极的时代，文化专制亦空前严酷地压制着思想文化界，突出的表现是文字狱盛行。明代以朱子即朱熹之书为正宗，凡不是周敦颐的濂学、二程的洛学、张载的关学、朱熹的闽学者，就坚决不讲。朱元璋以文字之"过"，"纵无穷之诛"①，大批儒生士大夫因文字而遭横祸。如浙江府学教授林元亮所作《贺万寿表》中有"作则垂宪"之语，常州府学训导蒋镇所作《贺正旦表》中有"睿性生智"之语，朱元璋均以"则"为"贼"、以"生"为"僧"，认为是讥讽他参加过红巾军、当过和尚，从而大开杀戒。《明史·刑法志》记载，东厂、西厂、锦衣卫等特务机构，以士人为重点侦伺对象，"飞诬立构，摘竿牍片字，株连至十数人"。

清朝的文字狱更为厉害。据西北师范大学张兵教授研究统计，"清代文字狱当在160—170起左右，比历史上其他朝代文字狱总数还要多。其次，就涉案规模之庞大和惩处结果之严酷而论，与历史上其他朝代诸文字狱相比较，也首屈一指"②。具体数量，康熙朝的文字狱有11起，雍正朝的文字狱有25起，乾隆朝的文字狱高达135起。其中，康熙时"庄廷鑨、

---

① 张廷玉：《明史》卷141《列传二十九》："天之生材有限，陛下忍以区区小故，纵无穷之诛，何以为治？"

② 张兵，张毓洲：《清代文字狱的整体状况与清人的载述》，载《西北师大学报（社会科学版）》2008年第6期，第62—70页。

朱佑明私撰《明史》一案，名士伏法者二百二十一。"（清·陈康祺《郎潜纪闻·初闻》卷十一）足见其株连之广、之惨烈。

为了避祸，学者们钻入故纸堆，埋头对古籍进行考据挖掘，整理完善，使以考据训诂为主旨的"朴学"日渐兴隆起来，大部头的比较完善的文化典籍不断涌现。比如《古今图书集成》，上至天文、下至地理，中有人类、禽兽、昆虫，乃至文学、乐律等类别，包罗万象，达 1 万卷。还比如《四库全书》，7.9 万卷，3.6 万册，8 亿多字。因为分经、史、子、集四库（部），故名"四库全书"。再比如《康熙字典》，42 卷，收录字头汉字 47,035 个，为历代字书的集大成之作，是当时世界上收录汉字最多的一部大字典。以上这些，都体现了中国文化进入集大成时期的特点。所以，这一时期，是中国文化的总结期。就传统文化而言，因为古代社会行将结束，所以，这也是传统文化的终结期。

第八节　近代变革期

这里说的近代变革，是从 1840 年第一次鸦片战争起，至 1949 年新中国成立——这 100 多年间，中国面临李鸿章所言"数千年来未有之变局"而发生的文化大变革。这个文化大变革有四个阶段：

一、物质层面的文化改良——"洋务运动"

清朝政府的闭关锁国政策，妨害了本国的发展，也阻碍了西欧经过工业革命强大起来肆意扩张列强的脚步，他们毫不犹豫地用枪炮砸门，开启了中国屈辱的百年史。挑头的第一个就是号称"日不落帝国"的大英帝国。他们借口林则徐虎门销毁鸦片烟，损害了英国商人利益，于 1840 年

6月派军舰47艘，入侵中国，发动了第一次鸦片战争，迫使清政府签订了中国历史上第一个不平等条约《南京条约》，割香港岛给英国，开放广州、厦门、福州、宁波、上海五个城市为通商口岸，赔款2100万鹰洋。尝到了巨大甜头的英国，联合法国，在俄美支持下，于1856年10月又发动了第二次鸦片战争，进占广州，最后攻入北京，清帝逃往承德，英法联军闯入圆明园掠夺珠宝后又纵火焚烧。战争中沙俄出兵后以"调停有功"自居，并胁迫清政府割让150多万平方公里的领土。第二次鸦片战争迫使清政府先后签订了《天津条约》《北京条约》和中俄《瑷珲条约》，割地赔款数额巨大，中国成了任人宰割的羔羊。面对如此变局，不少人认为主要是我们缺乏洋枪洋炮，"器不如人"，打不过人家。从物质上找原因，就从物质上变革，这就是"洋务运动"，即引进西方军事装备、机器生产和科学技术以维护清朝统治的自强运动。

洋 务 运 动 领 军 人 物

恭亲王奕䜣（1833—1898）

曾国藩（1811—1872）　李鸿章（1823—1901）　左宗棠（1812—1885）　张之洞（1837—1909）

图 4-19　洋务运动领军人物

1861 年，经辛酉政变掌握实权的慈禧太后重用汉人大臣曾国藩、李鸿章、左宗棠、张之洞等洋务派，大规模引进西方先进的科学技术，创办新式企业、开创报刊、开办新式学堂、建立新式军队、选派留学生出国学习、翻译外国科技书籍、架设电报、修建铁路等。洋务运动主要指导思想就是"师夷制夷""中体西用"八个字，即学习西方的长技用以抵制西方的侵略，对待西方文化的方针是以"中学为主体，西学为辅用"。

二、制度层面的文化变革——"戊戌变法"

1894 年 7 月，中日甲午战争爆发，北洋水师全军覆没。清朝政府与日本签订了《马关条约》，承认日本对朝鲜的控制；将辽东半岛、台湾岛及所有附属岛屿、澎湖列岛割让给日本；"赔偿"日本军费白银 23,000 万两。洋务运动进行了 30 多年，洋枪洋炮造了不少，也买了不少。北洋海军主要军舰 25 艘，辅助军舰 50 艘，舰队实力当时是亚洲第一，世界第九，却被日本打败，宣告了换汤不换药的以物质文化变革为内容的"洋务运动"的彻底失败。于是，以康有为、梁启超为代表的维新派人士，在光绪皇帝支持下，于 1898 年（农历戊戌年）6 月开启了史称"戊戌变法"的有关制度层面的文化变革运动，学习西方，提倡科学文化，改革政治、教育制度。主要内容有：改革政府机构，裁撤冗官，任用维新人士；鼓励私人兴办工矿企业；开办新式学堂吸引人才，翻译西方书籍，传播新思想；创办报刊，开放言论；训练新式陆军海军；同时规定，科举考试废除八股文，取消多余的衙门和无用的官职。但因变法损害到以慈禧太后为首的守旧派的利益，遭到强烈抵制与反对。

图 4-20　戊戌变法

1898 年 9 月 21 日，慈禧太后发动戊戌政变，光绪皇帝被囚禁，康有为、梁启超分别逃往法国、日本，谭嗣同、康广仁、林旭、杨深秀、杨锐、刘光第等戊戌六君子被杀，历时 103 天的变法宣告失败。

三、制度层面的政体革命——"辛亥革命"

1900 年 5 月 28 日，借口 1900 年春的义和团运动伤害了帝国利益，英、美、法、德、俄、日、意、奥八个帝国组成联军，发动了对中国的侵略战争，史称"八国联军侵华战争"。侵华联军前后约为 5 万人，仅三个月就攻陷北京，迫使清政府签订《辛丑条约》，赔侵略者白银 4.5 亿两，每个中国人一两。进行制度改良的戊戌变法失败，面对八国列强的侵略更无还手之力，使人们终于觉醒，必须进行制度革命。

1911 年（农历辛亥年）10 月 10 日夜，武昌起义爆发，湖北军政府成立，黎元洪被推举为都督，改国号为中华民国。武昌起义胜利后短短两个月内，湖南、广东等十五个省纷纷脱离清政府宣布独立。1912 年 2 月 12

日，清廷发布退位诏书。至此，2132年的帝制历史宣告终结。史称"辛亥革命"。辛亥革命是近代中国比较完全意义上的民族民主革命。它推翻了统治中国几千年的君主专制制度，建立起共和政体，极大地推动了中华民族思想解放，以巨大的震撼力和影响力推动了中国社会变革。

图 4-21　武昌起义

四、思想观念层面的文化革命——"新文化运动"

辛亥革命，推翻了封建帝制，建立了共和政体，但人们发现，除了皇帝没了，其他都没有什么变化。袁世凯窃取临时大总统，又恢复帝制，宣告了辛亥革命的失败。1919年1月18日，第一次世界大战战胜国在巴黎召开"和平会议"。中国以战胜国身份参加和会，提出取消列强在华的各项特权，取消日本帝国主义与袁世凯订立的"二十一条"等不平等条约，归还大战期间日本从德国手中夺去的中国山东各项权利等要求。但巴黎和会拒绝了中国的正当要求，把德国在中国山东的特权，全部转让给日本，激起了中国人民的强烈反对。

1919 年 5 月 4 日下午，北京高校 3000 多名学生云集天安门广场，高喊"誓死力争，还我青岛""收回山东权利""拒绝在巴黎和约上签字""废除'二十一条'""抵制日货""外争主权，内除国贼"等口号，并且要求惩办北洋政府与日本具体交涉的亲日派官僚——史称"五四运动"。

图 4-22　"五四运动"

上海工人大罢工，声援学生，全国纷纷响应，"五四运动"取得最终胜利。亲日派官僚相继被免职，总统徐世昌提出辞职，中国代表也没有在和约上签字。"五四运动"，以反帝反封建为主题，以爱国、进步、民主、科学为精神，将 1915 年以《新青年》创刊为标志而开启的新文化运动推向高潮，为中国马列主义政党——中国共产党的诞生、为中国民主主义革命的最终胜利奠定了坚实的基础。

中国进入近代时期的四次文化变革，都是在列强逼迫下一次又一次的探索中艰难地向前迈进的。先由物质层面的文化变革——洋务运动，到比较温和的制度层面的文化改良——戊戌变法，再到制度层面的文化革命——辛亥革命，推翻封建帝制，但最后意识到旧的思想文化不变革还是不行，所以又开始了思想大解放的"文化革命"——提倡民主，反对专制；提倡科学，反对迷信；提倡新道德，反对旧道德；提倡新文学，反对旧文学；提倡白话文，反对文言文的新文化运动，宣传西方的进步文化，传播社会主义思想。

深入研究这一时期的文化变革，其实质不难发现，就是中西文化冲突。文化改良派主张"中学为体，西学为用"；文化革命派主张"传统文化一无是处，必须全盘西化"。改良的主张早被现实打得粉碎，全盘西化也解决不了有几千年文化传统的中国的问题。只能另辟蹊径。

幸运的是，1917年俄国爆发了"十月革命"，建立了苏维埃社会主义的苏联，给我们送来了马列主义。1921年诞生的中国共产党，坚决走苏联十月革命的道路，最后终于建立了社会主义新中国。中国文化变革至此完成。

第九节　新中国社会主义新文化时期

自从1949年10月1日新中国成立，到如今70多年过去了。一个新的国家，一种新的制度，必然形成一种完全不同于以往任何时期的崭新的文化，这就是社会主义文化。这种新的文化的最大特点是人民大众成为历史的主人，文化思想则是以与资产阶级对立的无产阶级思想，领导者则是以全心全意为人民服务为宗旨的最先进、最无私的政党——中国共产党。

一、社会主义文化概念的建立与完善

（一）社会主义文化的前身——新民主主义文化

社会主义文化，包括其前身——新民主主义文化。新民主主义文化，是党领导人民进行新民主主义革命时期所创建的一种新文化。毛泽东明确指出："所谓新民主主义的文化，一句话，就是无产阶级领导的人民大众的反帝反封建的文化。"[①]"新民主主义的政治、经济、文化，由于其都是无产阶级领导的缘故，就都具有社会主义的因素，并且不是普通的因素，而是起决定作用的因素。"[②]

（二）社会主义文化的建立

随着生产资料私有制的社会主义改造的完成，社会主义公有制的建立，中国完成了由新民主主义向社会主义的转变，进入了社会主义社会。1956 年 9 月召开了党的第八次全国代表大会，明确指出："要用社会主义的、马克思列宁主义的思想去武装知识分子和人民群众，对封建主义的、资本主义的思想进行批判。""在我们对于封建主义和资本主义的思想体系进行批判的时候，我们对于旧时代有益于人民的文化遗产，必须谨慎地加以继承。"并提出了"百花齐放，百家争鸣"的方针，"提倡自由讨论和自由竞赛来推动科学和艺术的发展。"（《刘少奇在中国共产党第八次全国代表大会上的政治报告》，1956 年 9 月 15 日）。这可以看作新中国社会主义初期的文化纲领。

（三）社会主义文化的重要完善

20 多年后的 1977 年 8 月，召开了党的第十一次全国代表大会。会议明确要求："认真搞好各个文化领域的革命，坚持为无产阶级政治服务、为工农兵服务的方向，努力创作具有革命政治内容和尽可能完美的艺术形

---

① 毛泽东：《新民主主义论》（1940 年 1 月），《毛泽东选集》第二卷，人民出版社 1991 年版，第 698 页。

② 毛泽东：《新民主主义论》（1940 年 1 月），《毛泽东选集》第二卷，人民出版社 1991 年版，第 704—705 页。

式的丰富多彩的文学艺术作品，大力开展以马列主义、毛泽东思想为指导的创造性的学术研究，兴起社会主义文化建设的高潮。"（《华国锋在中国共产党第十一次全国代表大会上的政治报告》，1977 年 8 月 12 日）其中的"为无产阶级政治服务、为工农兵服务的方向"被称为"二为方针"，这是在经历了社会主义建设十年曲折探索和"十年动乱"后，对社会主义文化内涵的重要完善和明确概括，相比于 20 多年前的文化纲领，社会主义文化的任务、对象更为清晰明确。

（四）中国特色社会主义文化的建立

又是 20 多年后的 1997 年 9 月，召开了党的第十五次全国代表大会。会议明确指出："建设有中国特色社会主义的文化，就是以马克思主义为指导，以培育有理想、有道德、有文化、有纪律的公民为目标，发展面向现代化、面向世界、面向未来的，民族的科学的大众的社会主义文化。这就要坚持用邓小平理论武装全党，教育人民；努力提高全民族的思想道德素质和教育科学文化水平；坚持为人民服务、为社会主义服务的方向和百花齐放、百家争鸣的方针，重在建设，繁荣学术和文艺。建设立足中国现实、继承历史文化优秀传统、吸取外国文化有益成果的社会主义精神文明。"（江泽民：《高举邓小平理论伟大旗帜，把建设有中国特色社会主义事业全面推向二十一世纪——在中国共产党第十五次全国代表大会上的报告》，1997 年 9 月 12 日）相对而言，这是进入社会主义建设四十多年以来，党的最高会议对社会主义文化内涵最明晰、最全面的首次表述。这个表述，明确了中国特色社会主义文化的指导思想是马克思主义，目标是培养"四有"公民，任务是发展"三个面向"的、具有民族性、科学性、大众性的社会主义文化，坚持的方针是"二为"和"双百"，并要立足中国现实来继承历史文化优秀传统和吸取外国文化有益成果。其中，将"二为"方针由"为政治服务、为工农兵服务"修改为"为人民服务、为社会主义服务"，体现了宽阔的文化胸怀和高水平的政治智慧。

（五）中国特色社会主义文化的创新

又是 20 多年后的 2017 年 10 月，党的十九大《政治报告》再次明确指出：我们现在的文化，就是"中国特色社会主义文化"。"中国特色社会主义文化，源自中华民族五千多年文明历史所孕育的中华优秀传统文化，熔铸于党领导人民在革命、建设、改革中创造的革命文化和社会主义先进文化，植根于中国特色社会主义伟大实践。发展中国特色社会主义文化，就是以马克思主义为指导，坚守中华文化立场，立足当代中国现实，结合当今时代条件，发展面向现代化、面向世界、面向未来的，民族的科学的大众的社会主义文化，推动社会主义精神文明和物质文明协调发展。要坚持为人民服务、为社会主义服务，坚持百花齐放、百家争鸣，坚持创造性转化、创新性发展，不断铸就中华文化新辉煌。"（习近平：《决胜全面建成小康社会，夺取新时代中国特色社会主义伟大胜利——在中国共产党第十九次全国代表大会上的报告》，2017 年 10 月 18 日）

这次关于中国特色社会主义文化的表述，相对于党的十五大政治报告的表述，有了一个重要创新，这就是将现代中国特色社会主义文化的组成内容，概括为三大部分，即"中华优秀传统文化""党领导人民在革命、建设、改革中创造的革命文化"和"社会主义先进文化"。相对于我们在本书第一章第五节中论述的中国文化五大内容（①马列红色文化［主导部分］、②近现代革命文化［重要组成部分］、③古代传统文化［基础部分］、④西方进步的民主科学文化［有益补充部分］、⑤当代社会主义文化〔主体部分〕），显得更为概括、精当。显然，中华优秀传统文化就是中国古代传统文化的精华部分；革命文化，则是马列文化指导下的中国革命红色文化；社会主义先进文化，则是在传承中华优秀传统文化和吸纳西方进步文化基础上，经过提炼升华的社会主义先进文化。它们三者共同构成现代中国特色社会主义文化。

二、中国特色社会主义文化内容的构成与关系

从 1987 年 10 月党的十三大政治报告首次提出建设有中国特色的社会主义，到 1997 年 9 月党的十五大政治报告提出"建设中国特色社会主义文化"，再到 2017 年 10 月党的十九大政治报告明确提出"中国特色社会主义文化"概念内涵的三个组成部分，时间历经 30 年，足以说明党领导我们在探索社会主义文化建设中的艰辛和不易，得来的认识和结论又是多么的重要和珍贵。我们要深刻理解和把握社会主义文化的内容实质及其构成关系。

（一）中国特色社会主义文化的内容构成

1.中华优秀传统文化

中华优秀传统文化，是指在中国古代社会中由中华各民族人民所创造、积累、传承下来的优秀文化，它包括哲学思想文化、伦理道德文化、社会政治经济文化、生活方式文化、制度习俗文化、物质生产文化等各方面。它昭示了中华民族的璀璨历史，展现了各族人民伟大的智慧创造，是中华民族在漫长历史长河中淘洗出来的智慧结晶，既呈现于浩如烟海、灿烂辉煌的文化成果，更集中体现为贯穿其中的思想理念、价值取向、传统美德、人文精神。它是中华民族之所以成为中华民族的民族性格与民族精

神的根据和基础，也是中华民族生生不息、中国文化持续不断并将恒久强盛发展下去的动力和规范。这个文化是如此丰富和强大，谁也剥夺不了，谁也抛弃不了，它已经沉浸在中国人的脑海中，融化在中国人的血液里，成为中国人独特的重要文化基因，世代传承。

有人说，时代变了，现代社会已经不是古代传统社会了，传统文化无用了，死亡了。这其实是一种掩耳盗铃式的自欺欺人。现代社会由传统社会发展、变革而来，它无法与传统社会彻底断绝。人与社会的这种割不断的传承性，才是人类社会得以恒久发展的基础。又有人说，传统文化是精华与糟粕同在，有好也有坏。这倒是客观的存在，清醒的认识。但是，大家要看到，时间是一个负责任的筛选器，历史的长河总是大浪淘沙，落后的、腐朽的东西很难长久，无法逃脱被淘汰、被抛弃的命运。人类也是一个挑剔的筛选者，旧的、不好的、有害的总是过不了"喜新厌旧""趋利向好"的人性关而被无情扬弃。比如原始社会的"茹毛饮血"、只知有父不知有母的"群婚"和封建社会的"太监""奴婢"、女性"裹脚"等腐朽生活方式和制度、陋习等，现代社会还有吗？所以说，有生命力、能够传承下来，被现代的人们认可并接受的，一定就是优秀的。不要轻易下结论说传统文化就是封建文化，封建文化都是糟粕，要接受时间和时代的检验和筛选。在这里，我们要有充分的文化自信，我们中华传统文化，如果不带偏见地纠正了那些被误解和曲解了的，其绝大部分是经得起时间考验的，是被历史和社会认可的优秀文化。

2. 革命文化

革命文化是近代以来，中国共产党依靠和团结中国人民，在完成民族独立、人民解放的伟大斗争中，以马克思主义为指导，以"革命斗争"为中心，所创造和培育的思想理论、理想追求、价值观念、精神品质、英雄人物、光辉业绩、制度规范等精神和物质文化的总和，如闪耀党史的井冈山精神、长征精神、延安精神、沂蒙精神、红岩精神、西柏坡精神，等等，充分展现了中国人民顽强不屈、坚韧不拔、英勇奋斗、不畏牺牲的民族气节和英雄气概，集中反映了中国近现代百年奋斗、取得最终胜利的革命成果。革命文化既是中华民族革命斗争历史文化的高度凝结，也是中国精神在革命战争年代的主要表现形式，寄托着各族人民对美好生活的向往和追求。它起源于"五四"新文化运动和中国共产党的成立，形成于民族革命和新民主主义革命时期，其核心内容包括以下几方面。

一是革命文化的指导思想。革命文化的指导思想是马克思主义。中国共产党 1921 年成立之初，就是一个以马克思主义为指导的无产阶级政党。党的一大通过的《中国共产党纲领》把马克思主义作为思想指南，确立了党的最高纲领和最终奋斗目标是实现马克思预想的人类最美好的社会——共产主义社会。经过 28 年的浴血奋战，党领导人民终于推翻了帝国主义、封建主义和官僚资本主义的"三座大山"，建立了人民当家作主的新中国。新中国成立后，中国共产党坚持马克思主义的指导思想，把马克思主义和中国实际情况相结合，成功探索出一条符合国情的中国革命的正确道路，这是中国革命取得胜利的根本保证，也是革命文化的核心内容之一。可见，革命文化的指导思想就是马克思主义理论，离开了这个理论则无法成为革命文化。与此同时，革命文化并不排斥其他外来文化和中华优秀传统文化，这使革命文化得以不断壮大，成为中国共产党的执政优势和战胜敌人的强大思想武器，它凝聚了革命队伍，巩固了革命阵营，引导中国的革命事业不断走向胜利。革命文化，是马克思主义基因的红色文化。

　　二是革命文化的目标追求。革命文化的目标追求是实现民族独立、人民解放和国家富强、人民富裕幸福。自1840年鸦片战争以来，中华民族陷入山河破碎、任人宰割的悲惨境地，这就决定了近代以来的中国历史，是一部以争取民族独立、人民解放，实现国家富强、人民富裕为目标的历史。因而，革命文化的本质内容是与近代以来中国人民的理想追求高度一致的。毫无疑问，中国共产党在领导中国人民实现民族独立、人民解放和国家富强、人民富裕幸福的民族民主革命和社会主义建设中形成的革命文化，已经深深融入中华民族的思想血脉，已成为中华民族精神基因的重要组成部分。

　　三是革命文化的革命精神。革命文化的革命精神，就是艰苦奋斗、不怕困难、勇于斗争、敢于牺牲。中国革命因为在一个有着四万万人口、贫穷而落后的半殖民地半封建的国家进行，面临的国际国内形势极其复杂，决定了中国革命的长期性、艰巨性、复杂性。因此，诞生于极其艰难的历史环境中的革命文化，也造就了艰苦奋斗、不怕困难、勇于斗争、敢于牺牲的优良传统和革命精神。农村包围城市、武装夺取政权道路的开辟，抗击强大的日本帝国主义侵略，打败武器精良的国民党反动派，都是依靠坚强的意志和革命精神为支撑。据新中国成立之初的普查，从中国共产党成立的时候算起，全国为革命牺牲的共产党员和革命仁人志士共有2100多万人。这是中国共产党人和仁人志士在革命斗争中所付出的巨大牺牲，是革命文化之革命精神的见证。新中国成立之初，也正是秉持这一革命精神，党领导人民克服困难，自力更生，艰苦奋斗，冲破西方帝国主义国家的打压封锁，赢得了社会主义建设的巨大胜利，成为世界第二大经济体。其间所形成的爱党爱民之情、忠诚报国之志，如雷锋精神、焦裕禄精神、大庆铁人精神和孔繁森精神、抗震救灾精神、载人航天精神等，都是激励我们不懈奋斗的强大的革命精神力量。

四是革命文化的主旨内容。革命文化的人文情怀，以人民为中心的集体主义思想，是革命文化的主旨内容。中国革命的目标是要推翻帝国主义、封建主义、官僚资本主义三座大山，中国革命事业是极其光荣、伟大、艰巨的事业，中国革命的道路是千千万万人民群众参与的道路。在长期的革命斗争环境里，中国共产党动员人民、团结人民、紧紧依靠人民，汇聚成势不可当的革命洪流，赢得了中国革命的伟大胜利。因此，人民群众是中国革命文化的生力军和主体，中国革命文化就其本质来说，是人民的、大众的文化。一切为了人民、一切依靠人民，坚持以人民为中心、以人民利益为最高利益的思想，构成了中国共产党的初心和使命，也是革命文化最核心的内容。

革命文化，是党和人民革命斗争实践的伟大创造，是中国人民革命斗争精神的遗产和文化传承，是中国广大人民群众优良传统和品格风范的集中体现，是推进中华民族伟大复兴的强大精神动力。

3. 社会主义先进文化

社会主义先进文化是在党领导人民进行社会主义革命和建设、大力推进中国特色社会主义伟大实践中，在马克思主义指导下，在党的领导和革命文化引领下，所创建的以社会主义核心价值观为导向的、面向现代化面向世界面向未来的、民族的科学的大众的社会主义文化。它代表着时代进步潮流和发展要求，具有卓越的制度优势和时代先进性。其主要内容与特点有四个方面：

一是社会主义先进文化，首先是指社会主义优越的制度文化，体现的是人民当家作主、公有制为主体、按劳分配、共同富裕的先进制度，与资本主义私有制立身、资本当家说话、少数人剥削压迫多数人的反人类制度形成鲜明对比，从而显露出资本主义制度的不公和反动，正如马克思所说："资本来到世间，从头到脚，每个毛孔都滴着血和肮脏的东西。"[①] 马克思还在此话的注释中引用托·约·邓宁在《工联和罢工》一书中引用《评论家季刊》的话说："为了 100% 的利润，它（资本）就敢践踏一切人间法律；有 300% 的利润，它就敢犯任何罪行，甚至冒绞首的危险。如果动乱和纷争能带来利润，它就会鼓励动乱和纷争。走私和贩卖奴隶就是证明。"所以，马克思预言，腐朽没落的资本主义制度必然灭亡，先进的、伟大的社会主义制度必然取代资本主义制度，最终进入人类最理想的共产主义社会。

二是社会主义先进文化，是指具有在传承中华优秀传统文化和吸纳西方进步文化基础上，经过提炼升华的、具有崇高的思想道德价值观文化。2012 年 11 月，胡锦涛总书记在党的十八大政治报告中提出："加强社会主义核心价值体系建设""倡导富强、民主、文明、和谐，倡导自由、平等、公正、法治，倡导爱国、敬业、诚信、友善，积极培育和践行社会主义核心价值观。"

"富强、民主、文明、和谐、自由、平等、公正、法治，爱国、敬业、诚信、友善"。这 24 个字明确了社会主义核心价值观在国家层面、社会层面和公民层面的价值道德取向。

国家层面的价值目标：富强、民主、文明、和谐。这个价值目标就是

---

① ［德］马克思：《资本论》，中共中央马克思恩格斯列宁斯大林著作编译局译，人民出版社 2004 年版，第 871 页。

要使我们国家在经济建设上越来越富强，政治建设上越来越民主，文化建设上越来越文明，社会建设上越来越和谐。这一社会主义核心价值观集中体现了当代中国人民努力实现中华民族伟大复兴的共同愿景，是一个鼓舞士气、激发活力的价值目标。

社会层面的价值取向：自由、平等、公正、法治。这是社会主义核心价值观在社会层面上的价值取向，是立足社会集体层面对社会主义核心价值体系的高度凝练。自由是个体发展和创新的前提，平等确保每个人在法律和社会中享有同等的权利和机会，公正维护社会资源的合理分配和权力的公平行使，法治则是保障社会秩序和公民权利的基石。它们相互依存，相互促进，既契合了中国特色社会主义的发展要求，又承接了中华优秀传统文化和人类文明优秀成果。

公民层面的价值准则：爱国、敬业、诚信、友善。共性需要表现为个性，普遍需要具体到个别，社会主义核心价值观不能缺失公民层面的价值准则。国家富强、民族振兴、人民幸福的中国梦，向每一个中国公民都提出了爱国、敬业、诚信、友善的道德要求。

24个字，12个概念，有7个（和谐、公正、法治、爱国、敬业、诚信、友善）来自优秀传统文化，5个（富强、民主、文明、自由、平等）来自西方进步文化，但它们相比来源概念都有一定的提炼和升华。比如传统文化的"爱国"常与封建的"忠君"连在一起，诚信、友善也带有个人修身以博取功名的名利思想和封建孝悌观念，而社会主义核心价值观则剥去了忠君、名利、孝悌等封建思想内涵，纯粹的爱国家，没有个人目的地讲诚信和友善，真诚的敬老爱幼等。比如西方的民主、自由，是三权分立、轮流执政的民主，是个人利益至上的绝对自由，而社会主义核心价值观则是人民当家作主、与社会主义法治相结合的、为了人民根本利益的民主；自由也是遵从法治和人民利益为前提的自由。相比而言，社会主义核心价值观更具有高尚的价值尺度，崇高的道德理念。

三是社会主义先进文化，是指以"三个面向"为目标的具有宽阔胸襟和超前意识的文化。"三个面向"是邓小平 1983 年 10 月 1 日为北京景山学校的题词，内容为"教育要面向现代化，面向世界，面向未来"。这是邓小平在新的历史条件下，根据我国国情，从党的总路线总任务出发，适应世界新的技术革命的发展趋势对教育工作提出的新要求。教育要面向现代化，就是要贯彻教育为社会主义现代化建设服务的方针，把实现现代化作为教育改革的目标，使教育进一步适应经济和社会发展的需要。现在，把它扩展提升到对社会主义文化的目标要求，目的是要求我们当前的文化要立足传统，与时俱进，面向现代化，敢于和善于文化创新；立足中国，面向世界，博采众长，以世界优秀文化为营养，借鉴和融合，推动中华文化走向世界；立足今天，面向未来，勇立潮头，引领新风。这就有力地开阔了我们的文化视野，使我们的文化具有"面向未来"的超前性，当然也就是先进性。

四是社会主义先进文化，是指以"民族的科学的大众的"来定性的具有鲜明中国特色的社会主义文化。"民族的科学的大众的文化"，是毛泽东 1940 年 1 月 9 日在陕甘宁边区文化协会第一次代表大会上的讲演中提出来的，文章原题为《新民主主义的政治与新民主主义的文化》，载于 1940 年 2 月 15 日延安《中国文化》创刊号。同年 2 月 20 日发表于《解放》第 98、99 期合刊，题目改为《新民主主义论》。1952 年收入人民出版社出版的《毛泽东选集》第二卷。毛泽东明确指出：

一五　民族的科学的大众的文化

这种新民主主义的文化是民族的。它是反对帝国主义压迫，主张中华民族的尊严和独立的。它是我们这个民族的，带有我们民族的特性。它同一切别的民族的社会主义文化和新民主主义文化相联合，建立互相吸收和互相发展的关系，共同形成世界的新文化；但是决不能和任何别的民族的帝国主义反动文化相联合，因为我们的文化是革命的民族文化。……中国文化应有自己的形式，这就是民族形式。民族的形式，新民主主义的内容——这就是我们今天的新文化。

这种新民主主义的文化是科学的。它是反对一切封建思想和迷信思想，主张实事求是，主张客观真理，主张理论和实践一致的。……中国的长期封建社会中，创造了灿烂的古代文化。清理古代文化的发展过程，别除其封建性的糟粕，吸收其民主性的精华，是发展民族新文化提高民族自信心的必要条件；但是决不能无批判地兼收并蓄。必须将古代封建统治阶级的一切腐朽的东西和古代优秀的人民文化即多少带有民主性和革命性的东西区别开来。中国现时的新政治新经济是从古代的旧政治旧经济发展而来的，中国现时的新文化也是从古代的旧文化发展而来，因此，我们必须尊重自己的历史，决不能割断历史。……

这种新民主主义的文化是大众的，因而即民主的。它应为全民族中百分之九十以上的工农劳苦民众服务，并逐渐成为他们的文化。……革命文化，对于人民大众，是革命的有力武器。革命文化，在革命前，是革命的思想准备；在革命中，是革命总战线中的一条必要和重要的战线。……

民族的科学的大众的文化，就是人民大众反帝反封建的文化，就是新民主主义的文化，就是中华民族的新文化。[①]

80多年前的毛泽东已经清楚准确地阐明了中华民族新文化的性质和特点，就是"民族的科学的大众的文化"，强调它"就是新民主主义的文化，就是中华民族的新文化"。现在，我们早已完成了新民主主义革命，进入了中国特色社会主义建设阶段，但是，中华文化"民族的科学的大众的文化"这一具有鲜明中国特色的文化性质没有变，所以被写进了1997年9月党的十五大以来党的历届全国代表大会的政治报告中，成为我们今天对中国特色社会主义文化性质最清晰、最准确的定性和表述。

社会主义制度文化的优越性，社会主义核心价值观的崇高性，社会主义文化"三个面向"的胸襟开阔性和时代超前性，"民族的科学的大众的"文化性质的鲜明特色性，共同体现了中国特色社会主义文化无可辩驳的先进性。

（二）中国特色社会主义文化三大组成部分的关系

中国特色社会主义文化三大组成部分——优秀传统文化、革命文化、社会主义先进文化，它们的关系是一脉相承、延续发展、不断升华的关系，是三位一体、互为依存、不可分离的关系。因为文化的发展是一个长期积累、不断革新的过程，既坚守根本又不断与时俱进，在继承创新中不断发展和升华。中华优秀传统文化是中华民族的精神命脉，也是中华文化的根和源，特别是以人为本、崇德尚礼、贵和尚中、阴阳变易、理性求实、刚健有为等思想理念和仁、义、礼、智、信、忠、孝、廉、耻、勇、毅等传统美德，体现着中华民族世代传承的世界观和人生观价值观，塑造

[①] 《毛泽东选集》第二卷，人民出版社1991年版，第706—709页。文中省略号为本书作者节引所加。

和培育着中华民族的思维方式、精神追求和行为规范。这些，都对后期革命文化的产生和形成予以巨大的影响。而革命文化，则自觉传承着中华民族的优良传统，在马克思主义经典理论指导下，在吸纳中华优秀传统文化的基础上对其进行了改造和升华，使其具有更高的精神境界。从"为万世开太平"到"无产阶级只有解放全人类才能最后解放自己"，从"大丈夫威武不能屈"到革命者"为人民而死重于泰山"的革命英雄主义，从"民惟邦本""载舟覆舟"到"以全心全意为人民服务为宗旨"，从"格物致知"到"实事求是""实践检验真理"等，都充分反映了中华优秀传统文化在革命斗争中经传承和发展，所放射出来的具有新的民族精神和时代精神的"红色"光芒。社会主义先进文化则是革命文化指导下的再提升和新发展，它高度融合了中华优秀传统文化和革命文化的精华，体现了中华文化在现代新中国的新发展、新成就。以马克思主义为指导的中国特色社会主义道路、社会主义核心价值观；以爱国主义、改革开放为核心的民族精神和时代精神；以"三个面向"和民族的、科学的、大众的为定性的现代文化，形成了当今社会主义先进文化。

显而易见，革命文化是传统优秀文化的传承和升华，社会主义先进文化又是革命文化指导下的传承和升华。离开了传统优秀文化，难以阐明革命文化；离开了革命文化，也同样难以阐明社会主义先进文化，它们是相互关联、密不可分的一个整体。处于中间的革命文化，"一肩担两头"，既传承了中华优秀传统文化，又指导和发展了社会主义先进文化，具有承上启下的衔接作用和结连三者为一体的凝聚作用。

同时，我们还要注意到"三大文化"的相对独立性，它们是不同时期社会的文化，有着各自不同的内核和时代特点，也有不同的地位和功用。

中华传统优秀文化，因为年代久远，时间跨度大，所以它内容丰富，体量很大，是中国特色社会主义文化的基础部分，相当坚实和厚重，是我们学习和把握中国特色社会主义文化要下深功夫的地方。革命文化，是以马克思主义为主要基因的红色文化，蕴含着中国共产党人的初心和历史使命，反映着党和人民浴血奋斗、终于赢得民族独立、人民解放的光辉历程，是中国特色社会主义文化的主导者，是我们要完全继承、恒久坚持的指导性文化。社会主义先进文化，实质是革命文化在社会主义时期的新发展、新名称，它同样是以马克思主义为指导的文化，只是因为时代和社会的不同，其目标任务、内容和方式已不同于民族民主革命时期的革命文化了。所以，和革命文化一样，它处于主导地位，是中国特色社会主义文化的主体和核心。因为我们党正在带领全体人民，全面推进中国特色社会主义伟大事业，以实现到21世纪中叶"建国100周年时，基本实现现代化，建成富强、民主、文明的社会主义国家"的宏伟目标。所以，中国特色社会主义文化，就是我们当今中国的最高文化，是我们必须深入学习、全面领会和掌握的主体文化，是我们万众一心、以革命文化那种勇气和决心来赢得彻底胜利的伟大文化。

第五章

中国文化的主要载体

　　博大精深的中国文化靠什么来记录和传播？在文字发明前，只能是语言，靠人的记忆来记录，靠口耳听说来相传。语言中的词语、句子，记录的是文化概念，交流的是思想内容，它是文化的重要载体。但是，语言靠人的口耳相传，瞬时即逝，受时空限制；记忆难以准确和长久，很不可靠，极大制约了文化的记录与传承。于是，人类发明了记录语言的工具——文字，这就大不一样了。语言内容可以被准确记录，长期保存，超越时空限制。所以，文字就自然成为文化的主要载体。有文字记载的历史，就成为有据可查的文明史。文字因此成为人类由蒙昧进入文明的重要标志。但是，文字的单个性，记录的是文化碎片，完整的文化信息需要大量文字来有序记录才能完成，于是有了用成百上千累万文字的成篇文章，和集合多篇文章而连缀成册的书籍。这些用文字连缀而成篇成册的文化典籍，就成了完整保存文化的主要载体。显然，中国文化的主要载体，就是汉语、汉字和浩如烟海的中国文化典籍。

　　汉语、汉字和汉字记写的中华文化典籍，本身就是富有中华特色的中国文化，它们在中国文化中最重要的功用就是作为中国文化的可靠载体，记录、保存和传播中国文化。

第一节　汉语

　　汉语，是汉民族的共同语，也是中华民族的通用语。汉语方言虽然有北方方言、吴方言、湘方言、赣方言、客家方言、闽方言、粤方言等七大方言[①]，

[①]　教育部网《中国语言文字概况（2021年版）》："汉语方言通常分为十大方言：官话方言、晋方言、吴方言、闽方言、客家方言、粤方言、湘方言、赣方言、徽方言、平话土话。"（http://www.moe.gov.cn/jyb_sjzl/wenzi/202108/t20210827_554992.html，访问日期：2023年7月1日）其实就是把七大方言中的北方方言分为"官话方言"和"晋方言"（山西部分地区及其邻近陕西、河南、内蒙古、河北部分有入声的地区），将皖南一带徽州方言列为"徽方言"，将广西北部和南部的"平话"列为"平话土话"。

但因为北方方言占人口数量最多和地域面积最为广大，加之从古到今长时期的政治、经济、文化中心都在北方方言区，自然使北方方言成为汉语基础方言。在基础方言上逐步形成"雅言"①、"通语"②，到明代的"官话"，结果使以北方方言为基础方言的汉语成为汉民族的共同语，而通行于各方言区，成为汉民族的共同交际工具，形成在汉语方言区讲汉语方言，而汉语方言区之间交流都用汉语共同语的局面。这个共同语今天被称为汉语"普通话"，它有三项标准内容："以北京语音为标准音，以北方方言为基础方言，以典范的现代白话文著作作为语法规范。"③中国是个多民族国家，有汉、满、蒙、回、藏等在内的 56 个民族，"各民族都有使用和发展自己的语言文字的自由"（《中华人民共和国国家通用语言文字法》第八条）。为了"有利于维护国家主权和民族尊严，有利于国家统一和民族团结，有利于社会主义物质文明建设和精神文明建设"（同上，第五条），"国家推广普通话，推行规范汉字"（同上，第三条）——汉语成为中华民族共同语，汉字也成了中华民族的通用字。"到 2020 年，全国普通话普及率已经达到 80.72%，识字人口使用规范汉字的比例超过 95%。"（教育部网《中国语言文字概况（2021 年版）》）

作为中华民族共同语的汉语，属于汉藏语系，与其他语系如印欧语系的语言相比，有极其鲜明的特点和优点：简易、优美、高效。

---

① 《论语·述而》："子所雅言，《诗》《书》、执礼，皆雅言也。"
② 杨雄：《輶轩使者绝代语释别国方言一》："'娥'，'〔H女嬴〕'，好也。秦曰'娥'，宋魏之间谓之'〔H女嬴〕'，秦晋之间凡好而轻者谓之'娥'，自关而东河济之间谓之'媌'、或谓之'姣'，赵魏燕代之间曰'姝'或曰'姓'，自关而西秦晋之故都曰'妍'。好，其通语也。"
※'〔H女嬴〕'，为"汉字构成表达式"，意为括号中的汉字是由"女"＋"嬴"按 H 型左右结构构成的一个汉字。请参阅陈文俊著《汉字文化学》附录《汉字构成表达式》，商务印书馆国际有限公司2023 年版，第 298—302 页。
③ 黄伯荣，廖序东主编：《现代汉语》（增订六版）上册，高等教育出版社 2017 年版，第 11 页。

一、简易

（一）词汇构成规律简易，无复杂的形态变化

汉语词汇没有像印欧语系如英语那样有现在分词与过去分词的词形变化，也没有主格与宾格词形的变化（如表 5-1、表 5-2）。

表 5-1　英语动词分词形态变化举例

动词原形	第三人称单数现在式	现在分词	过去式	过去分词	汉语相应动词
speak	speaks	speaking	spoke	spoken	讲
cut	cuts	cutting	cut	cut	切
live	lives	living	lived	lived	活
study	studies	studying	studied	studied	学习

表 5-2　英汉代词形态变化比较

人称	单复数	主格	宾格	形容性物主代词	名词性物主代词	反身代词	汉语相应代词
第一人称	单数	I	me	my	mine	myself	我 我的 我自身
	复数	we	us	our	ours	ourselves	我们 我们的 我们自身
第二人称	单数	you	you	your	yours	yourself	你 你的 你自身
	复数	you	you	your	yours	yourselves	你们 你们的 你们自身
第三人称	单数	he	him	his	his	himself	他 他的 他自身
		she	her	her	hers	herself	她 她的 她自身
		it	it	its		itself	它 它的 它自身
	复数	they	them	their	theirs	themselves	他们 他们的 他们自身

汉语广泛运用词根复合法构成新词。方式有四种：一是"词根＋词根"，如"江河、大地、风云、油菜、菜油、成败、盛衰"等；二是"词根＋后缀"，如"斧头、椅子、花儿、弹性、读者"等；三是"前缀＋词根"，如"阿姨、老师、绿化、小王、第一"等；四是"前缀＋词根＋后缀"，如"老婆子、老李头"等。由于汉语中有意义的单音节语素都能充当词根语素，词缀语素少而且造词能力较弱，因此，汉语中运用复合法"词根＋词根"构成合成词的情况最多。规则简单，易于学习掌握。

（二）语法结构规则简洁，无麻烦的时态和格的变化

汉语的词汇无形态变化，句法也无如英语的一般时、进行时、完成时、完成进行时与现在时、过去时、将来时、过去将来时所构成的 16 种复杂的时态变化，表现出词法与句法规则的一致性。所以，汉语语法结构异常简单，完全句子的主要结构类型就是"（定语）主语＋［状语］谓语〈补语〉＋（定语）宾语"，六大句法成分（主语、谓语、宾语、定语、状语、补语）中，定语、状语、补语为次要成分，而主要成分主语、谓语、宾语中，以谓语为核心，主语和宾语有时也可以出缺。如表 5-3：

表 5-3　汉语句子结构类型

句型	结构	例句
完全句	（定）主 +［状］谓〈补〉+（定）宾	（他）孩子［上学以来］换了〈三回〉（智能）手机。
主干全句	主 + 谓 + 宾	他吃饭。
主干句	主 + 谓	您好。 我去。
无主句	谓 + 宾	下雨了 开会了

句法结构是这样，词、短语结构也是这样，如表 5-4：

表 5-4　词、短语结构

语法结构	词	短语
主谓结构	霜降 民主 月亮	阳光灿烂 明天星期一
谓宾结构	投资 动员 美容	接受批评 喜欢清静
联合结构	改革 开放 来往	勤劳勇敢 繁荣昌盛
偏正结构	雪花 热销 提高	陕西人 野生动物 绕道走 学得好

汉语语法关系主要通过逻辑语序和少量虚词来体现，如表 5-5 和表 5-6：

表 5-5　语序在词、句子中的语法功用

词（短语）			句子		
词例	结构	语序引起变化	句例	结构	语序引起变化
敌情	偏正结构	语素次序变化，结构未变，但语义内容有变化。	您请我？	主谓宾结构	语序变化，语法结构未变，但语义内容有变。
情敌	偏正结构		我请您。	主谓宾结构	
屡战屡败	联合结构		客来了。	主谓结构	
屡败屡战	联合结构		来客了。	谓宾结构	
马上	偏正结构	语素次序变化，结构变化，语义内容也有变化。	你怎么了？	主谓结构	语序变化，语法结构变了，语义内容也有变。
上马	动宾结构		怎么了，你？	谓主倒装	
月明	主谓结构		台上坐着主席团。	主谓宾结构	
明月	偏正结构		主席团坐在台上。	主谓补结构	

表 5-6 虚词表达语法关系

虚词	功用	例句
的	表示前面成分为定语	我的书。
地	表示前面成分为状语	认真地学习。
得	表示后面成分为补语	唱得好。
着	表进行时	他看着我说……
了	表完成时	我写了作业。
过	表过去完成时	我吃过荔枝。

（三）语音音素数量较少，音节整齐规则，易于学习掌握

相对而言，作为大语种的汉语，其构成音节的音素数量少，只有 32 个，与其他大语种语言的音素数量（如法语 37 个、俄语 38 个、德语 41 个、英语 48 个）相比，确实少多了。32 个音素中，元音音素 10 个，分别是 a、o、e、i、u、ü、ê、-i（前）、-i（后）、er；辅音音素 22 个，分别是 b、p、m、f、d、t、n、l、g、k、h、j、q、x、zh、ch、sh、r、z、c、s、ng。由音素构成的汉语音节显得整齐规则，绝大部分基本音节都由两部分构成：声母和韵母。如果把少数只有韵母的音节看作"零声母 + 韵母"的话，汉语基本音节的结构就是"声母 + 韵母"，无一例外（如表 5-7）：声母由辅音充当，共有 21 个；韵母由"元音 + 元音"或"元音 + 辅音"充当，

表 5-7 汉语音节结构举例

例字	音节	
	声母	韵母
爱	零声母	ai
好	h	ao
运	零声母	ün
动	d	ong
健	j	ian
美	m	ei
快	k	uai
乐	l	e

共有 35 个（如表 5-8），总共构成 1263 个有声调基本音节（《现代汉语词典》），如果不带声调则只有 410 个基本音节，非常简单、规律、易学。

表 5-8　汉语音节的声母、韵母

声母（21 个）		韵母（35 个）			
b			i	u	ü
p	j	a	ia	ua	
m	q	o		uo	
f	x	e	ie		ü e
		ai		uai	
d	zh	ei		uei	
t	ch	ao	iao		
n	sh	ou	iou		
l	r	an	ian	uan	ü an
		en	in	uen	ü n
g	z	ang	iang	uang	
k	c	eng	ing	ueng	
h	s	ong	iong		

二、优美

语音，是语言的第一要素。不仅以汉语为母语的华人，就是非母语的外籍人士，都觉得汉语作为一种语言，第一感觉是它的语音非常优美动听。

（一）汉语是以乐音为主的语言

乐音在语言中指元音，辅音带有噪音特点。汉语 35 个韵母中，19 个是纯元音韵母，16 个是元音 + 辅音的复合韵母，汉语是元音多于辅音的乐音语言。而且，汉语音节中辅音都是单辅音，没有模糊不清、噪音特点明显的复辅音。尤其是汉语的音节可以没有辅音，但不能没有元音，所以音节清晰响亮。一般来说，元音可以充当韵头、韵腹、韵尾，充当韵腹的都是声音洪亮的元音，这就使汉语本身听起来就洪亮、清晰，悦耳动听。

（二）音节有声调，抑扬顿挫，富于音乐感

汉语音节都有声调，一般有四种声调。近古之前的古代汉语为平、上、去、入四声，对此四声，明释真空《玉钥匙歌诀》形象地描述为："平声平道莫低昂，上声高呼猛烈强，去声分明哀远道，入声短促急收藏"。到了近古，元周德清《中原音韵》总结说："平分阴阳，浊上归去，入派三声"，也就是将中古汉语的平声分为阴平、阳平，浊音上声归入去声，入声分派到平、上、去三声而消失，形成阴、阳、上、去四声，现代汉语承袭不变。四声分明的汉语说起来抑扬顿挫，具有高低起伏的变化，听起来音乐感很强。如单音节："妈（mā）、麻（má）、马（mǎ）、骂（mà）""督（dū）、独（dú）、赌（dǔ）、杜（dù）"等；双音节："妈妈（mā ma）、麻袋（má dài）、马匹（mǎ pǐ）、骂街（mà jiē）"等；多音节的词汇或成语："千里马（qiān lǐ mǎ）、解放军（jiě fàng jūn）、五湖四海（wǔ hú sì hǎi）、兵强马壮（bīng qiáng mǎ zhuàng）、一劳永逸（yī láo yǒng yi）"等。还有韵律感更强的双声（声母相同）叠韵（韵母相同）联绵词："参差（cēn cī）、仿佛（fǎng fú）、尴尬（gān gà）、伶俐（líng lì）、蜘蛛（zhī zhū）、从容（cóng róng）、叮咛（dīng níng）、烂漫（làn màn）、窈窕（yǎo tiǎo）、蟑螂（zhāng láng）"等。

（三）单音节与双音节交互使用，使语言富有音乐的节奏感

古代汉语以单音节词为主，现代汉语以双音节词为主，且单音节词与

265

双音节词交互使用，使语言具有明确的如音乐的节奏，这在诗歌的表现上尤为突出。例如唐代诗人王之涣的《登鹳雀楼》诗：

白日／依／山／尽，

黄河／入／海／流。

欲／穷／千里／目，

更／上／一层／楼。

全诗通过单、双音节（用"／"分隔音节节奏，下同）交互使用，形成非常整齐的节奏对应：一二两句都是一个双音节词和三个单音节词，三四两句则是三个单音节词夹一个双音节词，在节奏上给人以上下两句互相对应、合拍的整齐和谐之音乐感。这也是古诗尤其是格律诗入乐可唱的原因之一。

再如现代诗人顾城的《一代人》诗：

黑夜／给了／我／黑色的／眼睛，

我／却／用／它／寻找／光明。

全诗只有两句，但5个单音节词和6个多音节词交错使用，使诗句节奏分明，快慢合拍，无形中延长了诗句，让人不因为只有两句而感到简短，反而因为节奏强弱引起情绪起伏的多重变化，使诗歌内容丰富，情感抒发更显得深沉感人。

三、高效

汉语在语音、词汇、语法方面的简洁、规整所造成的简洁易学、易用的特点，使语言表达更加高效。比如汉语和英语是世界上使用人口最多（14亿以上）的数一数二的两大语言，而汉语音节仅1263个，英语音节却有 4496 个[①]，是汉语的 3.5 倍；汉语的词汇 10 万多条[②]，而英语词汇竟有 432 万条，其中仅基础（核心）词汇就有 40 万条[③]，是汉语的 4 倍。显而易见，汉语仅用少量的音节和词汇就实现了语言的通畅交流和博大精深思想文化的承载，充分体现了汉语表达能力的超强和高效。

有人说，汉语的确简洁、高效，但过于简洁的语法容易产生歧义，导致语言交流障碍，影响交流质量。比如汉语中存在一些矛盾句和歧义句：

①打败了敌人 // 打赢了敌人

②（投篮）差点进去了 // 差点没进去

③救命 // 救火

④反对的是李校长（李校长表示反对 // 反对李校长）

⑤学生家长（学生和家长 // 学生的家长）

⑥出租汽车（这里出租汽车 // 出租用的汽车）

第①、②例句说法矛盾，表达结果一样。虽然看问题的角度不一样，表达的侧重点有所不同，但无歧义，不影响正确理解。第①例句"打败了敌人"，从敌人角度，突出敌人败了；"打赢了敌人"，从赢者角度，突出

---

① "文章根据重长轻短切分法和非词缘论，分析并统计了英语的音节。文章也全面统计了汉语（普通话）的音节，包括可能出现的轻声音节和儿化音节，并将两个语言音节数做了对比，结果为英语（穷尽论）4496 个；英语（非词缘论）3027 个；汉语 2114 个。数据显示，如果包括所有词缘辅音，英语的音节总数大约是汉语的 2 倍；如果排除额外词缘辅音，英语的音节总数大约是汉语的 1.5 倍。两个结果都大大小于前人的估计。"（端木三：《英汉音节分析及数量对比》，《语言研究》2021 年 11 月第 6 期。）

② 2010 年上海辞书出版社出版的《现代汉语大词典（上下册）》，是现有的现代汉语词典中规模最大、收条最多、信息量最丰的大型语文工具书，全书共收单字词条目（含繁异体字）1.5 万条，多字条目 10 万余条。

③ 1933 年重印加补遗出版的 13 册《牛津词典》，收英语单词 41 万条；1961 年出版的单卷本《韦氏国际英语词典（第三版）》，收词 45 万条；2017 年发布的《简明英汉必应版》收英语单词 133 万条，之后的增强版收词 432 万条，其中英语基础词汇 40 万条。

我们胜了。第②例句"（投篮）差点进去了"，从进球的角度，侧重正面鼓励："只差一点点就进去了"；"（投篮）差点没进去"，从失球的角度，侧重惋惜遗憾：太可惜了，没进去，就差一点点。

第③例句，两种说法的语法结构都是动宾，但是动词"救"有两个相对甚至相反的语义："阻止"和"援助，救护"[①]，如何选择？这里要看"救"的宾语指什么。如果宾语指人或物，则"救"为"救助"义，如"救命""救人""救国"等；如果宾语指灾难、祸患等坏事、弊端，则"救"为"阻止"义，如"救火""救灾""救亡"等。

第④例句，多是口语对话语境下的省略，听的人不会不清楚。但若写成书面语，就要把省略的语境或上下文补出来："多数人同意集资建校，反对的是李校长"//"民主评议领导班子，多数人赞扬的是王书记，反对的是李校长"，就会清楚明白，没有歧义。

第⑤、⑥例句，主要是语法结构不同，表义也就不同。"学生家长"有偏正结构（学生的家长）和联合结构（学生和家长）之分；"出租汽车"有偏正结构（出租用的汽车）和动宾结构（这里出租汽车）之分。在实际运用中，由于有具体场景或上下文语境，是不会有歧义的。比如在有学生参加的家长座谈会上说"各位学生家长要做孩子的表率"（"学生家长"为偏正结构）//"学生家长在家中要互相尊重"（"学生家长"为联合结构）；在汽车营销店挂招牌"出租汽车"，其语法关系为动宾结构；在载客运营的车上挂牌"出租汽车"，其语法关系为偏正结构。

[①]　救 jiù 居佑切，去，宥韵，见。幽部。㊀阻止。说文："救，止也。"论语 八佾："季氏旅于泰山。子谓冉有曰：'女弗能—与？'周礼 地官 司救："司救掌万民之衺恶过失，而诛让之，以礼防禁而—之。"㊁援助，救护。诗 邶风 谷风："凡民有丧，匍匐—之。"引申为救治。吕氏春秋 劝学："是—病而饮之以堇也。"㊂鞋头的装饰。尔雅 释器："絇谓之—。"郭璞注："救丝以为絇。"（王力主编：《王力古汉语字典》，中华书局 2000 年版，第 409 页）。

歧义句不是汉语仅有的，其他语言一般都有，也都有各自的化解办法，不会影响语言的正确有效交流。

第二节　汉字

一、汉字的历史与特点

汉字，如果从商朝都城——河南省安阳殷墟遗址发现的甲骨卜辞（图5-1）算起，迄今有3300多年的历史；如果从安徽省蚌埠市淮上区小蚌埠镇双墩遗址刻画符号算起，就有7300多年的历史了（图5-2）；如果从河南省舞阳县的贾湖刻符（图5-3）算起，就有9000多年的历史了；如果从贵州省清镇市麦格乡的观游天书（图5-4）算起，就有上万年的历史。汉字是世界上历史最悠久、迄今仍在使用的伟大文字。

图 5-1　殷墟甲骨卜辞

图 5-2　双墩刻符

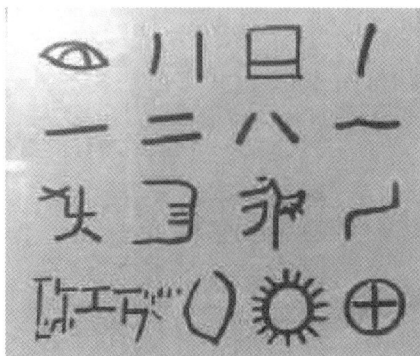

图 5-3　贾湖刻符

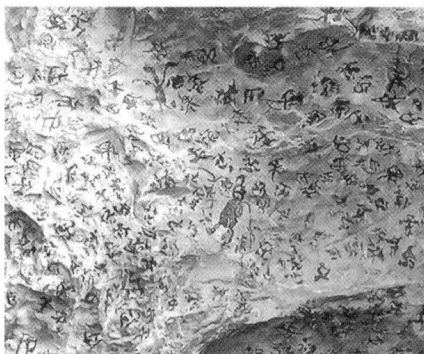

图 5-4　观游天书

汉字开初的名称有"文""字""书""名""书契"等各种称呼，至秦始皇推行"书同文字"，才把"文"与"字"连成一个词。什么时候称作"汉字"？显然应该是汉朝以后。西楚霸王项羽亡秦后分封刘邦做汉中（今陕西汉中，位于汉水上游）王。刘邦"明修栈道，暗度陈仓"，历经三年半的楚汉战争，使项羽自刎乌江，建立了汉朝。汉朝历经西汉、东汉 400 多年，是秦统一全国之后统治时间最长的王朝，域外则将中原汉朝简称为"汉"，始有汉人（汉朝人）、汉民（汉朝百姓）、汉文（汉朝文字）之称。将"汉文"称为"汉字"，最早始见于唐三藏法师义净译注《梵语千字文·并序》："为欲向西国人，作学语样，仍各注中，梵音下题汉字。"[1]之后在元朝、清朝时期，有蒙文、满文和汉文并行，为了区分，就用"汉字"一词称呼中原汉族传统使用的文字，沿用至今。

汉字从公认的殷商甲骨文开始，形体经历了甲骨文、金文（大篆）、小篆、隶书、行书、草书、楷书等七种变化，除了前三种作为艺术用字多用于篆刻外，后四种成为我们生活中一直使用的常用字体。

---

[1]　董志翘：《说说"汉字"名称的始见及流行年代》，载《中国社会科学报》2022 年 5 月 25 日，总第 2413 期，第 A10 版。

　　一般把甲骨文、金文（大篆）、小篆划为古文字，因为它们的象形意味很浓，带有古代图画文字的痕迹；从汉代起的隶书、行书、草书、楷书划为今文字，因为隶书对之前的小篆在形体上做了很大的简化，消除了古汉字的图画痕迹，也大大减弱了它的象形意味，使它成为符号化的文字。

表 5-9　汉字形体演变及特点

书体名称				年代	字形特点	代表作品	字体评价
古文字	篆书	契书	甲骨文	早期甲骨文	新石器时期，距今9000—4000年	象形味浓，结构多样，刻画硬折，具有文字符号特点	西安长安区原始社会村落遗址出土的龟甲兽骨上的文字符号	最早的文字
				殷墟甲骨文	商代，距今约3300年	字形结构已有象形、指事、会意、形声几种	殷墟出土的甲骨文字碎片	
		篆书	大篆	金文（钟鼎文）	商至西周	字体较甲骨文繁化、整齐	后（司）戊鼎上的铭文	最坚硬而艺术的文字
				籀文	春秋时期	字形比金文更整齐，结构近于小篆	石鼓文	
			小篆		秦代	字体圆匀整齐，笔画粗细基本一致，更加符号化	丞相李斯《仓颉篇》，中车府令赵高《爰历篇》，太史令胡毋敬《博学篇》	最通行的全国统一文字

续表

	书体名称	年代	字形特点	代表作品	字体评价
今文字	隶书	始于秦，成于汉	由篆书简化演变而成，笔画由圆转变为横长有波磔，竖短，字体宽扁	蔡邕《熹平石经》	最简易实用的划时代文字
	草书	始于汉代	笔画勾连，易于快写，难于辨认	张旭、怀素的草书作品	书写最快、最难认读的艺术文字
	楷书	始于汉末，成熟于魏晋，盛行于唐宋，守成于元明清	字形端正匀称，笔画横平竖直，堪为楷模	颜真卿、欧阳询、柳公权、赵孟頫等人的楷书作品	最规范、最端庄、最标准的文字
	行书	始于东汉末	介于楷书和草书之间，无楷之严整，无草书之散乱	王羲之《兰亭集序》、颜真卿《祭侄季明文稿》、苏轼《黄州寒食诗帖》	最受欢迎的书写常用文字
	宋体	北宋	横细竖粗，横笔末端和转角处有三角装饰，端庄典雅	书报文字	最能显示汉字方正端庄之美的印刷体文字

　　汉字在历史发展中，形成了有别于其他文字的四大特点：象形、表意、单音节和记录汉语的最佳工具。

（一）象形

许慎《说文解字·叙》说："象形者，画成其物，随体诘诎（jié qū，屈折），日月是也。"意思是说，所谓象形文字，就是画出那个实物，笔画随着事物形体曲折，"日""月"两个字就是这样的。

图 5-5　象形文字

看图 5-5，有 7 个字，表示 7 种动物，都是按照动物的外形轮廓，曲折笔画，像绘画一样画出来。有的是取特征形象，如"羊"，突出羊角；有的是整体形象，如"鸡""猴""马""蛇""龙""兔"等。尽管从隶书以后，图画意味消失，符号化了，但象形的特点还在，所以称为象形文字。

图 5-6　春秋时的双马单辕车

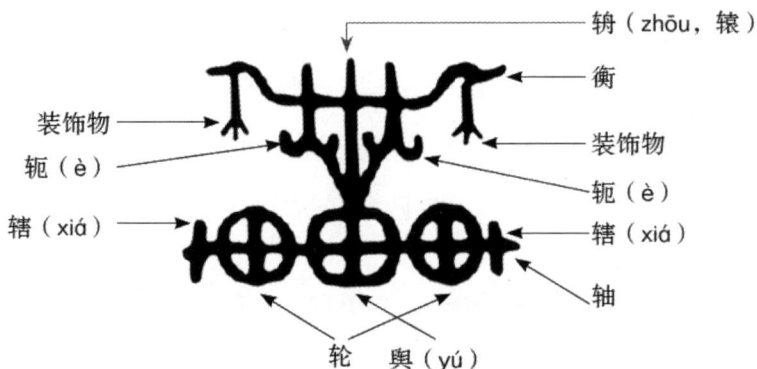

图 5-7　金文"車"字

再看繁体"車"字（图 5-6、图 5-7），在金文中描画有车厢、车轮、车轴、车辖、车辀、车衡、车轭等，隶书中的"車"字仍可以看出一个车厢和两个象征性的车轮。汉字的这种象形特点，使汉字一开始就直接与事物联系在一起，成为直接表达实物（概念）的表意文字，开创了汉字不同于其他文字的文化体系，最终成为最能体现中国文化特点的一张独特的名片。不论何人，也不论认识不认识汉字，只要一看到汉字，就会明白它是中国人的文字，它承载、传播、代表着中国文化。

（二）表意

文字发明之初，就是为了记录语言词语，表达意思，传播文化。象形文字，不管语言发音，只画出实物形体，表达出指称的意思就行，所以，称它为表意文字。世界上的文字都经历过从图画象形到符号化的演化过程，最终形成表音文字与表意文字两大类。一般认为，西方以字母为基础的线性文字因为记录的是语音，所以属于表音文字；而中国以笔画为基础的方块字记录的是语词概念，所以属于表意文字，因而形成两大不同的文字体系。就其实质而言，世界上的文字都是表意的，不表意就失去了文字存在的意义。不过，西方文字是通过语音来表达意义，有一个从音到意的转化过程；而汉字虽则以形表意，但这个形，就是象形，给人感觉更加直接，不需要转弯。比如"云"字，本来画的就是云朵，一看形体就知道，后来，因为"云"被借用当"说话"用，就又给加上"雨字头"，作为表意的偏旁，成为"雲"字。因为下雨时一定有雨云，就不会与说话的"云"相混，表意非常明确。"莫"本是会意字，日头低落到草中，表示日暮，但因为"莫"被借用当"莫要"用，怕与"莫要"的"莫"混淆，就又给加上一个"日字底"，强化"暮"是表"日暮"的。可见，汉字以形表意直接性非常突出鲜明。

即使带有表音偏旁的形声字出现，汉字也没有表音化，而是坚持表意特性，这从不少字的声旁也同时表意可以证明。如北宋沈括《梦溪笔谈》卷十四"王圣美右文说"举的例子："所谓右文者（即声旁），如'戋'，小也：水之小者曰'浅'，金之小者曰'钱'，歹之小者曰'残'，贝之小者曰'贱'。如此之类，皆以'戋'为义也。"再如"共"字，本义为"捧物敬献"之意，合体"供"字即供给奉养；"恭"字即恭顺尊敬之貌，含奉献自己赤诚之心的意思；"拱"即出拳致敬。所以，象形表意，就是汉字最大的特点。

对汉字直接以形表达事物或概念的这种表意优点，德国哲学家叔本华（Arthur Schopenhauer, 1788—1860）早就清楚地看到了。他在《论语言和语言学习》一文中说：

> 我们对中国的汉字很不以为然；但是，既然文字的任务就是借用视觉符号，在人们的理性头脑里引发概念，那么，首先把只是指示了某一概念的听觉符号的符号展现给人们的眼睛，而那一听觉（发音）符号却首先是这一概念的承载物，那就是明显拐了一个大弯。我们的

文字因而就成了一种符号的符号。这样，我们就会提出疑问：听觉符号比起视觉符号究竟具有什么优势，以致可以让我们放着从眼睛到理性的一条直路不走，而另绕这样一个大弯：亦即让视觉符号只有在经过听觉符号的中介以后才能向读者的头脑发话。实际上，让视觉符号直接承载概念，而并非只是标示其发音——就像中国人所做的那样——明显是更为简单的做法。事实的确是这样，因为视觉比听觉更能够察觉细微、多样的差别；并且，视觉可以允许多个印象同时并存，但听觉特性却由于唯独只存在于时间而无法具备同样的能力。[①]

（三）单音节

汉字以音节划界，一个音节一个字，严守不变。即便后来受到外来语的影响，出现了一些双音节，甚至多音节汉字，例如双音节的单位量词"瓩"（qiān wǎ）、"浬"（hǎ lǐ）、"竏"（qiān kè）等；三音节的自造字"圕"（图书馆 tú shū guǎn）、"砼"（混凝土 hùn níng tǔ）等，最终被规范为两个汉字构成的双音节词："千瓦"（qiān wǎ）、"海里"（hǎi lǐ）、"千克"（qiān kè）。而三音节的"圕"（图书馆 tú shū guǎn）借用反切注音法拼合为单音节字"圕"，读"tuán"；三音节的"砼"（混凝土 hùn níng tǔ）则用形声法以"仝"（tóng）为音，成为单音节字"砼"，读 tóng。

汉字坚守一字一音的原则，是汉语特点决定的。我们知道，汉语在古代以单音节词为主，近现代向双音节词为主发展。汉字单音节成字，用一个字表示单音节词，用两个字表示双音节词，不管词汇音节是单、是双，

---

① ［德］叔本华：《论语言和语言学习》，载《美学随笔》，韦启昌译，上海人民出版社 2009 年版，第 122—123 页。

还是多，都能适应，非常灵活，古今都行。这是其他文字办不到的。汉字的单音节特性，不仅使汉语、汉字能跨越古今，当然也能适应未来。同时，单音节的汉字，使汉字如积木一般，可以横、竖灵活排列组合，都能整齐成排成行，这就为诗句整齐的诗歌艺术、字数相等的对联艺术提供了生长、发展的坚实基础，极大丰富了汉语表达的艺术形式，使汉语成为最优秀的语言。

（四）记录汉语的最佳工具

前面说到汉语语音的特点，音素少，带调音节也只有 1263 个，虽然有简洁、简易的好处，但也造成了同音词多，需要区别的麻烦。《现代汉语词典（第七版）》收单字 1.3 万多个，收词 6.9 万多条，理论上同音字平均为 10 个，同音词平均为 54 个。具体统计音节为 yi 的单字共有 169 个；若区分四声统计，则 yī 音节 22 个，yí 音节 33 个，yǐ 音节 21 个，yì 音节 93 个，同音节字、词问题很突出。用口语表达，有语境帮助，如果不清楚还可以当面再解释。比如问："贵姓？"回答："姓 zhāng。""哪个 zhāng？""张飞的'张'。"但是用文字书写出来，如果不用汉字而用拼音，"张""章"的音节都是"zhāng"，就难分清了。汉语的这个特点，使它的文字难以走向"拼音化"，这也是 20 世纪三四十年代用拼音文字取代汉字的改革不能成功的主要原因。

国际知名的语言学家赵元任（1892—1982）先生有一篇文言故事《施氏食狮史》[①]，全是用 shi 音节的汉字写的。他的无意创新，证明了汉字对汉语不可分割的重要关系：

---

① 赵元任：《语言问题》，商务印书馆 1980 年版，第 149 页。

　　石室诗士施氏，嗜狮，誓食十狮。氏时时适市视狮。十时，适十狮适市。是时，适施氏适市。氏视是十狮，恃矢势，使是十狮逝世。氏拾是十狮尸，适石室。石室湿，氏使侍拭石室。石室拭，氏始试食是十狮尸。食时，始识是十狮尸，实十石狮尸。试释是事。

　　这个故事是说，住在石头屋子的一个姓施的诗人，嗜好吃狮子肉，发誓要吃十头狮子。一天十点钟时，刚好有十头狮子到了市场。这个时候，也刚好姓施的诗人来到市场。他瞅准十头狮子，凭借矢（弓箭）的威力，将十头狮子击毙。施诗人捡拾了这十头狮子，回到他的石头屋子。石屋潮湿，施诗人让他的仆从擦拭石屋。石屋擦拭完，施诗人开始试着要吃这十头狮子。真正吃的时候，才发现这十头狮子，其实是石头狮子，没法吃。请你试着解释此事。

　　这段文言故事如果用拼音文字（这里借用汉语拼音）写出来，那就简直就是谁也看不懂的"天书"了：

　　shí shì shī shì shī shì，shì shī，shì shí shí shī。shī shì shí shí shì shì shì shī。shí shí，shì shí shī shì shì。shì shí，shì shī shì shì shì。shī shì shì shì shí shī，shì shí shǐ shì，shí shì shí shī shì shì。shì shí shì shí shī shī，shì shí shì。shí shì shī，shì shí shì shì shí shì。shí shì shì，shī shì shǐ shì shí shì shí shī shī。shí shí，shì shí shì shí shī shī，shí shí shí shī shī。shì shì shì shì。

　　但是，用汉字书写、阅读就没有任何问题。汉字不表音，以形表意，区别度大，很好地解决了同音字、词问题，成为汉语记录与书面表达不可替代的最佳工具。

二、汉字在中国文化中的地位

（一）汉字是中国文化的典型代表

汉字是由横平竖直的笔画构成的方正文字，表达了中国文化对公平、正直、规规矩矩、堂堂正正的社会规范的文化追求。为人处世，"宁在直中取，不向曲中求"（《封神演义》第二十三回），说周文王见一老者用直钩悬于水面钓鱼，大惑不解，就问老者为何如此？老者（姜子牙）回答："岂可曲中而取鱼乎！非丈夫之所为也。吾宁在直中取，不向曲中求，不为锦鳞设，只钓王与侯。"这是正人君子为人处世的原则。

1997年中央电视台春节联欢晚会上有一支歌唱响中华大地，这就是《中国娃》。其中有一段歌词云：

> 最爱说的话呀永远是中国话，
>
> 字正腔圆落地有声说话最算话。
>
> 最爱写的字是先生教的方块字，
>
> 横平竖直堂堂正正做人也像它！

人如其字，字如其人。中国汉字，就是中国人的名片，是中国文化的典型代表。

（二）汉字是中国语言文化的完美载体

汉字一字一音，既能适应单音节词汇为主的古代汉语，也能适应以双音节为主的现代汉语，同时因为它以形表意，不受语音、方言影响约束，可以跨方言，甚至跨语言使用，所以既能记载汉语文化，也能记载汉语系众多方言文化，构成跨语言的汉字文化圈。这是其他文字望尘莫及的。

（三）汉字字形中蕴含着丰富的中国文化，被称为中国文化的"活化石"

仅以"衣"字为例。

图 5-8　交领、右衽的上衣

图 5-9　"衣"字形体变化

"衣"字的甲骨文、金文为象形字，描画的是交领、右衽的上衣。衣领左右相交，右襟小、左襟大，左面覆盖到右边去，故称右衽；中腰用腰带收束。这与北方少数民族的左衽，以及后来的圆领（毛衣领）、直领（立领）、翻领（中山装）、开领（西装）都有很大不同。

衽，衣襟。上古时代，上衣多为交领斜襟。黄帝制衣，交领右衽，中原华夏的衣襟都是右衽的，左边那片衣襟包向右边那片衣襟，领口的样子看起来就像是字母 y 的形状。这是中原华夏人服装的特点。因为中原华夏崇尚右，习惯上衣襟向右掩，称为右衽；而古代北方少数游牧民族崇尚左，衣襟左掩，是为左衽。右衽与左衽，从服饰上鲜明地表现了华、夷之分。服饰无小事，服饰是文化。孔圣人曾经感慨道："微管仲，吾其被发左衽矣。"（《论语·宪问》）意思是说，若无管仲辅佐齐桓公尊王攘夷，称霸中原，保卫中原地区汉文化不受北方少数游牧民族的侵扰，我们这些华夏人就会沦为披头散发、衣开左衽的蛮夷了！感谢汉字！正是汉字"衣"的右衽构形，为我们保留了华夏民族服饰文化，更为我们保留了民族尊严。这在现在看来，小题大做了，左衽、右衽，都是中华民族服装。但当时大家都在"逐鹿中原"，谁胜谁败事关民族存亡。所以，意义重大。

（四）汉字是中华民族团结一体的凝聚剂

在中华大地，各少数民族，先是借用汉字，后来在汉字帮助下用汉字笔画和偏旁创制自己的文字，如方块白文（白族）、方块壮字（壮族）、方块侗字（侗族）、水书（水族，多用反写汉字）等，后来民族融合，又直接使用汉字，成为汉字大家族一员。不管天南海北，说话怎么听不懂，但写出的汉字一样，都能看明白，顺利地完成交流和沟通。汉字通过所承载的中国文化，把各民族紧紧地团结在一起。

图 5-10　汉字与少数民族文字

中国文字博物馆馆长冯其庸认为，"汉字为促进多民族团结功不可没"，"汉字和一些兄弟民族文字之间的相互影响和借鉴，体现了民族文化的交流和融合。经过历史的选择，汉字逐渐成为具有强大民族凝聚力的符号系统，维系着中国各民族之间的团结和睦。有了统一的文字，不同地域、不同生活习俗的人民就能够通过共同的文字和语言来沟通思想、交流情感。""56 个兄弟民族能够成为一个和谐大家庭，汉字记载和传承文化的功劳是无可估量的。"①

三、汉字的未来

对于汉字的未来，我们充满信心。因为：

其一，汉字比拼音文字更适用于现代计算机信息处理，它的输入效率远远超过拼音文字。

以中英文输入速度比较为例：

"他和我约定在北京站见面。"这句话中文全句 11 个汉字 +1 个标点，译为英文 "He and I are to meet at the Beijing Railway Station."，全句有 40 个字母 +10 个空格 +1 个标点。英文输入时，共需击键 51 次。

中文如果用汉语拼音全拼输入 "tahewoyuedingzaibeijingzhanjianmian."，全句 35 个字母 +1 个上字空格，共需击键 36 次，击键数是英文的 70.5%；如果用汉语拼音双拼输入 "tahewoyxdqzsbwjqvfjjmj"，全句 22 个字母 +1 个上字空格，共需击键 23 次，击键数是英文的 45%。中文汉字比英文字母输入效率高！

再加上汉字文本短小（比英文节约近 1/3 篇幅），字形区别度高，所以在检索、统计、印刷方面皆比英文高效。有学者认为，汉字比拼音文字更适用于计算机信息处理！

其二，汉字的信息量大，识别效率高，学习掌握快。

拼音文字为线性文字，如同一维条码，信息含量低，识别率低。例如

---

① 《中国文字博物馆馆长冯其庸：汉字促进多民族团结》，搜狐新闻网 https://news.sohu.com/2009 1125/n268455741.shtml，访问日期：2023 年 7 月 5 日。

12 个点按一维线性排列为一长行，不挨个数就不知道有多少个点。汉字为平面文字，如同二维码，信息含量大，易识别，效率高。12 个点，像汉字那样按二维平面排列为 4×3 行，不用挨个数，一看就就知道有多少个点，如表 5-10。

表 5-10　一维线性与二维平面比较

线性一维排列	二维平面排列
············	···· ···· ····

另外，汉字有表意的形旁，使汉字记录的词语有联想作用，易于学习和辨识。比如"眼睛"→"看"→"眺"，其字形结构中都有"目"构件，说明都与眼睛看有关；"耳朵"→"聽"→"闻"的字形结构中都有"耳"构件，说明都与耳朵听有关。而英语的 eye［aɪ］→ see［siː］，ears［ɪəz］→ listen［'lɪsn］，单词之间毫无联系，只能死记硬背。相对而言，汉字就优胜多了。

其三，汉字因为是表意文字，不表语音，所以跨界能耐大。

一是跨方言，中国不同方言区的人都在使用汉字，读起来似乎听不懂，一看文字都知道意思，不影响交流。

二是跨语言。比如日本、朝鲜、越南以前都是用汉字，尽管朝鲜、越南已经废除汉字，但为了能继承历史传统文化，又在呼吁恢复汉字。日本现在还有 2136 个当用汉字在使用中[1]。这说明，汉字完全可以跨越国别语言，成为一种世界性的通用文字。

中国中文信息研究会会长钱伟长教授说："符号文字最有国际性，汉字是符号文字，汉字有希望成为国际文字。"[2]

---

① 孙娜：《汉字在日本的传播及影响》，载《中国社会科学报》2021 年 7 月 26 日，总第 2215 期。
② 裴高才：《钱伟长为〈胡秋原全传〉题词始末》，《人民日报（海外版）·名流周刊》，2010 年 8 月 13 日，第 7 版。

世界的未来，必然是全球一体化。只有经济一体化，语言文字一体化，七大洲三大洋的广阔世界才能成为一个亲睦和谐的地球村。纵观当今世界，语言文字资格最老，使用人口最多，又能"通古今，通四方"的文字，就是以形表意的汉字。我们相信当全球文字一体化被提上日程时，汉字大概率会成为"地球村"的首选文字。

第三节　文化典籍

由于历史悠久，人口众多，非常重视教育、文化的中国，数千年来，积累了难以计数的文化典籍，可以说是汗牛充栋、浩如烟海。这些古代文化典籍，一般收藏在国家图书馆、藏书阁，和民间私人藏书楼、藏书室等。最著名的藏书阁古代有七座，称为北四阁和南三阁。北四阁为：北京紫禁城文渊阁、圆明园文源阁、沈阳故宫文溯阁、承德避暑山庄文津阁；南三阁为：扬州天宁寺文汇阁、镇江金山寺文宗阁、杭州圣音寺文澜阁。现在尚存的仅为文渊、文溯、文澜、文津四阁。

图 5-11　北京紫禁城文渊阁

图 5-12　沈阳故宫文溯阁

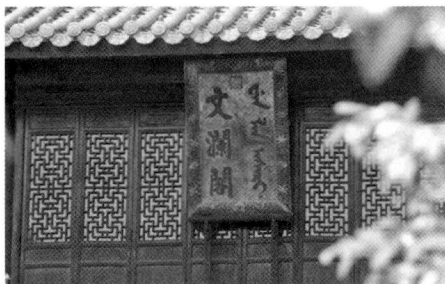

图 5-13　杭州圣音寺文澜阁　　　　图 5-14　承德避暑山庄文津阁

图 5-15　文津阁四库全书

这些浩如烟海的文化典籍中，清代号称最丰富、最完备的收书3462种、79,338卷的集成大作《四库全书》，借鉴唐魏徵等撰《隋书·经籍志》的分类，将其分为经、史、子、集四大类，再加上类书和丛书，共有六大类。

一、经部

（一）最高经典《十三经》的集成

《四库全书》列在第一库的是经部，所以称为"经"，因为它是儒家关于社会政治、伦理道德、哲学思想等方面的最重要的经典性典籍。经部共分为易类、书类、诗类、礼类、春秋类、孝经类、五经总义类、四书

类、乐类、小学类等十个大类，其中礼类又分周礼、仪礼、礼记、三礼总
义、通礼、杂礼书六个属类，小学类又分训诂、字书、韵书三个属类。除
去小学类为传统文字学外，其他经典著作的价值随着人们认识的深入，
先后经历了"六艺"→"五经"→"七经"→"十二经"，最后集成为
"十三经"的过程。

"六艺"，也称"六经"，指"诗（《诗经》）、书（《尚书》）、礼（《仪
礼》）、乐（《乐经》）、易（《易经》）、春秋（《左氏春秋》）"六部经典。
由于其中的《乐》在战国后期即已失传，西汉武帝独尊儒术时只设了"五
经博士"，士子们主要研习"五经"。汉代"以孝治天下"，至东汉新增
《论语》《孝经》，形成"七经"。唐朝又先后增加《周礼》《礼记》《春
秋公羊传》《春秋穀梁传》《尔雅》，形成"十二经"。北宋再新增《孟
子》，形成"十三经"。到南宋绍熙年间（1190 年—1194 年）始有汇集
"十三经"注、疏的合刊本，称为《十三经注疏》，标志儒家文化经典丛
书"十三经"最终集成。如表 5-11：

表 5-11　《十三经》集成

	西汉（5）				东汉（+2）		唐（+5）					北宋（+1）
西汉五经	诗经	尚书	仪礼	易经	春秋左氏传							
东汉七经	诗经	尚书	仪礼	易经	春秋左氏传	论语	孝经					

续表

	西汉（5）					东汉 （+2）		唐（+5）					北宋 （+1）
唐十二经	诗经	尚书	仪礼	易经	左传	论语	孝经	周礼	礼记	春秋公羊传	春秋榖梁传	尔雅	
北宋十三经	诗经	尚书	仪礼	易经	左传	论语	孝经	周礼	礼记	春秋公羊传	春秋榖梁传	尔雅	孟子

表 5-11 中各个经典的名称及其前后顺序，不同朝代不尽相同，这里为了对照以体现经典流变情况，采取了较为一致的称谓和排序，最终的排序和名称以《十三经注疏》[①]为准，即《周易》《尚书》《毛诗》《周礼》《仪礼》《礼记》《春秋左传》《春秋公羊传》《春秋榖梁传》《论语》《孝经》《尔雅》《孟子》。

（二）《十三经》典籍概要

1.《周易》

《周易》，是周代以 64 卦占卜为代表的具有深邃思想的哲学经典著作，是中国传统文化中最富中国人生命智慧的一部奇书，被认为"群经之首，大道之源"。本书第三章第一节"二、先秦哲学思想（一）易学"有具体论述，这里从略。

2.《尚书》

《尚书》，中国最古老的皇室文集，是中国第一部上古历史文献的汇编。它主要记载了从尧、舜、禹时代到东周约 1500 年的历史，基本内容

---

① 阮元校刻《十三经注疏》影印本，中华书局 1980 年版，第 1 页。

是古代帝王的文告和君臣的谈话记录，相传由孔子编撰而成，但有些篇目是后来儒家补充进去的托古作品。通行的《十三经注疏》本《尚书》，就是《今文尚书》（汉初秦博士伏生所传，用汉时隶书抄写，被称为《今文尚书》）和伪《古文尚书》（东晋元帝时，梅赜献伪《古文尚书》）的合编本共58篇。《尚书》分《虞书》《夏书》《商书》《周书》四部分，25,800多字。文献类型主要为典（重要史实或专题史实的记载）、谟（君臣谋略记录）、训（老臣训导言辞）、诰（勉励的文告）、誓（君主训诫士众的誓词）、命（君主的命令）等。其中有很多名言警句，成为中国文化治世修身的永传法宝，如"人心惟危，道心惟微，惟精惟一，允执厥中。"（《虞书·大禹谟》）、"满招损，谦受益，时乃天道。"（《虞书·大禹谟》）、"无稽之言勿听，弗询之谋勿庸。"（《虞书·大禹谟》）、"民惟邦本，本固邦宁。"（《夏书·五子之歌》）、"与人不求备，检身若不及。"（《商书·伊训》）、"天作孽，犹可违；自作孽，不可逭。"（《商书·太甲中》）、"非知之艰，行之惟艰。"（《商书·说命中》）、"天视自我民视，天听自我民听。"（《周书·泰誓中》）、"玩人丧德，玩物丧志。"（《周书·旅獒》）、"为善不同，同归于治；为恶不同，同归于乱。"（《周书·蔡仲之命》），等等。自汉以来，《尚书》一直被视为中国封建社会的政治哲学经典，既是帝王的教科书，又是贵族子弟及士大夫必修的"大经大法"，在历史上很有影响。

3.《诗经》

《诗经》，我国第一部诗歌总集，收录西周初年至春秋中叶400多年间的诗歌，相传原有3000多篇，后经孔子删定为305篇，另有六篇有目无文。传习《诗经》的学派有齐、鲁、韩、毛四家，只有《毛诗》流传至今，所以《诗经》亦称《毛诗》。《毛诗·序》曰："《诗》有六义焉：一曰风，二曰赋，三曰比，四曰兴，五曰雅，六曰颂。"风、雅、颂指诗歌的体裁，赋、比、兴指诗歌的艺术手法。风指周南、召南、邶、鄘、卫、王、郑、齐、魏、唐、秦、陈、桧、曹、豳等十五国风，是具有民间风情习俗的乐歌；雅分为小雅和大雅，是朝廷雅乐之歌；颂分为周颂、鲁颂、商颂，是宗庙赞颂的乐歌。《诗经》生动形象地反映了周代社会生活的方方面面及先民的思想情感。孔子评价说：《诗经》三百篇，用一句话来概括它，就是思想纯正，无邪乱（《论语·为政篇》："《诗》三百，一言以蔽之，曰：'思无邪'。"）。孔子教导他的学生们说：《诗》可以激发人的情感，引起联想和想象；可以了解社会政治、道德风尚以及作者的思想感情；可以使社会人群交流思想感情，统一认识，促进和谐；可以学得讽刺的方法，借以表达对社会不合理现象的不满与批判。近者可以明白孝道侍奉父母，远者可以明白忠义侍奉君主；还可以多认识一些鸟兽草木的名字，以增进知识。[①]孔子有一天问自己的儿子孔鲤说：你学习《诗》了吗？孔鲤回答还没有。孔子教导说：你不学诗，就不会懂得如何说话[②]。可见《诗经》一书在中国古代传统社会的崇高地位。

4.《周礼》

《周礼》，又称《周官》《周官经》《周官礼》，传说为周公所作，学界认为成书于战国时期。全书共六篇，其中《冬官》存目无文，汉人以《考工记》补入。《周礼》是我国第一部系统、完整叙述国家机构设置、官职和职能分工的专著，主要汇集周王室和战国各国官制、军制、田制、税

---

① 《论语·阳货篇》：子曰："小子何莫学夫《诗》？《诗》，可以兴，可以观，可以群，可以怨。迩之事父，远之事君。多识于鸟兽草木之名。"
② 《论语·季氏篇》："陈亢问于伯鱼曰：'子亦有异闻乎？'对曰：'未也。尝独立，鲤趋而过庭。曰："学《诗》乎？"对曰："未也。""不学《诗》，无以言。"'鲤退而学《诗》。"

制、礼制等国家重要政治制度，为秦汉以来历代国家机构建制提供了基本的参照体系，在中国古代政治思想文化史上影响深远。孔子评价说：周朝的礼仪制度借鉴于夏、商二代，是多么丰富多彩啊，我遵从周朝的礼制（《论语·八佾篇》："子曰：'周监于二代，郁郁乎文哉，吾从周。'"）。孔子有一天问自己的儿子孔鲤说：你学习《周礼》了吗？孔鲤回答还没有。孔子教导说：不学习《周礼》，你凭什么立身处世？孔鲤马上开始认真学习《周礼》。[①]孔子认为春秋时期臣弑君、子逆父、战乱频起、民不聊生的根源就是"礼崩乐坏"，抛弃了周礼。因此，他以恢复周礼为己任，知其不可而为之地奔波了一生。虽然目的没有实现，但他为之奋斗终身的精神和思想受到了国人的赞颂，被封为"圣人"而世代崇拜。

5.《仪礼》

《仪礼》，本名《礼》，又称《礼经》，在"三礼"（《周礼》《仪礼》《礼记》）中成书最早，是礼的本经。其作者，古文经学家认为是周公，今文经学家认为是孔子。《仪礼》共 17 篇，内容主要是礼仪和程式，比较详尽地记述了古代宫室、车旗、服饰、饮食、丧葬等制度，以及各种礼乐器物的形制等。《仪礼》是研究古代礼制的重要文献，同时也为考古学、文献学、语言文字学研究者提供了丰富而有价值的材料。

6.《礼记》

《礼记》，是一部以儒家礼论为主的论文汇编，共 49 篇。《礼记》有《大戴礼记》和《小戴礼记》之分，《大戴礼记》据说是西汉礼学家戴德编纂；《小戴礼记》据说是戴德之从兄子戴圣编纂。《礼记》包含了儒家修

---

① 《论语·季氏篇》："他日，又独立，鲤趋而过庭。曰：'学礼乎？'对曰：'未也。''不学礼，无以立。'鲤退而学礼。"

身、齐家、治国、平天下的种种思想，还有对儒家政治思想中最有名的理想社会"大同"和"小康"的论述。其中《大学》《中庸》两篇是其思想精华，被南宋理学家朱熹单独抽出，重新阐释，与《论语》《孟子》合辑为《四书集注》，成为新儒学（理学家）最重要的纲领性著作。自明代开始，科举考试的试题都出自朱熹的《四书集注》。

7.《左传》

《左传》，是《春秋左氏传》的简称，又称《左氏春秋》，相传为春秋时鲁国史官左丘明所撰，是对记述很简约的鲁国史《春秋》一书的史料补充和阐释。《春秋》最初原文有 18,000 多字，现存版本则只有 16,000 多字，《左传》全书则补充史料和阐释，拓展到 30 篇、20 多万字，是《春秋》原书的十几倍。它博采旧文简册、历史传说，比较详细地记载了上起鲁隐公元年（公元前 722 年）、下至智伯灭亡的鲁悼公四年（公元前 453 年）共 270 年的鲁国历史，包括周王朝及当时各诸侯国政治、军事、外交等方面的重要活动和言论，是我国最早的按年、季、月、日分春、夏、秋、冬四季记录下来的编年体史学著作。它与《公羊传》（战国时齐人公羊高）、《穀梁传》（鲁人穀梁赤）合称"春秋三传"。《左传》在艺术上有很高的价值，它善于叙事，善于描写战争场面，亦善于刻画人物，记写外交辞令，极为后人推崇。

8.《春秋公羊传》

《春秋公羊传》，简称《公羊传》，又称《公羊春秋》，是专门解释《春秋》的一部典籍，其起讫年代与《春秋》一致，即公元前 722 年至公元前 481 年。传说作者为战国时齐人公羊高师从孔子弟子子夏，由子夏口传《春秋》，到汉景帝时公羊高的玄孙公羊寿与齐人胡毋生一起将其著于竹帛。但也有观点说《公羊传》非子夏所传，而是集体创作，至西汉成书。《公羊传》与《左传》以记载史实为主不同，是经传合并，用问答的方式逐句阐述《春秋》经文的"微言大义"，其"尊王攘夷"的"大一统"思想、"立適（嫡）以长不以贤，立子以贵不以长"的宗法观念等，都是《公羊传》极力维护与宣扬的。西汉董仲舒发挥公羊学"大一统""三世说"等政治观点，对当时及后世都有很大影响。《公羊传》是今文经学的重要经籍，同时也是研究战国至秦汉间儒家思想的重要文献。

9.《春秋穀梁传》

《春秋穀梁传》，也被称作《穀梁传》《穀梁春秋》等，相传作者穀梁赤是子夏的弟子，从子夏学习《春秋》，并为之作传。与《左传》《公羊传》同为解说《春秋》的三传之一，时间起于鲁隐公元年（公元前722年），终于鲁哀公十四年（公元前481年）。《穀梁传》同《公羊传》一样采用问答形式，阐发《春秋》大义。《穀梁传》主张"尊尊亲亲"，即在下位者应尊敬在上位者，亲人之间应相互亲爱。当"亲亲"与"尊尊"发生矛盾时，当以"尊尊"为先。与《公羊传》围绕"大一统"思想阐释义理不同，《穀梁传》强调必须尊重君王的权威，君臣各有职分；主张必须严格对待贵贱尊卑之别；强调"保民善政"，以民本思想作为判断统治者行为正确与否的标准，等等。其影响虽不如《左传》《公羊传》，但阐述经义较《公羊传》更加简洁、清楚，同样是一部研究战国至秦汉政治思想与学术思想的重要历史文献。

10.《论语》

《论语》，是春秋时期思想家、教育家孔子的弟子及再传弟子记录孔子及其弟子言行的语录汇编，成书于战国前期。《汉书·艺文志》记载：

"《论语》者，孔子应答弟子时人及弟子相与言而接闻于夫子之语也。当时弟子各有所记。夫子既卒，门人相与辑而论纂，故谓之《论语》。"全书共20篇492章，15,900多字，以语录体为主，叙事体为辅，集中地呈现了孔子及儒家学派的政治主张、伦理思想、道德观念、教育原则等，其思想核心为"仁"，政治目的为恢复"周礼"，道德规范为"仁义礼智信、孝悌忠恕勇、温良恭俭让"等。《论语》相当于儒学《圣经》，自宋代以后，被列为"四书"之一，成为古代学校官定教科书和科举考试必读必考书。

11.《孝经》

《孝经》，是中国古代一部阐述孝道、以"孝"劝"忠"的政治伦理著作，相传为孔子所作，又说为孟子或孟子门人所作。《孝经》的成书，不晚于公元前241年成书的《吕氏春秋》，因为它引用了《孝经》的文字。全书分18章，共2369字，记载了孔子向曾参讲述孝道的言论。《孝经》对儒家思想中的"孝"的基本内容和规范进行了阐述，认为"夫孝，天之经也，地之义也，民之行也"（《三才章第七》），首次将个人的"孝亲"与国家的"忠君"联系起来，主张"以孝治天下"（《孝治章第八》），从而达到使国家"长治久安"的目的。《孝经》在中国历史上具有其他典籍无可比拟的特殊地位，被视为人伦百行的纲纪、科举仕宦的阶梯、伦理道德的典范，对东亚的日本、朝鲜等国也有巨大的影响力。

12.《尔雅》

《尔雅》，是中国第一部内容与体例都较为完备的字词典。"尔"（"迩"）为近，"雅"为正，也就是接近雅正之言——以雅正之言解释古汉语词、方言词，使之近于标准规范。其作者或称周公，或称战国末年齐鲁儒生，或称秦汉间学《诗》者纂集。《尔雅》全书 19 篇，收录字词 4300 多个，分别为《释诂》《释言》《释训》《释亲》《释宫》《释器》《释乐》《释天》《释地》《释丘》《释山》《释水》《释草》《释木》《释虫》《释鱼》《释鸟》《释兽》《释畜》等，广泛涉及天文、地理、植物、动物、日常生活、人际关系等多个学科领域。《尔雅》书中保存有大量的训诂。它的出现是训诂学诞生的重要标志，对研究上古汉语词汇极具价值。同时，它也是一部古代百科辞典，对研究古代名物、制度、思想都具有很大的参考价值。

13.《孟子》

《孟子》，是孟子的言论和思想的汇编，由孟子及其弟子共同编写而成。全书有七篇，每篇分上下，共 14 卷，34,000 余字。内容非常丰富，涉及政治、伦理、哲学、经济、教育等多个方面。其中，"人之初，性本善"的"性善论"是孟子哲学思想的核心，所以孟子强调王霸之辨，竭力主张实行王道仁政。孟子还发展了民本思想，提出了"民为贵，社稷次之，君为轻"的民贵君轻思想；重视利义之分，主张舍生取义；重视"人和"，认为"天时不如地利，地利不如人和"；要求大丈夫要善养"浩然之气"，做到"富贵不能淫，贫贱不能移，威武不能屈"，等等。其丰富的思想对于后世影响极为深远。中唐韩愈著《原道》，视孟子为唐以前儒家唯一继承孔子"道统"的人物。南宋朱熹则把《孟子》与《论语》《大学》《中庸》合定为"四书"，使之成为儒家基本经典之一。《孟子》的文风气势雄健，激情充沛，论辩有很强的逻辑信服力，对中国古代文学也有十分重要影响。

以上《十三经》，就其内容特点和传统看法而言，《诗》《书》《礼》

《易》《春秋》为"经"，为古代思想文化经典之原典，地位最高；《春秋左传》《春秋公羊传》《春秋穀梁传》属于《春秋》经之"传"（阐释发挥），《论语》《孝经》《周礼》《礼记》《孟子》均为"记"（圣贤言语和朝廷礼制的记录），《尔雅》则是汉代经师的训诂之作，又被称为最早的字词典。仅次于"经"的"传""记"和词典，不仅是对古代思想文化的进一步的记录和保存，更重要的是对经典进行了带有时人思想观念和认识理解的诠释及发挥，极大地丰富和发展了经典思想文化，与原典一样，成为中国文化宝库中不可缺少的瑰宝。

世人因此珍贵经典，想要它一字不易、永久流传，就刻写在石头上，称为"石经"。最早的是"熹平石经"，由书法家蔡邕等人将官方审定的《鲁诗》《尚书》《周易》《仪礼》《春秋》《公羊传》《诗经》等7种典籍以隶书在东汉熹平四年（公元175年）写成，历经9年，至光和六年（公元183年）完成刻石46方，立于洛阳太学讲堂的东西两侧（今河南偃师县佃户乡），作为儒生学习和校勘抄本的标准。现存最大残石一块，两面刻字共计494字，为当前所见汉石经残石中字数最多的一块，保存于西安碑林

图 5-16 熹平石经残块

图 5-17 乾隆石经

博物馆，成为镇馆之宝。之后，有三国魏正始二年（公元 241 年）勒石立于洛阳太学讲堂西侧的"正始石经"、唐文宗大（太）和七年（公元 833 年）始刻至开成二年（公元 837 年）完成立石于长安国子监太学（今存西安碑林）的"开成石经"、五代十国蜀后主孟昶广政元年（公元 938 年）始刻至宋徽宗宣和六年（1124 年）完成立石于成都学宫的"广政石经"、宋仁宗庆历元年（1041 年）始刻至嘉祐六年（1061 年）完成立石于汴梁（今开封）国子监的"嘉祐石经"（又称"汴学石经"）、南宋绍兴五年（1135 年）始刻至宋孝宗淳熙四年（1177 年）完成立石于临安（今杭州）太学 的"绍兴御书石经"、乾隆五十六年（1791 年）至乾隆五十九年（1794 年）完成立石于北京国子监的"乾隆石经"。最完整、至今保存最好的是"乾隆石经"。雍正四年（1726 年），江苏金坛醉心书法的蒋衡游历西安碑林，看到了"开成石刻十二经"，感觉"开成石经"内容不完备，多人书写杂乱，且失于校核，就用工整楷书一人书写，历时 12 年，完成了 63 万字的《十三经》。乾隆五年（1740 年），江南河道总督高斌将此经奉献给乾隆皇帝，翌年，旨授蒋衡为国子监学正。乾隆五十六年（1791 年），特旨钦命和珅、王杰为总裁，董浩、刘塘、金简、彭元瑞为副总裁，并派金士松等八人随同校勘，将蒋衡手书十三经"刊之石版，列于太学"，定名为"乾隆石经"，经文全部石刻 189 块，连同一方"谕旨告成表文"碑立于北京国子监东西六堂，后于 1956 年，迁于孔庙与国子监的夹道内，成为我国迄今为止规模最大的石刻经书。

除了这十三部经典外，经部还手记有"乐"（即乐经）、"小学"（即文字学）等。

儒家经典这么多，古代士人都可以背诵，有的甚至是倒背如流，今天的人们是做不到了，也没有这个必要。但要学国学，儒家经典是必须看的。南宋大儒朱熹，在注释《论语》之时，从《礼记》中抽出《大学》（修身治国平天下思想的论述）、《中庸》（人生道德修养境界的论述）两篇，加上《孟子》，合称《四书章句集注》，始有《四书》之名。《四书》《五经》就成为士人必读之书和安身立命之本。朱熹编写《四书集注》，其实就是推荐大家主要精读这四本书，阅读的顺序由易到难为《大学》→《论语》→《孟子》→《中庸》。

　　后来有学者主张，《易经》+《四书》，形成"新《五经》"，替代过去的《四书五经》，以集中体现儒学的核心文化思想，还是有一定眼光的。不过，这"新《五经》"，都是儒学，没有道家、佛教，体现不了中国文化儒、道、佛三学互补交融的特点。所以，这里要引用国学大师钱穆关于中国文化人人必读书目的建议，读最基本的"《论语》《孟子》《大学》《中庸》《老子》《庄子》《六祖坛经》《近思录》《传习录》，共九部"[1]书，笔者再添上一部《周易》，是为中国文化最基本的人人必读十大经典。其中，《周易》《论语》《孟子》《大学》《中庸》为上古儒学经典，《老子》《庄子》为上古道家经典，《六祖坛经》为中古佛教经典，朱子《近思录》为宋代理学经典，王阳明《传习录》为明代心学经典，理学和心学构成的宋明理学则为近古新儒学经典。如此，时代涵盖上古、中古、近古，范围包含儒、道、佛三学，是为中国传统文化最基础经典，也是中国人应该必读的最基本经典。

---

① 钱穆：《中国文化丛谈·复兴中华文化人人必读的几部书》，载《钱宾四先生全集》第四十四册《中国文化丛谈》，联经出版事业股份有限公司1998年版，第238页。

二、史部

《四库全书》的第二库为史部，分为"正史、编年、纪事本末、别史、杂史、诏令奏议、传记、史钞、载记、时令、地理、职官、政书、目录、史评"等 15 类，卷帙浩繁，内容非常丰富。除去经典的《春秋》三传、《国语》《战国策》外，仅以著名的《二十四史》来说，就有从《史记》到《明史》24 部史书：《史记》《汉书》《后汉书》《三国志》《晋书》《宋书》《南齐书》《梁书》《陈书》《魏书》《北齐书》《周书》《隋书》《南史》《北史》《旧唐书》《新唐书》《旧五代史》《新五代史》《宋史》《辽史》《金史》《元史》《明史》，后增《新元史》《清史稿》成 26 史，共有 4016 卷，2760多万字，记载了从黄帝到清末 4100 多年的全部历史，为世界罕见。

这些史书，按编写特点，可分为四种：编年体、纪传体、纪事本末体和方志。

（一）编年体

按历史年代顺序记述历史事件和人物言行，以《春秋》（鲁国史）、《资治通鉴》为代表。这种以年、月、日自然时间为顺序的方法，是史书编写的主流方法。

"《春秋》是当时各国史书的通名。"① 这部鲁国《春秋》，记载了从鲁隐公元年到鲁悼公四年共 12 位国君 270 年的鲁国历史。亚圣孟子说，鲁国《春秋》为孔子所作②，通行的观点认为孔子的原则是"述而不作"，所以他不是作者，应当是修订或整理者。《春秋》的记述顺序就是按国君纪

---

① 杨伯峻：《春秋左转注·前言》（修订本），中华书局 1990 年第 2 版，第 1 页。
② "世衰道微，邪说暴行有作，臣弑其君者有之，子弑其父者有之。孔子惧，作《春秋》。《春秋》，天子之事也。是故孔子曰：'知我者其惟《春秋》乎！罪我者其惟《春秋》乎！'"（《孟子·滕文公下》）

年，年下则四季，春夏秋冬；季下则月份，正月、二月、三月……。由于古代相对说值得记载的大事不多，不必每月都有记载，常见则有"春正月……""夏四月……""秋七月……""冬十月……"的时序记载。

《资治通鉴》，是北宋司马光奉宋英宗和宋神宗之命主编的一部编年体通史。宋神宗认为此书"鉴于往事，有资于治道"，因此赐名《资治通鉴》。全书共294卷，300多万字，记载了上起周威烈王二十三年（公元前403年）、下至后周世宗显德六年（公元959年）共16朝1362年的历史。该书的记述顺序，在继承《春秋》国君纪年→四季→月份次序的基础上，在国君纪年前加上朝代，在月份后则具体到以干支记日为序，构成典型的年→季→月→（干支）日的时间顺序。如果一年按365天计，可以说《资治通鉴》记载了497,130天中国的历史，体现了"通史"通前贯后、连绵不绝的特点，是中华文明源远流长、绵延不断的明证。

（二）纪传体

以人为纲，围绕人物事迹，穿插史实，用人物传记记述历史的体例，称为纪传体，为西汉司马迁通史《史记》所创。之后，纪传体成为我国"正史"编写的主要体裁。

《史记》，初名《太史公书》或《太史公记》《太史记》，是中国历史上第一部纪传体通史，作者为西汉史学家司马迁。全书记载了上至上古传说中的黄帝时代、下至汉武帝太初四年（公元前101年）间共3000多年的历史。《史记》全书包括12本纪（帝王传记）、30世家（为诸侯、圣哲名人传记）、70列传（为大臣和其他人物传记）、10表（大事年表）、8书（记各种典章制度及礼、乐、音律、历法、天文、封禅、水利、财用等）。《史记》共130篇，526,500多字。除去《表》和《书》外，全是人物传记，有名有姓有事迹者 960 多人，体现了以人为主体的人本历史观。继司马迁之后，东汉班固仿照《史记》的纪传体例作《汉书》，但以朝代为界，形成纪传体的断代史。《汉书》以后，正史史书都为纪传体的断代史，即一个朝代一部史书。

（三）纪事本末体

纪事本末体，是记载历史事件始末的一种史书体例。首创者是南宋的袁枢，他的《通鉴纪事本末》就采用这种体例。这种体例，既不同于编年体之以时间纪年为主，也不同于纪传体之以人物传记为主，而是以记录大事件为主：把历史上的大事，详其首尾，集中记述其过程，使人能对事件来龙去脉有清晰完整的了解。

《通鉴纪事本末》全书 42 卷，分为战国至秦、两汉、魏晋南北朝和隋唐五代四部分，始于"三家分晋"，终于"周世宗之征淮南"，与《资治通鉴》一样，涉史 1300 多年。袁枢根据《资治通鉴》记载的重要史实，以事件为中心，按照《通鉴》原来的年次，分类编排，抄上司马光《资治通鉴》原文及史论，每一事详书始末，并自为标题，共记 239 事，另附录 66 事。如第一卷记述三事"三家分晋""秦并六国""豪杰亡秦"等，第二卷记述七事"高帝灭楚""诸将之叛""匈奴和亲""诸吕之变""南越称藩""七国之叛""梁孝王骄纵"等。

袁枢突出的贡献，在于开创了以记事为主的本末体，突破了传统的史书编纂体，形成了编年、纪传、纪事本末三足鼎立的体例。以"时间"为中心的编年体和以"人物"为中心的纪传体各有千秋，但叙事间断、零碎、不便检索则是它们的共同缺点。袁枢创立的以"事件"为中心的纪事本末体裁，弥补了编年与纪传体的不足，因而丰富了史学体例，是对中国历史编纂学的一大贡献。

在袁枢之后，接踵而至者代有其人，推动了这一史书体例的发展和繁荣。明代陈邦瞻撰有《宋史纪事本末》《元史纪事本末》，清初谷应泰主编《明史纪事本末》等。纪事本末体史书逐渐形成了从上古到清代的一套完整系列，俨然与纪传体正史和编年史鼎足而立。

史书，是中国历史文化的主要记载者。"以史为鉴，以古为镜"，中国是一个非常注重历史的国度，早在传说的黄帝时期，就有著名的史官仓颉。到了夏商周，先后就有大史、小史、内史、外史、女史、御史、柱下史等分工不同的史官，分掌记言、记事和图书史料管理。至春秋战国，各国皆有史册[①]，多以《春秋》为名。不过，早期的史书如《尚书》《春秋》等，更多地关注记录事实，到了《史记》《汉书》等，则开始注重对历史事件的分析和评价，而宋代司马光的《资治通鉴》，更是将编年体史书推向了高峰，其以年为纲，将历史事件连贯起来，为后世提供了宝贵的历史资料。史书从唐代起受到朝廷高度重视，私人修史改为官方修史，至宋元明清，屡见拔高，史书的体例渐趋完备，史料的丰富性、记录的真实性、论赞的中肯性空前提高，以致累积成了部头巨大、质量上乘的皇皇巨著《二十四史》乃至二十六史，记载了从传说中的黄帝时代开始，一直到清朝末年不间断的4700多年历史，创造了中国数千年的文明史绵延不断，史书记载也连绵不断的人类奇迹。人们正是通过连绵不断的史书来传承连绵不断的历史文化，以史为鉴，继往开来再创造连绵不断的新的文化，又成为后来史书连绵不断记录的内容。中国历史文化，就这样在中国史书传承与现实创造中互为因果地丰富发展着，从

① 《墨子·明鬼下》曰："有周之春秋，燕之春秋，宋之春秋，齐之春秋"，"吾见百国春秋"。《孟子·离娄下》曰："晋之《乘》，楚之《梼杌》，鲁之《春秋》，一也"。

而推动中国社会绵延不断地发展进步。

对于卷帙浩繁的史书，1923年，梁启超推荐"最低限度之必读书目"之28本国学书目^①中，列史书8部，即《史记》《后汉书》《战国策》《左传》《汉书》《三国志》《资治通鉴》《宋元明史纪事本末》（指《宋史纪事本末》《元史纪事本末》《明史纪事本末》3部，实际上共10部）。

（四）方志

方志以行政区划为单位，是记载该地区各方面情况及演变的综合性著作。它以地理沿革、道、里、山川、州县人口户籍、贡赋物产、风俗民情、方言、古迹、人物等为主要内容，可以看作一个地方的百科全书。《尚书》的《禹贡》篇是我国最古老的一篇完整、系统的带有方志特点的自然地理书。

《汉书·地理志》开创了全国性区域志的体例。流传至今的魏晋南北朝时期的方志只有晋朝常璩著的《华阳国志》。《华阳国志》在编撰方法上，把历史、地理、人物结合起来，采用地理志、编年史、人物传三种体裁来写，有分有合，浑然一体。这是我国方志编纂史上的一个创举，奠定了后世方志的编纂体例。

隋唐两代，方志学进一步发展完善，唐朝宰相李吉甫纂修的《元和

---

① "上所列五项，倘能依法读之，则国学根柢略立，可以为将来大成之基矣。惟青年学生校课既繁，所治专门别有在，恐仍不能人人按表而读。

"今再为拟一真正之最低限度如下：

"《四书》《易经》《书经》《诗经》《礼记》《左传》《老子》《墨子》《庄子》《荀子》《韩非子》《战国策》《史记》《汉书》《后汉书》《三国志》《资治通鉴》（或《通鉴纪事本末》）、《宋元明史纪事本末》《楚辞》《文选》《李太白集》《杜工部集》《韩昌黎集》《柳河东集》《白香山集》。

"其他词曲集随所好选读数种。

"以上各书，无论学矿、学工程……皆须一读，若并此未读，真不能认为中国学人矣。"（梁启超：《国学入门书要目及其读法·附录一·最低限度之必读书目》，载梁启超《读书指南》，中国言实出版社2014年版。）

郡县图志》，是流传至今最早而又最完整的地方总志。宋代方志的编纂特别发达，有百余种。全国性总志有乐史《太平寰宇记》、王存《元丰九域记》、王象之《舆地记胜》、祝穆《方舆胜览》等。元明清是方志发展的繁荣时期，产生了以宏博见称的全国性区域志——《大元一统志》《大明一统志》《大清一统志》。地方区域志如省、州、郡、县、乡志等。

中国人非常重视史书（包括方志）的编写，因为史书起码有三大文化功用：

其一，记录存史，保存文化遗产。《春秋》《史记》之前，中华历史多是难以考证的传说；自《春秋》《史记》起，则代有文字记录的史书，人物、典章、言语、事件，样样件件，有据可考，社会文明由此突飞猛进，史书记载传承功不可没。

其二，"惩恶扬善"，端正世风人心。孟子说："孔子成《春秋》而乱臣贼子惧。"（《孟子·滕文公下》）孔子修订编成了是非分明的史书《春秋》，那些读到的《春秋》的叛乱臣子和忤逆不孝之子都感到害怕。因为孔子修订《春秋》所采用的笔法，史学上称为"春秋笔法"，即"微言大义"，即使不明言对与错、是与非，只精确选用合适字眼（"微言"），就体现出了褒善贬恶的正义态度（"大义"）。例如春秋笔法运用中较知名的"杀""弑""诛"三个表示"杀"的字眼，各有其深层含义："杀"指一般意义的杀；"弑"指以下犯上、杀害君王、父亲的大逆不道行为；"诛"则指诛杀有罪者，属于正义惩罚邪恶。虽未直接指明是非对错，但因所用"杀"字的不同，是非对错很分明，绝不含糊。后来的史学继承这一优良传统，讲求"直笔"写史，司马迁的《史记》就被誉为"其文直，其事核，不虚美，不隐恶，故谓之实录"（班固《汉书·司马迁传》）的杰出的史学巨著。

其三，"以史为鉴"，为后人提供宝贵的历史经验与教训，以免重蹈历史覆辙。唐贞观十七年（公元643年），直言敢谏的魏徵病死了。唐太宗亲临吊唁，他流着眼泪说："夫以铜为镜，可以正衣冠；以史为镜，可以知兴替；以人为镜，可以明得失。魏徵没，朕亡一镜矣！"（《旧唐书·魏徵传》）"以史为镜"为读史名言，唐朝就是时时不忘记隋朝短短30多年就亡国的历史教训，善纳谏言，励精图治，才创建了空前辉煌的大唐盛世。

三、子部

《四库全书》第三库为子部，收录诸子百家的著作，"儒家以外有兵家，有法家，有农家，有医家，有天文算法，有术数，有艺术，有谱录，有杂家，有类书，有小说家，其别教则有释家，有道家，叙而次之，凡十四类。"（《四库全书总目提要·子部总叙》）这里的"诸子"是指先秦至汉初各学派的代表人物及其著作，《汉书·艺文志》的《诸子略》将诸子分为儒、道、墨、阴阳、法、名、纵横、杂、农、小说十家。

先秦诸子中有代表性的著作是《论语》《孟子》《荀子》《老子》《庄子》《列子》《墨子》《晏子》《尹文子》《管子》《商君书》《慎子》《韩非子》《公孙龙子》《孙子》《吴子》《吕氏春秋》《淮南子》等。其中，《论语》《孟子》《荀子》为儒家著作，《老子》《庄子》《列子》《管子》为道家著作，《墨子》为墨家著作，《商君书》《慎子》《韩非子》为法家著作，《尹文子》《公孙龙子》为名家著作，《吕氏春秋》《淮南子》为杂家著作，《孙子》《吴子》（《吴起兵法》）为兵家著作，《晏子》（《晏子春秋》）被班固《汉书·艺文志》将其列为儒家，就其思想内容看既近儒墨又非儒墨，应该单列。这些著作是我国古代思想文化的渊源，具有极其珍贵的价值，对后代的思想文化有深远的影响，是我们今天研究古代政治、经济、思想和学术文化的珍贵资料。

四、集部

《四库全书》第四库集部收录的都是文学集子，包括总集和子集。内容为历代作家的散文、骈文、诗、赋、词、曲和文学评论等著作的集子，分为楚辞、别集、总集、诗文评、词曲等五类，共收历代作家总集、别集和各种点校、集解本以及诗文品评共 1282 部、26,757 卷。总的来看，集部就是文学作品的总集，诸如《楚辞章句》《昭明太子集》《李太白文集》《集千家注杜工部诗集》《御定全唐诗》《乐府诗集》《临川文集》《东坡词》《花间集》《文心雕龙》《六一诗话》，等等，是历代广义文学的大仓库，文学艺术文化的博览馆。

五、类书

类书和后面说的丛书，是《四库全书》分类之外的文化典籍类型。它的特点是将群书中各种资料，包括诗文、辞藻、人物、典故、天文、地理、典章、制度、飞禽、走兽、草本、虫鱼，等等，按类别编辑在一起，供检索之用，这就是类书。类书既有百科辞典的功能，又有助于校勘考证古书和搜辑古书佚文。它不是学术著作，但保存了古代大量的文化知识遗产。

类书的雏形在汉代已开始出现。三国魏文帝时编成第一部类书《皇览》，但已散佚。六朝以后，由皇家或私家编修类书成为一种时尚。明代以前，类书中最著名的有四大部，这就是唐代的《艺文类聚》，宋代的《太平御览》《太平广记》和《册府元龟》。明代类书中规模最大的是《永乐大典》，全书 22,937 卷（其中目录 60 卷，正文 22,877 卷）、11,095 册，约 3.7 亿字，汇集了古今图书 8000 种，是中国第一部百科全书式的文献合集，显示了中国古代百科文化的光辉成就。但此书命运悲惨，正本一部明亡时被毁，副本在清乾隆间已残缺 2400 多册。1900 年八国联军入侵北京时，此书大部分被焚毁，余下的多被劫走。1960 年中华书局多方搜求收集，将其中的 730 卷影印出版，只占原书的 3%。

清代是类书编纂的鼎盛时期，现存规模最大的是《古今图书集成》，全书 10,000 卷，约 1.6 亿字，是我国现存类书中规模最大、用途最广、体例最完善的一种。

六、丛书

"以数人之书合为一编而别提一总名"的编纂方式出版的图书，叫丛书。对于典籍的保存和推广有重要作用。最有代表性的就是清代乾隆年间编纂而成的大型丛书《四库全书》。历经 10 年编纂，收书 3462 种，有 79,338 卷、36,000 余册，8 亿余字，分经史子集四部，保留了古代大量的文献典籍（见前面经史子集四库的介绍）。

对于文化典籍而言，因为都是刻板雕印的书籍，书本的质量和价值与书籍的版本有很大关系，版本学便应运而生。

版本学，是研究书籍版本源流及书籍版本鉴定的一门学科。同一著作因编辑、传抄、刊印等原因而产生的不同本子，在学术研究上就有不同的价值。如《红楼梦》一书就有"脂评本""舒元炜序本""梦觉主人序本""蒙古王府藏抄本"等，而其中的"脂评本"中又有"甲戌本""己卯本""庚辰本""戚序本"等多种版本。

版本学通过广泛搜集不同版本，为校勘提供依据，避免谬种流传贻误后学；还可以比较优劣，分别珍本、善本，以利阅读和收藏。版本学研究对于学术文化的发展，具有不可低估的价值。

一般认为，版本学的开端为西汉刘向、刘歆父子，至宋代步入正轨，到了清代兴盛，成为学术研究的重要组成部分。

有关古籍的版本，大概有十多种。

一是"善本"：是指那些具有历史文物性、学术资料性和艺术代表性，或在其中某一方面有特殊价值的书本。一般来说，刊刻年代较早或经过精心校勘而错误较少的版本可称为善本。

二是"孤本"：某书的某一刻本或手稿在世间只存有一本的为孤本。

三是"秘本"：私人收藏者秘藏于家室，不准许外人见阅的版本为秘本。

四是"禁毁本"：前代或当世因遭禁被毁，侥幸私存下来的版本为禁毁本。在古代，保存这种禁毁本十分危险，一旦被发现，必遭大祸，因而其流传极其艰难，弥足珍贵。

五是"绣像本"：书中有插图的版本为绣像本。因为绘刻工艺复杂，价格昂贵而成品较少，十分珍贵。

六是"石印本"：精选坚硬宽大且表面平滑的石头经打磨、雕刻制成石版，再用药墨将文字写在特制药纸上，将药纸上的字迹移到石头上进行刻石形成石版，然后在石板上滚刷油墨印成的书为石印本。

七是"手抄本"：根据底本抄写而成的书本。其中有一种影抄本，是把透明纸覆在底本上面，按其原有字体、行款照样摹写的书本。

八是"残本"：在流传过程中因种种原因（如运输、转卖、转抄、争执等）而残缺不全的书本为残本。

九是"补本"：对前代前人的著作有所增补，加以己意而写成的书。

十是"续书"：对前代前人的著作内容做继续的描写，以延续原著的意思为主旨。

第六章

中国文化的基本精神

第一节　文化基本精神的内涵

一、构成文化基本精神的条件

中国近代思想家、维新派代表人物梁启超在 1902 年《新民之议》一文中说："凡一国之能立于世界，必有其国民独具之特质。上自道德法律，下至风俗习惯、文学美术，皆有一种独立之精神，祖父传之，子孙继之，然后群乃结，国乃成。斯实民族主义之根柢、源泉也。"[①]

陈江风教授主编的《中国文化概论》一书，对文化精神给的定义为："所谓文化精神，是指民族文化中占主导地位的基本思想、基本观念，是相对于文化的具体表现而言的一种广泛性、普遍性，为本民族大多数成员所认同，而且贯穿于民族历史全过程的精神。""从实质上看，中国文化的基本精神，就是中华民族的民族精神，是中华民族特定价值系统、思维方式、社会心理以及审美情趣等方面内在特质的基本风貌"。[②]

由此，我们总结出构成文化基本精神应具备两个条件：

一是具有广泛的影响，感染熏陶了大多数人民，为他们所认同、所信奉，成为他们的基本人生信念和自觉的价值追求；

二是具有维系民族生存和发展、促进社会文明进步的积极作用。

二、文化基本精神的定义

文化的基本精神，是指文化现象中最本质、最关键的思想内核，是民族文化中被全民族认同的、维系和推动本民族文明不断进步的基本思想和

---

① 梁启超：《新民说》，宋志明选注，辽宁人民出版社 1994 年版，第 8 页。
② 陈江风主编：《中国文化概论》（第三版），南京大学出版社 2014 年版，第 66 页。

基本观念。

第二节　中国文化基本精神的内容

中国文化基本精神的内容，多有人总结，说法可以说是多种多样，虽然精彩纷呈，都有道理，但见仁见智，终难一致。这里，先看几位学者的观点。

张岱年、方克立教授，在其主编的《中国文化概论》一书中对国文化基本精神列举了四条内容[①]：一是天人合一，二是以人为本，三是贵和尚中，四是刚健有为。

张岂之教授在《中华人文精神》一书中提出七条基本精神[②]：一是人文化成——文明之初的创造精神；二是刚柔相济——穷本探源的辩证精神；三是究天人之际——天人关系的艰苦探索精神；四是厚德载物——人格养成的道德人文精神；五是和而不同——博采众家之长的文化会通精神；六是经世致用——以天下为己任的责任精神；七是生生不息——中华精神在近代的丰富与发展。

金元浦教授主编的《中国文化概论》列举了四种基本精神[③]：一是刚健有为、自强不息的精神，二是人本主义精神（重人事，远鬼神；厚人伦，美教化；民为贵，君为轻），三是天人合一精神，四是礼治精神。

应该说，他们总结得都很精到，但又觉得似乎还不够齐全。为此，本

[①]　张岱年、方克立主编：《中国文化概论》（修订版），北京师范大学出版社 2004 年版，第 286—299 页。

[②]　张岂之：《中华人文精神》，人民出版社 2011 年版，第 1—134 页。

[③]　金元浦主编：《中国文化概论》（第三版），中国人民大学出版社 2015 年版，第 65—72 页。

书综合学界探索研究，将中国文化基本精神概括为六大内容：

一是以人为本，包括人事为本、人道主义、民本思想、民贵君轻、不迷信神鬼，不专注宗教等内容；

二是崇德尚礼，包括厚德载物、内圣外王、慎独内修、谦恭有礼等内容；

三是贵和尚中，包括天人合一、和而不同、开放包容、和谐万物、公允持中，天下为公、世界大同等内容；

四是阴阳变易，包括万物有对、对立统一、依存互化、物极必反、穷则思变、五行生克、革故鼎新等内容；

五是理性求实，包括实事求是、经世致用、重本抑末、实干兴邦等内容；

六是刚健有为，包括自信自强、责任担当、勇毅坚韧、创新进取等内容。

一、以人为本

以人为本，即以人为世间一切问题的出发点和落脚点，人是万事万物的根本。有两个重要方面：人与天地自然之间，以人为本；人与神、佛、宗教之间，以人为重。

以人为本，是中国传统文化最耀眼的基本精神之一，被称为人本主义。其特点是始终以人为核心，把人作为世间一切事物的核心、根本。就其关键点来说，有三点：

一是在天地人之间，总是坚持人为大、人为先、人为本的观念和立场，以人为本的人道主义思想非常明确、突出。请看"天"字的甲骨文

"🚶"、金文"🚶"、小篆"𠔻"，这些古文字的写法，都是一个大大的人体，说明在古人的概念中，天以人为重，人就是天。再看"大"字，"大"字的甲骨文"𠆢"、金文"大"、小篆"𣥯"，这些古文字的写法，也是一个大大的人体，说明在古人的概念中，普天之下，数人为大。这种观念，在古代著名典籍中都有经典表达。

老子在《道德经》第 25 章说："道大，天大，地大，人亦大。域中有四大，而人居其一焉。"

《孟子·尽心下》曰："民为贵，社稷次之，君为轻。"

《荀子·王制》曰："水火有气而无生，草木有生而无知，禽兽有知而无义。人有气、有生、有知，并且有义，故最为天下贵。"

《管子·霸言》曰："夫霸王之所始也，以人为本。本理则国固，本乱则国危。"

《孝经》曰："子曰：'天地之性人为贵'。"

《尚书·泰誓》曰："惟天地万物父母，惟人万物之灵。"

《尚书·五子之歌》词曰："民为邦本，本固邦宁。"

《礼记·礼运》曰："故人者，天地之心也，五行之端也，食味、别声、被色而生者也。"

东汉末年思想家仲长统《昌言》曰："所贵乎用天之道者，则指星辰以授民事，顺四时而兴功业，其大略也。吉凶之祥，又何取焉？……信天道而背人略者，是昏乱迷惑之主，覆国亡家之臣也。……所取于天道者，谓四时之宜也。所一于人事者，谓治乱之实也……以此言之，人事为本，天道为末，不期然与？"（《全后汉文·列传》卷八十九《仲长统·昌言》）。

　　二是在人与神鬼之间，坚持以人为本位，重视现世的人伦生活，突出人本思想、人道主义。例如大圣人孔子在给弟子曾参讲解孝道的《孝经》中明确说"天地之性人为贵"，《论语》中则记载了"以人为贵"的种种言行，例如孔子从来不说鬼怪、暴力、妄语和神鬼之类的话（《论语·述而》："子不语怪、力、乱、神。"）。为什么呢？当学生樊迟请教他从政的智慧时，孔子回答说，管理百姓的关键，就是把百姓看重些，对鬼神抱恭敬的态度而远离，不要理睬，就是智慧了（《论语·雍也》："务民之义，敬鬼神而远之，可谓知矣。"）。当学生子路来问老师如何侍奉鬼神，孔子回答说，把人的事情都没办好，还谈什么侍奉鬼神？子路又问如何对待死亡。孔子回答说，连活着的事都没搞清楚，又哪里知道死的事呢？（《论语·先进》："季路问事鬼神。子曰：'未能事人，焉能事鬼？'曰：'敢问死。'曰：'未知生，焉知死？'"）可见，孔子是把现实生活、把百姓的事、把人活着的事，都看得比神鬼重要。而道家圣人老子，则干脆不认为有神。他说宇宙中只有道、天、地和人这四大，根本没有神鬼的位置。春秋时期法家代表人物、思想家和政治家管仲则明确提出"以人为本"（《管子·霸言》："夫霸王之所始也，以人为本。本理则国固，本乱则国危。"）。墨家则主张"兼爱"，就是"兼爱天下之人"，因为"天之爱百姓厚矣"（《墨子·天志下》），所以，"爱人利人，顺天之意，得天之赏者有之；憎人贱人，反天之意，得天之罚者亦有矣。"（《墨子·兼爱中》），更显现了爱人就是天意、天理的人本思想。这说明，儒、道、法、墨四大主要思想学派都是主张以人为本的人道主义的。

　　三是在宗教信仰上，仍是以现世人生为重，崇高的宗教也得为现实社会让路，为芸芸众生的远祸福报服务。如丁福保《佛学大辞典》"观音"

条："唐人讳世字，故但称观音。后世遂沿用之。"即佛教的"观世音菩萨"之名，因犯唐太宗李世民之讳，改称"观音菩萨"——神给人让路。张天师所创"正者不邪，一者不杂"的正一派道教，顺从民间世俗生活要求，改革必须出家、不得结婚的严厉教规，明确道士可以结婚，不必出家。中国人即使信仰宗教，大多数人的目的也只是为现实人生的幸福祈祷，所谓"平时不烧香，急来抱佛脚"，就是最好的证明。

美国哈佛大学教授杜维明认为："儒家传统的基本精神是以人为核心而开展的'价值'，把人当作具有内在'价值'的存有。传统中国没有'价值'这个概念，但是有'贵'的说法，所谓'天地之性人为贵'，就是说在天地万物之中，人有突出的价值。"[①]可见，中国文化关注的对象是人，是一种哲学人类学。对此，学界包括西方学界几乎没有异议。

以人为本的人文主义即人道主义，是中国文化精神的重要内容。与古希腊文化注重人与自然的关系，以及希伯来文化、印度佛教文化重视人与神的关系不同，中国古代先贤最关注的不是外在的自然，不是高高在上的天国，也不是纯粹的思辨领域，而是与每个人息息相关的心性、人性、生命、社会、人生，侧重于人与社会、人与人的关系以及人的命运问题。

中国哲学，无论儒、道、佛，本质上都是一种人生哲学。从总体上看，以儒道法墨四家为主流的中国传统文化，是一种人文伦理本位文化，尤其以儒家为代表的以人为本的人道主义思想，更是主流文化的核心。

---

① 杜维明：《儒家传统的启蒙精神》，载郑文龙编《杜维明学术文化随笔》，中国青年出版社 1999 年版，第 021 页。

楼宇烈教授认为："与西方文化相比，以人为本的人文精神是中国文化最根本的精神，也是一个最重要的特征。中国文化中没有一个外在的神或造物主，中国家庭、社会秩序的维护都是靠道德的自觉自律。中国传统文化强调人的主体性、独立性、能动性。""以人为本的中国文化是中华民族对人类的一项重要贡献。""从某种程度上讲，欧洲的人本主义是从中国传过去的，深受中国文化的影响。"①

二、崇德尚礼

在中国文化中，德从始至终永远处于绝对优先的崇高地位。对人而言，区分圣人、君子、小人、非人（即禽兽）的标准，就是有无道德：有德之人为君子，无德之人为小人，背德之人是禽兽，高德之人为圣人。人生立德、立功、立言"三不朽"之盛事，立德为首。我们评论人，以德为首，说人品（道德品质）为第一；使用人也是"德才兼备，以德为先"。对国家社会而言，历来都是"德治第一""以德治国"。《左传·襄公二十四年》说："德，国家之基也。"孔子在《论语·为政》中说"为政以德"。汉代大儒董仲舒说，国家之所以能成为国家，还是因为德（《春秋繁露·保位权》："国之所以为国者，德也"，"是故为人君者，固守其德以附其民。"）。对君王，要求必须是道德高尚的圣贤人君，仁慈爱民；对百姓，要求必须做"道德君子"，注重内在品德修养，诚意、正心、修身、齐家，厚德载物，内圣外王（内修圣贤之德，外施仁政王道），慎独律己，有责任、有担当，有抱负，治国、平天下。可见，崇德就是中国文化中最重要的精神，成为文质彬彬的道德君子，就是中国文化

---

① 楼宇烈：《中国文化的根本精神》，中华书局 2016 年版，第 46—47 页。

最主要的内容。

我国古代对个人品德修养极端重视，先贤圣哲们一再提出各自认为的重要道德规范，以使人们的道德修养有所凭依。早在商代，就有"知、仁、圣、义、忠、和"的"六德"①之说，春秋时管仲提出"礼义廉耻，国之四维"（《管子·牧民篇》）的道德伦理规范；孔子及弟子在《论语》中提出的道德规范先后有 20 个（除去重复）："孝悌仁"（《论语·学而》："君子务本，本立而道生。孝弟也者，其为仁之本与！"）、"温良恭俭让"（《论语·学而》："子贡曰：'夫子温、良、恭、俭、让以得之。'"）、"忠恕"（《论语·里仁》："曾子曰：'夫子之道，忠恕而已矣。'"）、"文行忠信"（《论语·述而》："子以四教：文、行、忠、信。"）、"智仁勇"（《论语·子罕》："子曰：'知者不惑，仁者不忧，勇者不惧。'"）、"礼义信"（《论语·子路》："上好礼，则民莫敢不敬；上好义，则民莫敢不服；上好信，则民莫敢不用情。"）、"恭宽信敏惠"（《论语·阳货》："子张问仁于孔子。孔子曰：'能行五者于天下为仁矣。'请问之。曰：'恭、宽、信、敏、惠。恭则不侮，宽则得众，信则人任焉，敏则有功，惠则足以使人。'"）；战国时期的孟子继承和弘扬孔子学说，提出了"仁、义、礼、智"四大善端说②；汉代大儒董仲舒根据儒家的"君君，臣臣，父父，子子"和"仁义礼智"四端说，提出"三纲"（即君为臣纲，父为子纲，夫为妻纲）和"五常"（即仁、义、礼、智、

① 这里的"六德"之"知、仁、圣、义、忠、和"是《周礼》的说法（《周礼·地官·大司徒》："以乡三物，教万民而宾兴之。一曰六德：知、仁、圣、义、忠、和。"），而郭店楚墓《竹简》中有《六德》一篇，文中提出君、臣、夫、妇、父、子"六位"，以"义、忠、智、信、圣、仁"之"六德"配"六位"，即"君义、臣忠、夫智、妇信、父圣、子仁。"
②《孟子·公孙丑上》："恻隐之心，仁之端也；羞恶之心，义之端也；辞让之心，礼之端也；是非之心，智之端也。"

信）说①；宋元时期，人们在管子的"礼义廉耻"上，配以"孝悌忠信"，就形成了"礼义廉耻孝悌忠信"之"八德"说。本书在这里对先贤圣哲倡导的道德规范进行综合，剔除其重复交叉者，归纳出如表6-1的"中国文化精神十五德"：

表6-1　中国文化精神十五德

十五德	范畴内涵	说明及纠偏
仁	仁慈，仁爱，仁厚，仁善，仁民爱物	反对唯以血亲分别亲疏远近的"仁爱"
义	道义，正义，合乎良知公序之义，民族和国家大义	反对无原则的哥们义气、江湖侠义
礼	礼仪礼节，秩序规范，尊老爱幼，尊重他人，为人处事彬彬有礼	反对无原则、无底线之礼，反对繁文缛节
智	智识，智慧，聪明，才智，举一反三，睿智创新	反对死知识、掉书袋、本本主义，反对墨守成规陋习
信	讲信义，守信用；不作假，不骗人；一诺千金，言必信，行必果	反对轻率自信，反对夜郎自大目中无人，注意信义与信仰的区别

---

① "三纲"一词，最初始见于西汉董仲舒《春秋繁露·基义篇》："天为君而覆露之，地为臣而持载之；阳为夫而生之，阴为妇而助之；春为父而生之，夏为子而养之；秋为死而棺之，冬为痛而丧之。王道之三纲，可求于天。"此处用天地、阴阳、春夏，比喻君臣、夫妇、父子相互依存的关系，就是"三纲"。儒家系统阐述"三纲"，首见于东汉班固《白虎通·三纲六纪篇》："三纲者，何谓也？谓君臣、父子、夫妇也。六纪者，谓诸父、兄弟、族人、诸舅、师长、朋友也。故《含文嘉》曰：'君为臣纲，父为子纲，夫为妻纲。'又曰：'敬诸父兄，六纪道行，诸舅有义，族人有序，昆弟有亲，师长有尊，朋友有旧。'何谓纲纪？纲者，张也。纪者，理也。大者为纲，小者为纪。所以张理上下，整齐人道也。人皆怀五常之性，有亲爱之心，是以纲纪为化，若罗网之有纪纲而万目张也。《诗》云：'亹亹文王，纲纪四方。'""五常"的"仁义礼智信"概念来自《孟子》的"仁义礼智"之"四端"说（《孟子·公孙丑上》："恻隐之心，仁之端也；羞恶之心，义之端也；辞让之心，礼之端也；是非之心，智之端也。"《孟子·告子上》："恻隐之心，仁也；羞恶之心，义也；恭敬之心，礼也；是非之心，智也。仁、义、礼、智，非由外铄我也，我固有之也。"），董仲舒则把"信"纳入："夫仁谊（通"义"）礼知（通"智"）信五常之道，王者所当修饬也。"（《汉书·董仲舒传》）《白虎通·性情篇》概括曰："五性者何？谓仁、义、礼、智、信也。……故人生而应八卦之体，得五气以为常，仁、义、礼、智、信是也。"

续表

十五德	范畴内涵	说明及纠偏
中	无过无不及，不偏不倚，凡事叩其两端而取其适中，公允公正公平	反对折中、各打五十大板，反对做骑墙派
和	和为贵，和而不同；和善，和气，和谐万物	反对同而不和，反对无原则的一团和气、同流合污
忠	忠诚，忠心赤胆，忠于正义，忠于国家民族，有气节，绝不背叛	反对无原则的愚忠，反对不顾国家民族利益的个人私忠
恕	宽恕，包容，体谅，严以律己宽以待人；己所不欲勿施于人，设身处地，将心比心	反对老好人，反对无原则的和稀泥、八面讨好
孝	真心孝敬父母和长辈，尊敬老人，老吾老以及人之老	反对有违人性的愚孝
廉	廉洁自律，奉公守法，不贪不占，有操守，节俭戒奢，知足常乐	反对装穷摆贫的假廉；反对吝啬、有毛装秃子
敏	敏捷，机智，勤勉任事；行动果断迅速，不呆笨，不拖拉	反对敏感、冲动、急躁
勇	勇敢，奋勇，敢于担当，无所畏惧，威武不屈，杀身成仁，舍生取义	反对莽撞猛汉，反对无谓的牺牲
毅	刚毅，坚韧，坚持到底，不达目的誓不罢休	反对无原则的死顶硬抗、扛着椽子不转弯
报	感恩知报，滴水之恩不忘，投桃报李	反对只索取、不回报、记仇不记恩

与十分崇尚道德一样，中国文化同样十分崇尚礼。礼的实质，就是长幼尊卑、上下有别的伦理秩序。任何社会，任何团体组织，都必须在一定的秩序规范下才能存在和发展。没有礼制秩序，必然天下大乱，生灵涂炭。儒学创始人孔子，对春秋末期天下大乱民不聊生的原因总结为"礼崩乐坏"，因此以恢复周礼为己任，奔波终生。他曾经对儿子孔鲤教导说：

319

"不学礼，无以立。"（《论语·季氏》），认为礼是人的立身之本。对国家、对人民来说，礼的作用更是巨大。

图6-1　君臣祭拜行礼

《左传·隐公十一年》说："礼，经国家，定社稷，序人民，利后嗣者也。"认为礼是经纬治理国家、决定朝廷社稷兴衰、有序管理人民、利于后代繁衍发展的根本大事。孔孟儒学的代表者荀子则明确指出"人无礼则不生，事无礼则不成，国无礼则不宁"（《荀子·修身》），表明礼是人类生存、事业成功、国家安宁的基石。正因为如此，中国古代对"礼"的建设和施行十分重视，设有专职的礼仪官职，如西周的"春官"，后来的礼官，和被称为"五礼"的"吉礼、凶礼、军礼、宾礼、嘉礼"等完整规范的礼仪制度。上下尊卑有序，人人依礼定位而行。在其位，尽职尽责，不在其位，不谋其政，不越俎代庖。"君君，臣臣，父父，子子"，使中国成了一个温文尔雅、谦恭有礼的"君子之国"，被世人称赞为"文明古国，礼仪之邦"。所以，史学大家钱穆肯定地说："要想了解中国文化，必须站到更高来看到中国之心。中国的核心思想就是'礼'。"①

三、贵和尚中

贵和，就是和为贵。"和为贵"一直是中国传统文化中的一种主要精神，被称为"贵和"思想。"贵和"思想产生于人类社会出现私有制之后。在私有制下，人与人之间、群体与群体之间有着不同的利益诉求，于是产生了对立和矛盾。儒家主张"礼之用，和为贵"（《论语·学而》），认为"天时不如地利，地利不如人和"（《孟子·公孙丑下》）。这种思想，正是为了解决对立和矛盾而提出的治理之道，目的在于维持各利益主体之间的平衡和秩序，使社会运行平稳有序。

"贵和"思想的产生，也由于人们长期的生活经验。在现实生活中，人们看到，"两虎相斗，必有一伤"，"鹬蚌相争，渔翁得利"，但"和气生财"，"和谐共生"，所以要以和为贵。

这里有两个关键，首先是与谁"和"，答曰：与天地和，与万物和，人与人和。

与天地和，就是北宋哲学家张载在孟子"上下与天地同流""万物皆备于我"（《孟子·尽心上》）、庄子"天地与我并生，而万物与我为一"（《庄子·齐物论》）思想基础上，明确概括的中国哲学命题"天人合一"（张载《正蒙·诚明》："儒者因明致诚，因诚致明，故天人合一，致学而可以成圣，得天而未始遗人。"）。他认为，天地自然与人，都是气聚合而成（"太虚不能无气，气不能不聚而为万物"——《正蒙·太和》）。"人法地，地法天，天法道，道法自然"（《道德经》第25章），天道就是人

---

① 转引自张岂之：《中国思想文化史》，高等教育出版社2006年版，第31页。

道，遵循天道自然规律，敬天顺民，就能协和万邦。人和心顺畅，家和万事兴，国和享太平。天人合一，万物与共，兼容并包，和谐共赢。

其次是如何和？答曰：有两条，一是"去同重和"，二是"尚中致和"。

去同重和，是儒家的一条原则。《论语·子路》曰："君子和而不同，小人同而不和。"通过对"和"与"同"的不同取舍作为区分"君子"和"小人"的标准，表现了去同重和的价值取向。"同"，即无原则趋同、无底线混同；"和"，即肯定事物是多样性的统一，有原则、有底线地求同存异，和谐共存。"重和去同"主张以广阔的胸襟、海纳百川的气概，容纳不同事物、不同学术流派，开放包容，融合共进。《易传》提出"天下百虑而一致，同归而殊途"（《系辞下》）的主张，便是重和去同思想的体现。在中国文化中，儒道互补，儒法结合，儒佛相融，佛道相通，援阴阳五行入儒，儒、佛、道三学合一，以及对基督教、伊斯兰教等外来宗教的包容和吸收，都表现了中华文化"有容乃大"的宏伟气魄与和合精神。

"尚中致和"，就是崇尚持中，以达到和谐。"中"就是适度，就是平衡点，既不过度，也不要不及，也就是儒家所说的"不偏之谓中，不易之谓庸"的中庸之道。在儒家看来，无过无不及，凡事叩其两端而取其适中，公允公平，便是"和"的保证，便是实现"和"的途径。而"中"又是以"礼"为原则的。如果为和而和，违背礼的原则，则是"乡愿（败德之人），德之贼也"（《论语·阳货》）。《中庸》将孔子所主张的持中原则提到"天下之大本""天下之达道"（戴圣《中庸》）的认识论和政治论的高度，强调通过对持中原则的体认和践履，去实现人与人之间、人与社会之间、人与天道之间的和谐与平衡。

"贵和尚中"不仅是中国传统文化中极其重要的思想观念，而且也培育了中华民族的群体心态与众和观念，在中国文化的各个领域都有明显体现。如政治上的和合"大一统"观念，经济上的"不患贫而患不均"的思想，文化上的"天下为公，世界大同"的情怀，艺术上的"物我通情相忘"的意境，文学上的和谐美满"大团圆"结局，美学上的"以和为美"的审美情趣，集体与个人关系上的整体利益优先和大局意识，等等。

　　贵和尚中的思想，作为中国文化基本精神的一个重要内容，对中国社会带来的影响也是双重的。它对保持社会稳定和发展，对于统一的多民族国家的维护，无疑有着积极主导作用。但是，不可否认，中国文化因为突出和合而缺乏如西方文化中的个性竞争、冒险进取精神，这对社会的发展也有一定的不利影响。

四、阴阳变易

　　阴阳，本义是指日照的向背，向阳的一面为阳，背阳的一面为阴。如山坡向阳的一面称阳坡，背阴的一面称阴坡。管仲说，春秋冬夏，是阴、阳的推演转移；时间的短长，是阴阳的利用；白天、夜晚的互换，是阴、阳的变化（《管子·乘马》："春秋冬夏，阴阳之推移也。时之短长，阴阳之利用也；日夜之易，阴阳之化也。"）。这种受自然启发的阴阳观念，在《周易》一书中成为"阴阳变易"学说。《周易·系辞上》曰："易有太极，是生两仪。"两仪者，一阴一阳也。《周易》指出，事物都具有阴阳两面性，其变化总是阴阳相互作用、相互消长、相互转化、相互补充和相互对待，所谓"一阴一阳之谓道"（《周易·系辞上》）；而且变化的过程永无终止，也就是所谓"生生之谓易"（《周易·系辞上》）。这种不断变化呈现为往复循环的运动。《周易·系辞下》说，太阳下去了，月亮就上来；月亮下去了，太阳又上来，太阳与月亮就这样相互推送而光明就产生了。寒冷的冬天过去，炎热的盛夏就来了；炎热的盛夏过去，寒冷的冬天就来了；寒冬与盛夏相互推送，就形成一年（"日往月则来，月往日则来，日月相推而明生焉。寒往暑来，暑往则寒来，寒暑相推而成岁焉"）。所谓往来就是阴消阳长，阳消阴长，由白天变黑天，由黑夜变白天，天气由热变冷，由冷变热。用日月、寒暑的变化规律来反映事物发展变化的规律，就像太阳的东升西落，四季"寒往暑来"一样，天下大势也是"分久必合，合久必分"，等等。

阴阳五行家邹衍，在阴阳变易与金、木、水、火、土五行循环以推演四季和自然现象的基础上，以五行相生（如木生火、火生土、土生金、金生水、水生木）、相克（如金克木、木克土、土克水、水克火、火克金）来演绎人类社会的王朝更替和历史兴衰，把历史的发展说成是"五德转移"的结果，体现了阴阳矛盾的对立与统一，表现了自然界和社会发展的一般规律性。

图 6-2　阴阳消长变易　　　　图 6-3　五行生克示意图

在自然和人类社会中，"天地万物之理，无独必有对"（北宋程颢、程

颐《二程遗书》卷十一），"道无无对，有阴则有阳，有善则有恶，有是则有非""有生便有死，有始便有终。"（《二程遗书》卷十五）。这种由阴阳而来的"有对论"，揭示了世界上的一切事物都是矛盾地存在着的，任何事物都有其对立面的事实，比如好坏、难易、上下、左右、大小、多少、前后、进退、胜败、生死、贫富、贵贱、美丑、善恶、正反、曲直，等等。这些对立面有两个特点：一是孤阴不生，独阳不长，它们总是相辅相成，互为依存的，成为一个事物的两面，不可分割；二是"物极必反"（《二程遗书》卷十五），阴消阳长，苦尽甜来，乐极生悲，否极泰来。这就是事物存在和发展的对立统一规律，是我们辩证地看待事物发展变化的科学法宝。世界是丰富多彩的，是矛盾斗争的统一体，阴中有阳，阳中有阴，"祸兮福所倚，福兮祸所伏"（《老子》第 58 章）。它警示我们要全面地、以发展变化的辩证眼光看待事物，避免孤立地、静止地看待事物；既知道它们的优长，也了解它们的劣短，以便透过现象看到本质。同时，阴消阳长，"物极必反"，提醒我们如果身处顺境要居安思危，防止乐极生悲；如果身处逆境，也不要消极悲观，坐以待毙，而是"穷则思变"，革故鼎新，赢得"否极泰来"。

阴阳变易思想，内涵深邃丰富，深深地影响着中国人的思维和人生观与世界观，是中国文化中最重要的哲学思想之一。

五、理性求实

纵观中国传统文化，可以发现，它具有鲜明的务本求实、反对虚妄的理性特点，非常关注现实，以解决社会、人生的实际问题，明确反对空谈，不务实际，凡事注重实用价值，要能经世致用。

　　这种理性务实精神，是儒家文化的基本精神之一。《论语·学而》说，君子专心致力于人的根本（道德），根本建立了，治国做人的原则也就有了（"君子务本，本立而道生。"）。对于名列六艺之首的《诗经》，孔子则说，背诵了《诗经》300多篇，交给他政务，他却一件事也办不好；派他出使到四方各国，又不能得体地应对外交。虽然背的诗多，又有什么用处？（《论语·子路》："子曰：'诵《诗》三百，授之以政，不达；使于四方，不能专对；虽多，亦奚以为？'"）《大学》一书的"八目"，前六项"格物、致知、诚意、正心、修身、齐家"，都是为了"治国、平天下"，求实务本的目的性很强。

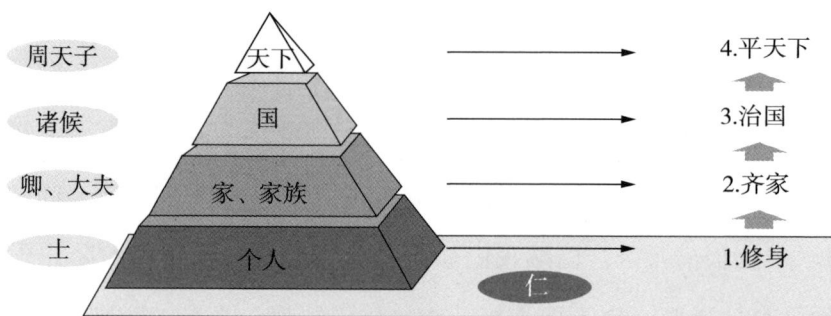

图 6-4　儒家修齐治平实策

　　主张"法自然"、感觉比较"务虚"的道家老子、庄子，其关注的重点，也是实实在在的百姓人生。《道德经》第49章说，圣人没有固定不变的心态意志，而是以百姓的心态意志为心态意志。善良的人，我以善良对待他；不善良的人，我也以善良对待他（"圣人无常心，以百姓心为心。善者吾善之，不善者吾亦善之。"）。这样天下人的品德都善良了。可见，以符合百姓安乐生存之心为本，才是道家的本义。

　　宋明理学的兴盛，更是中国文化理性求真务实的典型表现。宋明理学，从格物开始，寻求"理"，发现了"天理"，也就是万物生存发展的客观规律，然后强调"灭人欲，存天理"，严格按天理规律办事。陆王心学则把这种道理引向人的内心，最大限度地发挥人的内在理性，使人们都按良知、理性行事，成为圣贤。宋明理学反对空谈，注重务实，由朱熹的"知先行后"，到王阳明的"知行合一"，都特别强调要把理性落实到实际行动中。

应该说，中国众多的思想或学派，具体观点虽然各异，但重理务实，重视现实生活、经世致用则是共同的特点：大部分殷实家庭都挂有"务本堂"牌匾，于是形成了中国传统文化的"实事求是"的思想方法、身体力行的价值取向、"经世致用"的治学传统、重农轻商"重本抑末"的务实国策、实干兴邦的务实精神。鲁迅先生盛赞此种精神，认为具有务实精神的仁人志士就是中国的脊梁："我们从古以来，就有埋头苦干的人，有拼命硬干的人，有为民请命的人，有舍身求法的人……虽是等于为帝王将相作家谱的所谓'正史'，也往往掩不住他们的光耀，这就是中国的脊梁。"[1]

图6-5　中国家庭中堂牌匾

空谈误国，实干兴邦。魏晋时期，风流名士以务虚清谈为风尚，被人

---

[1]　鲁迅：《中国人失掉自信力了吗》，载《鲁迅全集》第六卷《且介亭杂文》，人民文学出版社2005年版，第122页。

批评说两晋亡于清谈，遂有明末顾炎武"清谈误国"之说："演说老庄，王（衍）、何（晏）为开晋之始。以至国亡于上，教沦于下，羌胡互僭，君臣屡易……魏晋人之清谈何以亡天下？……自正始以来，而大义之不明遍于天下"。[①]（《日知录》卷十三"正始"条）空谈务虚，不切实际，好高骛远，虚幻空想，都是理性求实的反义词，更是传统文化所鄙视的。

理性求实作为中国传统文化的一个重要特点，对许多领域都产生了重要的影响：经学上，"以《禹贡》治河，以《洪范》察变，以《春秋》决狱，以三百五篇当谏书，治一经得一经之益也"[②]。写诗是为了"诗言志"；绘画是为了展示真善美；音乐则是为了移风易俗。再如宗教，中国人执着于现世的生活，信仰宗教大多是出于实用的目的，即为世俗生活求得福报。

中国传统文化求实务本的理性实用特点，对中国社会许多领域都产生了重要的影响。它一方面使得中国的传统文化具备了实事求是的科学态度与方法，使中国人形成了崇尚身体力行、实干兴邦的价值取向；另一方面也对自然科学、哲学、逻辑学等思辨学科之理论性务虚研究产生了一定的阻碍作用。

六、刚健有为

刚健有为，自强不息，是中国文化的基本精神之一。它是中国人积极进取、勇敢无畏的人生态度最集中的理论概括和价值提炼。

儒学创始人孔子，就是极力提倡刚健有为并身体力行的思想家。他认为"刚毅木讷近仁"（《论语·子路》），"三军可夺帅也，匹夫不可夺志

---

① 陈垣：《日知录校注》，安徽大学出版社 2007 年版，第 721—723 页。
② 孙启治：《中论解诂》，中华书局 2014 年版，第 393 页。

也"(《论语·子罕》)。他的生活态度是"学而不厌，诲人不倦"，"发愤忘食，乐以忘忧，不知老之将至"(《论语·述而》)，"食无求饱，居无求安，敏于事而慎于言，就有道而正焉"(《论语·学而》)。孔子的这些积极有为思想，在《易传》中有进一步的发展。《周易·象传》的名句"天行健，君子以自强不息"，已成为令人敬仰的千古名言。

在先秦，不仅儒家主张刚健有为，墨家倡导"非命""尚力""摩顶放踵"以"利天下"(《孟子·尽心上》)，法家主张耕战立国、走富国强兵之路，都是积极有为的。即便主张无为而治、柔顺处世的道家，他们喜欢的"上善若水"(《道德经》第8章)，其实欣赏的是水"以柔克刚"的坚韧精神，是刚健有为的反语表达。儒家先贤则自强自信、理直气壮，以与时俱进、勇立潮头的大丈夫气概直接表达：范仲淹"先天下之忧而忧，后天下之乐而乐"(《岳阳楼记》)；张载"为天地立志，为生民立道，为去圣继绝学，为万世开太平"[1]；岳飞"精忠报国"；文天祥"人生自古谁无死，留取丹心照汗青"(《过零丁洋》)；顾炎武"天下兴亡，匹夫有责"(《日知录·正始》)；孟子"富贵不能淫，贫贱不能移，威武不能屈"(《孟子·滕文公下》)，等等。一股有志气、有抱负、有责任、有担当，以天下为己任、勇往直前的阳刚之气，充盈于中国文化之内，激荡在志士仁人胸中。即便遇上天大困难，也不会畏难退却，而是以"虽九死其犹未悔"(屈原《离骚》)的坚韧精神和顽强意志，去奋力实现，绝不半途而废，"不到黄河心不死"。史学家司马迁在他的史学名著《史记》中列举了多位在艰苦磨难中顽强拼搏、取得不世成就的圣贤哲人的感人史实：

从前西伯侯周文王被拘禁在羑里，却推演出了64卦的《周易》；孔子

---

[1]　张载：《张载集·张子语录·语录中》，中华书局1978年版，第320页。

受困于陈国、蔡国，却写出伟大的史书《春秋》；屈原被贬逐流放，却写出了伟大的诗篇《离骚》；左丘明眼睛失明了，但写出了《国语》一书；孙子（孙膑）被砍掉了双脚，但纵论兵法，著成《孙子兵法》；吕不韦被贬到蜀地，世人却都在传阅他编著的《吕览》（《吕氏春秋》）；韩非被囚禁秦国，却有《说难》《孤愤》等名篇著作流传。《诗经》有三百多篇，大部分都是贤圣发愤图强、克服巨大困难而写作出来的[①]。司马迁的这段序言，既是对这些仁人志士勇毅坚韧精神的真实写照，也是对我们刚健有为的民族精神的高度赞颂！

更为令人敬佩的是，此种精神，早在我们民族诞生之初的远古神话时代就产生了，它和西方社会早期的神本文化形成鲜明的对比，使世人清楚地认识到，中国人勇毅坚韧、刚健有为的民族精神，是中华文明顽强生存、至今屹立不倒的根本原因。例如对于"火"，西方人认为火是上帝赐予的；希腊神话说火是普罗米修斯偷盗来的，而中国，不求天帝不畏神，自己"钻木取火"；对于"大洪水"，西方人听神安排，躲进诺亚方舟逃难，而中国是鲧和大禹父子两代人不屈不挠、前仆后继地治水！面对大山，中国人是"愚公移山"，子子孙孙"无穷尽也"地"挖山不止"，直到感动天帝、搬走大山。再如"夸父逐日""后羿射日""精卫填海"，等等，无一不充分展现了中国人刚健勇毅、坚韧有为的志士品质和为民族大义"杀身成仁""舍生取义"的大无畏英雄精神！

---

① 司马迁：《史记·太史公自序》："昔西伯拘羑里，演《周易》；孔子厄陈、蔡，作《春秋》；屈原放逐，著《离骚》；左丘失明，厥有《国语》；孙子膑脚，而论兵法；不韦迁蜀，世传《吕览》；韩非囚秦，《说难》《孤愤》；《诗》三百篇，大抵贤圣发愤之所为作也。此人皆意有所郁结，不得通其道也，故述往事，思来者。"

第七章

中国文化的主要特征

第一节　文化精神与文化特征

中国文化博大精深，源远流长；中华民族继往开来，屹立东方。一个个王朝的毁灭，一次次残酷的战争，多少次的外族入侵，乃至无数次的山崩地裂、洪水、旱灾、瘟疫等重大灾害，不要说打倒她、毁灭她，连阻止她前进的步伐也办不到。这是为什么？这是因为她有独特的文化。这些独特的文化，我们总结为文化特征。

梁漱溟先生在《中国文化要义》一书中，将中国文化特征概括为十四大特征[①]；台湾学者韦政通则认为，中国文化有十大特征[②]。我们在这里，将其概括为十三大特征。这十三大特征是：

一、重血缘，贵亲情；二、重人本，轻鬼神；三、重伦理，严尊卑；四、重德治，轻法治；五、重和谐，尚中庸；六、重整体，轻个体；七、重直觉，轻分析；八、重传统，轻创新；九、重实用，轻理论；十、重官员，轻百姓；十一、重农耕，轻工商；十二、家国同，大一统；十三、博精深，源流长。

特征，就是有特点的征象，是指比较而言具有特别之处的特质现象。掌握了特征，就有利于领悟、把握其实质内涵。上一章，我们讲了中国文

---

① 一、广土众民；二、偌大民族之同化融合；三、历史长久，并世中莫与之比；四、明明白白有无比之伟大力量，的的确确指不出其力量竟在哪里；五、历久不变的社会，停滞不进的文化；六、几乎没有宗教的人生；七、以家族为本位；八、中国学术不向着科学前进；九、民主、自由、平等一类要求不见提出，及其法制之不见形成；十、道德气氛特重；十一、中国只是一个庞大的社会，不是一国家，或不属普通国家类型；十二、无兵的文化（其所谓无兵的，是说只有流氓当兵，兵匪不分，军民互相仇视）；十三、孝的文化；十四、隐士与中国文化有相当关系。（梁漱溟：《中国文化要义》，上海人民出版社2005年版，第10—24页。）
② 一、独创性；二、悠久性；三、涵摄性；四、统一性；五、保守性；六、崇尚和平；七、乡土情谊；八、有情的宇宙观；九、家庭本位；十、重德精神。（韦政通：《中国文化概论》第二章"论中国文化的十大特征"，岳麓书社2003年版，第22—58页。）

化的六大基本精神，现在再讲十三大特征，可见中国文化内涵之丰富、之精深。这里需要注意的是，基本精神与主要特征在某些方面有重叠，有交叉，无法清晰分开；同时，这些文化特征，主要是传统文化延续下来的，有些特征的缺憾已经在传承中得到弥补或纠正，有的还在弥补或纠正之中。我们对此要有清醒的认识。

第二节　中国文化十三大特征

一、重血缘，贵亲情

在中国文化中，血缘关系是人与人之间最基本、也是最重要的关系，人们的亲疏远近关系是由血缘来决定的，血缘越近人越亲，血缘远的为远

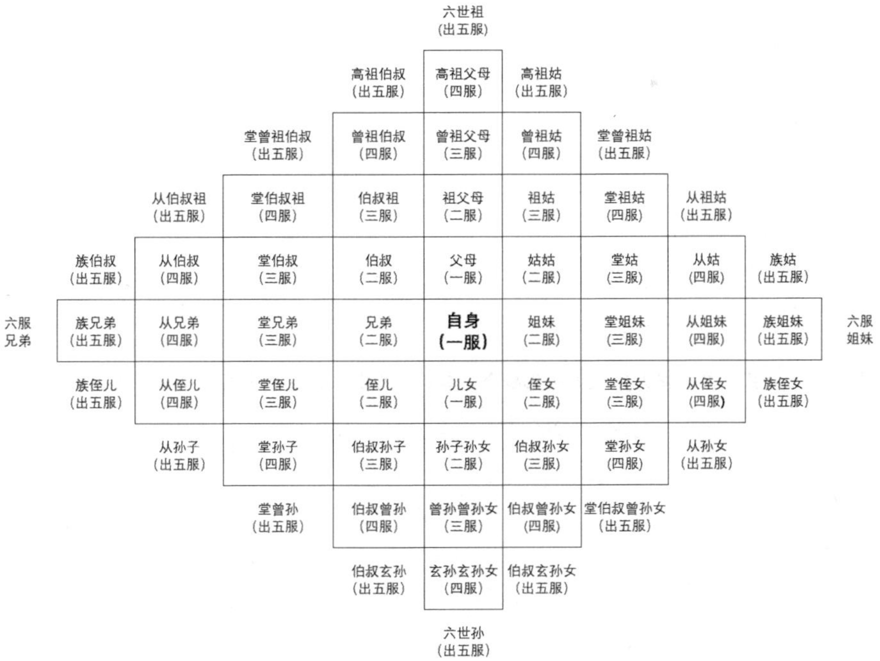

图 7-1　九族五服图

亲，没血缘的就没亲情关系了。虽然可以有知己、朋友等关系，但这与亲情关系是两码事。婚姻关系、非婚姻的情人关系，是一种特殊关系，好的时候，亲密程度可能会超过有血缘关系的人；不好的时候，如同陌路，甚至为仇人。

图7-1是中国传统的九族五服图。图中纵向长中轴为本宗九族，以自身为中心，上至父母、祖父母、曾祖父母、高祖父母四代（族），下至儿女、孙子孙女、曾孙子曾孙女、玄孙子玄孙女四代（族），合共九代（族），是有直接血缘关系的直系血亲。其余为旁系血亲，横向看，一服最亲，二服次之，三服四服就远了，"出了五服就不是亲戚了"，实则是第五服就已经划到亲戚圈外。

由于"血浓于水"的共识，中国社会非常重视血缘亲情，只要有亲近的血缘关系，就一定信得过，靠得住，"打虎亲兄弟，上阵父子兵"，《增广贤文》的有关俗语也就自然产生了。

为了使没有血缘关系的人，也能"信得过，靠得住"，就用有血缘关系的"兄弟"来拉近关系。如通过喝血酒、"歃血为盟"拜把子，成为与血缘兄弟等同的"磕头兄弟"。典型的例子，当是三国时代刘备、关羽、张飞的"桃园三结义"。

图7-2　《三国演义》电视剧照"桃园结义"

中国传统文化这种重血缘、贵亲情的特点，有力地维护了家庭、族群的发展，也利于社会的和谐、稳定，同时使社会生活具有人情味，满足了中国人合情合理的心理要求。这里要注意，合情合理，合情是第一位的，合情不合理、合情不合法，都可以通融，但合理合法不合情，就难以取得社会舆论的认可。这就导致中国传统社会，情大于理、情大于法，形成重情轻理、轻法的人情社会。坚持原则、依法办事的人，被视为"六亲不认"的"冷血动物"，连人都算不上！《论语·子路》中记载了一件事："叶公语孔子曰：'吾党有直躬者，其父攘（rǎng，偷）羊，而子证之。'孔子曰：'吾党之直者异于是。父为子隐，子为父隐，直在其中矣。'"意思是说，叶公告诉孔子："我家乡有个正直的人，他父亲偷了别人的羊，他便出来告发。"孔子回答说："我家乡正直的人与这不同：父亲替儿子隐瞒，儿子替父亲隐瞒，正直就在这里面了。"可见圣人孔子认为，父亲和儿子有血缘亲情，如果互相揭发导致伤害亲情就有违伦理道德，所以为了亲情相互隐瞒是对的。孔子的主张是徇情枉法吗？显然不能这样莽撞地下结论。孔子虽然重情轻法，但不会糊涂到忘记了底线原则。他主张"当仁不让于师"和"志士仁人，无求生以害仁，有杀身以成仁"（《论语·卫灵公》），说明在大是大非、大仁大义上是从来不含糊的。孟子"生，亦我所欲也；义，亦我所欲也。二者不可得兼，舍生而取义者也"（《孟子·告子上》），就是这种精神的继承和发展，传统的"大义灭亲"原则因此而形成。但是，对于"攘羊"之类小偷小摸的小事，是否就上纲上线到"大义灭亲"的高度，孔子显然是不赞成的。孔子在这里体现了"大事讲原则、小事论情理"的灵活处置生活难题的高超智慧，给我们处置好亲情与礼法的关系以极大的启示。不过，小偷小摸总是不对的，这样的小事如果隐瞒多了，必然伤害公正，危及法治，还是讲求方式方法，从严为好。

对于我们今天来说，不重情，就抛弃了文化传统，也得不到社会认同。重情，又会引发徇情枉法的弊端，怎么办呢？只有一条：坚持重情而不违法的底线原则。

二、重人本，轻鬼神

见第六章第二节基本精神第一条"以人为本"。这里从略。

三、重伦理，严尊卑

何为伦理？顾名思义，为人伦之理。何为人伦？就是人与人之间亲疏远近的关系，特指长幼之间的尊卑伦序。那么，伦理也就是协调人与人之间亲疏远近关系的道德准则。

伦理怎么来的？《周易·序卦传》说："有天地然后有万物生，有万物然后有男女，有男女然后有夫妇，有夫妇然后有父子。有父子然后有君臣，有君臣然后有上下，有上下然后礼仪有所错。"有了家庭夫妇之序，有了父母子女长幼之序，而后有了子子孙孙，就有了伦辈秩序。可见，所谓人伦，就是指家庭、家族成员之间的血缘辈分、亲疏远近关系形成的秩序。

《尚书·舜典》记载说："帝曰：'契，百姓不亲，五品不逊。汝作司徒，敬敷五教，在宽。'"舜帝对契（xiè，商汤的先祖）说：百姓不亲，五种品德都不好。你做司徒，要谨慎地施行五常教育，对他们宽厚一些。这里说的"五教"内容是什么？《左传·文公十八年》记载："举八元，使布五教于四方，父义、母慈、兄友、弟恭、子孝。"是说舜帝又举用了高辛氏有才德的子孙8人，让他们向四方传布五教：使做父亲的仁义，做母亲的慈爱，做兄长的友善，做弟弟的恭敬，做儿子的孝顺，家庭和睦，邻里真诚。明确五教为父、母、兄、弟、子五种教育对象，包含父母、兄弟、子女这三种人伦关系。但是，此时，还未有"人伦"一词。

到了孔子，则在父母、兄弟、子女这三种关系里又加入"君臣"关系。《论语·颜渊》记载说，"齐景公问政于孔子。孔子对曰：'君君、臣臣、父父、子子。'公曰：'善哉！信如君不君，臣不臣，父不父，子不子，虽有粟，吾得而食诸？'"意思是说，齐景公问孔子如何治理国家。孔子回答说："做君王的要像君王的样子，做臣子的要像臣子的样子，做父亲的要像父亲的样子，做儿子的要像儿子的样子。"齐景公说，孔先生您说得太好了，如果君王不像君王，父亲不像父亲，儿子不像儿子，也就是都不按规矩、尽本分办事，那么虽然有粮食，我这个做君王的能吃得到吗？孔子的话折服了齐景公，也折服了天下的人。他借机把君臣关系添加进来，使三伦变成为四伦。但究其实，封建时代的君臣是君父臣子的父子关系（如国君与太子），所以还是三伦。

到了亚圣孟子则发扬光大，又加进去夫妇、朋友，则成为"五伦"。《孟子·滕文公上》记载说："使契为司徒，教以人伦：父子有亲，君臣有义，夫妇有别，长幼有序，朋友有信。"注意，这里出现了"人伦"一词，是孟子发明的。孟子认为，人伦就是指父子之间有骨肉至亲，君臣之间有礼义之道，夫妻之间内外有别，老少之间有尊卑之序，朋友之间有诚信之德。人之"五伦"圆满形成。

由于人伦立足于血缘辈分，朋友显然不属于这个范畴。兄弟属于血缘关系，但之间是平辈，就没有父子间尊卑那么严格。夫妇虽无血亲关系，但婚姻却是血缘关系的前提和基础。所以，五伦之中最重要的就剩下父子、夫妇。君臣关系虽然类似父子关系，但封建社会，皇权至上，高居国家层面；父子、夫妇为家庭层面，这就形成了"君臣、父子、夫妇"三大人伦关系。

汉代大儒董仲舒用天地、阴阳、春夏，来比喻君臣、夫妇、父子相互依存的关系，将其概括为"三纲"："天为君而覆露之，地为臣而持载之；阳为夫而生之，阴为妇而助之；春为父而生之，夏为子而养之；秋为死而棺之，冬为痛而丧之。王道之三纲，可求于天。"（《春秋繁露·基义篇》）。东汉班固《白虎通》的《三纲六纪》篇则明确三纲概念："三纲者，何谓也？谓君臣、父子、夫妇也。六纪者，谓诸父、兄弟、族人、诸舅、师长、朋友也。故《含文嘉》曰：'君为臣纲，父为子纲，夫为妻纲。'又曰：'敬诸父兄，六纪道行，诸舅有义，族人有序，昆弟有亲，师长有尊，朋友有旧。'何谓纲纪？纲者，张也。纪者，理也。大者为纲，小者为纪。所以张理上下，整齐人道也。人皆怀五常之性，有亲爱之心，是以纲纪为化，若罗网之有纪纲而万目张也。《诗》云：'亹亹文王，纲纪四方。'"[1]班固在此所引用《礼纬·含文嘉》的话"君为臣纲，父为子纲，夫为妻纲"，就是封建社会之后奉为金科玉律的"三纲"概念，它的用意在于确定君臣、父子、夫妇的相处之道：即君、父、夫率先垂范，臣、子、妇随后效仿，通过率先垂范达到君臣、父子、夫妇之间的相互和谐。这就是《白虎通》所言"纲纪为化，若罗网之有纪纲而万目张也"的含义。一直到南宋，朱熹的徒孙——南宋的真德秀（1178—1235）引用上述《白虎通·三纲六纪》文句后还是这么解释的："即三纲而言之，君为臣纲，君正则臣亦正矣；父为子纲，父正则子亦正矣；夫为妻

---

[1]　陈立：《白虎通疏证》卷八《三纲六纪》，中华书局1994年版，第373—374页。

纲，夫正则妻亦正矣。故为人君者必正身以统其臣，为人父者必正身以律其子，为人夫者必正身以率其妻。如此则三纲正矣。"（《大学衍义》卷六《天理人伦之正》）应该说，如此内涵的"三纲"作为社会人伦是没有什么问题的。"五常"，是董仲舒在孟子"仁义礼智"四端添加"信"而构成："夫仁义礼智信五常之道，王者所当修饬也。"（《汉书·董仲舒传》）"谊"通"义"，仁、义、礼、智、信成为公认的五种恒常的个人修养道德规范。将"三纲"与"五常"组合为"三纲五常"词语的是东汉马融。马融在解释《论语·为政》"殷因于夏礼，所损益，可知也；周因于殷礼，所损益，可知也；其或继周者，虽百世可知也。"时说："所因，谓三纲五常也；所损益，谓文质三统也。"（见于何晏《论语集解》引用马融注释此句之话）南朝皇侃《论语义疏》对马融此句的注疏是："此是周所因于殷，殷所因于夏之事也。'三纲'谓夫妇、父子、君臣也。三事为人生之纲领，故云'三纲'也。'五常'谓仁、义、礼、智、信也，就五行而论，则木为仁、火为礼、金为义、水为信、土为智。人禀此五常而生，则备有仁、义、礼、智、信之性也，人有博爱之德谓之仁，有严断之德为义，有明辨尊卑敬让之德为礼，有言不虚妄之德为信，有照了之德为智，此五者是人性之恒，不可暂舍，故谓'五常'也。虽复时移世易事历古今，而三纲五常之道不可变革，故世世相因，百代仍袭也。"三纲五常，因为"五常"内涵明确，没有不同解释，且是个人修养道德规范，相对而言，没有对整个社会伦理有重大影响的"三纲"重要。所以，明面上说的是"三纲五常"，其实指的是"三纲"。而偏偏是这个"三纲"，后来的解释越来越偏，以致绝对化，成为封建社会的"歪理"而遭到批判。

对"三纲"解释有变化，植入单方面服从意思的，应该说肇始于董仲舒。他在《春秋繁露·顺命》中说："天子受命于天，子受命于父，臣受命于君，妻受命于夫。"儒者吴澄，则把董仲舒未直言挑明的蕴含之意直接倡明——他在《吴文正公集》卷四十二说："人之伦有五，其二曰二纪，其三曰三纲，君为臣纲，父为子纲，夫为妻纲也。为之纲者，为之天也。臣所天者君，子所天者父，妻所天者夫也。天，一而已，世无二天；父亦一而已，人无二父。子之天其父，天属也，自不容二臣之于君。妻之于夫，虽由人合而非天合，其人合之，天可一不可二，则亦犹天属之，天有一而无二也。噫！君之于臣，势分尊卑甚辽绝也，天其所天，谁不谓然？夫之于妻匹配等齐，非有相辽绝之势分，而天其所天，视臣之天其君无异，斯义远矣哉！"清末，四大名臣之首、儒学大家曾国藩则走向极端，他在《曾文正公家训》中说："三纲之道，君为臣纲，父为子纲，夫为妻纲，是地维所赖以立，天柱所赖以尊。故《传》曰：君，天也；父，天也；夫，天也。《仪礼》记曰：君至尊也，父至尊也，夫至尊也。君虽不仁，臣不可以不忠；父虽不慈，子不可以不孝；夫虽不贤，妻不可以不顺。"这里对"三纲"的解读，只讲臣忠、子孝、妻顺，而不讲君仁、父慈、夫贤，社会俗语则顺理成章地推至绝对化——"君要臣死，臣不得不死；父要子亡，子不得不亡"。如此不讲理的愚忠愚孝的社会伦理大纲，成为封建社会的"萧何"——既成就了封建社会的君父专制，也最终导致了封建专制制度的覆灭。

"君为臣纲，父为子纲，夫为妻纲"，这个三纲之道作为伦理大纲，规定了君臣、父子、夫妇上尊下卑的纲纪，由此成为维护封建宗法等级制度、巩固皇权专制统治的最高"宪法"，使中国封建社会稳固地延续了两千多年。

在西周就逐步形成的这种君臣父子尊卑有序的等级礼仪制度，孔子对之十分崇拜。当他看到东周礼崩乐坏天下大乱的局面，十分痛心疾首，就高举"仁""礼"大旗，"知其不可而为之"地"克己复礼"。后来的统治者则把"三纲五常"作为皇朝大法，极端维护，"纲常不能乱，不能坏了规矩"，成了从上到下的口头禅，充分说明了古代社会传统文化高度重视尊卑有序之宗法伦理道德的特征。

四、重德治，轻法治

"重德治，轻法治"，是指重道德建设，轻视依法治理。古人重视道德，我们在基本精神第二条"崇德尚礼"中已经讲了，这里不再重复。我们要突出的是它因为重视道德而轻视法治的特点。《论语·为政》中说："道之以政，齐之以刑，民免而无耻。道之以德，齐之以礼，有耻且格。"这是孔子的话，意思是说，用政令来治理他们，用刑罚来整顿他们，民众因害怕受到惩罚就只求免于犯罪，而不会有廉耻之心。如果用道德来引导他们，用礼义来教化他们，民众不但有廉耻之心，而且会人心归服。

显然，古人认为，用讲道德、摆道理的方法才能从根本上解决问题。而只用行政命令、用刑罚不能从根本上解决问题。因为压而不服，面对强权，口服心不服。只有让他明白了道理，不仅口服，而且心服，才是根本。由此可见，古人是坚信德治的作用大于法治。所以，反对严刑峻法，当然就会轻视法治。中国传统文化这种"重德治，轻法治"的文化特征，与西方形成明显的对比。西方文化认为，人性本恶，自私趋利，寄希望于道德自律，根本靠不住，必须用制度、用法治来严加规范，所谓"三句好话不如一马棒"。所以，西方社会是以法制为主。传统社会"重德治，轻法治"的文化特征，使我们虽然一直在强调"依法治国"，但总是难以完全落到实处。文化传统的影响，不能不说是一个不小的原因。

五、重和谐，尚中庸

见第六章第二节基本精神第三条"贵和尚中"。这里从略。

六、重整体，轻个体

中国文化一直认为，个体的东西，总是渺小的，"沧海一粟"，很容易被忽略、被磨灭。比如谚语，"独木难支""孤掌难鸣"，一滴水，只有融入大海，才能永不消逝；一粒沙，只有投入大地，才能坚实有力。对于人来说，一个人也是很渺小、很微弱的，就像一根筷子，很容易折断。"一花独放不是春，万紫千红春满园"。只有整体，相对人来说就是"群体"，群体有成就，才会功德圆满。所以，中国文化就看重群体，看重整体。这是其一。

其二，中国文化历来鄙薄自私自利，主张"天下为公"，世界大同。对那些为民族、为国家不顾个人生死的人物都万分崇敬。如鲁迅先生，将那些"为民请命的人""舍身求法的人"视为"中国的脊梁"。如果重视个体，就会主张自私自利，导致群体、整体的利益受到损害，因而更会天经地义地重视整体、群体的利益，而相对轻视个体利益。

"重整体，轻个体"的缺陷也很明确，就是容易忽略个性诉求，甚至借口整体利益而牺牲个体利益，有时也容易被个人野心家所利用。这是我们必须注意的。在继承传统文化重视整体利益的同时，也注重个体诉求，不容许打着"革命""国家"利益的旗号轻易牺牲个人利益。

七、重直觉，轻分析

这是有关思维方面的文化特征。由于第六个"重整体，轻个体"特征中的重视"整体"，自然带来"重直觉，轻分析"的思维特征。因为重视整体，往往从大处着眼，以大盖小，以全遮偏。观时局，看问题，都是要求站高看远，总揽全局，只见森林，不见树木。例如说时间，先从最长的时间单位"年"开始，由长到短，年、月、日、时；说地址，则由大到小，如果在一国之内，则先从最大的省开始，省→市→县→乡→村，好处是好像导航一样，逐步缩小目标范围，最后找到目标位置，一步冤枉路也不走，效率很高。而西方人相反。说时间，日、月在前，最后是年；说地点，范围最小、最终目的地在前，然后逐级扩大，最后是最大范围。如果是熟地方则没什么；如果是生地方，比如外国朋友来信，要知道他的确切位置，面对世界地图，按书写顺序寻找，像大海捞针一样叫人茫无头绪，只能倒着来，先确定国别，再缩小范围看州或省，依次逐级缩小范围，找到目标具体位置。这就使中国人愈加喜欢大全优先。

表 7-1　中英时地表达比较

	中文	英文
单位	延安大学西安创新学院	Xi'an Innovation College of Yan'an University
时间	2020 年 4 月 29 日	29 April, 2020
地址	陕西省西安市长安区皂河路 2 号	No.2 Zaohe Road, Chang'an District, Xi'an City, Shaanxi Province, China

中文这种大全优先的特点，自然导致忽视具体细节，思维上就无法从具体、细微、个别事物入手，深入分析，只有面对整体，直接感悟，形成

直觉思维。比如中国人经常说的"第六感觉"，它是视觉、听觉、嗅觉、味觉、触觉五官之外的一种"超感觉"，只凭借自身的感性认识、主观经验来直观判断，直接下结论、做决断。问道理，说不出；问依据，没有。但事实上，这个结论或决断，往往被后来的事实证明是正确的。这就更加助长了国人对直觉思维的认可与依赖。连圣哲老子、孔子、孟子也是这样。老子认为，要想求得"道"的知识就需要"致虚极，守静笃"，主张"不出户，知天下；不窥牖，见天道。"（《道德经》第 47 章）。可见，老子提倡人们用"心"来直接领悟外部世界；孔子说"默而识之"（《论语·述而》），即把所见所闻默默地记在心里，用心去感悟；孟子说，"尽其心者，知其性也。知其性，则知天矣。"（《孟子·尽心上》），也就是用尽心力的人，就能感知人性、天道。北宋哲学家朱熹所说的"格物致知"（《大学章句》），南宋陆九渊、明代王守仁"心即是理"，都是只看重内心的直观感悟，都是典型的直觉思维。中国哲学这种强调从心出发，重直觉感悟、轻分析实证的非理性思维，一定程度上阻碍了科学思维的发展，使中国科技长期处在初级的经验应用之中，没能上升到理论高度的层面。

八、重传统，轻创新

所谓"传统"，是指世代相传、得到当时主流社会推重的思想、文化、道德、风俗、艺术、制度以及行为方式等。因为这些东西，都是祖宗留传下来的。中国人有很强的祖宗崇拜意识，最反对数典忘祖、背弃祖宗。而重视传统、继承传统，就是对祖宗最好的尊重和纪念。孔子曰："父在，观其志；父没，观其行；三年无改于父之道，可谓孝矣。"（《论语·学而》）强调做儿子的至少父死三年之内都遵从父亲的说教不改，才算是"孝"。北宋政治家王安石为富国图强而变法改革，遭到了司马光等大臣的强烈反对，反对的理由，便是司马光的名言"祖宗之法不可变"（《宋史·司马光传》）！这句不需要论证的"至理名言"，终于使王安石变法失败。可见，尊祖宗，重传统，是中国人多么坚定的信念！除此之外，中国一直以农业立国，亿万百姓都守在土地上，日出而作、日落而息，循环往复、固定不变的生活习惯，也熏染着人们遵循老规矩、老习惯办事。谁要是变动、创新，打破了这种平稳安定的局面，轻则斥为标新立异，对你"枪打出头鸟"，重则骂你"离经叛道""大逆不道"，抓住就是杀头示众，甚至满门抄斩，株连九族。战国初期军事家政治家改革家、卫国人吴起，到楚国辅佐楚悼王变法。楚悼王去世，楚国贵族发动兵变，杀害了吴起。战国中期政治家思想家改革家、卫国人商鞅，到秦国辅佐秦孝公变法。秦孝公去世后，商鞅被公子虔指为谋反，战败而死，尸身被车裂，全家被杀。清末的戊戌六君子也因变法维新被斩杀于北京菜市口。

保守传统，因循守旧，安于现状，不思进取，最终成了中国传统文化一个顽疾，叫人诟病。

九、重实用，轻理论

这在中国文化第五大基本精神"理性求实"中讲过。"理性求实"本是个褒扬的词语，想必大家听了都感到很受用、很舒服。其实，就是这个褒扬赞词却会造成很不好的问题，那就是一味务实，容易忽视对重大基础理论的研究，导致我们站不高，看不远，在科学领域缺乏重大的、有价值的世界性贡献。直到现在，有些人还习惯性地认为，理论是虚的，把思想教育、理论研讨称为"务虚",是空口说白话,不如真金白银的实干实得来得实在。由此说明,这种"重实用,轻理论"的实用主义毛病还是相当严重的,务必引起高度重视,切实纠正。

十、重官员,轻百姓

这恐怕在世界文化中都是比较突出的。我们会在新闻上看到,荷兰首相马克·吕特骑自行车上班;英国首相鲍里斯·约翰逊个人乘地铁,没人给他让座;德国总理默克尔、美国总统奥巴马超市自己买菜,也没人给他们帮忙。这要是在中国古代,是无法叫人想象的。

图 7-3 百姓见官要跪拜

中国古代一直是官贵民贱,百姓在大街上碰见官员要肃静、回避!在衙门见官员和路上拦轿告状都要下跪。考中秀才,才可以见了县官不跪,算是对高级知识分子的特殊优待,其他人不能享受。宋初王禹偁在自己《谪居感事》诗"万家呼父母"句后注:"民间呼(县)令为父母官"。官员被称为"父母官",是民之父母。汉成帝绥和元年(公元前 8 年),改刺史为州牧，沿用至宋。把州官称为州牧，看待百姓如牛羊一样的畜生，由州官放牧。这种"官贵民贱"的文化传统在新中国成立以后，遭到了批判和抛弃。共产党人以人民为父母，做人民的好儿子，全心全意为人民服务。比起封建社会来，真是天翻地覆的变化。但是，不容置疑，传统的"官贵民贱"思想还远未被彻底清除，官本位思想仍有很大的市场。谁官大，谁就有话语权，真理就在谁的一边。人生是否成功，就看你官做得大不大，官有多大，就有多成功！平头布衣，再有能耐、再有成就，排名也只能在平庸的官员后面。这实在是一种落后的、糟糕的文化特征，必须彻底抛弃！

十一、重农耕，轻工商

这与中国的生存环境、地理气候有关，我们在第二章"中国文化的起源与成因"中讨论过。由于四面有高山、荒漠、大洋阻隔，中远古先民走不出去，加之地理纬度在北温带，适宜谷物种植，农耕文明就这样发展起来了。相对于周边的游牧和渔猎，农业稳定、可靠，天不欺人，只要舍得流汗，就有收获，所以，农业为本，打猎、捕鱼就成为副业。农业"一分耕耘，一分收获"，"不劳动者不得食"，既公平合理，又能养成勤劳朴实的好习惯、好风气。所以，就得到了民众群体的认可，以"耕读传家"为荣；统治者也认为，农业对社会财富产出大，还有利于社会稳定和谐，自然是大力提倡。

而商业，从倒买倒卖中渔利，社会财富并未增加，反而助长了一些人"空手套白狼"、不劳而获。于是，奸商欺诈，坑蒙拐骗，损人利己，导致社会风气败坏，道德沦丧，所以自然引起正直人强烈反对。"重农抑商"，也就成为封建时代的长期国策。

当然，随着社会发展，农业效率低下，农人自利保守，社会停滞不前，弊端越来越多。

新中国成立以后，不断调整农、轻、重三产的比例，现在早已不是"以农为本"的农耕社会了。2019 年，农业、工业、服务业三产的比重分别为 7.1%、39%、53.9%。但是，我们在学习传统文化之时，还是不要忘记或者忽略封建社会"重农耕，轻工商"这个特征。

十二、家国同，大一统

"家国同"，就是指家庭与国家的结构关系相同，称为"家国同构"。这是因为家庭是中国社会底层最基础的单位，被称为社会细胞。由"家庭"而"家族"，进而"宗族"到"国家"，规模越来越大，规格越来越高，但结构关系、宗法礼仪是基本相同的。家族结构扩大至国家结构，家与国的系统组织与权力配置都是严格的家长制。在家国同构的格局下，家是小国，国是大家。在家庭、家族内，父亲家长地位至尊，权力至大；在邦国朝廷，君王地位至尊，权力至大。父亲家长因其血缘上的宗主地位，理所当然地统率其家人，通过血脉遗传，长子继承，代代相继。同样，君王自命"天子"，驾崩之后，实行嫡长子继承制，即由其嫡（正妻）长子自然承袭君位，绵延不绝。家长在家庭内是一把手，君王是国家的一把手，国君如父。所以，父称"家君"，君称"国父"，君父同伦，家国同构。于是，能齐家，就能治国，齐家、治国平天下就成为一条通用的政治公式；保家就要卫国，不卫国则不能保家，家国生死相依，不能分开。这与西方文化"家就是家，国就是国"的观念截然不同。

"大一统"，就是尚大、尚统，崇尚国家、民族的统一，反对分裂。这是中国传统文化竭力维护多民族国家共同利益的一大文化特征。

翻阅史册，我们清楚地看到，我国从原始社会进入奴隶社会后出现的三个王朝夏、商、周，政治上虽然实行分封诸侯的分权制，但名义上却是拥有"天下共主"的统一王朝。只是在东周后期才出现了诸侯分裂割据的局面。而当时的政治家、思想家们所向往和追求的则是国家统一、法度统一的理想社会。如《诗经》的"普天之下，莫非王土，率土之滨，莫非王臣"的以周天子为天下共主的局面；春秋五霸之首的齐桓公打出"尊王攘夷"（《春秋公羊传》）的旗号，就是要维护中原地区诸侯国的共同利益，企图由霸主代替天下共主；孔子提出"张公室，杜私门"（《论语·季氏》），认为"礼乐征伐自天子出"才是"天下有道"的好时代，而"陪臣执国命"则是天下无道，礼坏乐崩（《论语·季氏》）的糟糕时期；孟子明确主张"定于一"（《孟子·梁惠王上》）；荀子也反复强调"一天下"（《荀子·非十二子》）。这些儒家大师无不主张国家统一，从而奠定了我国大一统的理论基础，并得到后世的广泛认同。

公元前 221 年，秦始皇"吞二周而亡诸侯，履至尊而制六合"（贾谊《过秦论》），建立了我国历史上第一个多民族的统一的帝王专制主义的国家，并根据韩非子"事在四方，要在中央。圣人执要，四方来效"（《韩非子·扬权》）的治国方案，采取了一系列巩固国家统一的措施：车同轨、书同文、度同制、行同伦，法令一统，彻底改变了战国时期"田畴异亩，车途异轨，律令异法，衣冠异制，言语异声，文字异形"（许慎《说文解字·叙》）的状况。并在思想文化上"别黑白而定一尊"（司马迁《史记秦始皇本纪》），用法家主张统一人们的思想，采取了"焚书坑儒"的极端措施，主张"以法为教，以吏为师"。它说明，法家思想尽管与儒家不同，但在维护国家统一这一点上又是十分一致的。

汉承秦制。汉朝不仅继承了秦朝天下一统的局面，而且实行了秦始皇制定的郡县制、三公九卿制等基本的政治、经济、军事制度。秦始皇开创的统一大业，到汉武帝时得到巩固和进一步发展。秦始皇、汉武帝对我国统一的多民族国家的建立和巩固做出了杰出的贡献，受到子孙后代的崇敬。从秦汉时起直到现在，我国统一的时间大概在三分之二以上，分裂的时间不到三分之一。这说明，在我国历史上，统一是主流，分裂是暂时的。在统一时，多数政治家、思想家和广大民众都反对分裂；而在分裂时，人民都盼望统一，进步的政治家、军事家、思想家们则为争取国家统一而奋斗不息。比如三国时期的曹操、刘备、诸葛亮、孙权等，都认为自己代表正统，都希望完成统一中国的大业；南北朝时，无论南朝还是北朝的统治者，都希望由自己统一中国；南宋时期，人们常以恢复中原为念；元朝的忽必烈君臣以"混一四海"为己任，建立了第一个由少数民族统一中国的封建王朝，使台湾、西藏正式纳入中国版图。清朝的康熙、雍正、乾隆三代竭力维护祖国统一，先后平定了新疆、西藏等地的叛乱。直到近代，云南人民掀起保界运动，三元里人民与英国入侵者抗争，保卫了西南边疆。所有这些都说明，崇尚统一，维护多民族国家的共同利益，是中华民族的优良传统。正如孙中山先生所说："统一是全体国民的希望。能够统一，全国人民便幸福；不能统一，便是受害。"[①]

[①]　转引自高雷：《孙中山的祖国统一思想》，载《光明日报》2011年10月13日，第15版。

十三、博精深，源流长

"博精深"就是博大精深，"源流长"就是源远流长，之所以简缩，就是为了与前面十二大特征句式一致。这个特征不用细说。

中国文化上下千万年，纵横上万里，56个民族、14亿人口，历史文化典籍汗牛充栋，历史文化遗产遍布大地，是世界上唯一没有中断的、蓬勃旺盛、持续发展的最伟大文化，无与伦比。

第八章

中国文化的形象表达与艺术展现

我们在绪论中说过，文化一般分为广义文化和狭义文化。狭义文化作为非物质文化，需要借助一定的形式来表现。对于中国文化而言，它往往借助于语言文字和物化艺术（如建筑、雕塑等）以形象地表达和艺术地展现。这就给我们创造出了丰富多彩、美不胜收的文学作品和音乐、舞蹈、戏曲、绘画、雕塑、建筑等众多艺术作品，使我们可以比较直观地感受中国文化的博大和精美。

其实，文学、音乐、舞蹈、戏曲、绘画、雕塑、建筑这七大类，就是目前业内公认的七大艺术门类。所谓艺术，一般指具有技术性、审美性和形式性等特征的各种可供观赏的艺术形式与艺术作品。文学作为语言艺术，主要借助语言文字来对思想文化予以形象地表达，因为它题材广泛、体裁多样、作品众多，以富有情感和生动的人物形象、故事情节来感染读者，传播文化。所以，我们列为本章一节，专门讨论它对中国思想文化的形象表达。而音乐、舞蹈、戏曲、绘画、雕塑、建筑这六类，艺术手法多样，一般要借助实物及工具来艺术地再现思想文化。所以，我们列为本章第二节，专题讨论艺术门类对中国文化的独特展现。

第一节　中国文化的形象表达

一、文学体裁类型

文学一般分为四类，即诗歌、散文、小说和戏剧。戏剧在文学里主要指文学剧本，舞台演出的戏剧称为戏曲，属于艺术。

对于文学的这四类，有的又进行归类，将其诗歌、散文归为雅文化；将小说、戏剧归为俗文化。因为小说、戏剧兴起于茶店、勾栏瓦肆，为市民世俗生活的反映，确实有俗文化的内容或特色。不过，小说、戏剧最后成熟，还是得力于文人雅士的重视，并执笔亲为才蔚为大观的。像后期著名的小说、戏剧，都是大文人所著，其实也是很高雅的。

按通常教科书的定义，文学是用语言文字工具，形象化地反映客观现实和人物性格、命运及情感、心理活动的艺术。文学的四大体裁，则各有表现特点。诗歌，是指通过有节奏、韵律的语言集中地反映生活、抒发情感的一种形式整齐的文学体裁。而散文是不讲求韵律和节奏，句子不整齐、散而不乱的文章。小说是一种叙事性的文学体裁，通过人物形象的塑造和情节、环境的描述来概括地反映社会生活。戏剧是通过演员表演故事来反映社会生活中的各种矛盾冲突的舞台艺术。它们各显神通，形成了大量的文学作品；它们各有所长，以不同的艺术色彩丰富着我们的精神生活。

二、文学的文化特征

在我们中国灿烂辉煌的文化中，文学作品是保存得最为完备的部分，也是数量极大的部分。作为时代的镜子，它是对中国社会生活形象的表达，是中国文化丰富而又深刻的体现。与西方文学相比，中国文学更加具有自己的突出特色。

（一）精品繁多，文学高峰叠耸

先看诗歌。西周初期到春秋中叶，著名的就有三百零五篇的诗歌总集《诗经》。它四言为主，分风、雅、颂三类，其赋、比、兴艺术手法对后世诗歌创作影响很大。而"不学诗，无以言"，更是道出了这部伟大作品的社会文化价值。战国时代，伟大的爱国主义诗人屈原，奉献出了杰出的长篇抒情诗《离骚》，让我们领略了什么是瑰丽奇特的浪漫主义。汉魏时期的三曹

（曹操、曹丕和曹植父子）、建安七子（孔融、陈琳、王粲、徐干、阮瑀、应玚、刘桢）的五言和七言古诗，南北朝时陶渊明的田园诗、谢灵运的山水诗，直到唐代的格律诗，形成我国诗歌的第一座高峰；宋代则是长短句的词，又成为诗歌文学的第二座高峰。即便少数民族称霸的元代，也有元曲，形成了诗歌文学的第三座高峰。明清诗歌有所滑坡，但也有杨慎、于谦和乾嘉性灵派（袁枚、赵翼、张问陶）、龚自珍等为代表的高潮迭起。诗脉悠悠，文质彬彬，我们成了拥有李白、杜甫这样伟大诗人的"诗的国度"！

再看散文。从先秦诸子散文、汉代贾谊、晁错等的政论散文，司马迁、班固的史传散文，魏晋以李密《陈情表》为代表的抒情散文，唐宋韩愈、柳宗元、欧阳修、王安石、三苏（苏洵、苏轼和苏辙父子）、曾巩八大家的精美散文，到明清以前后七子（前七子：李梦阳、何景明、王九思、边贡、康海、徐祯卿、王廷相；后七子：李攀龙、王世贞、谢榛、宗臣、梁有誉、徐中行、吴国伦）、桐城派（以方苞、刘大櫆、姚鼐、曾国藩为代表的桐城古文派）推崇的唐宋古文，一路走来，美文铺天盖地，蔚为大观，体现了文章大国的不俗气韵。

再看辞赋。辞赋，是介于诗与散文之间的一种韵文体裁，以铺陈描写和抒情议论为主，语言华美，形式工整。著名的有，战国宋玉《风赋》《神女赋》《登徒子好色赋》，汉代有贾谊《吊屈原赋》、司马相如《子虚赋》《上林赋》、班固《两都赋》、张衡《二京赋》，魏晋南北朝曹植《洛神赋》、左思《三都赋》、江淹《恨赋》《别赋》，唐代杜牧《阿房宫赋》，宋代欧阳修《秋声赋》、苏轼前后《赤壁赋》，等等，数不胜数。

再看戏剧。著名的元杂剧，有关汉卿的《窦娥冤》《救风尘》、王实甫的《西厢记》、纪君祥的《赵氏孤儿》、马致远的《汉宫秋》等；明传奇有汤显祖的《牡丹亭》；清传奇有孔尚任的《桃花扇》等。

最后看小说。汉代有杂史小说，如刘向《说苑》；六朝有段子小品，如刘义庆《世说新语》；唐代有传奇，如元稹《莺莺传》；宋元有话本，如《大宋宣和遗事》《三国志平话》；明代有白话小说，如罗贯中《三国演义》、施耐庵《水浒传》、吴承恩《西游记》、兰陵笑笑生《金瓶梅》、冯梦龙"三言"（《喻世明言》《警世通言》《醒世恒言》）、凌濛初"二拍"（《初刻拍案惊奇》《二刻拍案惊奇》）；清代有长篇小说，如蒲松龄《聊斋志异》、吴敬梓《儒林外史》、曹雪芹《红楼梦》、李汝珍《镜花缘》，等等。

上述文学的各领域都有不同凡响的杰作大著，各个时代也都有出类拔萃的杰出代表人物，正如清朝诗人赵翼《论诗》中所言："江山代有才人出，各领风骚数百年。"

（二）文化精神特别充盈饱满

1. 关注人世间的人文情怀和现实精神

"以人为本"，向来是中国文化的最大特色。在天地之间，人为中心；人神之间，人为目的。这与西方文化以神为中心形成鲜明对比。欧洲古典文学具有浓厚的神话和宗教色彩，而中国文学是人间的文学，具有浓厚的人文主义色彩。

《山海经·海内经》记载，帝尧时"洪水滔滔，鲧窃帝之息壤以堙洪水，不待帝命。帝令祝融杀鲧于羽郊"。鲧偷盗天帝的息壤来平治洪水，被天帝杀于羽山（今山东省临沂市临沭［shù］县鲁苏交界处），死后三年尸体不腐烂，从肚子里生出儿子禹来继承他未竟的事业，终于治平了洪水。表面看是神话，实际是借助神话，来歌赞不惧险难、勇于战胜滔天大灾的民族英雄，展现了中华民族生生不息、刚健勇为的伟大精神。

不少的神话或志怪作品，都是借神话鬼怪反映人间社会现实，表达人们的爱恨情仇和对幸福生活的向往追求，如《西游记》《聊斋志异》等。

2.“文以载道”的教化传统

中国文化以儒学为主导，其以“修身、齐家、治国、平天下”为理想和责任担当，以“仁、义、礼、智、信”为道德规范，以“天、地、君、亲、师”为伦理观念，长期影响着今古文学家，从而形成以诗文教化为核心的文学功用观。弘扬真善美、贬斥假恶丑的思想主题和伦理道德主题，始终成为文学不变的主题，诗歌、散文、辞赋、小说、戏剧，概莫能外。

文载道，诗言志，词抒情。一旦有偏离载道言志的现象，马上就会打着复古（恢复传统）旗号进行纠正。比如初唐诗人陈子昂提倡诗歌要恢复“汉魏风骨”；中唐韩愈、柳宗元掀起“古文运动”，提倡“文以载道”；宋代欧阳修、王安石进行第二次“古文运动”；明代前后七子主张“文必秦汉，诗必盛唐”；清代以方苞、刘大櫆、姚鼐为代表的“桐城派”提倡“唐宋古文”。所以，“载道”文脉始终持续不断！

“载道”传统使文学发挥了经世致用的教化作用，既有真情实感、真知灼见，又有感化发蒙、教化育人作用，避免了无病呻吟、空虚无聊。当然，也有需要注意克服容易滑向枯燥说教，影响文学艺术性的缺点。

3. 持中贵和的中庸之道

《毛诗·序》中说：“发乎情，止乎礼仪。”孔子倡导“乐而不淫，哀而不伤”，使中国文学形成了“温柔敦厚”（“怨而不怒”，含蓄委婉，避免尖锐地揭露批判）的“诗教”（通过春风暖人般美好的诗歌教化民众）的传统，主张文学作品要有节制地宣泄情感，不过分张扬、喧嚣。说话注意分寸，留有余地，即使批评，也尽量含蓄委婉，持中贵和，反对尖酸刻薄，展现君子宽阔胸襟。在艺术表现上要蕴藉含蓄，润物无声；内容上要深郁厚笃，春风化雨，既不叫嚣乖张，又不浅显直露，一派和气、忠厚之象。

笔者专著《睁大眼睛读名诗》之《贤相姚崇能改写历史吗？》一文中，有《读史有感》诗一首："善始容易善终难，蛇尾虎头寻常见。请看历代有为君，末了几人还圣贤？"末句原为"末了几人不混蛋！"痛快倒是痛快，但粗鲁低俗，有失儒雅，改后就显得温柔敦厚多了。

中国文学的这种"诗教"文化，与西方文学相比，则更显得鲜明突出。下表8-1选取片段，将英国著名剧作家莎士比亚的《哈姆雷特》与我国元杂剧关汉卿的《窦娥冤》进行对比，可以明确感到两者风格的对立：哈姆雷特和窦娥都很悲愤，但哈姆雷特直接怒骂，尖刻狠毒，如刀如剑；而窦娥虽然呼天抢地，怨天怨地，但内心再流血也只限于埋怨，血泪泣诉，绝不怒骂，鲜明体现了东西方文化的风格迥异。

表8-1　东西方文学风格比较

关汉卿《窦娥冤》[1]	莎士比亚《哈姆雷特》[2]
第三折 【正宫·端正好】没来由犯王法，不提防遭刑宪，叫声屈动地惊天！顷刻间游魂先赴森罗殿，怎不将天地也生埋怨？ 【滚绣球】有日月朝暮悬，有鬼神掌着生死权，天地也，只合把清浊分辨，可怎生糊突了盗跖、颜渊？为善的受贫穷更命短，造恶的享富贵又寿延。天地也，做得个怕硬欺软，却原来也这般顺水推船。地也，你不分好歹何为地？天也，你错勘贤愚枉做天！哎，只落得两泪涟涟。 ……	第一幕第五场　露台的另一部分（哈姆雷特与鬼魂〔父亲〕对话，知道了叔父是杀害他父亲的凶手） 哈姆雷特：啊，最恶毒的妇人！啊，奸贼，奸贼，脸上堆着笑的万恶的奸贼！我的记事簿呢？我必须把它记下来：一个人可以尽管满面都是笑，骨子里却是杀人的奸贼；至少我相信在丹麦是这样的。（写字）好，叔父，我把你写下来了。

---

[1]　关汉卿：《窦娥冤》，吉林文史出版社1997年版，第32—38页。
[2]　［英］莎士比亚：《莎士比亚全集（悲剧卷上）》，朱生豪译，译林出版社1999年版，第287、337页。

续表

关汉卿《窦娥冤》	莎士比亚《哈姆雷特》
【耍孩儿】不是我窦娥罚下这等无头愿，委实的冤情不浅；若没些儿灵圣与世人传，也不见得湛湛青天。我不要半星热血红尘洒，都只在八尺旗枪素练悬。等他四下里皆瞧见，这就是咱苌弘化碧，望帝啼鹃。 …… 【二煞】你道是暑气暄，不是那下雪天；岂不闻飞霜六月因邹衍？若果有一腔怨气喷如火，定要感的六出冰花滚似绵，免着我尸骸现；要什么素车白马，断送出古陌荒阡！ …… 【一煞】你道是天公不可期，人心不可怜，不知皇天也肯从人愿。做甚么三年不见甘霖降？也只为东海曾经孝妇冤，如今轮到你山阳县。这都是官吏每无心正法，使百姓有口难言！ …… 【煞尾】浮云为我阴，悲风为我旋，三桩儿誓愿明题遍。〔做哭科，云〕婆婆也，直等待雪飞六月，亢旱三年呵，〔唱〕那其间才把你个屈死的冤魂这窦娥显！	第三幕第四场　王后寝宫（与王后〔母亲〕对话） 哈姆雷特：嘿，生活在汗臭垢腻的眠床上，让淫邪熏没了心窍，在污秽的猪圈里调情弄爱—— 王后：啊，不要再对我说下去了！这些话像刀子一样戳进我的耳朵里；不要说下去了，亲爱的哈姆雷特！ 哈姆雷特：一个杀人犯、一个恶徒、一个不及你前夫二百分之一的庸奴、一个冒充国王的丑角、一个盗国窃位的扒手，从架子上偷下那顶珍贵的王冠，塞在自己的腰包里！ 王后：别说了！

第二节　中国文化的艺术展现

上节讨论的文学，作为语言艺术，具有虚拟（虚构）的特征。绘画、雕塑、建筑为视觉艺术；音乐、舞蹈是表演艺术；戏曲是综合艺术。除文学外，它们都要借助实物或者直接运用实物、场地等来进行艺术地再现和展现，所以可以相对归为一类而论。因为舞蹈与音乐密不可分，舞蹈的肢体动作和造型其实都是为了阐释音乐内涵，为音乐的充分表达服务的。所以，我们在这里从对中国文化精神的艺术展现角度来讲讲音乐、绘画、雕塑、戏曲、建筑这五大艺术门类。

一、音乐

音乐，指用有组织的乐音来表达思想感情的一种艺术。其中最基本的要素是节奏和旋律。分为声乐（人声演唱的音乐）和器乐（用乐器演奏的音乐）两大类。

（一）音乐的起源与发展

与其他艺术一样，音乐也是起源于原始人的生产劳动，起源于对自然和动物声音的模仿，逐渐发展为一种表达思想情感的艺术。《毛诗·序》说："诗者，志之所至也。在心为志，发言为诗，情动于中而形于言。言之不足，故嗟叹之。嗟叹之不足，故咏歌之。咏歌之不足，不知手之舞之、足之蹈之也。"

上古音乐，就起源于对自然和动物声音的模仿，与宗教祭祀活动密切相关。周代及春秋战国时期，周公制礼作乐，音乐功能大增，由祭祀转向为政治和娱乐服务。同时发现了它的教化功能，列入教育内容。

秦汉时期，重视其教化功用，汉代初年就设立"乐府"，管理乐舞事项。魏晋南北朝时期，民族融合促进音乐融合，佛教传入带来佛教音乐，使音乐丰富多彩，出现了《春江花月夜》《玉树后庭花》《子夜四时歌》《广陵散》等著名乐曲。

隋唐时期，社会繁盛，音乐也大为兴盛，从宫廷到民间，各种形式的音乐十分活跃。出现了著名的音乐家，如何满子、康昆仑、段善本、雷海青、李龟年等，也诞生了大型宫廷乐舞《破阵乐》《霓裳羽衣曲》。民间的曲子词，佛教"变文"的说唱也大行其道。音乐专著也问世了，如武则天的《乐书要录》、崔令钦的《教坊记》、段安节的《乐府杂录》等。

宋元时期，音乐的市民色彩大为增强；曲子词演变为配有音乐的宋词；元散曲融入更多的市井风味；开始有了专供乐舞演出的场所。北宋陈旸200卷的《乐书》，是一部百科全书式的音乐著作。

明清时期，民歌则异常活跃，尤以山乡情歌为多。音乐理论有了高水平发展，朱载堉《乐律全书》提出的"十二平均律"理论，比欧洲类似理论更早、更精确。

（二）音乐乐器的分类

音乐大致分为声乐和器乐两类。大型乐舞，对乐器很挑剔，所以，都很重视乐器。依据乐器的演奏方式，可把乐器分为吹、拉、弹、打四类。吹奏乐器有笛子、埙、竽篥；拉弦乐器有二胡、板胡、小提琴等；弹弦乐器有琴、琵琶、箜篌等；打击乐器有鼓、锣、镲等。

如果按乐器的材质分类，则有八种，又称"八音"：金属制作的编钟、锣、铃等，石头制作的磬、埙等，陶土制作的陶笛、土埙等，木头制作的梆子、葫芦制成的匏乐器（如笙、竽等），皮革制作的鼓，丝弦制作的二胡、琵琶、琴等，竹子制作的笛子、竽篥、篪等。

（三）音乐名曲

1. 十大古典名曲

（1）《高山流水》：传说先秦的琴师伯牙一次在荒山野地弹琴，樵夫钟子期竟能领会曲中高山流水之意。伯牙惊道："善哉，子之心与吾心同。"子期死后，伯牙痛失知音，摔琴绝弦，终生不操，故有高山流水之曲名。

（2）《梅花三弄》：此曲借物咏怀，通过梅花的洁白、芬芳和耐寒等特征，赞颂情操高尚之人。曲中泛奇曲调在不同的徵位上重复了三次，所以称为"三弄"。

（3）《春江花月夜》：琵琶独奏曲，又名《夕阳箫鼓》《浔阳琵琶》《浔阳夜月》《浔阳曲》，后被改编成民族管弦乐曲。乐曲通过委婉质朴的旋律，流畅多变的节奏，形象地描绘了月夜春江的迷人景色。

（4）《汉宫秋月》：崇明派琵琶曲，意在表现古代宫女的幽怨悲泣情绪，唤起人们对她们不幸遭遇的同情。

（5）《阳春白雪》：一首广泛流传的优秀琵琶独奏古曲。乐曲以清新流畅的旋律、活泼轻快的节奏，生动表现了冬去春来、大地复苏、万物向荣、生机勃勃的初春景象。

（6）《渔樵问答》：表现渔樵在青山绿水中间自由自在、自得其乐的情趣。

（7）《胡笳十八拍》：汉末著名文学家、古琴家蔡邕的女儿蔡琰（字文姬），在兵乱中被匈奴所获，留居南匈奴与左贤王为妃，生了两个孩子。后来曹操派人把她接回，她写了一首长诗《胡笳十八拍》，叙唱她悲苦的身世和思乡、别子的情怀。情绪悲凉激动，感人颇深。十八拍即18首之意。因该诗是她有感于胡笳的哀声而作，所以又名《胡笳鸣》。

（8）《广陵散》：又名《广陵止息》，传说原是东汉末年流行于广陵地区的民间乐曲。现仅存古琴曲，以《神奇秘谱》载录最早。早期并无内容记载，现多数琴家按照聂政刺韩王的民间传说来解释。据《琴操》中所载：聂政，战国时期韩国人，其父为韩王铸剑误期而被杀。为报父仇，上泰山刻苦学琴十年之后，漆身吞炭，改变音容，返回韩国，在离宫不远处弹琴，高超的琴艺使行人止步，牛马停蹄。韩王得悉后，召进宫内演奏，聂政趁其不备，从琴腹抽出匕首刺死韩王。《广陵散》的曲调激昂，是一首表现力极强的古琴曲。据《世说新语》记载，竹林七贤之首的嵇康在被杀临刑前，从容索琴弹奏《广陵散》，弹奏结束后慨叹："《广陵散》于今绝矣！"嵇康对《广陵散》的演奏和传承有着重要的影响。他临刑前的演奏，使得这首曲子名声大振，成为千古绝唱。

（9）《平沙落雁》：又名《雁落平沙》或《平沙》，作者不详。问世以后，深受琴家喜爱，有多种版本。对于曲情的理解，有描写秋天景物的；有寓鹄鸿之志的；也有发出世事险恶而感慨的。音乐基调静美，旋律起伏，优美动听。

（10）《十面埋伏》：传统琵琶曲，又名《淮阳平楚》。清王猷定《汤琵琶传》记载琵琶家汤应曾对琵琶曲《楚汉》的描写："当其两军决战时，声动天地，瓦屋若飞坠。徐而察之，有金声、鼓声、剑声、弩声、人马辟易声，俄而无声。久之，有怨而难明者，为楚歌声；凄而壮者，为项王悲歌慷慨之声，别姬声，陷大泽有追骑声。至乌江，有项王自刎声，余骑蹂践争项王声。使闻者始而奋，既而怒，终而涕泪之无从也。"所绘之情景、声色与今之《十面埋伏》音乐感很近似。

2. 两大现代名曲

（1）二胡独奏《二泉映月》：中国民间音乐家华彦钧（阿炳）的代表作。这首乐曲自始至终流露的是一位饱尝人间辛酸和痛苦的盲艺人的思绪情感，展示了独特的民间演奏技巧与风格，以及无与伦比的深邃意境，显示了中国二胡艺术的独特魅力，曾获"二十世纪华人音乐经典作品奖"。

（2）小提琴协奏曲《梁祝》：为何占豪、陈钢就读于上海音乐学院时的作品。题材是家喻户晓的民间故事，以越剧中的曲调为素材，综合采用交响乐与我国民间戏曲音乐表现手法，由鸟语花香、草桥结拜、同窗三载、十八相送、长亭惜别、英台抗婚、哭灵控诉、坟前化蝶构成音乐曲式。这支中国有史以来最著名的小提琴协奏曲是一首深刻体现中国文化精髓的音乐作品，它以中国经典民间传说为蓝本，用西方古典音乐的形式来表达一个东方的悲剧爱情故事。这部作品的艺术魅力在于它巧妙地融合了中西方音乐元素，将越剧的曲调、交响乐的宏大和小提琴的细腻情感完美地结合在一起，形成了独特的艺术风格。它对传统音乐的现代诠释，它不仅让中国的传统文化在当代社会中焕发新生，还促进了不同文化之间的理解和尊重。这部作品成为了中国音乐走向世界的重要桥梁，也是世界音乐宝库中的瑰宝。

表 8-2　著名乐曲

类别	琴曲	琵琶曲	胡笳曲	二胡曲
古典十大名曲	《高山流水》《梅花三弄》《广陵散》《平沙落雁》《渔樵问答》	《春江花月夜》《汉宫秋月》《阳春白雪》《十面埋伏》	《胡笳十八拍》	
现代二大名曲	《梁祝》（小提琴）			《二泉映月》

（四）中国音乐的文化特点

1. 具有突出的社会功用

一是音乐可以反映民风民情。《礼记·乐记》云："凡音者，生人心者也。情动于中，故形于声。声成文，谓之音。是故治世之音安，以乐其政和。乱世之音怨，以怒其政乖。亡国之音哀，以思其民困。声音之道与政通矣。"[①]意思是：凡是音，都是在人心中生成的。感情在心里冲动，表现为声，片段的声组合变化为曲调称为音乐。所以世道太平时的音乐充满安

---

① 杨天宇：《礼记译注》，上海古籍出版社 2004 年版，第 468 页。

适，以之表现对政通人和的喜乐；乱世的音乐充满了怨恨与愤怒，因为其社会政治是乖张悖乱的；灭亡及濒于灭亡之国家的音乐充满悲哀和愁思，因为忧思百姓困苦无望。声音的道理，是与政治相通的。

二是音乐能够"厚人伦，美教化，移风俗"（《毛诗·序》）。中国古代思想家认为，"礼""乐""刑""政"四者并行，才能实现王道，只单独用刑罚、威权不足以成王道①。所以，要用音乐去培养人们的平和性情，用礼仪去规范他们的行为，以缓和社会矛盾，使"暴民不作、诸侯宾服、兵革不试、五刑不用、百姓无患、天子不怒"②，人民和顺，无怨不争，揖让而天下治。

三是音乐可以增强个人素养。一个人要成为一个文质彬彬的君子，在他所必须接受的"六艺"（礼［礼仪］、乐［音乐］、射［射箭］、御［驾车］、书［识字书写］、数［数学、数理］）教育中，就有音乐。良好的音乐教养可以转换人的气质秉性，培养良好的举止行为，成为彬彬有礼的谦谦君子。

2. 统治者高度重视，注重正面引导

古代统治者看到了音乐突出的社会功用而高度重视，从周朝起就设有采诗官，定期到各地采集民歌；西汉初年朝廷还设立了主管音乐的乐府③，我们后来读到的大量乐府民歌，就是它广泛采集和收藏的。同时，正面舆论贬斥追求感官刺激的"靡靡之音"，唐诗人杜牧《泊秦淮》诗中指斥"商女不知亡国恨，隔江犹唱后庭花"（"后庭花"指《玉树后庭花》），倡导正音正声。

---

① "礼节民心，乐和民声，政以行之，刑以防之。礼、乐、刑、政四达而不悖，则王道备矣。"（杨天宇：《礼记译注》，上海古籍出版社2004年版，第472页。）

② 同注①，第474页。

③《汉书·礼乐志》记载："孝惠二年（公元前193年），使乐府令夏侯宽备其簫管，更名曰安世乐"。乐府令即乐府机关的长官，说明汉初就有了乐府。

3. 尽善尽美以善为上的音乐观

中国音乐的主导观念是"尽善尽美，以善为上"，这是孔子为之树立的。《论语·八佾》曰："子谓韶:'尽美矣，又尽善也';谓武,'尽美矣，未尽善也。'"《韶》乐是舜帝时期的音乐，舜帝以圣德受禅，其音乐不仅在艺术上平和完美，而且在道德上也仁善完美，体现了舜帝揖让得天下的至德。《武》乐是周武王时期的音乐，武王以武力攻伐夺取天下，其音乐不可避免地带有杀戮之音、霸道之气，违背了孔子倡导的仁德谐和精神。孔子对《韶》乐和《武》乐的评价，体现了他对音乐的深刻理解和审美标准，即音乐艺术形式的"美"和音乐所蕴含道德精神的"善"应完美统一。

4. 音乐与文学共生，使音乐的人文内涵丰富而清晰

先秦以来，中国文学史上的重要文学体裁几乎都是同音乐打成一片的。汉代的《乐府》，隋唐的变文，唐代的律诗，宋代的词，元代的元曲杂剧等，简直就是伴随着音乐而出现的。音乐同文学的这种水乳交融的关系甚至深深地影响了纯音乐的创作。这从中国古代纯音乐的题目上便可以看出来。中国的古典乐曲基本上都是标题音乐。每一个标题后面都隐含着一段文学的背景。它可以是一段历史的描述，可以是一种情感的抒发，可以是一种精神的颂扬，可以是一道风景的描绘，可以是一种情绪的宣泄。总之，几乎每一首古乐曲都蕴含着一段文学的故事，使人一看音乐标题，就可以领略音乐的思想情感主题。例如《广陵散》《琴赋》《胡笳十八拍》《高山流水》《苏武牧羊》《汉宫秋月》《春江花月夜》《阳春白雪》《渔舟唱晚》《山居吟》《神人畅》，等等。这样的曲目举不胜举，显著展示了中国古典音乐与文学共生之养善育美的文化精神。

二、戏曲

戏曲，是以演员表演为中心，以唱、念、做、打等手段为基础，融文学、音乐、舞蹈、武术、杂技等为一体的综合性舞台艺术。中国戏曲主要是由民间歌舞、说唱和滑稽戏三种不同艺术形式综合而成，是一种历史悠久的综合舞台艺术样式。它借助文学、音乐、舞蹈、美术、武术、杂技、表演等多种艺术手段的综合，来塑造人物形象，揭示社会矛盾，反映社会生活。中国的戏曲与希腊悲剧和喜剧、印度梵剧并称为世界三大古老戏剧。

（一）戏曲简史

我国戏曲的发端，是原始社会的乐舞和以舞降神的巫舞。古代每年腊月举行"驱傩"和"傩舞"。"驱傩"，即由四人戴面具、穿兽皮、执戈盾，口发"傩傩"之声，以驱除恶鬼和不祥。"傩舞"，即由12人红发画衣，甩麻鞭作响，高呼专吃恶鬼的神名以驱鬼。《诗经》里的"颂"，《楚辞》里的"九歌"，就是祭神时歌舞的唱词。先秦时期，出现了民间歌舞、小调、傩戏、乐舞、滑稽表演等。秦汉时期，出现"百戏"（民间表演艺术的泛称），其中包括杂技和歌舞。还有以乐舞戏谑为职业的"俳优"。唐代时期，百戏兴盛，朝廷设立"教坊"管理百戏。唐玄宗在宫廷禁苑里选择"梨园"作歌舞艺人的教练场所，戏班因而俗称梨园，演员称为"梨园弟子"。这时的表演出现了有两个角色（参军、苍鹘）的"参军戏"。角色的出现，说明戏曲有了雏形。宋代时期，出现杂剧，以滑稽调笑为特点的表演形式，有五个角色，一本戏有四折。这时的戏曲基本成形。元代时期，南方杂剧发展为"南戏"，北方杂剧发展为"元杂剧"。这里的南戏、元杂剧，就是后来的戏曲。戏曲在元代成熟。明代中叶后，南戏演变为"传奇"（以唐传奇小说为题材创作的长篇戏曲，有20多出至50多出），元杂剧衰落。清代初年，北京就有四大剧种，即南昆（流行于江南昆山一带的昆山腔）、北弋（指南戏与北曲结合，产生于江西弋阳地区的弋阳腔，流传到北方形成高腔，即当时盛行于京城的京腔）、东柳（流行于山东的柳子腔）、西梆（西北广为流传的以硬木梆子击节而得名的梆子腔，即秦腔）。清乾隆末、嘉庆初形成京剧。各地地方戏逐渐出现。

（二）戏曲的类型

中国戏曲，因为地域广阔，剧种多样，仅以五大戏曲为例分类，可分为两大类，即北方戏曲和南方戏曲。北方戏曲苍劲粗犷、悲壮、豪放，代表剧种为京剧、豫剧、评剧、秦腔等。南方戏曲柔雅、亲切、婉转、凄恻，代表剧种为越剧、黄梅戏、花鼓戏、采茶戏等。其中京剧、评剧、豫剧、越剧、黄梅戏被称为"五大剧种"。

京剧，由原在南方演出的三庆、四喜、春台、和春四大安徽戏班陆续进入北京，与来自湖北的汉调艺人合作，又接受了昆曲、秦腔的部分剧目、曲调和表演方法，最终形成。越剧，发祥于上海，在国外被称为"中国歌剧"。黄梅戏，起源于湖北黄梅，壮大于安徽安庆。评剧，流行于河北农村，后进入唐山，称"唐山落子"。豫剧，以河南梆子为基础发展而来。五大戏曲中最具代表性的是京剧，为中国国粹。

（三）戏曲的艺术特点

戏曲的艺术特点有五种：一是综合性，即以唱（字正腔圆的唱功）、念（音乐性的念白）、做（舞蹈化的形体动作）、打（舞蹈化武术技巧）等综合表演为中心，与文学、说唱、音乐、舞蹈、美术、杂技、武术等相融合的一门综合性的舞台艺术。二是虚拟性，就是对空间、环境、时间、动作对象的虚拟，借助于演员生动的表演和观众的想象，来完成对阔大天地的理解体

369

悟。所以，戏曲可以在明亮的灯光下制造出黑夜的假象，可以在空旷的舞台上驭马行舟，所谓"三五步行遍天下，六七人百万雄兵"。三是程式性，指唱、念、做、打，以及关门、上马、坐船等，都有一套规范化、程式化的舞蹈表演范式，演员按范式表演，观众按范式理解、欣赏。如果离开范式，胡乱动作，观众就无法欣赏了。四是娱乐性，一切表演都要追求好听、好看，装饰、服饰、脸谱也都要美，给人带来美的享受，以娱乐身心。

（四）戏曲的文化特点

1. 中国文化的全方位展现

戏曲是社会生活的翻版，日常行为的写照，思想文化的反映，它涉及衣食住行、服装、用具、语言（方言）、习俗、宗教、思想、文学、音乐、艺术等各个方面，是对中国文化的全方位展现。要了解一个地方的社会状况、思想文化、生活习惯、风土人情，等等，最直接、最简便的就是观看地方戏，从戏曲中人物形貌、穿着、语言、处事行为方式方面，可一目了然。所谓看京剧，品味京韵京腔；看秦腔，了解秦人秦风，就是这个意思。

2. 教化功能最为突出

中国戏曲的思想性很强，主题只有一个：惩恶扬善。如著名的由元代纪君祥创作的杂剧《赵氏孤儿》，就是一部典型的惩恶扬善的历史剧。《赵氏孤儿》的历史事件最早见于《左传》。其剧情故事为：春秋时期晋国大臣赵朔被奸臣屠岸贾陷害而惨遭灭门，赵朔的儿子赵武在几名忠臣保护下得以幸存，长大后终于报仇雪恨，惩治了奸臣屠岸贾，对舍命保护孤儿的忠臣程婴、公孙杵臼等恢复名誉，多次加以追封、褒扬。再比如元代戏曲家关汉卿创作的杂剧《感天动地窦娥冤》（简称《窦娥冤》），其剧情故事为：穷书生窦天章为上京赶考缺少盘缠，把年仅七岁的女儿窦娥卖给蔡婆婆家做童养媳。窦娥和婆婆两人相依为命。无赖张驴儿欲毒死窦娥婆婆逼窦娥与自己成亲，却误杀自己父亲，便陷害窦娥。在受贿赃官毒打下，窦娥被屈打成招，成为杀人凶手，被判斩首示众。临刑前，满腔悲愤的窦娥许下三桩誓愿：血溅白练、六月飞雪、大旱三年。果然，窦娥冤屈感天动地，三桩誓愿一一实现。但坏人未得惩罚，窦娥冤魂托梦父亲，已在京城做官的父亲窦天章返乡，终于昭雪冤案，杀人凶手张驴儿被处以死刑，贪官知府也受到了应有的惩罚。

3. 无典型悲剧，多以大团圆结尾而成喜剧或者正剧

这就是有人说的"中国古典戏曲无悲剧"。比如由梆子剧移植而来的京剧传统剧目《玉堂春》，取材于明朝冯梦龙《警世通言》第 24 卷《玉堂春落难逢夫》。其剧情故事为：吏部尚书之子王金龙结识京城名妓苏三（玉堂春），发誓要白头偕老。王金龙因财尽被鸨儿驱出院以后，苏三矢志不渝，坚持不接一客。鸨儿将其卖给山西富商沈燕林作妾，沈妻皮氏与赵监生私通，毒死沈，反诬告苏三。县官受贿，将苏三定成死罪，受尽磨难，押解至太原。三堂会审，恰遇巡按王金龙，终于平反冤狱，王、苏二人破镜重圆，有情人终成眷属。除了古典戏曲，现代戏曲也有这个特点。比如现代歌剧《白毛女》，其剧情故事为：老佃农杨白劳年关遭到地主黄世仁上门逼债，声言若在腊月底前还不了债，就把女儿喜儿抵债。杨白劳无法还清欠债，被强迫在喜儿的卖身契上按下手印。杨白劳除夕夜喝卤水自杀，喜儿即被抢进黄家，遭黄世仁奸污。与喜儿相爱的农民王大春当晚闯进黄家没救出喜儿，只身逃走。喜儿最后逃出黄家，藏身深山老林，非人的生活使她的头发全变白了，成了"白毛女"。她因饥饿多次去奶奶庙偷取供品，被人碰见，以为是"白毛仙姑"。两年后，参加了八路军的大春随部队返回家乡，开展土地运动。为粉碎地主借白毛仙姑的谣言动摇民心的阴谋，终于找到白毛仙姑，竟是当年的喜儿。于是召开公审大会，枪毙了恶霸地主黄世仁。之后，大春和喜儿登记结婚，过上了幸福的新生活，喜儿的头发也渐渐变黑了。遭遇虽然坎坷，但结局是圆满幸福的。这种以大团圆收尾的戏曲结构，其实是中国式的"悲剧"，它充分表现了中国人忠贞、善良的天性，和对正义一定会战胜邪恶的人间正道的文化自信和坚信，从而给人以极大的鼓舞和力量。

三、绘画

绘画、雕塑，是指用一定的物质材料，如颜料、纸张、画布、泥土、石头、木料、金属、木头等，塑造可视的平面或立体的视觉形象，以反映自然和社会生活，展现艺术家思想文化观念和感情的一种艺术，也叫造型艺术、视觉艺术。这里说的绘画，在中国一般指中国画，简称"国画"，是指用毛笔蘸水墨、粉彩等颜料在宣纸或丝绢上形神兼顾、突出神韵的绘画，是我国传统绘画的主要形式。它在内容和艺术创作上反映了中华民族的民族精神和审美意趣，表现了对自然、社会及与之相关联的政治、哲学、宗教、道德、文艺等人文精神的思考和认识。

（一）中国画的分类

中国画按照艺术手法来分类，可分为工笔、写意和兼工带写三种形式。工笔就是用画笔工整细致，敷色层层渲染，细节明澈入微，用笔工整，纤毫毕现，故称"工笔"。写意，相对"工笔"而言，用豪放简练的笔墨描绘物象的形神，抒发作者的感情。它要求有高度的概括能力，要有以少胜多的含蓄意境，落笔要准确，运笔要熟练，要能得心应手，意到笔到。兼工带写，则是把工笔和写意这两种方法进行综合运用。

图 8-1 工笔花鸟　　　　图 8-2 写意花鸟　　　　图 8-3 工笔兼写意花鸟

中国画从内容题材来分类，可分为人物画、山水画和花鸟画三大类。对于一个画家来说，人物、山水、花鸟等题材都会涉猎，有的甚至样样出彩。不过，就其最为擅长的方面而言，各有其名家名作。这里分类列举一些一般认为比较突出的，不一定全面。

人物画的名家名作有：东晋顾恺之的《女史箴图》《洛神赋图》，以形写神、形神兼备；初唐阎立本的《步辇图》《历代帝王图卷》，线条刚劲、色彩古雅；盛唐吴道子，被誉为"画圣"，代表作《送子天王图》（又称《释迦牟尼降生图》），艺术特点是线条富有运动感，创造了"吴带当风"的风格；张萱的《虢国夫人游春图》，周昉的《簪花仕女图》，画作不设背景，以工笔重彩绘仕女五人，用笔和线条细劲有神，流动多姿；五代十国南唐顾闳中的《韩熙载夜宴图》，用笔细润圆劲，设色浓丽，几乎不见笔

图 8-4　阎立本《历代帝王图卷》（局部）

迹；北宋末年李公麟的《五马图》，白描画法，线条流畅；张择端，以人物风俗画见长，代表作有《清明上河图》，画中所绘各色人物有550多个，艺术特点是描绘细致生动，真实记录了当时城市生活的面貌；元代赵孟頫的《人骑图》《秋郊饮马图》，人物形象生动，笔墨细腻；明代唐寅（唐伯虎），多才多艺，他的《王蜀宫妓图》《秋风纨扇图》，色彩明快，造型简练；仇英的《汉宫春晓图》，重彩仕女，风格独树一帜；清代任伯年，以人物画见长，代表作有《群仙祝寿图》，艺术特点是笔墨奔放，富有动感。近现代齐白石，人物画与花鸟、山水相结合，笔墨雄浑滋润；蒋兆和的《流民图》，现实主义风格，深刻反映社会现实。

图 8-5　吴道子《送子天王图》（局部）

山水画的名家名作有：隋代展子虔的《游春图》，青山绿水，空间感强；唐代李思训的《江帆楼阁图》、李昭道的《明皇幸蜀图》，精巧、细致、传神；王维的《江干霁雪图》《辋川图》，水墨为上，"画中有诗"；五代荆浩的《匡庐图》，北方山水画派，雄伟峻厚；关仝的《关山行旅图》、董源的《潇湘图》，南方山水画派，风格温婉；北宋范宽的《溪山

图 8-6　王维《江干霁雪图》

行旅图》，构图雄伟，意境深远；郭熙《早春图》，以高远、深远、平远"三远法"构图，突出了山的高大气势和水的辽远幽深；南宋马远的《踏歌图》，笔法刚直挺健，简劲明朗；元代黄公望的《富春山居图》，水墨山水，清雅脱俗；倪瓒的《渔庄秋霁图》，笔法简练，意境深远；明代沈周的《庐山高图》，风格雄浑，具有强烈的个性；文徵明的《溪山清远图》，风格文雅，意境深远；董其昌的《关山雪霁图》，烟云流润，神气俱足；清代原济的《山水清音图》，笔墨恣肆，构图善变，意境苍茫新颖；近现代黄宾虹的《黄山汤口》《秋林图》，将传统与现代相结合，形成了"黑宾虹"和"白宾虹"的风格；李可染的《万山红遍》，

图 8-7　马远《踏歌图》

注重写生，光影效果突出。

花鸟画的名家名作有：唐代边鸾的《写生珍禽图》，线条勾勒精细表现色彩鲜明，花鸟的形态与神韵很生动；韩干的《照夜白图》，线条简练而富有弹性，巧妙运用留白技巧，富有动态感和视觉冲击力；五代黄筌的《写生珍禽图》，风格富贵，细描精工；徐熙的《雪竹图》，开创了不用墨线、只用墨或色渲染成画的"没骨画法"，落墨为格；宋代崔白的《双喜图》《寒雀图》，写意花鸟，生动自然；赵佶的《芙蓉锦鸡图》《柳鸦图》，笔触精细，色彩渲染细腻，形态生动，展现了画家深厚的写实功力；元代王冕的《墨梅图》，笔法简洁遒劲，墨色浓淡和枝干的疏密有致，展现了梅花的坚韧和生命力；钱选的《八花图卷》，笔法精工细腻，色彩清雅，描绘生动；明代徐渭的《墨葡萄图》《黄甲图轴》，大写意花

图 8-8　赵佶《芙蓉锦鸡图》

图 8-9　齐白石《墨虾》

鸟，笔墨放纵，气势泼辣；陈淳的《杂花图》，笔法奔放，水墨运用自如，体现了独特的写意风格；清代恽寿平的《莲花图》，"没骨法"和"水晕"技法运用娴熟，色彩明快，笔触细腻而生动；朱耷（八大山人）的《荷花水鸟图》，通过孤石、疏荷和怪石上的水鸟，创造出一种荒凉、寂寞而又伤感的意境，以简练的笔墨和大片空白表现了画家独特的艺术风格和深沉的情感；郑燮的《丛竹图》，以水墨画竹，风格清雅，用笔潇洒自如，墨色浓淡相宜，竹子疏密有致，展现了竹子的清峻飘逸和坚韧不拔的精神风貌；近现代齐白石的《墨虾》《蛙声十里出山泉》，造型简练，天趣横生；潘天寿的《鹰石山花图》，构图奇险，笔墨苍古。

这些画家和他们的作品，不仅展现了中国绘画的丰富多彩，也体现了各个时期艺术文化的审美趣味和社会风尚。

（二）中国画的历史发展

中国绘画的历史，可以追溯到先秦时期。当时主要是殿堂庙宇中的布帛画，艺术性也不高。到了秦汉时期，主要是宫殿和墓室的壁画、帛画，已经有了相当的进步。魏晋南北朝时期，以佛教为主的宗教画，如《洛神赋图卷》，有了"传神写照"的特点；山水画也开始注意意境。隋唐时期，人物画、仕女画、"水墨山水"画成就斐然，标志中国画画风的形成。五代花鸟画，宋代典范的画院派院体画、高雅的文人画、意境深远的山水画、生动的风俗画如《清明上河图》等，则是中国画的成熟和定型。元代，书画合璧，梅、兰、竹、菊四君子画流行。明、清，突出笔墨趣味的大写意画和凸显个性的扬州八怪画走红，这是古代中国绘画的晚唱。

（三）中国画的文化特点

中国绘画从古至今的发展，体现出四大文化特点。

377

1. 形神兼顾，突出神韵

传统的国画不讲准确比例、焦点透视，不强调自然界对于物体的光色变化，不拘泥于物体外表的肖似，而多强调抒发作者的主观情趣。欧阳修率先提出"古画画意不画形"，讲求"传神"（南北朝顾恺之）"以形写神"，追求一种"妙在似与不似之间"的感觉，与西洋画讲求"以形写形"有很大区别。有人说，西洋画是"再现"的艺术，国画是"表现"的艺术。国画强调"外师造化，中得心源"，融化物我，创制意境，要求"意存笔先，画尽意在"，达到以形写神，形神兼备，气韵生动。五代十国时期南唐画家顾闳中的《韩熙载夜宴图》，精细描绘了官员韩熙载夜宴载歌行乐的场面。画卷分五段场景，绘写韩府夜宴过程：琵琶演奏、观舞、宴间休息、清吹、欢送宾客。这里截取画卷局部"琵琶独奏"，动人地展现了韩熙载与宾客们正聚精会神地倾听琵琶演奏的场景。他们或坐或站，或微笑或凝望，形态各异，无不情色毕现，极为传神。

图 8-10　顾闳中《韩熙载夜宴图》（局部）

2. 富有诗情画意

这是苏轼提出的评画标准，因此使中国画富有诗情（诗歌感人的情趣）画意（绘画深远的意境）。如王维"诗中有画，画中有诗"，即从画中能体味出诗歌的情感意境，当为最佳。元代画家黄公望《富春山居图》，以横幅长卷的形式描绘富春江秀丽的山光水色：峰峦坡石随势起伏，山林深处飞泉流泻；群山脚下，茅屋村舍参差其间，渔舟小桥错落有致，水面辽远无际，景深意远，给人以无尽的遐思悠想。

图 8-11　黄公望《富春山居图》（局部）

更有一些画家，喜欢以著名诗句为题作画，以凸显这种诗画通感交融的情趣意境。东晋无锡人顾恺之依据曹植《洛神赋》作《洛神赋图》，宋代画院科举也有以诗句作画的试题："野水无人渡，孤舟尽日横。"——以画作来展示诗句的意境和韵味，使画作显得更有内涵和深度。

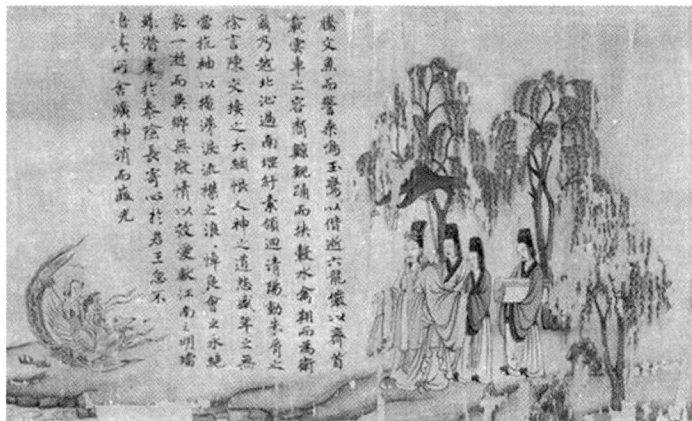

图 8-12　顾恺子《洛神赋图》（局部）

图 8-13　"野渡无人舟自横"诗意

3. 诗、书、画三美合璧

中国画的大部分画作，在画面空白处用书法题诗（有的是题字），体现了"书画同源""诗画互补"相映成趣的艺术风格，更加强化了中国画的文化元素。如图 8-14 祥龙石图：

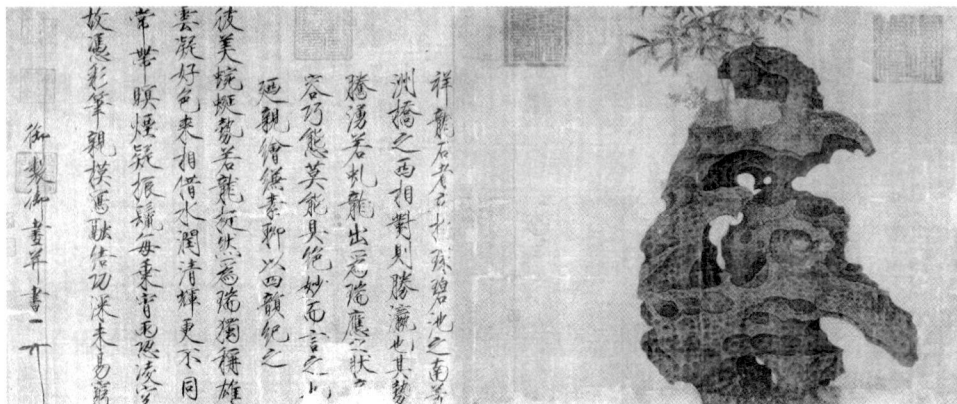

图 8-14　赵佶《祥龙石图》

此画系宋徽宗赵佶《祥龙石图》，绢本设色，纵 53.8 厘米，横 127.5 厘米，为北京故宫博物院收藏。画卷右部画宫苑中一珍奇石头"祥龙石"，线条细劲，纹理清晰，水墨层层渍染，石的坚硬和润泽质感毕现；左部则以著名的"瘦金体"书写写题记、题诗，书法与绘画相得益彰；上部和落款处还有许多精美的篆刻朱印——全画集诗、书、画、印四美于一体，典型展现了中国古代诗书画联袂合璧、美不胜收的艺术特点，令人叹绝。

4. 突出的教化功用

著名画家傅抱石说："中国绘画是中华民族精神的最大表白，也是中国哲学思想最亲切的某种样式"[1]。中国画重人品，重修养，重气节，洋溢着深厚的民族文化精神。北宋以后绘画益盛，文人如黄山谷、苏东坡等，都主张画是人品的表现。它所传达的浓厚人文理念、高尚的思想情感，使观赏画作的人无不感受到陶冶情操的教化美育功用。

四、雕塑

（一）雕塑简史

雕塑，又称雕刻，是指用木、石、土、金属等物质材料和技术手段刻塑和熔铸出来的具有立体形象的造型艺术。我国是一个雕塑大国，其雕塑作品不仅门类齐全，遍布各个领域，而且历史悠久，起步很早。据出土文物考证，早在新石器时代就有了形态各异、造型质朴的各种石器和陶器雕塑品。在河南省郑州市新郑城西北的裴李岗文化遗址就发现了陶塑人像，在浙江余姚河姆渡镇的河姆渡文化中出土有陶塑土猪，在河南三门峡市渑池县仰韶村的仰韶文化遗址中也有很多陶塑人像。商、周时期遍布社会生活各方面的大量的钟、鼎、簋、爵等青铜器物，则是金属材质熔铸的雕塑

---

[1]　转引自新华网《中国画与中国精神——吴进良在中国记协第 54 期新闻茶座上的主讲词（2014 年 7 月 31 日）》，http://www.xinhuanet.com/zgjx/2014-07/31/c_133522470.htm，引用日期：2023 年 7 月 12 日。

杰作。从新石器时代到夏、商、周，可以说是我国古代雕塑产生、发展时期。

秦汉和魏晋南北朝时期，雕塑进入了成熟和繁荣期。闻名中外的秦始皇兵马俑坑形色各异、栩栩如生的数千兵马俑，给世人展示了秦代雕塑艺术的辉煌成就，其兵俑造型采用写实手法，大小与真人相同；面部形象刻画，精细逼真，神态万千；身形矫健，活灵活现。到了汉代，在继承秦代生动恢宏的基础上，突出了雄浑刚健的艺术个性，并用寓意手法，造成浪漫主义的艺术效果。如马踏匈奴石雕、徐州楚王墓汉代兵马俑等。魏晋南北朝时期，多以佛教内容为题材，人物形象的主流为印度佛模样，在塑工上注意圆润，手法行云流水，给人以宁静、飘逸的典雅美感。如甘肃敦煌莫高窟、山西大同云冈石窟、河南洛阳龙门石窟、甘肃天水麦积山四大石窟的佛教造像。

隋唐时期，雕塑发展进入高峰期。雕塑艺术步入更为成熟也是成就最高的时代，主要体现在佛教艺术方面，出现了内容更丰富、表现范围更广泛、技巧更熟练的佛教造像。塑像色彩明快，趋于华丽，人物神情温和慈祥，具有浓郁的人情味和亲切感，如龙门石窟奉先寺的卢舍那大佛。这一时期还是古代大规模开窟造像的一个高峰期，石窟寺遍布北方、西北以及巴蜀地区。现存著名的石窟寺就有：云门山石窟、驼山石窟、敦煌莫高窟、龙门石窟、炳灵寺石窟、天龙山石窟、广元千佛崖等。其中敦煌石窟的彩塑和龙门奉先寺的雕像艺术水平最高，艺术风格也最为鲜明，更为突出地显示出了大唐帝国的强盛。这时的佛像雕塑艺术已渐渐摆脱了外来佛像样式的影响，走向了雕塑艺术民族化的成熟期。

宋元明清时期，雕塑滑落，进入低潮期。宋代塑像，注意人物性格和心理展现，在写实手法的精雕细刻上有所发展，但雕塑整体上缺乏隋唐时期的恢宏气象和奔放气势，神佛造像更加生活化、世俗化。如太原晋祠圣母殿塑像。元代雕塑比较粗犷，缺乏洗练，造型上缺乏深沉豪迈的气概。明、清雕塑集中在寺庙造像，石雕佛像几乎绝迹，从题材到表现手法日趋程式化、世俗化，工巧烦琐、萎靡纤细，失去了前代的创造活力。这种滑坡趋势，与其时代精神风貌不无关系。

（二）雕塑的种类

中国的雕塑，琳琅满目，种类繁多。如果以雕塑材质分类，则有石、陶、泥、木、砖、蜡、牙、骨、漆、贝、冰、面、陶瓷、石膏、玛瑙、金、玉、铝、玻璃钢、砂岩、铜等几十类；如果以表现手法分，则有圆雕（立体雕，在立体物上雕出不附在任何背景上，可以各种角度观赏的三维立体形象）、浮雕（雕塑与绘画相结合的产物，在平面上雕出凸起形象）、透雕（在浮雕基础上镂空其背景部分的形象，有立体通透效果）三大类：

图 8-15　飞天浮雕　　　　图 8-16　观音圆雕　　　　图 8-17　龙凤透雕玉佩

如果以造型物象分，则有神佛类、人物类、动物类、植物类、器具类等。这里，我们依据其社会功能的不同，将其分为墓葬雕塑、宗教雕塑、建筑雕塑、纪念雕塑、工艺雕塑五大类。

1. 墓葬雕塑

古代社会早期的鬼神崇拜和祖先崇拜，形成了先民重死厚葬的殡葬文化。先民认为人有灵魂，活体肉身去世后，灵魂去另一个世界中继续生活，而且有着现实世界中人的一切需要。"事死如事生"，所以要为死者修建陵墓，尽可能地准备大量的陪葬品予以方方面面的满足。陵墓的豪华程度，陪葬品的多寡，档次的高低，体现着死者身份的贵贱和后人的敬重程度，也预示和影响后人的盛衰。所以，对死者的尊敬就是对活着人的尊敬，对死者的陪葬品的丰厚就是对活着人的积德、求福报。在这种独特的文化观念影响下，中国人几千年来陵墓越修越坚固、内容越来越丰富，职能越来越健全，墓葬雕塑品越来越丰富、多样。一般把墓葬雕塑分为两类，一是建于地面上的陵墓雕塑，既指置于陵墓区域的雕塑，如陵墓外的石人、石马、石兽等组成的仪卫、装饰雕塑，石人称为"石像生"或"石翁仲"；也指陵墓本身的建筑和构件，如墓阙、华表、享堂、墓道、墓门、墓碑等装饰雕刻。贵族、统治阶级希望自己死后能够灵魂升天并继续拥有权利和享受豪华生活，因而在陵墓前设置大型的石人石兽等雕刻群显示威严。

图 8-18　明皇陵雕塑

二是埋于地下的"明器雕塑"。明器亦称"冥器",一作"盟（míng）器"。"明器"一词见于周代《礼记·檀弓下》:"其曰明器,神明之也。涂车刍灵,自古有之,明器之道也。"作为神明之器,陪葬于墓中,以供死者神灵使用。一般用竹、木、石、陶土等制成,尊贵的有玉石,也有青铜等金属的,明代还有用铅、锡制作的。从宋代起,纸明器逐渐流行。除日用器物的仿制品外,还有人物、畜禽的偶像及车船、建筑物、工具、兵器、家具的塑形等。俑是明器雕塑中最主要的雕塑品,明器陶俑到战国时期已经相当普遍。1974年在陕西临潼秦始皇陵东侧,发掘出了史无前例的惊人宝藏——秦陵随葬陶质兵马俑雕塑群。多达8000余件兵马俑雕塑群阵容整齐、密集排列,其中俑人高达1.85米,陶马高约1.60米,全部画彩。其数量之多、规模之大,堪称世界雕塑群之最,显示了秦国统一天下的雄强气派,也展现了高超的明器雕塑艺术水平。而用特制的陶俑陪葬来代替残忍的活人殉葬,既是神本文化向人本文化的转化,也是历史进步、文明程度提高的充分体现。

图 8-19 秦始皇墓坑兵马俑

2. 宗教雕塑

宗教雕塑是以宗教教义、故事、人物、传说为题材的雕塑，它是宗教宣传和宗教偶像崇拜的产物，主要体现宗教信仰。我国由于佛教传入较早，影响广泛，所以在宗教雕塑中以佛教造像为多，艺术成就最高。具有代表性的四大著名石窟雕塑，以始建年代为序列：甘肃敦煌莫高窟、甘肃天水麦积山石窟、山西云冈石窟、河南洛阳龙门石窟。

甘肃敦煌莫高窟，俗称千佛洞，被誉为"东方卢浮宫"，举世闻名。比较公认的始建时间为前秦建元二年（366年），由乐僔和尚在莫高窟创凿洞窟，法良禅师接续建造，以至唐代中后期终成宏大规模。据统计，在长达1618米的崖壁上，分布着735个洞窟，保存着从西晋末年五胡十六国到元代900多年间的佛教石窟艺术珍品，中有壁画4.5万平方米，塑像2415尊，其中唐代彩塑造像是敦煌彩塑艺术的优秀代表。第45号窟的菩萨像最具代表性，创作于盛唐时期，以其精湛的技艺和丰富的表现力而闻名。通

图 8-20　敦煌莫高窟第 45 号窟菩萨像

过头、胸、臀三部分在空间的"S"型扭倾，形成了一波三折的波浪形动态，赋予了塑像婀娜多姿、丰盈健美的视觉效果和大家闺秀娇美的风度。菩萨的面部丰满圆润，云髻高耸，长眉入鬓，表情恬静慈祥，眉目间似笑而非笑，慈悲为怀、垂怜众生的菩萨形象令人感到温润亲切，充分展现了唐代艺术家对人物动态情感的敏锐洞察和高超的艺术表现力。

甘肃天水麦积山石窟始建于十六国后秦（384—417）时期，之后北魏、西魏、北周三朝在麦积山石窟大兴崖阁，造像万千。麦积山是一座状如麦垛堆积的孤山，石窟就开凿在山体西南、南、东南三侧的垂直峭壁上，上下有栈道十余层相通。山顶有一座隋代古塔，高9.4米。现存窟龛194个，造像主要是彩绘泥塑，有7000余尊；洞内壁画，计1000多平方米。麦积山石窟塑像世俗化的趋向更加突出：虽是天堂的神，面容却像世俗的人和蔼可亲，成为人们美好愿望的化身。从塑像的体形和服饰看，也逐渐在摆脱外来艺术的影响，体现出汉民族的特点。麦积山石窟为北魏、西魏时期彩塑艺术的最高代表，被誉为"中国金彩塑艺术博物馆"。

图 8-21 麦积山石窟泥塑彩像

云冈石窟位于山西省大同市以西16公里处的武周山南麓云冈村，始凿于北魏兴安二年（453年），大部分完成于北魏迁都洛阳之前（494年），造像工程则一直延续到正光年间（520—525年）。其中以北魏孝文帝令昙曜和尚开凿的五个大石窟（第16—20窟）最具代表

性。尤其第 20 号窟释迦牟尼坐像，是云冈石窟最著名的雕像，高 13.7
米，身披印度式偏袒右肩袈裟，前额宽广，长目高鼻，大耳垂肩，整体
造像健壮、夸张，给人以宗教内在力量的冲击，显示出古朴粗犷的艺术
魅力。

图 8-22　云冈石窟　第 20 号窟　释迦牟尼佛坐像

　　洛阳龙门石窟位于河南洛阳城南 25 公里处伊河两岸的龙门山（又名
伊阙），开凿于南北朝北魏孝文帝迁都洛阳时的太和十七年（493 年），
后经东魏、西魏、北齐、隋、唐和北宋数代营造，留下了大量的艺术珍
品。其中唐代石雕《卢舍那大佛》是龙门石窟中艺术水平最高、规模最大
的一尊造像，也是唐代佛教造像艺术成就最高的代表者。卢舍那大佛通高
17.14 米，头部高 4 米，面部圆润丰美，眉如弯月，目光慈祥，注视着世
间的芸芸众生，显出内心的平静与祥和。他的表情含蓄而神秘，慈祥中透
着威严，是一个将神性和人性完美结合的典范。龙门石窟的所有佛、菩萨
的服饰多表现为宽衣博带的文士风度，具有明显的汉化趣味，反映出佛教
雕塑艺术风格的进一步本土化。

图 8-23　龙门石窟卢舍那大佛

3. 建筑雕塑

建筑雕塑指建筑物本身及包括古代建筑门前的石狮、华表等建筑附件的雕塑，以及对顶盖、梁柱、斗拱、门窗、墙面等建筑局部和构件进行装饰的雕塑。由于中国古代多为木结构建筑，难以长时间保存完好，因此现存的古代建筑装饰雕塑多为元明清时期的。

元代建筑雕塑艺术成就突出地表现在宫廷、皇家园林的环境雕塑方面。元大都宫殿建筑已毁，从遗址出土的龙凤麒麟石雕、走龙栏板等建筑饰件，犹能见出元代雕刻富丽繁缛的特点。明、清两代建筑雕塑的精华荟萃于故宫建筑群和天坛、北海、颐和园、圆明园等皇家坛庙、园林。故宫天安门前的华表、石狮，宫廷内主体建筑太和殿、中和殿、保和殿三大殿之白石须弥座上浮雕云龙、云凤的望柱，圆雕的螭首，能燃香的铜龟、鹤等，都对烘托宫殿建筑的庄严、辉煌，增加艺术气氛起着重要作用。尤其是保和殿后长近 17 米、宽 3 米多的石雕御路，浮雕着蟠龙、海水江涯与各种图案，布局宏伟，雕刻精致，是明清建筑石雕艺术的杰作。

图 8-24　华表

图 8-25　石狮

4. 纪念雕塑

纪念雕塑指的是为表彰历史人物、纪念重大历史事件题材的圆雕或浮雕。一般使用能长期保存的雕塑材料，并安置于特定的环境或纪念性建筑的综合体中，具有庄严与永久性的纪念碑特征。《博物志》曾有记载："黄帝仙去，其臣刻木为黄帝像。"《战国策》中也有"宋王偃铸诸侯之像列于屏侧。"近现代著名纪念性雕塑，如河南省郑州市黄河风景区向阳山上炎黄二帝巨型塑像、山东省曲阜尼山圣人孔子塑像、湖南长沙橘子洲头伟人毛泽东雕像、天安门广场《人民英雄纪念碑》及底座四周的浮雕，等等。纪念性雕塑多置于广场、园林、有纪念意义的场地等，与其他建筑相互衬托，对周围环境起着装点、美化和文化档次提升作用。

图 8-26 河南郑州向阳山
炎黄二帝塑像

图 8-27 河南老君山
老子塑像

图 8-28 山东曲阜尼山
孔子塑像

图 8-29 长沙橘子洲毛泽东塑像

图 8-30 人民英雄纪念碑底座浮雕

5. 工艺雕塑

工艺性雕塑一是指以雕塑形式制成或装饰的有实用性的物品，如古代用陶瓷、青铜制成的礼器、食器、酒器等；二是指具有观赏、装饰作用的小品雕塑，如小型玉雕、象牙雕、木雕、骨雕等工艺美术品，突出特点是既有实用性，又具赏玩性，能极大地提高生活品质，丰富人们的精神文化追求。

（三）雕塑的文化特性

中国传统雕塑给人印象最深的是它所具有的令人惊叹的五大文化特性：真实的记录性、突出的装饰性、鲜明的绘画性、强烈的意象性、深厚的思想性。

1. 真实的记录性

大大小小的各种雕塑作品，都是一种立体的真实存在，让我们可以注视它、抚摸它，真切感受它所承载的历史文化。尤其是金石之类具有恒久性的雕塑，如钟、鼎、玉器等，其独有的坚硬、坚韧、恒久不变，是社会历史的可靠载体，是中国传统文化的忠实见证者、真实记录者。它们跨越若干个时空，竖立我们面前，让我们的城市充满文化底蕴和历史的厚重感。它们无声述说着民族发展的历史，承载着民族的精神和传统，代表着每一历史时期的精神面貌，反映着自古至今，人们的无限追求与执着信仰，展现价值观念及审美情趣。中国雕塑，就是中华民族精神文明与物质文明最真实的记录，最直观、最令人信服的展现。

2. 突出的装饰性

无论是陵墓雕塑、宗教造像，还是建筑雕刻、工艺雕塑，人物或动物造型，都首先是对陵墓、宗教场所和建筑物、生活场景的一种美化装饰，体现人对生活、对环境的一般审美追求。这既是雕塑的基本目的，也是雕塑得以发展的动力。装饰的本质就是美化，富有装饰性的雕塑，更能给人以愉悦的美感享受，更能提升雕塑品的感人力量。一座阔大的公园，一条长长的街道，有了几座雕塑或雕塑群，立时就会让人感到有内涵、上档次，这就是雕塑装饰美化的作用。所以，文化圣地、打卡景点，往往都有令人瞩目的主题雕塑或雕塑群，成为有文化、爱美者倾心游览的胜地。

3. 鲜明的绘画性

雕塑从另一个角度看，是一种立体的画，所以也就具有鲜明的绘画性。比如在雕塑上加色彩（专业术语称作"妆銮"），以提高雕塑的表现能力。传统雕塑作品，有许多就是妆銮过的泥塑、石刻和木雕。著名秦兵马俑刚出土都是彩色的。即使后来受西方影响，一些雕塑艺术品保持料质本色，不再加彩，但民间雕塑仍保持妆銮传统。

雕塑是立体的绘画，具有绘画的艺术特点和文化内涵，要求外形具有形体美，不要求等身、逼真，强调表现对象物的神韵（精神仪态），达到"形神兼备，栩栩如生"。对神佛像及英雄人物，则突出神圣、崇高；对普通人物，则显得随和可亲；对动物，则显得活泼可爱。具有典型的人文主义和现实情怀。

4. 强烈的意象性

中国雕塑作品，具有强烈的意象性。所谓意象，是指介于具象和抽象之间的一个概念，作者以意成象，观赏者以意观象，是作者主观意念的具象表达。意象性雕塑，就是用意象手法，融合物体的外在特征与制作者的主观感受为一体，将客观物象与主观意念结合起来，对自然物象进行概括、提炼，简化一般，突出特征，以实现源于现实又高于现实的艺术效果。用传统艺术语言讲，所谓雕塑意象性，就是雕塑同绘画一样，重神不重形，重意不重象，外形不刻意求真求像，但必须突出精神气韵，达到神似。对于西方雕塑而言，一直遵从写实的原则，作品努力模仿，以再现真实的自然，其手法采用透视法，对光线、角度、远小近大的比例都严格要求，以符合人的真实观感；而对于中国雕塑而言，它与绘画一样不要求外观上的相似，只求气韵风貌上的神似，体现出高度意象性的特点，以突出中国画和雕塑的艺术性与美感。比如秦始皇陵的兵马俑所表现的写实性虽然比较突出，但是也只是针对兵俑头部的刻画，身体部分仍然有着写意的特点；即使是头部的写实也与西方雕塑没有可比性，其本质仍然是意象性造型。所以，我们在欣赏中国雕塑时，比如敦煌菩萨、晋祠侍女、昆明筇竹寺罗汉等，所感受到的是活灵活现，栩栩如生的神韵，以及由其强烈的意象性所传达出来的人的生命力、精神状态、思想境界、宗教信仰等，是形而上的意境；而欣赏西方雕塑艺术中的掷铁饼者、奥古斯都（盖维斯·屋大维·奥古斯都，罗马帝国第一位元首）、雅典娜女神等的塑像，所感受到的是逼真、酷似的形象。两者因此有截然不同的审美感受。

5. 深厚的思想性

中国雕塑富有深厚的思想内涵，是时代风格和民族精神的鲜明表达。我们看秦汉时代的雕塑，以拙重、粗犷为特色，风格严峻，充满阳刚之美，成为秦汉时代自强不息、英武雄强文化精神的象征。秦的十二金人铜像、力士孟贲像、声威雄壮的秦陵兵马俑和霍去病墓前的"马踏匈奴"石雕、东汉青铜"马超龙雀"（即"马踏飞燕"）等，就是这种思想精神的写照。如果说秦汉时期人们在文化精神上表现出来的是慷慨激昂、奋发有为的话，那么南朝时期则以崇尚自然、清静无为为时尚。这一时期在雕塑中相应地出现的"秀骨清相"的艺术风格，意味着民族情感心理的丰富。例如分布在南京附近的南朝帝王陵墓地表上的石刻群雕，在形式上，也较之前代粗犷的雕塑显得细致讲究和优美生动。这种风格上的分化，为中国古代雕塑在下一个阶段形成新的统一风格奠定了基础。历经了数百年的分裂和战乱，到隋代，中国又重获统一，雕塑风格则经过隋代的过渡，长江流域与黄河流域的艺术趣味合流了，阳刚之美与阴柔之美融合了，既气宇轩昂、波澜壮阔，又细腻柔媚、生动娇美，例如雕成于高宗、武后时期的龙门石窟奉先寺石刻造像、敦煌莫高窟第 159、194 号窟的彩塑菩萨像等，无不呈现出大唐盛世新的时代风貌和精神气质。

五、建筑

建筑是为了满足以人类居住生活为主的需要，对大地的一种文化装饰。

中国传统建筑以汉族建筑为主流，主要包括如城市、宫殿、坛庙、陵墓、寺观、佛塔、石窟、园林、衙署、民间公共建筑、景观楼阁、王府、民居，长城、桥梁等十五种类型，以及如牌坊、碑碣、华表等建筑小品。

古代世界曾经有过大约七个主要的独立建筑体系，其中有的或早已中断，或流传不广，成就和影响也就相对有限，如古埃及、古代西亚、古代印度、古代美洲建筑等，只有中国建筑、欧洲建筑、伊斯兰建筑被认为是世界三大建筑体系。其中尤其以中国建筑和欧洲建筑延续时间最长，流域最广，成就也就更为辉煌。

这里，我们主要谈谈具有代表性的供人们住宿的房屋建筑。大到城池、小到民居，高贵如帝王宫殿，肃穆如宗教宫观，幽深美妙如假山园林，都是居住建筑的范畴，体现出博大的中国文化。

（一）中国古代建筑的共同特点

1. 以中轴线分左右对称布局

中国古代建筑受儒家思想的影响，形成了一种覆盖大地向四周扩展的下护型的建筑格式，西方则是冲向天空以期通神的尖顶形式。这种下护型的建筑布局讲究以坐落在台基上的宫室为中心建筑，两侧建筑物均衡对称。所以，在中国古建筑中，都有一条明显的中轴线，线上布置主要建筑，左右两旁分设对称的其余建筑物。例如北京故宫建筑群的布局，重要的建筑如午门、太和殿、保和殿等，都建筑在故宫中轴线上，其余建筑物在中轴线左右呈现对称分布（如图 8-31）。即便单体建筑物，也有一条隐含的中轴线，其左右部分基本一致，呈现对称照应（如图 8-32、图8-33）的格局。

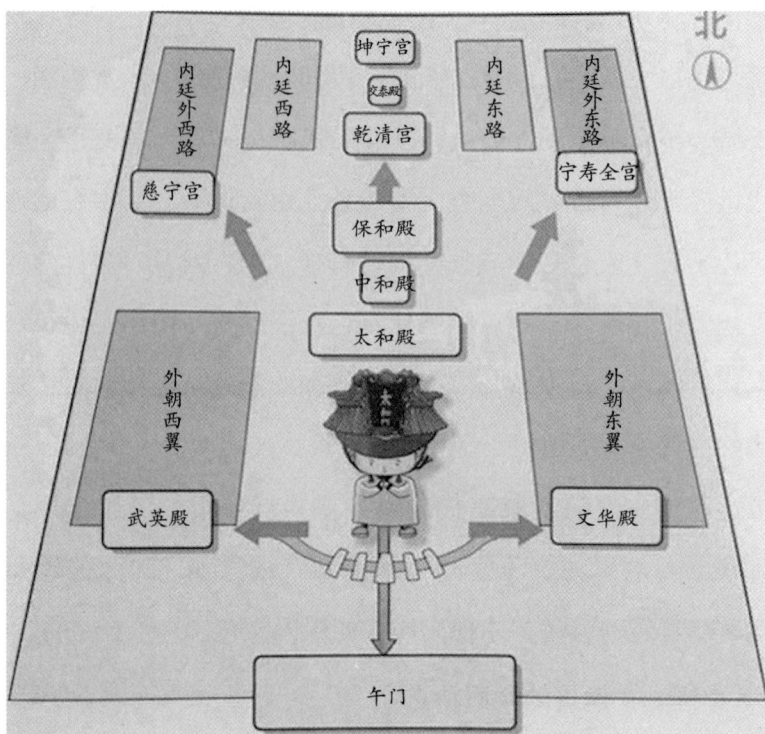

图 8-31　故宫平面布局示意图

图 8-32　天安门城楼

图 8-33　南方民居

2. 以木架结构为主，榫卯套接

中国古代很早就使用了木构架的结构方式，以木材为主，由木柱、横梁及椽檩等主要构件组成，屋顶呈人字结构，梁柱以斗拱承力，结合部位用榫卯套接，结构精巧，极具智慧。由于其具有使用灵活、便于施工和

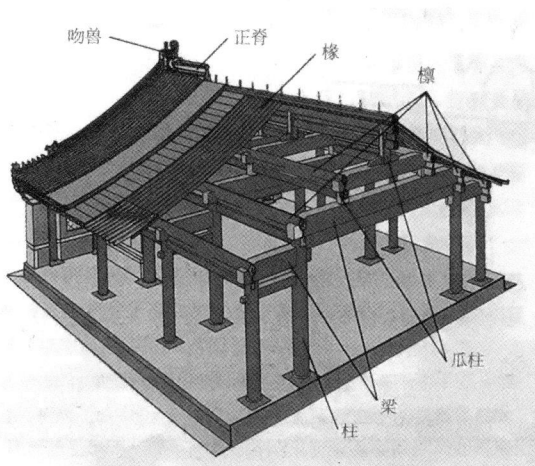

图 8-34　中国抬梁式建筑木架结构

"墙倒屋不塌"之整体抗震性能高的优点，在长期的实践中，成为中国古代建筑普遍的结构方式（如图 8-34），在世界建筑中独树一帜。

我国著名建筑大师梁思成尤为推崇这种木骨架结构方式，对它的特点和优点进行了具体详细的描述："这个骨架结构大致说来就是：先在地上筑土为台；台上安石础，立木柱；柱上安置梁架，梁架和梁架之间以枋将它们牵连，上面架檩，檩上安椽，做成一个骨架，如动物之有骨架一样，以承托上面的重量。在这构架之上，主要的重量是屋顶与瓦檐，有时也加增上层的楼板和栏杆。柱与柱之间则依照实际的需要，安装门窗。屋上部的重量完全由骨架担负，墙壁只做间隔之用。这样使门窗绝对自由，大小有无，都可以灵活处理。所以同样的立这样一个骨架，可以使它四面敞开，做成凉亭之类，也可以垒砌墙壁作为掩蔽周密的仓库之类。而寻常房屋厅堂的门窗墙壁及内部的间隔等，则都可以按其特殊需要而定。"①

尤其是在榫卯连接中独创的"斗拱"构件（如图 8-35），既能稳固承接并合理分力，确保梁柱连接安全牢固，又造型独特，巧妙美观，极大地提升了整个建筑的力学质量和美学层次。梁思成大师对此也有详尽地说明和剖析：

> 我们的祖先在选择了木料之后逐渐了解木料的特长，创始了骨架结构初步方法——中国系统的"梁架"。在这以后，经验使他们也发现了木料性能上的弱点。那就是当水平的梁枋将重量转移到垂直的立柱时，在交接的地方会发生极强的剪力，那里梁就容易折断。于是他们就使用一种缓冲的结构来纠正这种可以避免的危险。他们用许多斗形木块的"斗"和臂形的短木"拱"，在柱头上重而上，愈上一层的拱就愈长，将上面梁枋托住，把它们重量一层层递减地集中到柱头上来。这个梁柱间过渡部分的结构减少了剪力，消除了梁折断的危机。这种斗和拱组合而成的组合物，近代叫作"斗拱"。见于古文字中的，如栌，如桌等等，我们虽不能完全指出它们是斗拱初期的哪一型类，但由描写的专词与句子，和古铜器上图画看来，这种结构组合的

---

① 梁思成：《我国伟大的建筑传统与遗产》，载《梁思成全集》第 5 卷，中国建筑工业出版社 2001年版，第 93 页。

方法早就大体成立。所以说是一种"文法"。而斗，拱，梁，枋，椽，檩，楣柱，棂窗等，也就是我们主要的"语汇"了。

至迟在春秋时代，斗拱已很普遍地应用，它不惟可以承托梁枋，而且可以承托出檐，可以增加檐向外挑出的宽度。孟子里就有"榱题数尺"之句，意思说檐头出去之远。这种结构同时也成为梁间檐下极美的装饰，由于古文不断地将它描写，看来也是没有问题的。[①]

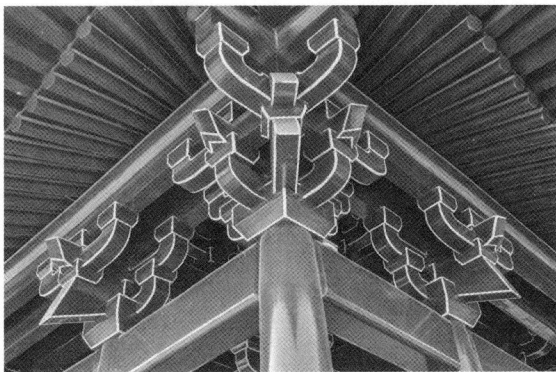

图8-35 梁柱承接处的斗拱

应该说，木骨架结构中的"斗拱"连接构件，是中国建筑对世界房屋构件连接技术的最伟大贡献。

3.具有优美的艺术造型和丰富的彩画装饰

中国古代建筑具有优美的艺术造型和丰富的彩画、雕塑装饰，得到世界的公认。如我国古代建筑的房顶做成庑殿、歇山、单檐、重檐等多种形式，使其檐头向上反曲挑起，形成十分柔和优美的凹曲线，充满建筑美学和文化内涵的古典建筑风格令人骄傲地特立独行于世界建筑之林（如图8-36）。同时，宫殿、庙宇、祠堂等宏大建筑，都是雕梁画栋，色彩斑斓，令人目不暇接，如入万千世界（如图8-37）；而民居、瓦舍等中小建筑，则砖雕木刻，

---

① 梁思成：《我国伟大的建筑传统与遗产》，载《梁思成全集》第5卷，中国建筑工业出版社2001年版，第94页。

壁画素绘，或立体凸显，或本色素描，文字与图画相映，朴素与雅致互见，令人流连忘返，如入文化大观园（如图8-38）。中国房屋建筑的这种特色，使不说话的木石砖瓦，成了有文字、有图画、有温情的大书本，使供人起居生活的房舍屋宇，成了一座座丰富多彩、内涵深厚的文化博览馆。

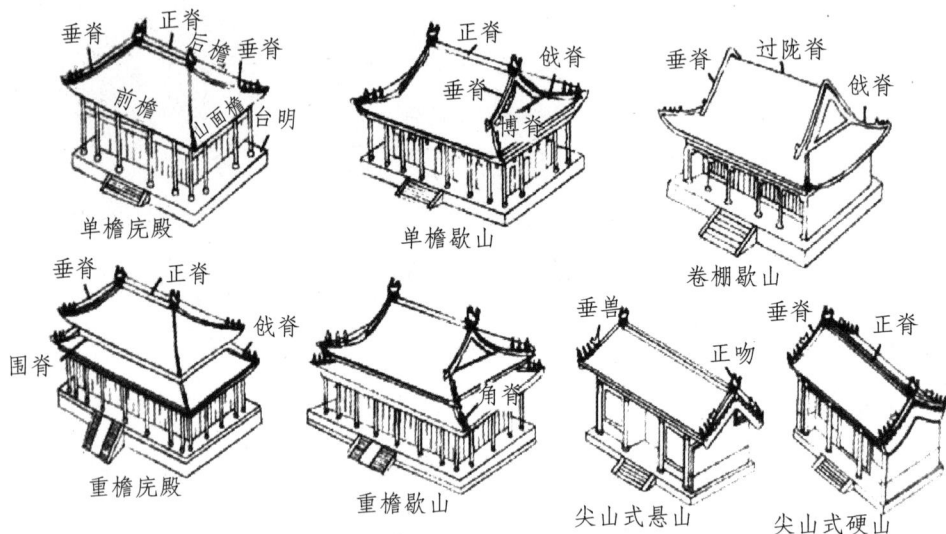

图 8-36　屋顶建筑多种形式

图 8-37　雕梁画栋（局部）

图 8-38　民居砖雕

（二）中国建筑的文化特色

1. 反映严明的宗法等级制度文化

尊卑有序，等级分明。宫殿有主殿配殿，居室有正房偏房，严格体现君臣、父子的尊卑次序。宫殿高大雄伟，气势庄严，体现皇权尊贵，不可冒犯；民居四合院也有严格的尊卑次序。请看如图 8-39 三进四合院平面图：

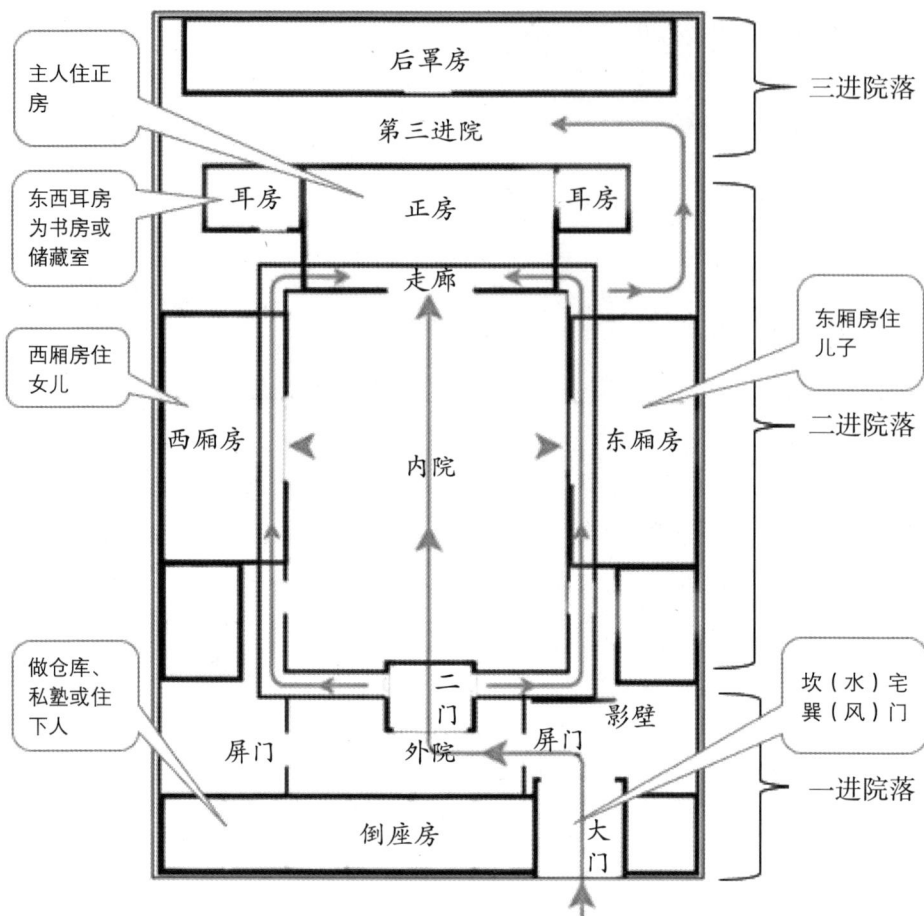

图 8-39　三进四合院平面图

　　北上正房为长辈房主居住；东西厢房为晚辈儿女居住，而且哥东弟西，儿东女西；西南倒座房为仓房与下人的住处，主次分明，秩序井然。周围一般都有围墙，既为居住安宁，也带来封闭保守。即使现在是楼房单元居住，但主卧室一般都是房主夫妇，次卧为儿女居住，如果有保姆则多在客房安排。封建社会上下等级森严，尊卑分明，不得冒犯，当然早已不合时代要求，已经被推翻了。但长幼有序，尊老爱幼，还是中华文化的传统美德，在房屋建筑和居住安排方面自然有所体现。

2. 体现"天人合一"的文化思想

房舍要依据阴阳风水布局来确定坐落位置，以达到与山水自然和谐。房屋绝大部分都是"坐北朝南"，以尽量背阴向阳，获得更多的日照阳光使"阳气"充盈。在山地，取"山环水抱"之势：后有靠山依仗，阻挡寒气、山洪，确保安全；前有清水环绕，带来用水和防火便利，由此产生的清爽润气也有利于身体健康。在平地，有的大户人家人工营造山环水抱的环境，在屋后造假山，在门前挖水塘，以弥补地势不足，以期与大自然融为一体，实现依存自然，达到天人合一。

3. 左右对称，平衡美观

中国房屋建筑，非常注意左右对称，给人以平衡美观，非常协调、稳固的美观和踏实感受。不仅宫殿一类的建筑群落是这样，以中轴线为据，左右对称分布；就是单座建筑，亦呈现从中心线对折、左右部分完全重合的对称构筑，工整（公正）、平衡（不偏不倚）、协调，给人以稳固、恒久的坚实感，充分体现了公正公平、不偏不倚的中庸之道和与万物和谐、稳久共处的文化观念。

第九章

中国文化的教育化成

在"绪论"章中，我们讨论了"文化"二字的特别含义，说"文"就是与"武"相对的文治，说"化"就是转化、化成，"文化"的含义也就是以文化成。在这一章里，我们就重点谈谈中国文化的"以文化成"，即中国文化的教育及其成果。

教育，主要谈谈古代的教育发展、教育形式和教育制度，讨论一下它的主要思想及其特点，以总结我们应该吸取的经验教训。

成果，就是在中国文化的熏陶和教育下，所培养的人才、所发明创造的成果。

第一节　古代教育

古代教育是一个大话题，因为"十年树木，百年树人"。人才的教育与培养，牵扯的影响因素非常多，但千条万条，通过学校进行教育培养是最主要的一条，古今中外，概莫能外。

一、古代教育的体制

从中国有史料记载的历史来看，中国古代很重视教育，尽管开初的组织形式比较简单，但绝不是散漫、混乱的"放羊式"。因为很早就有学校，分为"官学"与"私学"。

官学是朝廷办的国家学校，分为中央级的"国学"和州、郡、县的"乡学"，官家兴办，官家管理，是学校的主体。"私学"，民间私人兴办，对大众的基础教育贡献很大，但规模小，层次低，统治者基本不重视，自生自灭，对整个教育只是补充作用。"私学"从组织形式上有"书院"和"私塾"两类。

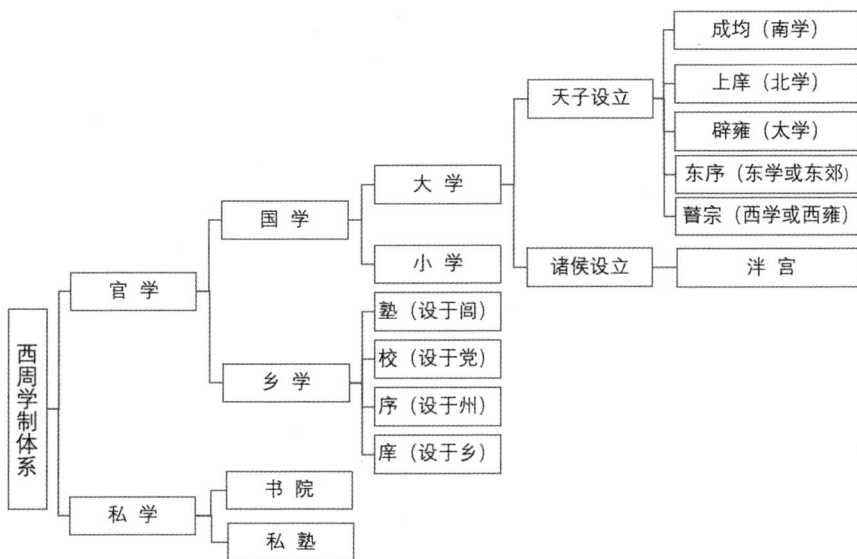

图 9-1　西周学制体系

（一）官学

殷商之前的原始社会，教育伴随在生产劳动中，没有一定的组织形式，没有特定的教育场所和教育制度。进入奴隶社会后，由于生产力的发展和社会分工的扩大，出现了专门从事知识和技巧传授的人员，向奴隶主贵族子弟传授礼乐和御射，教育开始从生产劳动中分离出来，并且被奴隶主贵族所垄断，形成了奴隶社会的教育。据文字记载，我国在夏代已经有了正式的学校，庠、序、学、校都是那时学校的名称。殷商学校的名称继承而来，有庠、序、学、瞽宗等。从文献记载看，大约庠、序属于培养贵族子弟的国学，瞽宗则是学习祭礼的学校。商周两代，学校教育都是由官府来管理的，即古书中说的"学在官府"，这是因为只有奴隶主贵族及其子弟才能入学受教育。西周的官办学校分为国学和乡学两种。

1. 国学

国学，是中央设立的学校，有大学和小学之分，是专为奴隶主贵族子弟设立的。小学设在王宫南边左侧，大学则设在国都的南郊。周天子的学校叫辟雍，诸侯国的大学叫泮宫。当时的教育内容因国学和乡学而有所不同。国学包括了德、行、艺、仪四个方面，具体内容则为六艺：礼（规章制度）、乐（音乐舞蹈）、射（射箭）、御（骑马驾车）、书（识字书写、史书）、数（算学），大学以诗、书（史书）、礼、乐为重点，小学以书（识字书写）、数为重点。实施教育的目的，如《礼记·大学》所说："大学之道，在明明德，在亲民，在止于至善。"意思是，大学的道理，在于彰显人人本有、自身所具的光明德性（明明德），再推己及人，使人人都能去除污染而自新（亲民，新民也），而且精益求精，做到最完善的地步并且保持不变。要求还是挺高的。

战国时齐宣王曾在都城临淄（今山东省淄博市）设立稷下学宫，并设有祭酒等领导人员，荀子就曾担任这个职位，他所作的《劝学篇》，称得上是我国最早的教育学论文。

图 9-2　稷下学宫

秦汉时期，为了培养统治阶级所需要的人才，采取"内法外儒"的文教政策，积极兴办学校。汉代的学校也分为官学和私学两类，官学最发达。官学中有中央政府主办的太学和鸿都门学，也有地方政府主办的郡国学和校、庠、序等。中国历史上正式设立的第一所大学是汉武帝时的太学，以五经博士为教官。鸿都门学是汉灵帝设立的一所专科性质的学校，主要学习辞赋书画，类似今天的文化艺术学院。汉代的地方官学也有一个发展过程，汉武帝时只有郡国学，即郡与国的地方官学。直到汉平帝才明确规定：郡国设学，县邑设校，乡设庠，聚（自然村）设序。魏晋南北朝时，晋武帝在太学之外，另设国子学。国子学只收五品以上官员弟子入学，太学则成为六品以下官员子弟的学校，这是晋代门阀制度的体现。北齐时，改国子学为国子寺，设博士、助教等训教国子。南朝的宋文帝立儒学、玄学、史学、文学四馆，相当于大学下属的四个系科。

隋唐时统一天下，加强了对学校教育的控制。隋文帝为了振兴学校教育，以国子寺总辖国子学、太学、四门学等。隋炀帝时又改国子寺为国子监，职能相当于后来的教育部。

唐代的学校通称为"六学二馆"。六学由国子监领导，分别是国子学、太学、四门学、律学、书学、算学。国子学、太学、四门学属于大学性质，律学、书学、算学属于专门学院性质。二馆即弘文馆和崇文馆，都是大学性质。二馆学生资格高于国子学，仅限皇亲国戚及三品以上官员子弟入学。唐代的学校教育体系完备，有入学考试、修业年限、考试、重学、退学等。唐代规定，学生要向老师行束脩之礼，束脩是学生给老师初次见面时敬奉的礼物。唐代六学中有不少外国留学生就读，如古朝鲜海东三国（新罗、百济、高丽）、日本等国，其中以日本学生最多，对中日两国间的文化交流起了巨大作用。

宋、元、明、清的教育，主要是沿袭唐代的官学体制和教育管理，没有大的创新变化。只是在科举制度上有所完善。

官学的最高管理机构——国子监。自隋炀帝改国子学为国子监，唐宋时期，国子监一直作为国家教育行政的最高管理机构。后来在发展演变中与国子学合一，到明代已取代国子学，成为兼有行政机关和最高学府两种性质的机构。到清代又取代太学，成为国家唯一的最高学府，但其职权已大大缩小，不再是教育行政领导机关。国子监内部的机构设置非常严明。国子监的最高领导人为祭酒，称作国子祭酒，由学识渊博、声望较高的儒家学者担任。北京国子监的第一任祭酒是元代著名学者姚燧。国子监的副职是司业，协助祭酒管理全监事务，类似今天的常务副部长、副校长。司业以下为监丞，坐绳愆厅办公；典簿，坐典簿厅办公；典籍，坐典籍厅办

图 9-3　北京国子监

公，类似今天的国家或大学图书馆馆长，清代著名史学家章学诚曾任此职。博士和助教，分坐博士厅和六堂工作，负责讲解经义，他们就相当于今天的大学教授和讲师。入国子监学习的人叫监生。

以北京国子监为例，重点了解一下国子监作为最高学府的内部形制和教育教学制度。北京国子监是元、明、清三代沿用的最高学府。始建于元大德十年（1306年），东与孔庙毗邻，这就是封建社会规定的"左庙右学"。国子监的主要建筑是辟雍殿，四周围绕一个圆形水池叫"泮水"。汉代以来大学内多设辟雍，供皇帝讲学。皇帝讲学时，太学的官员和学生要跪在泮水四周聆听。辟雍以北是"彝（yí）伦堂"，意为法规和伦理之堂，是讲习经义的地方。辟雍两侧，设"率性""诚心""崇志""修道""正义""广业"六堂，为教室。彝伦堂两侧为四厅：典簿厅负责文书财会，绳愆厅负责制度和纪律，典籍厅负责图书资料，博士厅负责讲授经义，它们是国子监内的行政和教学管理机构。

在国子监的学生叫监生。明清时期，因入学资格不同分四类：

（1）举监，会试落第，由翰林院择优选送入监的；

（2）贡监，从地方学校选拔入监的，又称贡生；

（3）荫监，三品以上官员子弟靠父荫入监的；

（4）例监，因监生缺额由普通人家捐资而特许其子弟入监的。

外国留学生在监就读，称为"夷生"。

监生学习的主要课程，是程朱学派注释的《四书》《五经》《资治通鉴》等；八股文是必修课程。通《四书》而未通经者居正义、崇志、广业三堂为初级班；一年半以后经考试升入修道、诚心二堂为中级班；又一年半以后，经史兼通、文理俱优者升率性堂为高级班，再一年结业。

国子监有严厉的管理制度。明代的国子监实行"会食"和"历事"制度。会食是会餐，进餐前鸣铎传唱"食不语，坐必安"。会食制度是培养监生极严格的言行举止。历事类似实习，即将监生分往衙门各司学习政事，熟悉政务，为以后任官作准备。开始时为半年，后改为三个月，一般为白天实习，晚上归舍。实习成绩分为上中下三等。明清入监学生的待遇极为优厚，衣、食、住、行全由国家供给，已婚者还可养其家小，未婚者赐钱婚聘，回家探亲还发给路费。但在思想和行为上控制极严，凡上课、起居、饮食、衣服、沐浴及告假出入等，都有严格的规定，小有过失，即行处罚。对那些狎妓嫖赌、出入官衙、寻衅闹事者，还要按律惩治，轻者笞打，重则处死。

2. 乡学

乡学，指招收王城和诸侯国都郊区建制乡的国人子弟入学的地方官学。

根据《周礼·地官·大司徒》乡的建制，周代王城和诸侯国都的近郊设立乡，以家为基础，五家为一比，五比为一闾，四闾为一族，五族为一党，五党为一州，五州为一乡（《周礼·地官·大司徒》："令五家为比，使之相保。五比为闾，使之相受。四闾为族，使之相葬。五族为党，使之相救。五党为州，使之相赒。五州为乡，使之相宾。"[①]）。乡设庠，州设序，党设校，闾设塾[②]。塾、校、序、庠都是不同层级和规模的官办学校，称作乡校。居住在乡的平民，叫作国人，他们多为士或庶人，他们的子弟可以进入乡校接受教育。

---

① 杨天宇撰：《周礼译注·地官司徒第二·一大司徒》，上海古籍出版社 2004 年版，第 155 页。
② "《周礼》又说：'乡有庠，州有序，党有校，闾有塾。'"（郭齐家著：《中国古代学校》，商务印书馆 1998 年版，第 24 页）。

图9-4 "庠序（乡校）之教"画像砖

　　乡校的学习内容参照国学简化，程度较低，大体相当于国学中的小学。在乡校学习的国人子弟，如果德行道艺都很优秀，经过乡大夫的考察，可以向负责乡教化的民政官员司徒荐举，称为"选士"。司徒再从选士中考定更为优秀者荐举给天子或者诸侯，经过认定以后，就能升入国学的大学（辟雍或泮宫）深造，称为"俊士"。西周虽然建立了荐举制度，但是，经过层层筛选，真正能进入大学的国人子弟，还是极少数。

（二）私学

　　春秋时期产生了与官学相对的由个人举办的私学。私学办得最好、对后世影响很大的是孔子创办的私学。孔子注重诗、书、礼、乐的学习，重视言、德、政、文等才能的培养，被后世称为儒学。

　　孔子以后，官学和

图9-5 孔子杏坛讲学

私学并重，形成了中国古代教育的双轨制。私学分为书院和私塾两类，规模大、影响也大的就是书院。

1. 书院

书院是我国封建教育的一种特殊形式，有些相当于今天的私立大学，是从古代的精舍、精庐、私塾学馆发展而来的。从宋代到清末，历时一千余年，其管理制度和教学方式都与国子监、太学等有重大区别，在我国教育史上产生过重要的影响。

据地方志记载，最早出现的书院，是唐开元年间遂宁人张九宗创办的书院，但只是私人读书治学的场所，而不是一个讲学授徒的机构，算不上真正的书院。其后，史书记载的于唐朝开元年间设立的丽正修书院和集贤殿书院，都设在宫中，也不用于讲学，而是整理和校勘国家藏书的场所，算不上真正的书院。直到唐代的中晚期，一些私人建立的书院开始教授生徒，引发了教育书院的诞生。教育书院的兴起是在宋代初年。

北宋建立以后，官学没有什么大的发展。而散居于草野的读书人，由于国家的初步统一和安定，产生了强烈的晋身要求，希望通过读书获得功名。书院教育就开始兴盛起来。宋朝统治者看到私立书院解决了很大的社会问题，培养的人才也有助于统治的维护，就从政策和物资方面给予支持，形成书院教育的第一个高潮。此时出现了一些大的书院，如石鼓书院、高阳书院、岳麓书院、睢阳书院、白鹿洞书院、茅山书院等。但为时不长，北宋的书院就冷落下来。原因是宋王朝把兴办教育的重点转向官学，一方面是书院培养的人才不能满足政务的大量需要，另一方面是北宋的一些名臣如范仲淹、王安石等都坚持通过科举选拔人才。读书人看到通过官学才有进身机会，书院教育也就冷落下来。

到了南宋，官学腐败，州县官学有名无实，而兴盛起来的理学又需要宣讲的场所。这时，理学代表人物朱熹相继恢复白鹿洞书院和岳麓书院的教学活动，并亲自讲课，指导生徒。各地纷纷效法，蔚然成风，书院有了迅速的发展，数量众多，形成书院教育的第二个高潮。当时的岳麓、白鹿洞、丽泽、象山四个书院，因为名儒张栻、朱熹、吕祖谦和陆九渊的主持，成为全国最有影响的理学中心，四个书院被称为"南宋四大书院"。

元朝建立后，对书院比较重视，开始有意识地进行利用和控制，目的是使书院教育官学化。元朝建立之初，首先由中央政府设立太极书院，是一所官办的书院，与南宋私立书院已截然不同。及至统一江南以后，许多南宋名儒不愿在元朝政府做官，退居山林讲学。元朝政府也不强其所难，反而给予鼓励和支持，因此，元代书院也比较兴盛，但元朝政府把书院的领导权控制在手里，书院的负责人和管理人员必须由官府委派，或经官府批准，使书院教育走上半官学化之路。

到了明朝，注重官学，提倡科举，书院又一次衰落。明代中叶以后，政治黑暗，科举腐败，以王守仁等为代表的儒学名士借书院宣传学术思想和政教主张，书院教育重又兴起，成为书院教育的第三个高潮。这时，书院教育的特点，就是学术活动与政治活动密切结合在一起。由于政治活动威胁到封建统治，书院屡遭限制，甚至禁止。无锡"东林书院"主持人颜宪成、高攀龙等，"讽议朝政，裁量人物"，把攻击的矛头指向专权的宦官头子魏忠贤，吸引了许多人前来听讲，造成巨大的社会影响。书院师徒和听讲的人都被视为"东林党人"，遭到残酷镇压，酿成"东林学案"。

清朝建立之初，怀疑书院为党徒群聚之所，曾极力加以抑制。直到雍正十一年（1733 年）才准许在各省省会设立一所书院，领导人由官府任命，经费由官府拨给，教育为科举做准备，这已完全成为官办书院了。至此，私立性质的书院教育就此结束。

书院的教学内容与宋代的理学有密切关系，历代书院都以研究和讲解理学为根本，基本教材是四书五经，辅助教材是理学家的著作和语录，如程颐的《伊川语录》、朱熹的《朱子语录》、王守仁的《传习录》等。教学方法最重要的是学生自学，老师适当考问、点拨。朱熹提出了六条读书原则：居敬持志、循序渐进、熟读精思、虚心涵泳、切己体察、着紧用力。朱熹还创立了"讲会制度"，即不同学派的学术自由争鸣、辩论制度，最著名的就是朱熹与陆九渊在江西上饶铅山县鹅湖镇之鹅湖山麓举行的"鹅湖之会"。此事，形成于宋代佚名的《陆九渊年谱》（见《陆九渊集》卷三十六《年谱》）有记载："淳熙二年乙未（1175年），先生37岁，吕伯谦约先生与季兄复斋（陆九龄，字复斋），会朱元晦（朱熹，字元晦）诸公于信之鹅湖寺。"①《年谱》引用陆九渊门人朱亨道书信说：南宋著名理学家吕祖谦（字伯恭），考虑到陆九渊与朱熹议论观点有分歧，想通过讲会沟通归于一致，以确定下来使弟子们有所适从，就邀请程朱理学派的代表朱熹与心学派的陆九龄、陆九渊兄弟在江西的鹅湖寺举行"鹅湖之会"。鹅湖之会，主要讲论的是"教人"，就是教人如何认识理。朱熹的意思，主张教人多读书，广泛博览，通过多观察研究事物，最后综合归纳出简约结论，实现"格物致知"；二陆（陆九龄、陆九渊）兄弟的意思，主张先发明人的本心，因为"心即理"，获得本心之理，然后再去博览，不赞成先做读书穷理之功夫。朱熹认为二陆教人的方法太过简陋粗糙，二陆认为朱熹教人的方法太过支离琐碎。他们双方的观点很不相合。

---

① 陆九渊：《陆九渊集》，钟哲点校，中华书局1980年版，第490页。

陆先生还想以尧舜之前就没有书可读何以穷理来和朱熹再辩论，被陆九龄劝住了。[①]可见争论是激烈的。三天的讲会没有结果，大家不欢而散。由于鹅湖会上二陆先声夺人，雄辩滔滔，致使"朱熹不慊"，但朱熹在归途经过分水岭时触景生情，意识到双方论点虽有不同之处，但也是有相通之处，应该求同存异。因此，朱熹写下题为《过分水岭有感》的五言绝句："地势无南北，水流有西东。欲识分时异，应知合处同。"三年后，陆九渊在铅山观音寺与赴任途中的朱熹再次会晤交流，学术分歧依然存在，但能正视自己观点的偏颇之处，对朱熹也更为敬重。鹅湖之会是一场主体平等、自由表达的研讨会，为古代书院教育留下了千古佳话。

图 9-6　鹅湖书院

图 9-7　鹅湖讲会

书院的组织结构开初比较简单，官学化以后日渐复杂。以清代大书院为例，设有山长、副山长、堂长、管干、典谒、经长、学长、引赞、伙夫、门斗等行政和教学管理人员。山长是书院的最高负责人，聘请海内名儒担任；堂长主管教务；管干负责财务和后勤；典谒负责接待，经长分管

[①] "鹅湖讲道切诚，当今盛事。伯恭盖虑陆与朱议论犹有异同，欲会归于一，而定其所适从，其意甚善。伯恭盖有志于此语，自得则未也。""鹅湖之会，论及教人。元晦之意，欲令人泛观博览，而后归之约。二陆之意，欲先发明人之本心，而后使之博览。朱以陆之教人为太简，陆以朱之教人为支离，此颇不合。先生更欲与元晦辩，以为尧舜之前何书可读？复斋止之。"（陆九渊：《陆九渊集》，钟哲点校，中华书局 1980 年版，第 491 页。）

习经；学长分管习事；引赞负责接引来宾；伙夫负责膳食：门斗负责门卫和夜间巡守。学生在院中分斋（教室）学习。各斋的功用不同。书院的学规明确而又严格。第一个完整系统的书院学规是由朱熹制定的《白鹿洞学规》，历代书院大都依此行事。清朝康熙年间，曾任兵部侍郎兼广东巡抚的诗人"南斗先生"汤来贺入主白鹿洞，拟定七条学规，分别是：专心立品、潜心读书、澄心烛理、虚心求益、实心任事、平心论人、公心求学。

私立性质的书院教育，在1200多年间，对古代学术的研究、人才的培养影响很大，先后也出现一些功载史册的著名书院。如北宋初年四大书院：湖南衡阳的石鼓书院、湖南长沙的岳麓书院、河南商丘的睢阳书

图9-8　湖南长沙岳麓书院

图9-9　江西庐山白鹿洞书院

图9-10　浙江金华丽泽书院

图9-11　江西贵溪象山书院

院（应天府书院）、江西庐山的白鹿洞书院。也有人说大书院有六个，除
前面四大书院外，还有河南郑州登封市的嵩阳书院、江苏句容的茅山书
院（又名金山书院），都因得到皇帝的"御赐"而名扬天下。南宋四大书
院指岳麓书院、白鹿洞书院、浙江金华丽泽书院、江西贵溪象山书院。此
外著名的书院还有江西上饶鹅湖书院、江西吉安白鹭洲书院、福建尤溪县
（朱熹出生地）南溪书院等。

2. 私塾

因为几乎都在家庭中对孩童进行读书教育，所以，又称"家塾"。不
过，在早期，只是家长对自己的孩子进行家庭教育，也不会聘请专门的教
师。后来怕耽误孩子，就聘请老师来家中专门教孩子读书，就是家塾性质
的教育了。中国古代非常重视家庭教育，最著名的例子就是孔鲤"趋庭"
和"孟母三迁"。

"趋庭"是古代儿子承受父亲教育的代名词，出自《论语·季氏
篇》："（孔子）尝独立，鲤趋而过庭。曰：'学诗乎？'对曰：'未
也。''不学诗，无以言。'鲤退而学诗。他日，又独立，鲤趋而过庭。
曰：'学礼乎？'对曰：'未也。''不学礼，无以立。'鲤退而学礼。"
文中的"鲤"，是指孔子唯一的儿子孔鲤，子姓，孔氏，名鲤，字伯鱼。
这段话记载的事情是：一天，孔子独自站在庭堂上，孔鲤快步从庭堂走
过，孔子问："学《诗》了吗？"孔鲤回答说："没有。"孔子说："不
学《诗》，就不懂得怎么说话。"孔鲤回去就学《诗》。又有一天，孔子
又独自站在庭堂上，孔鲤快步从庭堂里走过，孔子又问："学《礼》了
吗？"孔鲤回答说："没有。"孔子说："不学《礼》就不懂得怎样立身
处世。"孔鲤回去就学《礼》。孔子作为家长，对孩子的家庭教育，就

是简单明快地讲明道理。做儿子的孔鲤，则谨遵父亲的教诲，立刻认真去做。

"孟母三迁"，出自西汉刘向《列女传·孟母三迁》："昔孟子少时，父早丧，母仉（zhǎng）氏守节。居住之所近于墓，孟子学为丧葬躄踊痛哭之事。母曰：'此非所以居子也。'乃去，遂迁居市旁，孟子又戏为贾人炫卖之事，母曰：'此又非所以居子也。'舍市，近于屠，学为买卖屠杀之事。母又曰：'是亦非所以居子矣。'继而迁于学宫之旁。每月朔（夏历每月初一日）望（月圆之日，每月十五或十六、十七），官员入文庙，行礼跪拜，揖（拱手礼）让进退，孟子见了，一一习记。孟母曰：'此真可以居子也。'遂居于此。"刘向的记载说，亚圣孟子小的时候和母亲住在墓地旁边，母亲见孟子学人家丧葬哭拜之事，就把家搬到集市；又见孟子学商人买卖炫耀说大话，就把家搬到屠夫家旁；又见孟子学屠夫杀猪卖肉，就再把家搬到学宫旁边。这时见到孟子学习官员互相作揖行礼，礼貌相待，孟母终于满意地说，"这才是我儿子应该住的地方呀！"可见古代家庭教育也很重视环境的影响和榜样的力量。

隋代初年，著名教育家颜之推搜集历代家教典故，结合自己的家教实践，写成《颜氏家训》，其中有"教子、勉学、兄弟、治家、风操、慕贤、涉务、杂艺"等篇目，是我国最早的一部家庭教育专著。明清以后，家训更为流行，最有代表性的著作是清代著名理学家朱柏庐的《治家格言》。

清代私塾教育比较发达，它不同于学校教育和家庭教育，又是学校教育与家庭教育的结合，自有其特点。从教学阶段来说，它属于民间的小学教育，又叫蒙馆、家塾、族学等。私塾的办学形式，分为三种情况：

一是聘请教师在家教读子弟，称为"教馆"或"坐馆"；

二是教师在家设馆教授生徒，称为家塾或"私塾"；

三是地方出钱聘请老师在公用场所（多是家庙、祠堂）设馆教授贫寒子弟，称为"义学"或"义塾"。

图 9-12　私塾学堂

入私塾就读的学生叫作"学童"。

私塾的教学方法，主要采取小班教学，个别教授。入学后先学识字，背诵蒙学读物《三字经》《百家姓》《千字文》。也有学读四书的，在读四书的基础上，年龄较大的童子们也读五经，学作"八股"文，为以后科举应试做准备。

二、古代的教育、教学思想

（一）因材施教，启发引导

因材施教，是指教师要从学生的实际情况、个别差异出发，有的放矢地进行有差别的教学，使每个学生都能扬长避短，获得最佳发展。我国古代教育思想家孔子就是"因材施教"的主张者和实施者。《论语·先进篇》中就记载了孔子因材施教的案例：学生子路问孔子，如果听到一件可做的事，可以立刻去做吗？孔子回答说，总要问一下父亲和兄长的意思吧，怎么能听到就去做呢？另一个学生冉有来问，我要是听到一件可做的事应该立刻去做吗？孔子马上回答，应该立刻去做。这事被学生公西华听到，就问孔老师，一样的问题回答怎么不同？孔子说，冉有性格谦逊，办事犹豫不决，所以我鼓励他临事果断；但子路逞强好胜，办事不周全，所以我就劝他遇事多听取别人意见，三思而行。

除了针对学生不同的性格特点及长短，有的放矢进行教育，还要注意启发引导，使其能够自己思考、主动学习，而非被动地接受灌注。孔子在《论语·述而》说："不愤不启，不悱不发，举一不以三隅反，则不复也。"可见他特别重视启发教育，注意开发每一个学生的智力潜能。

（二）温故知新，学思并重

《论语·学而》说"学而时习之，不亦说乎？""温故而知新，可以为师矣。"《论语·为政》说"学而不思则罔，思而不学则殆"，就是这一思想的体现。囫囵吞枣，不求甚解，都是学习的大敌。而学思结合，深思熟虑，才能真正学有所悟、学有所得。

（三）循序渐进，由博返约

中国古代教育家普遍重视循序渐进的教学原则。孔子的学生就赞扬孔子"循循然善诱人"。孟子认为教学是一个自然发展的过程，一方面应自强不息，不可松懈或间断；另一方面也不应流于急躁。他说："君子之志于道也，不成章不达。"他把进学的次第比作流水，"盈科不行"，"其进锐者，其退速"。孟子还以禾苗的自然生长来譬喻人受教育的过程，一方面主张尽力耕耘，反对放任自流；另一方面又反对拔苗助长，急于求成。还要注意在重视"博学"的同时，注重提炼归纳得出简明扼要的结论。这是一种重要的思维方法和学习方法。

（四）扬长补短，教学相长

扬长补短，即既要善于发扬学生的优点，又要善于克服学生的缺点，是因材施教的另一方面，帮助成长。教学相长指教与学相互促进，师生以求真求实为原则，互相学习，共同提高。

（五）言传身教，尊师爱生

《论语·子路》篇说，"其身正，不令而行；其身不正，虽令不从"，又说，"不能正其身，如正人何？"这都说明，教师作为榜样的影响作用是很大的，必须正人先正己，以身作则，不仅用言语，更要用自己的身体力行、榜样示范去影响人、教育人，才会有实际的教育效果。尊师爱生，学生要尊重老师，按老师要求去学习、做人，不尊重老师的学生绝不是好学生，也不会有成功的人生。老师也要爱护学生，当成自己的孩子一样，用爱心去教育他。

这些教育、教学思想，确实是中国文化教育的经验总结，是值得传承和发扬光大的中国传统文化精华。

三、古代教育发展的文化特点

（一）十分重视教育

有两个方面。其一，突出教师的崇高地位，提倡全社会尊师。《礼记·学记》曰："凡学之道，严师为难，师严然后道尊，道尊然后民知敬学。"《荀子·大略》云："国将兴，必贵师而重傅……国将衰，必贱师而轻傅。"认为君师是治理国家的根本，"天地日月君亲师"的中堂牌位，更证明了教师地位的崇高。唐韩愈《进学解》明确指出："师者，传道授业解惑也。"传道、授业、解惑，三大任务彰显了教师的尊贵、教育的重要，使全社会形成了尊师重道、重视教育的良好风气。

其二，强调读书的神圣崇高，引导全社会敬学。《论语·子张》记载："子夏曰：仕而优则学，学而优则仕。"尽管这句话有不同的解释，但科举制给了它一个明确的脚注，就是"学得好就可以做官"，取得功名富贵。北宋年间著名学者汪洙（字德温，宁波人）的《神童诗》把读书学习的地位提升到天下万般之上："天子重英豪，文章教尔曹。万般皆下品，唯有读书高。""书中自有黄金屋，书中自有颜如玉，书中自有千钟粟，书中自有稻粱谋"——宋真宗赵恒《励学篇》中的谚语，虽然以功名利禄作诱饵，显得境界不高，但也确实提高了中国人读书向学的积极性，不管能不能获得功名利禄，但做人成才的智慧在书中，书不能不读，所以一般的中国人把耕读传家作为家训，代代传承，形成了全社会爱书敬学的优良传统。

（二）教育理念先进，教学思想和教学经验仍有可贵的借鉴价值

中国古代数千年的教育教学实践，培养了大量高质量的人才，创造了大量高水平的科技成果，同时，也积累了一些宝贵的教育理念和丰富的教学思想、教学经验。这些理念、思想和经验，是我们的宝贵财富，对我们今天仍有可贵的借鉴价值。比如我们在前面论述的中国古代的教育、教学思想，就有五大方面10条：因材施教，启发引导；温故知新，学思并重；循序渐进，由博返约；扬长补短，教学相长；言传身教，尊师爱生。

尤其"有教无类"的教育理念，在那个尊卑等级森严、人与人绝对不平等的阶级社会里，显得多么超前和亮眼：不论贫富贵贱，也不论聪明愚笨，只要是办学校搞教育，就要一视同仁，不分彼此，没有类别。用今天的话来说，就是教育公平，人人都有平等受教育的权利。想想看，还是在春秋末期，孔子就提出了这个伟大的教育理念（《论语·卫灵公》："子曰：'有教无类。'"），远远超越了他的时代，其思想理论的先进性是多么令人惊叹！虽然，落实起来难，官学不支持，私学也不会大力落实，但有了这个先进理念，就能使一部分贫寒低下的百姓子弟受到学校教育，其功德可以说是无量的。孔子带头，凡是带点微薄见面礼（束脩）来求学的，从没有不教诲的（《论语·述而》："子曰：'自行束脩以上，吾未尝无诲焉。'"）。他的学习最好的弟子颜回，就是一个"一箪食，一瓢饮，在陋巷，人不堪其忧"（《论语·雍也》）的贫寒学生。联想到我们今天还在为教育公平努力奋斗，更说明了"有教无类"教育思想的难能可贵。

（三）重德轻才

与尊师重教相适应，中国古代对人才的要求，最看重德行，认为德行品质是一个人最重要的素质基础。德才并茂，当然最好，但多数情况下难以双全。是重才轻德，还是重德轻才，就成了教育面临的一个抉择。中国古代毫不犹豫地选择了重德轻才。因为有德行的人，即使才能弱一些，还是个对家庭与社会有益的人，尽管这个益处可能很小；而德行不行，才能越大，对家庭和社会的危害也就越大。两利相权取其大，两害相权取其轻，重德轻才就成为古代社会在人才的教育与培养上的必然选择。教学内容都是偏重思想品德的教育与培养方面，比如在国学中实行德、行、艺、仪四个方面的教育学习，具体内容则为六艺：礼（规章制度）、乐（音乐舞蹈）、射（射箭）、御（骑马驾车）、书（史书）、数（算学）等。六艺之中，射箭、驭马属于技术体能，算学属于计算技能，但古代强调射箭"其争也君子"（《论语，八佾》），不单纯是技术，说明主要内容都是有关德行教育的。风行整个封建社会的关于德才关系的名言，就是清初著名散文家张岱引用明末著名画家、文学家陈继儒（号眉公）的话："丈夫有德便是才，女子无才便是德。"[①]。这就导致教育精神不全面，重视个人道德品质培养，忽视技能才干，结果多数学生成为只会背诵空头教条的酸腐文人，没有大的作为。

（四）尊圣崇儒，封闭保守

儒学的一个鲜明特征就是"法先王"，主张效法古代圣明君王的言行、制度，言必称尧、舜、文（周文王）、武（周武王）。孔子"祖述尧舜，宪章文武"（《中庸》），"述而不作，信而好古"（《论语·述而》），对古代先王无比尊崇。孟子继承孔子，心目中的楷模就是古代圣王——"孟子道性善，言必称尧舜"（《孟子·滕文公上》）。孔孟的法先王思想就成为先秦儒家所固有的政治倾向。至汉武帝统一思想，独尊儒术，使儒家尊崇圣贤、以古代先王为法统的思想成为社会统一规范。到唐代韩愈"道统"理论的提出，儒家文化形成了"尧、舜、禹、汤、文、武、周公、孔、孟"思想的传承系统[②]，愈加肯定了儒学法先王指导思想的正确性。孔子著名的"三畏"（《论语·季氏》："君子有三畏：畏天命、畏大人、畏圣人之言。"），更使人们尊崇圣贤，不敢有半点犹疑。若有丝毫违逆，

① 张岱：《公祭祁夫人文》，载张岱：《娜嬛文集》卷之六《祭文》，云告点校，岳麓书社1985年版，第278页。
② 韩愈：《原道》："曰：斯道也，何道也？曰：斯吾所谓道也，非向所谓老与佛之道也。尧以是传之舜，舜以是传之汤，汤以是传之文、武、周公，文、武、周公以是传之孔子，孔子以是传之孟轲，轲之死不得其传焉。"

就是离经叛道，数典忘祖，就是大逆不道。学校教育，就只读圣贤书，四书五经成为学子十年寒窗必学必考的经典，务必背得滚瓜烂熟，甚至倒背如流。尤其南宋朱熹从《十三经》中抽辑合成的《四书集注》，从明代起成科举考试试题的题源书，一直用到清末科举废除，前后达600多年，导致社会暮气沉沉，封闭守旧，一直走老路。这也是整个封建社会改朝换代却换汤不换药、延续两千多年的一个重要原因。

（五）以培养官员为目标

"学而优则仕"（《论语·子张》）。学习好的去做官，教育培养的目标是做官为宦，而非高素质有能力的人才，导致中国官本位思想严重。有学者说，对"学而优则仕"的这种理解不对。"优"，《说文解字》曰："优，饶也。"所谓"饶"，即"宽裕"之意。"所以，《论语》这里'仕而优则学，学而优则仕'的译文应该是'担任着公家的职务，如果时间和精力宽裕，就从事学习提高。当着学生，如果时间和精力宽裕，就去担任公家的职务。'所谓'仕而优则学'，是要求有了职务的人要继续提高自己；所谓'学而优则仕'，是说在学习阶段要尽可能地参与工作的实践锻炼，这都是十分积极的理念。"[1]这个拨乱反正的解释，对于《论语》文本的正确理解还是有说服力的。不过，就中国古代读书与做官的实际关系看，"学习好的去做官"的理解并没有错，尤其是隋唐起通过科举考试选拔读书人之优秀者为官，就是对"学而优则仕"的事实脚注。读书人都盯着官场，以官为贵，导致不少人只关心自己的升降沉浮，投机钻营，腐败成风，如今还有流毒影响，难以根除。

---

[1] 白平：《儒学洗冤录》，商务印书馆2015年版，第106页。

（六）只服务官贵，教育不公

传统教育只为少数人服务，存在着严重的教育不公平。古代社会的官学主要对应的是官宦子弟和富家子弟，虽有士类平民子弟，却少得如凤毛麟角；还有大量身为奴隶的，就根本没有受教育的权利。据《周礼·地官·遂人》遂的建制，在建制乡之外的郊野，以家为基础，五家为一邻，五邻为一里，四里为一酂，五酂为一鄙，五鄙为一县，五县为一遂（《周礼·地官·遂人》："遂人掌邦之野。以土地之图经田野，造县鄙形体之法：五家为邻，五邻为里，四里为酂，五酂为鄙，五鄙为县，五县为遂，皆有地域，沟树之，使各掌其政令、刑、禁，以岁时稽其人民，而授之田野，简其兵器，教之稼穑。"[①]）。居住在遂的都是奴隶，也叫作"野人"。他们的子弟没有权利进入乡校接受教育，官府在遂就不设立学校。私学虽有，面对底层平民，多是扫盲水平，满足于能写名字、简单算账的"能写会算"。虽然孔子主张"有教无类"，但实际上难以办到。

传统教育的这些特点，除了十分重视教育、书院制度、一些教育、教学思想有借鉴价值之外，不少显然是应该抛弃的糟粕。

第二节　教化成果

教育的教化成果，体现在两大方面，一是人才的教育培养和选拔任用，二是科技成果的发明创造。

---

① 杨天宇：《周礼译注》，上海古籍出版社2004年版，第223页。

一、科举制度及人才选拔成果

古代教育的教化成果首先体现在科举制度及其人才选拔任用上。教育的目的在于培养人才，选拔人才，实现人才兴家兴国的目的。

（一）古代人才选拔制度简述

中国古代人才的选拔与使用，先后经历了先秦世官制、汉代察举制、魏晋九品中正制、隋唐至明清科举制等四种方式。总的说来，各有利弊。

世官制，即"世卿世禄"制，官员父子世袭，盛行于先秦时期。尤其是西周封建制度建立，天子分封天下，从上至下，天下由天子、诸侯、卿大夫分层管理，官员依照血缘宗亲世袭罔替。虽然也有"选贤与能"的乡举里选和诸侯贡士之选士制度，也仅限于士所担任的下层官职，这些也往往受世袭制的影响，多是贵族子弟被选任，很难有公平公正的"选贤与能"。

察举制，是西汉时的选官制度。所谓察举制，就是由朝廷公卿、列侯和地方郡守以上官员察访人才，向朝廷举荐，最后由朝廷任用的选任制度。最初举荐的是"贤良方正能直言极谏者"，到汉武帝时察举"孝廉"，即孝子、廉吏。但到后来，由于高层官员世袭制的影响，使察举制流于形式，不仅察举出来得到任用的多是官贵子弟，且出现了民谣"举秀才，不知书；举孝廉，父别居。寒素清白浊如泥，高第良将怯如鸡"[①]的局面，完全失去了察举的意义。

魏晋九品中正制，即魏文帝曹丕接纳吏部尚书陈群的建议，所设立的"九品中正官人法"。朝廷在郡州设立中正官，采用察访、荐举、评议

---

① 葛洪：《抱朴子外篇·审举卷第十五》，见于《抱朴子外篇全译》，贵州人民出版社1997年版，第323页。

等方式推荐可为官士人，由中正官评议按其德才声望将其分为"上上、上中、上下、中上、中中、中下、下上、下中、下下"九品等级，报送朝廷按品级授官。由于魏晋时期士族势力日渐膨胀，州郡中正官多被盘踞朝廷的士家大族把持，评议人才的标准由才德优劣变为门第高低，以致出现了"上品无寒门，下品无士族"（《晋书·刘毅传》）、"世胄蹑高位，英俊沉下僚"（左思《咏史》诗）的局面，又使"中正举荐"的选任制度流于形式。

科举制，设立科目，以考试举士，故称"科举"。之前的世官制、察举制、九品中正制，都是举荐制，其中有的虽夹杂一定环节的考试（策试），但不以考试决定，往往被门阀世族把持而成为变相的官位世袭制。科举制，则完全以考试决定，体现了一定程度的公平公正，所以是历史上相对而言最好的、最有成效的人才选任制度，因而寿命很长。它开始于唐朝，完备于宋朝，兴盛于明、清两朝，废除于清朝末年，前后持续了1300多年。

这里需要说明的是：通常认为，隋文帝开皇七年（587年）废除九品中正制，凡九品以上的地方官都由中央任命。次年即设立"志行修谨"（德）、"清平干济"（才）两科，以选拔人才。隋炀帝大业三年（607年）又设立对后来影响很大的"明经"和"进士"两科，被视为科举制的正式开始。据学者金净研究，隋"废除'中正'，另设'州都'负责举荐人才（从改名称而言，与隋代讳'忠'字有关），但不再给士人划分品级。文帝开皇七年（587年），诏令诸州岁贡三人；开皇十八年，诏诸州举贡士人按'志行修谨'、'清平干济'两科分别荐进（《隋书·高祖纪》）。隋炀帝即位后，于大业三年（607年）诏令各级文武官员举荐人才，共分十科：孝悌有闻、德行敦厚、节义可称、操履清洁、强毅正直、执宪不挠、学业优敏、文才美秀、才堪将略、膂力骁壮。仅隔两年，在大业五年（609年）又诏诸州荐人，分为四科：'学业该通，才艺优洽'，'膂力骁壮，超绝等伦'，'在官勤奋，堪理政事'，'立性正直，不避强御'（《隋书·炀帝纪》）。从这些资料来看，隋代选官办法是两汉分科察举办法的沿袭"。因为"唐代杨绾曾说：'近炀帝始置进士之科。'（《旧唐书·杨绾传》）刘肃《大唐新语》也说隋代'置进士、明经二科'。后人多因此认为科举制度创于隋朝。但如前所述，隋文帝的二科、隋炀帝的十科、四科举荐中都没有进士、明经的科目，至于分科举荐的办法也不始于隋，两汉的察举已经实施分科、策试。"[1]这说明："科举制度的正式产生是在唐代（而且在唐代尚有一个发展过程），而不是隋代。"[2]

（二）科举制度的建立及发展兴衰

唐朝于公元618年建立，高祖武德四年（621年）就下诏令："诸州学士及早有明经及秀才、俊士、进士，明于理体、为乡里所称者，委本县考试，州长重复，取其合格，每年十月随物入贡。"（《唐摭言》卷一）这里，第一次提出了科举制度最重要的科目——"进士"，确定了"每年十月"赴朝应试的定期，也明确了州、县地方通过考试选拔人才，贡举朝廷，相当于后世"乡试"的办法，而且没有像隋代选举诏书那样规定必须经过官府举荐。次年，唐高祖武德五年（622年），又下选举诏书进一步明确：士人可以"投牒自应"，下层寒士如果得不到举荐者"亦听自举"，"洁己登朝，无嫌自进"（《唐大诏令集》卷一〇二）。这就正式确定

---

① 金诤：《科举制度与中国文化》，上海人民出版社1990年版，第47页。
② 金诤：《科举制度与中国文化》，上海人民出版社1990年版，第48页。

了士人"自举""自进"的应试制度。可以说，唐高祖武德四年和五年的选举诏令，标志着以自应考试为特点的科举制度的诞生。

唐朝初建的科举制度，分为"常科"和"制科"两类。常科每年在春天定期进行，称为"春闱"；制科为皇帝临时诏令设置的科目，不定期，是朝廷特选人才的一种方式，称为"特科"。常科的具体科目有五十多种，常见的如"明经、进士、明法、明字、明算、史科"等，其中以明经、进士两科较为有名，报考人数较多；最为出名的是进士科，为时人和考生看重，报考人数最多，考中后在仕途上晋升快，容易获得重用，唐朝的宰相大都是进士出身。常科考试最初由吏部主持，唐玄宗时改为由礼部主持，礼部侍郎（礼部副部长）任主考官，称"知贡举"，所以也称"礼部试"。应试的生源有两部分，一是"生徒"，为官办的中央和地方学校的学生；二是"乡贡"，即自学或是民间私塾、书院中的求学者，经州县考试合格再"进贡"到京城应试者。初唐生徒生源比乡贡多，盛唐、中唐以后乡贡占大多数。全国考试的地点在京城长安，中唐以后有时也分别在长安、洛阳两都举行。考试内容和录取标准，各科各有规定。以进士科说，唐初规定为"时务策"五条，也就是针对国家、社会现实问题有理有据地提出可行的五条对策。其内容涉及国家政治、经济、军事等方面，要求考生面对社会实际，观察思考，提出解决问题的思路和对策。这是汉代以来"策问"的发展和完善，能较好地展示考生的综合素质和能力。但时间长了，题目未免陈陈相因，而且真正尖锐复杂的社会矛盾和问题，本身就是封建社会条件下不可能解决的；且对于绝大部分来自乡贡、生徒的考生来说，还没有什么从政治国的经验，往往也只能对着试题发些空洞而又千篇一律的议论，华而不实。因此，高宗调露二年（680年）考功员外郎刘恩立就指责"进士唯诵旧策，皆无实才"，奏请进士科除试策外，加试帖经若干条和杂文二首。至此，进士科也就形成了杂文、帖经、策问三场考试制。所谓"杂文二首"，起初为诗、赋、箴、铭、表、赞等之类两篇，到唐玄宗时明确为一诗一赋两篇。诗的题目和韵脚都有严格的限制，据题目写诗，在题目前冠以"赋得"二字，形成了后来唐诗中的"赋得体"诗。所谓"帖经"，就是背写经文：考官任取经典中某一段，用纸条贴盖其中数字或数句，令考生背写出来，每十帖答对六帖以上算及格（《唐六典·吏部》）。三场考试中，实以首场诗、赋最为重要，唐人赵匡开元年间所上《举选议》云："主司褒贬，实在诗赋。"因此唐人谓进士科为"词科"，后世亦谓唐"以诗赋取士"。

科举考试考上被录取，称为"及第""登科"，考不上就叫"落第"。科举及第者，就取得了做官的资格，唐代还要进行吏部铨试，俗称"关试"。经考铨，优秀者授予官职，低劣者继续候选待缺。铨试的标准和内容有四条："一曰身，体貌丰伟；二曰言，言辞辩证；三曰书，楷法遒美；四曰判，文理优长。"（《新唐书·选举志》）。实际就是对考生仪表形象、口语表达、楷书书法水平和思考分析及书面表达力的全面考核。其中关键在"书、判"两项。书法从答卷可以评断，所以唐代书法家辈出。所谓"判"，即根据各地官府的狱讼案件，或经籍所载史事，设为案例，让应试者剖析判决，写出判词，以查验应试者为官从政的能力。试判共两条。

吏部铨试完毕，及第者就隶属吏部，等候分派官职。但能否尽快授官，不仅取决于铨试成绩，更要看官员缺额的多少，不少人往往一等数年之久，而且一般都从九品低位开始。急于求官者，可再参加吏部的"博学宏词""书判拔萃"两种考试，简称"宏词""拔萃"。所试仍诗、赋、论、判之类，虽然考中者可立即授官，但是每试仅取数人，难度很大。

宋朝完全继承了唐代的科举制，并进行了重大改革完善。值得肯定的有三条：一是取消"公荐"（朝廷权贵向主考推荐录取举子）特权，既杜绝考生巴结权贵"走后门"，影响考试公正，又防止权贵操纵科举，结党营私；二是实行回避制度，采取试卷密封、糊名、誊录制度，防止考官因知道考生姓名或熟悉书写笔迹而徇私舞弊；三是取消中考者再到吏部铨试候缺，考中进士即行授官。这三条基本纠正了唐代科举的漏洞和弊端，严格考试，绝对以文章优劣为录取的唯一依据，使科举制度更加公正、严密而完善。出身贫寒、无权贵可请托的举子也可以凭借出色的才学"朝为田舍郎，暮登天子堂"，形成了一种良好的正气、向上的文化导向，有力推动了宋代社会的进步与繁荣。同时，加强对科举考试的控制，主考官由皇帝直接任命进士出身的一、二品大员担任，改变了由礼部侍郎担任的惯例；改进殿试制度，由皇帝亲自主持，决定录取名次，打破了唐代以来主考官与考生之间形成的特殊"门生"关系，强化了录取者的忠君思想。到北宋神宗熙宁年间，王安石变法过程中对科举制度再次进行了改革，摒弃死记硬背的"记诵"之学，改唐代"诗赋取士"为"经义取士"，头场试经义、策、论，用散文形式阐述儒家经义；倡导"学校养成之法"，创立"三舍法"，即把太学分为外舍、内舍、上舍，在校考试成绩优秀的，外舍生可以升为内舍生，内舍生可以升到上舍生。如果考到上舍上等，可以直接授官；考到上舍中等，可以直接参加殿试；考到上舍下等，可以参加京城的省试。"三舍法"突出了平时学业成绩的多次考核，防止了一考定终身的偶然性，有效地保证了最终录取考生的质量。

元代接续了宋代的科举考试，实行乡试（各行省的考试）、会试（礼部考试）、御试（殿试）三级，考题都出自朱熹《四书章句集注》。明清时期的科举考试制度成熟定型，为三级四段考试：即初级（府县级）、中级（省级）和高级（中央级）三级考试和四个阶段（童试→乡试→会试→殿试），细分为六大步骤（县试→府试→院试→乡试→会试→殿试），即俗话所说的"三考出秀才（县试→府试→院试），三试出状元（乡试→会试→殿试）"。考试内容为经、史、策论等，文体为八股文，考试过程和规定更加严密、烦琐，定型化。为避免文字叙述啰唆不清，请看表9-1：

表9-1　明清科举考试的级别、阶段、时间、内容、考生身份、授官等

层次级别	考试阶段	时间和场地	内容及文体	考试者身份	考中后身份	考中后等次名分	考中者授官
高级：（全国性）中央级	4.殿试（皇帝主持）	会试后一个月，即三月十五日举行	试时务策一道题	贡士	进士	一甲进士及第，只取三名，依次为状元、榜眼、探花	状元授予"翰林院修撰"，榜眼、探花授予"翰林院编修"
						二甲：赐进士出身若干名，第一名为"传胪"	二甲、三甲进士还要进行一次"朝考"，然后按会试、殿试、朝考三项总成绩分别授予"翰林院庶吉士"、各部主事和知县等
						三甲：赐同进士出身若干名	

层次级别	考试阶段	时间和场地	内容及文体	考试者身份	考中后身份	考中后等次名分	考中者授官
高级：（全国性）中央级	3.会试（朝廷礼部主持）	乡试次年（即丑、辰、未、戌年）的二月初九至十五日于京师礼部举行，所以称"春闱""礼闱"	会试三场，内容同乡试	举人	贡士	第一名称"会元"	
中级：省级	2.乡试（省级考试）	又称"大比"，每三年一次，定于子、卯、午、酉年的八月初九至十五日在省城贡院举行，所以称"秋闱"	乡试三场，八股文写作：首场经义，包括《四书》义三篇，各二百字以上；《五经》义四篇，各三百字以上；次场论一篇，三百字以上；判词五条；诏、诰、表三种文体中选考一篇；末场试经、史策五篇	秀才	举人	第一名"解元"，第二名"亚元"，以下称"经魁""亚魁""文魁"	可以候选授官，但品级既低（多在知县以下），候选亦难。清代有"举人大挑"之法：即挑选三科以前中举的举人录用为官，每隔六年"大挑"一次

层次级别	考试阶段		时间和场地	内容及文体	考试者身份	考中后身份	考中后等次名分	考中者授官
初级：府县级	1. 童试	（3）院试（省学政轮流到各院主持）	按轮流时间	主要内容是《四书》，文体为八股文和试帖论	童生	"生员"或"庠生"，俗称"秀才"	第一名为"院案首"，共分三等：一等曰"廪生"，二等曰"增生"，三等曰"附生"	
		（2）府试（知府主持）	每年四月			（及格者可参加院试）	第一名为"府案首"	
		（1）县试（县令主持）	每年二月			"出案"（可进学入府学）	第一名为"县案首"	

图 9-13 南京贡院

　　明清两朝近 600 年，既是科举制度日益成熟完备的阶段，更是科举制度流弊日益盛行的阶段。已经走过了唐宋人才辈出、风光无限的时代，剩下的几乎都是误人误国的问题和弊端，导致早在明清之际，对科举制度的责难批评就风起云涌，声浪如潮。著名的如清代文学家吴敬梓（1701—1754），就以名著《儒林外史》，集中对科举制度进行了辛辣地讽刺和深刻地批判。之后四大名著之一的曹雪芹《红楼梦》（第七十三回："更有时文八股一道，因平素深恶，说这原非圣贤之制撰，焉能阐发圣贤之奥？不过是后人饵名钓禄之阶。"）和蒲松龄《聊斋志异》（《叶生》篇叶生"文章辞赋，冠绝一时"，但次次"榜既放，依然铩羽"，苦闷至死，却死不瞑目，魂魄化作人形，辅导县令之子中举，证明自己真有才学，是考官昏庸埋没人才。《司文郎》篇借盲僧以鼻代目、焚文判文的形象讽刺主考官鼻眼皆盲，使富有才学的王生屡试不中，而文章令人作呕的余杭生却得以高中。）都对科举制度进行了无情地揭露与批判。连刚登帝位才一年多的康熙皇帝也明确下诏："八股文章，实于政事无涉，自今之后，将浮饰八股文章永行停止，惟于为国为民之策论中出题考试。"礼部遵旨议复，从甲辰（康熙三年，1664 年）科始，"乡、会考试，停止八股文，改用策、论、表、判。"（《清圣祖宝录》[雍正九年，1731 年]卷九，康熙二年[1663 年]八月条下）。但科举制离不开僵化的八股文，康熙七年（1668 年）又在顽固大臣坚持下恢复旧制。之后反复几次，仍未革除。此后两百多年，科举制度在风雨飘摇中修修补补，苟延残喘，完全蜕化为一种有百害而无一利的腐朽制度。尤其是八股取士，形式死板，内容守旧，思想僵化，扼杀才思，汰优取劣，害人误国。所取之人，多是满肚陈腐文章而无半点经国治世之才的腐儒。明末清初顾炎武曾痛心疾首地说："八股之害，等于焚书。而败坏人才，有甚于咸阳之郊所坑者非但四百六十余人也。"（《日知录》卷十六《拟题》）直到近代列强用枪炮砸开国门，西方民主、科学和新式教育之风劲吹，有识之士疾呼改革图存，强烈要求兴新学而废科举。光绪三十一年（1905年）八月，直隶总督袁世凯，会同盛京将军赵尔巽、湖广总督张之洞、两江总督周馥、两广总督岑春煊与湖南巡抚端方，以科举"阻碍学堂、妨碍人才"，奏请立停科举，以广学堂。光绪三十一年八月初四日（1905年9月2日），清廷接受袁世凯等人的吁请，谕令立即停罢科举："兹据该督等奏称，科举不停，民间相率观望，欲推广学堂，必先停科举等语，所陈不为无见。着即自丙午科（光绪三十二年，1906年）为始，所有乡、会试，一律停止；各省岁、科考试，亦即停止。"①至此，唐高祖武德四年（621年）下诏建立的科举考试制度，历经1285年的漫长历程，终于"寿终正寝"，结束了它的使命。

（三）科举制度的成果及意义

就自然界而言，新事物总是早期光鲜无比，中期喜忧参半，末期垂垂老矣，腐朽不堪。"道法自然"。人类社会也一样，一种新事物（包括新制度），也是朝盛暮衰，难以持久，所以才要革故鼎新，生生不息。作为对唐之前弊端百出的举荐制的否定，科举制显示出了它无法比拟的优越性："一、'投牒自应'，读书人不论其出身、地位、财产如何，均可自行报名参加考试，不必由官吏举荐；二、考试定期举行，不必等候皇帝下达诏令；三、严格考试，录取与否完全决定于考场文章优劣。"②这就打破

---

① 王德昭：《清代科举制度研究》，中华书局1984年版，第245页。
② 金诤：《科举制度与中国文化》，上海人民出版社1990年版，第48页。

了门阀世袭制度对考生出身的限制，体现了超越前代的公平、公正和公开的显著优点，无疑是对选人用人制度的历史性改革与进步。对国家而言，拓宽了选用人才的渠道；对个人而言，有了较为公平、机会均等的发展空间，有利于调动国家与个人两个积极性，造成积极向上、生机勃勃的良好局面。唐、宋两朝近700年，人才辈出、社会稳定，唐代空前繁荣强盛，宋代经济文化达到极致，不能不说与科举考试制度有较大的关系。

据学者宋元强依据各种史料及今人研究统计，中国古代进士科取士，至今有姓名可考的进士有106,700多人，其中拨头魁的状元近600人（见表9-2）。[①]

表9-2 中国历代状元、进士人数（有姓氏可考者）

朝代	进士科榜数	进士人数	状元人数
唐	264	6637	147
五代十国	51	635	16
宋	118	42548	118
辽	55	2555	54
金	28	1916	29
元	16	115	32
明	88	24610	89
清	112	26699	114
总计	732	106735	599

如此大规模的高素质人才，对中国社会的进步、文明的发展所起的巨大作用，是无论怎么形容都不过分的。只要我们翻开史书，唐代以来的那些令人仰望的大文学家、书画家、政治家、科学家、军事家和著名将领，

① 宋元强：《状元史话》，社会科学文献出版社2011年版，第36页。

其中大多数都是通过科举考试而进士及第，最终得以施展抱负，个人则功成名就，光宗耀祖；国家则选贤任能，安定社稷，造福百姓。有人统计[①]，南京大学历史系所编《中国历代名人辞典》所载唐代至清末 2480 余人中，除帝王、宗室、将领、农民起义领袖及宗教人士外，有 1480 人为朝廷官吏、文化名人，其中为进士出身者达 800 余人，占朝廷官吏和文化名人总数的将近 60%。这说明，科举制对人才的选拔还是有积极作用的。人才的成功，离不开自身的努力，更离不开有用武之地的机遇，科举制给予了他们这一重要的人生机遇，则是不争的事实。

科举考试是国家统一考试，也是国家教育的指挥棒。唐代科举以诗赋取士，造成了诗歌的繁盛，使中国成为世界公认的诗的国度；科举阅卷取士重视楷书书法，造就唐、宋、元、明、清书法兴盛，代代有书法名家的盛况，使中国书法享誉世界。不仅如此，科举制度对外影响也不小，东亚的朝鲜和越南先后从中国引进。朝鲜于高丽光宗九年（958 年）开科取士，越南于李朝仁宗太宁元年（1075 年）开始科举，越南甚至在中国废除科举后还继续坚持了 13 年。尤其是 18、19 世纪，饱受诟病的中国科举制度，竟然对当时相对先进的西方法、英等国也产生了很大影响。对科举制度深有研究的学者王德昭说："尚有一事甚可注意者，即当中国因西潮迫来与新时势的需要而不得不改变传统的学校与科举制度之时，西方以法国与英国为首，却为公开政府职位与鼓励人才自由竞争起见，而开始施行文官考试制度。公元第 17、18 世纪入华耶稣会士有关中国科举考试制度的报道，与 18 世纪法国启蒙思想家（the philosophes）及重农学派思想家（the physiocrates）对于中国科举考试制度的颂扬，使学者大体相

---

① 陈江风主编：《中国文化概论》，南京大学出版社 2014 年第 3 版，第 272 页。

信，法国初行于 1791 年，10 年后停罢，其后于 1840 年代恢复的文官考试制度，乃取法于中国的先例。""19 世纪前半来华的一位英国译员梅笃士（Thomas Taylor Meadows）更著书立说，明白以中国的科举考试制度为范例，主张在英国实行公开竞争考试，以改善英国的行政组织。所以英国于公元 1855 年开始建立的文官考试制度，其曾受中国科举考试制度的影响，尤其显见。"[1]可见，中国科举考试制度的历史功绩是不可磨灭的。剔除那些弊端，它的公开性、严格以考试成绩为评判标准的公平公正性、崇尚知识尊重人才的价值导向性，对我们今天的教育改革和考试制度改革仍具有重要的借鉴意义。

二、古代科技发展及其成就

这里重点讲述八个方面：一是天文学，二是地理学，三是算学，四是物理学，五是医药学，六是科技著作，七是四大发明，八是中国古代 88 项重大发明。

（一）天文学

中国人从来都敬奉天，民间尊称天为爷，俗称"老天爷"。在先民的早期崇拜里，天地自然就是第一个崇拜的对象，是自然及社会最高的神。逢年过节，拜天拜地；无辜被冤，哭天抢地；得到好报，谢天谢地。天地生养万物，是人类生存之本，顺天者昌，逆天者亡。倡导"天人合一"，以天道护佑人道，成就人道。所以，天文、地理就成了中国人最关心的对象，因而成就也特别大。

一是许多天象记录是世界上最早、最完整、最准确的。例如，有比欧

---

① 王德昭：《清代科举制度研究》，中华书局 1984 年版，第 248—249 页。

洲早 600 多年的哈雷彗星的确切记录，有被世界公认为是太阳黑子的最早记录，还有比欧洲早 1700 多年，能遥测千里以外地震发生方向的张衡的地动仪，等等。

二是有系统完整的历法。历法，是一种推算年、月、日、时的时间长度和它们之间的关系，并使其与相关天象对应的、制定时间序列的方法，是关乎天人关系的宇宙大法。这方面，中国古人也是名列前茅的。突出表现是：

第一，历法形成早。春秋时期我国历法已经形成自己的系统，基本上确立了 19 年 7 闰的原则，比西方早 160 多年；汉武帝时，天文学家制订出了中国第一部较完整的历书《太初历》，以正月为岁首；唐朝天文学家僧一行制定的《大衍历》，反映了太阳运行的规律，表明中国古代历法体系的成熟；元朝杰出天文学家郭守敬主持编定《授时历》，一年的周期与现行公历相同，但问世比现行公历早 300 多年。

第二，历法成就大。一是有独特的阴阳历法。西方人历法只注意太阳，我们中国人，既关注太阳，形成阳历；也关注月亮，形成阴历；并关注二者关系，形成阴阳合历、与农事节令有关的农历，并通过阳历闰年、农历闰月的办法，使阴阳调和，历法年与回归年一致，准确地反映日、月运行和春夏秋冬四季的变化规律，为日常生活和重要的农事活动提供了科学的依据。

这里，简单说一下作为中国人必须要明白的闰年、闰月。闰年指阳历（公历）年增加 1 天，闰月指阴历（农历）年增加一月。

人们从天文观测中知道，地球绕太阳公转一圈是 365 天 5 小时 48 分 46 秒（合 365.24219 天）。历法只能按一年 365 天来安排，这样四年就会比地球公转的回归年少一天，100 年就会少 25 天，将近一个月，如果不调整，历法年与回归年实际误差就会很大。为了避免这种误差，采用闰年的办法，即每四年增加一天，所以，年份除以 4，能除尽的就是闰年，即一年有 366 天。同时规定，遇到整数百年，要用 400 整除。这样，就确保了历法年与回归年的完全一致。

再看月亮。月亮从圆（望，最圆时，十五或十六日）到缺（朔，完全看不到，定为每月初一），是 29.5306 日。按大月 30 天，小月 29 天，一年 12 个月共 354 天安排，则比地球公转回归年 365.2422 天少 10.88 天，10 年就会少 108.8 天，这怎么行！于是，采用"十九年七闰法"，进行弥补调整，遇到闰年就增加一个月，变成一年十三个月、383 天（闰一个小月）或 384 天（闰一个大月）。具体在哪一年闰，要通过天文计算。阳历闰年只增加一天，这一天加在哪里？通行世界的公历规定，加在 2 月份，由平年 28 天变成 29 天。

公历闰年 366 天，正好安排六个大月各 31 天、六个小月各 30 天。规律地安排，31 为奇数，1、3、5、7、9、11 为奇数，自然是大月；30 为偶数，2、4、6、8、10、12 为偶数，自然是小月，顺理成章。但是，非闰年的平年 365 天，少了一天，就将集中审判罪犯的 2 月份减去一天，由 30 天变为 29 天，遇到闰年则恢复为 30 天。后来，罗马帝国第一位元首奥古斯都大帝，想使自己出生的 8 月（Augutst）为大月 31 天，同凯撒大帝出生的 7 月（July）是大月一样的伟大，便再从 2 月份取来一天加到 8 月份，于是 2 月份变成了小小月，平年 28 天，闰年为 29 天。但是这样一来，连在一起的 7、8、9 三个月份都成了 31 天的大月，影响了凯撒大帝和奥古斯都大帝的尊贵，就把从 9 月到 12 月的大小月进行了间隔调整，公历月份天数安排因此变得杂乱无章了。我国从 1912 年 1 月 1 日开始使用世界公历。农历闰月，即在闰年增加一个月，一般加在没有"中气"的月份后面。闰月前面的月份是大月就润大月，否则闰小月。

二是神秘的干支计时（记时）。《竹书纪年》有"尧元年丙子"的记载，说明尧帝时期已有干支计时了。

"干"，指天干，按顺序为"甲、乙、丙、丁、戊、己、庚、辛、壬、癸（guǐ）"；"支"，指地支，按顺序为"子、丑、寅、卯、辰、巳、午、未、申、酉、戌、亥"。天干与地支按顺序两两相配，形成60个组合，称"六十甲子"，用来循环记录年、月、日、时。中国古代就是用"六十甲子"的干支来标记日期和时间的。表9-3，就是"六十甲子"的组合顺序。

表9-3　六十甲子

序号	干支	序号	干支	序号	干支	序号	干支	序号	干支	序号	干支
01	甲子	11	甲戌	21	甲申	31	甲午	41	甲辰	51	甲寅
02	乙丑	12	乙亥	22	乙酉	32	乙未	42	乙巳	52	乙卯
03	丙寅	13	丙子	23	丙戌	33	丙申	43	丙午	53	丙辰
04	丁卯	14	丁丑	24	丁亥	34	丁酉	44	丁未	54	丁巳
05	戊辰	15	戊寅	25	戊子	35	戊戌	45	戊申	55	戊午
06	己巳	16	己卯	26	己丑	36	己亥	46	己酉	56	己未
07	庚午	17	庚辰	27	庚寅	37	庚子	47	庚戌	57	庚申
08	辛未	18	辛巳	28	辛卯	38	辛丑	48	辛亥	58	辛酉
09	壬申	19	壬午	29	壬辰	39	壬寅	49	壬子	59	壬戌
10	癸酉	20	癸未	30	癸巳	40	癸卯	50	癸丑	60	癸亥

地支记录时辰，一天12个时辰，一个时辰等于现在两个钟头（见表9-4）。

表 9-4　地支对应时间表

地支	时间 （24 小时制）	地支	时间 （24 小时制）
子时	23:00 — 01:00	午时	11:00 — 13:00
丑时	01:00 — 03:00	未时	13:00 — 15:00
寅时	03:00 — 05:00	申时	15:00 — 17:00
卯时	05:00 — 07:00	酉时	17:00 — 19:00
辰时	07:00 — 09:00	戌时	19:00 — 21:00
巳时	09:00 — 11:00	亥时	21:00 — 23:00

例如用干支记录一个人出生的日期时间，包括年月日时，就可以这样记录：假如该人出生于公历 2018 年 11 月 28 日 12 时 23 分，对应农历为二〇一八年十月廿一日午时，用干支计时则为：戊戌（年）癸亥（月）甲子（日）庚午（时）。这个又称为"生辰八字"，即用四干四支 8 个字来记录生辰的年月日时。由于一年 12 个月，一天 12 个时辰，刚好与 12 个地支固定对应，所以，可以单独只用地支来指称月份（见表 9-5）或时辰（见表 9-4）。

表 9-5　地支记月份

地支	月份 （农历）	地支	月份 （农历）
寅	正月	申	七月
卯	二月	酉	八月
辰	三月	戌	九月
巳	四月	亥	十月
午	五月	子	冬月
未	六月	丑	腊月

　　干支计时是中国文化特有现象，存在于大量古籍之中。要学好中国文化，必须明白它。至于街头艺人用干支掐算，预测吉凶，那属于神秘文化，有兴趣的读者不妨再进行深入了解。

　　三是奇妙的二十四节气。这也是中国的独创，已经于 2016 年 11 月 30 日被联合国教科文组织正式列入人类非物质文化遗产代表作名录，被誉为"中国的第五大发明"。它是根据地球在黄道（即地球绕太阳公转的轨道）上的运动位置的变化而制定的，每运动 15° 所到达的一定位置设一个节令点，绕一圈 360°，除以 15，正好是 24 个节令点，叫作"二十四节气"，分别用"立春""惊蛰""清明"等能直观表示节令、气候、农事的词语命名，成为人们应对气候变化安排生活与农事活动的指南，具有很大的生活实用价值。见表 9-6、表 9-7 和表 9-8。

表 9-6　二十四节气（一）

季节 （农事）	春（种）			夏（长）		
月份 （公历）	2 月	3 月	4 月	5 月	6 月	7 月
节令	立春 （3—5 日）	惊蛰 （5—7 日）	清明 （4—6 日）	立夏 （5—7 日）	芒种 （5—7 日）	小暑 （6—8 日）
中气	雨水 （18—20 日）	春分 （20—21 日）	谷雨 （19—21 日）	小满 （20—22 日）	夏至 （21—22 日）	大暑 （22—24 日）

表 9-7　二十四节气（二）

季节 （农事）	秋（收）			冬（藏）		
月份 （公历）	8 月	9 月	10 月	11 月	12 月	1 月

续表

季节 （农事）	秋（收）			冬（藏）		
节令	立秋 （7—9日）	白露 （7—9日）	寒露 （8—9日）	立冬 （7—8日）	大雪 （6—8日）	小寒 （5—7日）
中气	处暑 （22—24日）	秋分 （22—24日）	霜降 （23—24日）	小雪 （22—23日）	冬至 （21—23日）	大寒 （20—21日）

表9-8　二十四节气含义及歌诀

二十四节气的含义	二十四节气歌
立春：春季的开始，天气渐暖，万物开始生长 雨水：降雨开始，雨量、频次逐渐增多，春耕春种繁忙 惊蛰：春雷惊醒冬眠动物，万物惊醒勃发 春分：昼夜时长平分，春天到了，万物旺盛生长 清明：天气晴朗明净，扫墓祭祖，踏春赏花 谷雨：春雨绵绵，雨生百谷，谷类作物开始抽穗 立夏：夏季的开始，天气变热 小满：麦类等夏熟作物籽粒开始饱满，进入成熟期 芒种：麦类有芒作物成熟，晚稻等谷类播种的最后期限，错 　　　过则严重减产 夏至：夏天到了，昼长夜短 小暑：气候开始炎热 大暑：夏天最热的时期，注意防暑降温 立秋：秋季的开始，气温开始下降 处暑：炎热的暑天结束，气温明显下降 白露：天气转凉，露水渐多，农作物开始收获 秋分：昼夜时长平分，气温下降，天气更凉 寒露：露水已寒，天气渐冷 霜降：开始有霜降落，天气渐寒，秋收进入高峰期 立冬：冬季的开始，气温大幅降低 小雪：开始下小雪，进入初冬 大雪：开始下大雪，天气寒冷 冬至：寒冷的冬天到了，夜长昼短 小寒：气候更加寒冷干燥 大寒：一年中最寒冷的时候，注意防冻保暖	春雨惊春清谷天， 夏满芒夏暑相连， 秋处露秋寒霜降， 冬雪雪冬小大寒。 每月两节日期定， 最多相差一两天， 上半年是六、廿一， 下半年为八、廿三。 注：后四句的意思是：每月两个节气，分别在上半年1—6月的每月6日和21日，和下半年7—12月的每月8日和23日。不过，有时会差一两天，即上半年可能是5、6、7和20、21、22日；下半年可能是7、8、9和22、23、24日。

（二）地理学

战国中后期出现的、被认为是神话的《山海经》，具有非凡的文献价值。它对中国古代历史、地理、文化、矿物、中外交通、民俗、神话等的记载，均有很大的参考价值。全书18篇，分《山经》《海经》（《海内经》《海外经》），共记载了40多个邦国，550座山，300条水道，100多位历史人物，400多个神奇怪兽。有人说是志怪书，有人说是神话，有人考证是世界地理。西晋时期的裴秀，是中国古代杰出的地图学家，他绘制出《禹贡地域图》，还提出了绘制地图的原则。北魏时期的地理学家郦道元所作的《水经注》，通过为古书《水经》作注，以《水经》为纲，全面而系统地介绍了水道流经地区的自然地理和经济地理等诸方面的内容，是一部历史、地理、文学价值都很高的综合性地理著作。明朝徐霞客的《徐霞客游记》，其中对石灰岩溶蚀地貌的观察和记述，比欧洲早了约两个世纪。书中记录的一些地理发现，纠正了前代地理学著作中的一些错误。

这些地理学专著，就是中国古代对中国和世界地理文化的巨大贡献。

（三）算学

算学，也就是今天所称的数学，中国古代也是成就斐然。数学最基础的"十进制"，在商代陶文和甲骨文中就有了，可以看到当时已能够用一、二、三、四、五、六、七、八、九、十、百、千、万等13个数字，而印度到公元7世纪时才采用十进位制。

图 9-14　甲骨文数字

现代通用的印度——阿拉伯数码和记数法，大约在 10 世纪时才传到欧洲。数学非常重要的"勾股定理"，西方归功于公元前 5 世纪左右发现它的古希腊数学家毕达哥拉斯，而《周髀算经》所记载的周公与商高关于直角三角形"勾三股四弦五"的问答，则是在公元前 11 世纪左右。晋、唐出现的《九章算术》注本中，就记载了最先进的四则运算、比例算法，还有用开平方、开立方来求解一元二次方程的方法，等等，比印度和欧洲早得多。而南北朝时的祖冲之，将圆周率精确到 3.1415926 与 3.1415927 之间，比荷兰人安托尼兹求得此值早了 1000 多年！

（四）物理学

相对而言，物理学差一些，但也有战国时期的《墨经》。其中有大量的物理学知识，包括杠杆原理和浮力理论的叙述，还有声学和光学的记载。尤其关于光影关系、小孔成像等，写得很系统，被现代科学家称为"《墨经》光学八条"。

（五）医药学

医药学方面，可以说是独一无二，创造了世界上最神秘、独特的"中医"，令世界刮目。

早在先秦战国时期，我们就有神医扁鹊。他采用望（望气色）、闻（闻气味）、问（问病情）切（切脉象）的四诊法，2000 多年来一直为中医所沿用。后代把他奉为"脉学之宗"。战国时还问世了《黄帝内经》，是我国现存最早的重要医学文献，它奠定了中国医学的理论基础。西汉末年的《神农本草经》，收载药物 360 余种，是中国第一部完整的药物学著作。东汉末年名医华佗，擅长外科手术，被人誉为"神医"，发明的用于麻醉的麻沸散，比西方早 1600 多年；名医张仲景，被称为"医圣"，其代表作《伤寒杂病论》，总结和创制 200 余种处方，是后世中医的重要经典。西晋时期学者、医学家皇甫谧有 12 卷的《皇帝针灸甲乙经》，世界最早的针灸学专著。东晋道教学者、著名炼丹家、医药学家葛洪著《肘后备急方》，收集了大量救急用的方子、针灸和外治方法。唐朝杰出的医学家孙思邈的《千金要方》，记载单验方 6000 余条，全面总结历代和当时的医药学成果，在我国医药学历史上占有重要地位。唐高宗时期编修的《唐本草》，是世界上最早的、由国家颁行的药典。明朝李时珍的《本草纲目》，记载药物 1892 种，方剂 1 万多个，全面总结了 16 世纪以前的中国医药学，被誉为"东方医药巨典"。

中国医学把人的生理机能看作一个整体，重视人与天时、地利的关系，综合施治，立足根本，标本兼治，无疑比西方"头痛医头脚痛医脚"、动不动就割掉器官要先进得多。所以，我们不能盲目排斥中医，迷信西医！

（六）科技著作

科技著作，是科技理论的总结，科技水平的体现。中国古代比较著名的科技著作也不少。例如战国时期出现的手工业专著《考工记》，记述了齐国官营手工业各个工种的设计规范和制造工艺，在当时世界上是独一无二的。北朝时期，贾思勰的《齐民要术》，系统地总结了6世纪以前黄河中下游地区农牧业生产经验、食品的加工与储藏、野生植物的利用等，是中国现存最早、最完整的农学专著。北宋科学家沈括《梦溪笔谈》，总结了我国古代主要是北宋时期的许多科技成就，在我国和世界科技史上有重要地位。英国学者李约瑟称沈括是"中国科技史上最卓越的人物"，《梦溪笔谈》是"中国科学史的里程碑"。明朝徐光启的《农政全书》，综合介绍了我国传统农学成就，建立了一个比较完整的农学体系。明末宋应星的《天工开物》，总结了明代农业、手工业的生产技术，国外称它为"中国17世纪的工艺百科全书"。

这些著作，虽然偏重于经验、技术，但也不乏对科学理论的总结与探索，它们都是我国古代科学技术传承下来的宝贵财富。

（七）四大发明

最有代表性、对世界最有贡献的，当是被世界公认的四大发明（以时间为序）：指南针、造纸术、印刷术、火药。

1. 指南针

图9-15　司南（指南仪）　　　　图9-16　北宋指南针

早在战国时代，中国人就已经根据天然磁石指示南北的特性制成了"司南"，这是世界上最早的指南仪器。样子像一把汤勺，圆底，放在

铜质平滑的"地盘"上并保持平衡，拨动可以自由旋转。当它静止的时候，勺柄就会指向南方。《韩非子·有度》记载："故先王立司南，以端朝夕。"意即先王朝夕用司南定方位以正四方。东汉王充（27—约97）《论衡》卷十七《是应篇》第52记述："司南之杓（勺子），投之于地（地盘），其柢（杓的长柄）指南。"北宋时期，沈括在《梦溪笔谈》卷二十四《杂志一》中介绍了用人工磁化制成指南针的方法："方家以磁石磨针锋，则能指南，然常微偏东，不全南也。"南宋时，指南针普遍应用于航海，同时传到阿拉伯。12世纪初指南针传入欧洲。指南针在航海上应用，导致了以后哥伦布发现美洲新大陆的航行和麦哲伦的环球航行。指南针的发明应用大大加速了世界经济发展的进程。

2. 造纸术

中国最早的纸是1957年从西安灞桥的西汉古墓中出土的植物纤维纸——麻纸，质地粗糙，不便书写，制造工艺也无从知道。真正可以推广、大量制作的，是东汉蔡伦（61或63—121）于元兴元年（105年）奏报朝廷的可以书写、价廉易造的植物纤维纸和造纸法。因而，将造纸术的发明桂冠戴在蔡伦头上也是实至名归。蔡伦扩大了造纸原料的范围，破布、渔网、树皮、麻头等都可以成为廉价易得的造纸原料，其中用树皮造纸更是他的发明。他的造纸工艺更为精细，成为一种独立的技术。造纸术在4世纪传入朝鲜、日本，8世纪中叶传到阿拉伯联合酋长国，到12世纪传入欧洲，使他们结束了用羊皮书写记录的历史，仿效中国的方法开始设厂造纸。

图 9-17　蔡伦

图 9-18　蔡伦封地陕西洋县造纸作坊

3. 印刷术

目前发现最早的雕版印刷成品是 1974 年在西安唐代陵墓出土的、印在亚麻纸上的一单页印度梵文《陀罗尼经》，印制时间在 650—670 年间。世界上现存最早的印刷物是唐咸通九年（868 年）印制的《金刚经》。根据历史学家考证，雕版印刷术发明于唐朝初期，中后期开始普遍使用。北宋学者沈括在《梦溪笔谈·活板》中详细介绍了活字印刷术——胶泥活字，一般先烧制字形，然后拣字排列成版，印刷后拆解，以留待印制别的书再使用，明确发明者为北宋工匠毕昇（990—1051）。虽然有了活字印刷术，但是宋代普遍使用的仍然是雕版印刷术。1991 年 9 月在宁夏回族自治区贺兰县西夏方塔中，出土了西夏佛经《吉祥遍至口和本续》，据研究为西夏后期（12 世纪下半叶）的木活字印品。时间上比元代著名道家学者王祯发明木活字、创造出转盘排字方法早了 100 多年。明代出现铜活字，16 世纪铅活字出现，使活字印刷术得到了大幅度改进。早期的雕刻印本唐代就传到日本，8 世纪后期日本完成了雕版《陀罗尼经》后传到朝鲜、中东一带和东欧。14 世纪到 15 世纪，雕版印刷和活字印刷同时在欧洲流行开来。

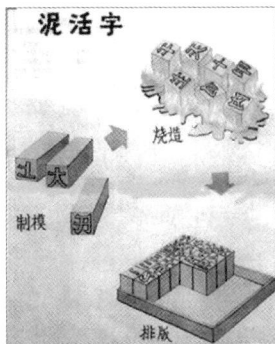

图 9-19　毕昇　　　图 9-20　胶泥活字制作　　　图 9-21　活字排版

4.火药（黑火药）

火药——这里指黑色火药——的研究开始于古代道教的炼丹。道士们为求长生不老而炼制丹药，虽然长生的丹药未能炼成，竟炼成了药死一些道士和帝王的毒药，但炼丹过程导致了火药的发明。火药的配方由炼丹家转到军事家手里，就成为中国古代四大发明之一的火药。这种火药，是一种黑色的炸药，由硝酸钾、木炭和硫黄混合而成。唐初"药王"孙思邈的《丹经·内伏硫磺法》记载："硫磺、硝石各二两，令研（研磨），又用销银锅或砂罐子，入上件药在内……候出（会有）焰（起）。"唐末五代时期郑思远的丹学著作《真元妙道要略·黜假验真镜第一》记载："有以硫磺、雄黄合硝石，并蜜烧之，焰起烧手、面，及烬屋舍者"。这些记载说明，最迟在唐代，火药已经被发明并利用了。宋朝则是火药武器大发展之时。据《宋史》卷一百九十七记载："时（宋太祖开宝三年［970年］五月）兵部令史冯继升等进火箭法，命试验，且赐衣物、束帛。"这种火箭是在箭杆前端缚火药筒，点燃后利用火药燃烧向后喷出的气体的反作用力把箭镞射出，这是世界上最早的火药射击器。公元1000年，士兵出身的神卫队长唐福向宋朝廷献出了他制作的火箭、火球、火蒺藜等火器。北宋仁宗时期编纂而成的《武经总要前集》卷十二《守城》，记载有“砲车、单稍砲、双稍砲、五稍砲、七稍砲、旋风砲、虎蹲砲、拄腹砲、独脚旋风砲、旋风车砲、卧车砲、车行砲、旋风五砲、合砲、火炮”等 15 种实图，其中“火砲”还附有“火药法”，可以说是我国古代第一部“古炮大全”。大约在唐代晚期，制造火药的主要原料“硝石”，传到了阿拉伯、波斯等地。13 世纪左右，火药经由商人传入阿拉伯地区。而经过数个世纪的发展与改良，黑火药兵器逐步取代冷兵器，在军事战争中带来了革命性的影响，直到 19 世纪中后期才逐渐被无烟火药（黄色炸药）所代替。

武经总要前集　守城　六二二
麻搭四具　小水桶二隻　唧筒四箇
土布袋一十五條　界樑常一十條　鍬三具
氊一領　钁三具　火索一十條
右隨砲預備用以盖覆及防火箭
火藥法
晉州硫黃十四兩　窩黃七兩　焰硝二斤半
麻茹一兩　乾漆一兩　砒黃一兩
定粉一兩　竹茹一兩　黃丹一兩
黃蠟半兩　清油一分　桐油半兩
松脂一十四兩　濃油一分
右以晉州硫黃窩黃焰硝同搗羅砒黃定粉黃丹同研

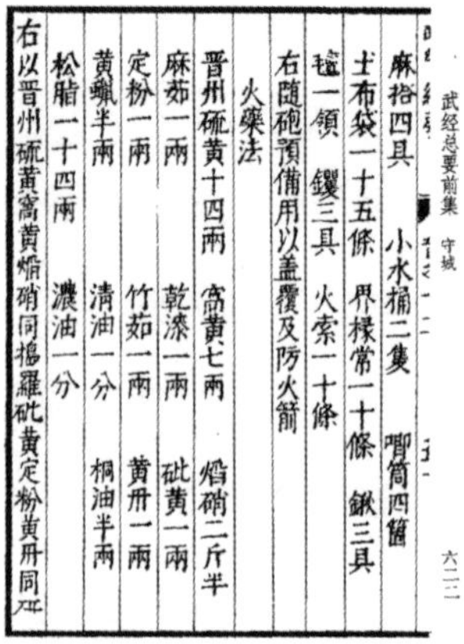

图 9–22　火药法

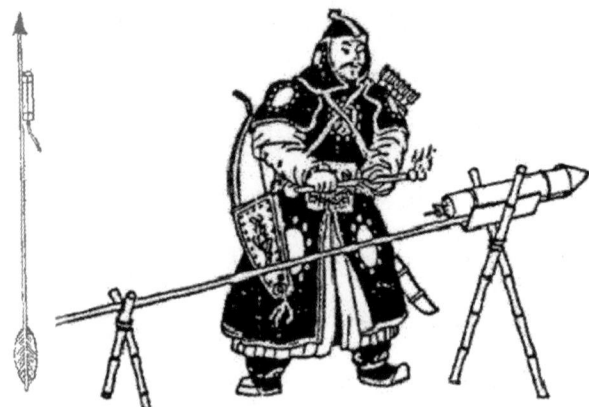

图 9–23　宋代火箭

恩格斯在《德国农民战争》一书中明确指出：“一系列的发明都各有或多或少的重要意义，其中具有光辉的历史意义的就是火药（注：现在已经毫无疑义地证实了，火药是从中国经过印度传给阿拉伯人，又由阿拉伯人和火药武器一道经过西班牙传入欧洲［恩格斯在 1875 年版上加的注］）和印刷术的发明。所有这些发明，都大大促进了当时手工业的发展。”①

①［德］恩格斯：《德国农民战争》，载于《马克思恩格斯文集》第二卷，人民出版社 2009 年版，第 221 页。

对于这四大发明，西方世界起初的说法是三大发明。"16世纪意大利数学家杰罗姆·卡丹（Jerome Candan, 1501—1576）早在1550年就第一个指出，中国对世界所具有影响的'三大发明'是'磁罗盘、印刷术和火药'，并认为它们是'整个古代没有能与之相匹敌的发明'。"①1620年，近代科学奠基人之一弗兰西斯·培根（Francis Bacon, 1561—1626）在《新工具》一书中说：

> 复次，我们还该注意到发现的力量、效能和后果。这几点是再明显不过地表现在古人所不知、较近才发现，而起源却还暧昧不彰的三种发明上，那就是印刷、火药和磁石。这三种发明已经在世界范围内把事物的全部面貌和情况都改变了：第一种是在学术方面，第二种是在战事方面，第三种是在航行方面；并由此又引起难以数计的变化来；竟至任何帝国、任何教派、任何星辰对人类事务的力量和影响都仿佛无过于这些机械性的发现了。②

1861—1863年，马克思和恩格斯更是将这些发明的意义推到了一个高峰，马克思在《机械、自然力和科学的运用》中写道：

> 火药、指南针、印刷术——这是预告资产阶级社会到来的三大发明。火药把骑士阶层炸得粉碎，指南针打开了世界市场并建立了殖民地，而印刷术则变成新教的工具，总的来说变成科学复兴的手段，变成对精神发展创造必要前提的最强大的杠杆。③

首次明确提出中国"四大发明"说的，是美国学者卡特（Thomas

---

① 仓孝和：《自然科学史简编》，北京出版社1988年版，第267页。
② ［英］培根：《新工具》第一卷，许宝骙译，商务印书馆1986年版，第103页。
③ ［德］马克思：《机械、自然力和科学的运用》，载《马克思恩格斯全集》第47卷，人民出版社1979年版，第427页。

Francis Carter）。他在 1925 年出版的《中国印刷术的发明和它的西传》一书的序言中写道：

> 欧洲文艺复兴初期四种伟大发明的传入流播，对现代世界的形成，曾起重大的作用。造纸和印刷术，替宗教改革开了先路，并使推广民众教育成为可能。火药的发明，消除了封建制度，创立了国民军制。指南针的发明，导致发现美洲，因而使全世界，而不再是欧洲成为历史的舞台。这四种以及其他的发明，中国人都居重要的地位。[1]

表 9-9　四大发明简表

发明项目	时间	发明者	传播情况
指南针	战国（司南）	无名氏	12 世纪初由阿拉伯商人传入欧洲
	北宋（指南针）		
造纸术	西汉（发明）	无名氏	4 世纪传入朝鲜、日本，8 世纪中叶传到阿拉伯联合酋长国，到 12 世纪传入欧洲
	东汉（改进）	蔡伦	
印刷术	唐代（雕版）	无名氏	早期的雕刻印本唐代就传到日本，8 世纪后期日本完成了雕版《陀罗尼经》后传到朝鲜、中东一带和东欧
	北宋（活字）	毕昇	14 世纪到 15 世纪，雕版印刷和活字印刷同时在欧洲流行开来
火药	唐朝（黑火药）	炼丹家	13 世纪左右，从中国经过印度传给阿拉伯人，又由阿拉伯人和火药武器一道经过西班牙传入欧洲
	北宋（火箭、火球、火炮）	冯继升　唐福	

（八）中国古代 88 项重大发明

中国只有"四大发明"值得骄傲吗？非也。"四大发明"远不能全面概括中国古代先民的伟大科技创造。随着学界对世界文明史认识的不断深

---

[1]　[美] 卡特：《中国印刷术的发明和它的西传》，吴泽炎译，商务印书馆 1957 年版，第 9 页。

化，学界与公众都非常关注中国人还有哪些发明创造。为此，中国科学院自然科学史研究所在 2013 年 8 月成立"重要发明创造"研究组，历经近三年时间，组织百余名专家进行考证与比较研究，最终推选出古代科学发现与创造、技术发明、工程成就共 88 项（见表 9–10），于 2016 年 7 月 14 日公布[①]。表中项目强调与其他古代文明的成就相比对，未推选那些争议较大、难有定论的内容；在年代范围较宽的情况下，通常选较晚的时期，体现了审慎的科学态度。当然，中国人所做出的发明创造远不止这 88 项。比如仅在机械与仪器方面，就有琢玉轮、犁镜、走马灯、记里鼓车、磨车、秤漏等，以及技术特色鲜明的赤道浑仪、立轴式大风车等。由于强调原创性及对科学技术进步与文明进程的影响力，也兼顾不同的学科和技术门类，所以有不少项目没有列入。据该研究组介绍，中华民族的科技创造力至今尚未得到大众的充分了解，例如我们的祖先最先栽培最重要的粮食作物——水稻、最重要的豆类作物——大豆、三大饮料作物之一——茶，这些作物栽培技术的传播，对人类生存和发展的贡献并不逊色于"四大发明"。

纵观历史，中国古代科学技术创造的时间分布并不均衡。通常认为的盛唐时期科技创造却不甚突出，反倒是被认为偏安积弱的宋代却做出辉煌的创造发明，在元帝国拖曳着最后一抹科技创新的斜阳走下历史舞台之后，明清时期五百多年鲜有重大发明创造，这些都值得我们深入思考。

表 9–10　中国古代重要发明创造 88 项

序号	科学发现与创造	年代
1	干支	商代有干支纪日，汉代以后有干支纪年
2	阴阳合历	商代后期

---

① 吴月辉：《中科院盘点 88 项中国古代科技成果》，载《人民日报》2016 年 7 月 15 日第 12 版。

序号	科学发现与创造	年代
3	圭表	不晚于春秋
4	十进位值制与算筹记数法	不晚于春秋
5	小孔成像	公元前 4 世纪
6	杂种优势利用	不晚于东周
7	盈不足术	不晚于战国
8	二十四节气	起源于战国，成熟于西汉初期
9	经脉学说	不晚于公元前 3 世纪末
10	四诊法	不晚于公元前 3 世纪末
11	马王堆地图	不晚于公元前 2 世纪
12	勾股容圆	不晚于西汉
13	线性方程组及解法	不晚于西汉
14	本草学	东汉初期
15	天象记录	汉代已较为系统
16	方剂学	汉代
17	制图六体	不晚于公元 3 世纪
18	律管口校正	公元 3 世纪
19	敦煌星图	公元 8 世纪初
20	潮汐表	始见于公元 8 世纪后半叶
21	中国珠算	宋代
22	增乘开方法	不晚于 11 世纪初
23	垛积术	不晚于 11 世纪末
24	天元术	不晚于 13 世纪初
25	一次同余方程组解法	不晚于 1247 年
26	法医学体系	1247 年

续表

序号	科学发现与创造	年代
27	四元术	不晚于 1303 年
28	十二等程律	1584 年
29	《本草纲目》分类体系	1578 年
30	系统的岩溶地貌考察	1613—1639 年
	技术发明	**年代**
31	水稻栽培	距今不少于 10000 年
32	猪的驯化	距今约 8500 年
33	含酒精饮料的酿造	距今约 8000 年
34	髹漆	距今约 8000 年
35	粟的栽培	距今不晚于 7500—8000 年
36	琢玉	距今 7000—8000 年
37	养蚕	距今 5000 多年
38	缫丝	距今 5000 多年
39	大豆栽培	距今 4000—5000 年
40	块范法	3800 多年前
41	竹子栽培	3000 多年前
42	茶树栽培	周代
43	柑橘栽培	不晚于东周
44	以生铁为本的钢铁冶炼技术	春秋早期至汉代
45	分行栽培（垄作法）	不晚于春秋时期
46	青铜弩机	不晚于战国时期
47	叠铸法	战国时期
48	多熟种植	战国时期
49	针灸	不晚于公元前 3 世纪末

续表

序号	科学发现与创造	年代
50	造纸术	不晚于公元前 2 世纪
51	胸带式系驾法	西汉时期
52	温室栽培	不晚于公元前 1 世纪
53	提花机	不晚于公元前 1 世纪
54	指南车	西汉时期
55	水碓	不晚于西汉末期
56	新莽铜卡尺	公元 9 年
57	扇车	不晚于公元 1 世纪
58	地动仪	公元 132 年
59	翻车（龙骨车）	公元 2 世纪
60	水排	公元 1 世纪
61	瓷器	成熟于东汉时期
62	马镫	不晚于 4 世纪初
63	雕版印刷术	公元 7 世纪
64	转轴舵	不晚于公元 8 世纪
65	水密舱壁	不晚于唐代
66	火药	约公元 9 世纪
67	罗盘（指南针）	不晚于公元 10 世纪
68	顿钻（井盐深钻汲制技艺）	不晚于公元 11 世纪
69	活字印刷术	公元 11 世纪中叶
70	水运仪象台	建成于 1092 年
71	双作用活塞式风箱	不晚于宋代
72	大风车	不晚于 12 世纪
73	火箭	不晚于 12 世纪

序号	科学发现与创造	年代
74	火铳（管形火器）	不晚于公元 13 世纪
75	人痘接种术	不晚于公元 16 世纪
	工程成就	**建造年代**
76	曾侯乙编钟	战国早期
77	都江堰	公元前 256—前 251 年
78	长城	始建于战国后期，秦代形成"万里长城"
79	灵渠	公元前 221 年—前 214 年
80	秦陵铜车马	秦代
81	安济桥（敞肩式石拱桥）	建成于公元 606 年
82	大运河	隋代大运河于公元 7 世纪初贯通；京杭大运河于 1293 年贯通
83	布达拉宫	始建于公元 7 世纪，重修于 17 世纪中叶
84	苏州园林	四大名园之沧浪亭始建于公元 910 年前后
85	沧州铁狮	公元 953 年
86	应县木塔	1056 年
87	紫禁城	建成于 1420 年
88	郑和航海	1405—1433 年

三、古代科技发展之文化特点

（一）科技成果丰富，对世界贡献巨大

从商周时期，历经春秋战国、秦汉、魏晋南北朝、隋唐时期的发展，到宋朝已至鼎盛，所累积的科技成果十分丰富，遍布于自然科学各个领域。由中国科学院自然科学史研究所组织百余名专家进行考证与比较研

究，最终所推选出的古代科学发现与创造、技术发明、工程成就等88项，就充分证明了这一点。特别是四大学科（天文学、数学、医学、农学）、三大技术（丝织、陶瓷、建筑）、四大发明（指南针、造纸术、印刷术、火药）最为突出，尤以四大发明享誉世界，得到科学界公认，对世界贡献巨大。近代，由于封建王朝末期的腐朽落后，思想保守而又盲目自大，视发明创造为"奇技淫巧""旁门左道"，予以贬斥，导致了落后挨打的被动局面。进入社会主义新时期，中国的科技奋起直追，不少科技成果已经达到或者领先世界水平，比如陆相成油理论、杂交水稻、人工合成牛胰岛素、杂交玉米、磁轴承（MB磁悬浮轴承）、汉字激光照排系统、青蒿素提炼、中国第一台托卡马克装置（CT-6）、特高压输电技术、高铁技术、桥梁技术、隧道技术，等等。与中华民族伟大复兴同步，中国科技光耀世界的时代必将再次到来。

（二）具有中国古代文化特质：理性实用、工匠精神

中国古代文化，做人要求务本求实，做事要求实实在在，做学问要求"经世致用"。中国文化基本精神之一就是"理性求实"，重理性，反对不切实际的浪漫空想；重求实，一切以解决现实生活中的实际问题为目的，典型的表现就是不管什么新鲜玩意儿，先问"能吃还是能喝"，能则用之，否则弃之。这就导致了实用主义的风行。中国古代天文学、数学、医学、农学高度发达，丝织、陶瓷、建筑行业领先，就是因为这些方面都与人们的衣食住行、生老病死等社会生活方面密切相关，有巨大的实用性。同时，中国传统文化还有在务实基础上的崇尚精益求精的工匠精神。所谓工匠精神，就是敬业、专注、精益、追求完美和极致，对精品有着执着地坚持和追求的工匠传统。这种传统，核心点在技术与技巧的精研与发挥上，所得称之为"秘诀"，仅以口耳相授、师徒密传的方式继承和发展。理性实用与工匠精神所产生的科技成果，是非常可靠、可信、可用的实在成果，有效地满足了人们的生活需要，有力地推动了社会发展。不足之处，专注于实用技巧，忽视宏观理论指导，导致目光不够宏观超前。其表现就是一些科技性著作，基本上都是经验性的总结，实用技术的展示，缺乏理论性的探讨，停留在技术、技巧上，提高不上去，难以再有大的发展。

（三）偏重社会科学，不够重视自然科学

如果按照现代社会学科分为社会科学与自然科学两大类型的话，中国古代社会最受重视、成果最丰富的是社会科学。看看《四库全书》，经、史、子、集中绝对大量的都是社会科学著作，几乎看不到自然科学著作的身影。是没有吗？不是的，是因为相对而言太少而被淹没了。在南宋绍熙年间（1190—1195）最终集成的儒家经典《十三经》中，没有一部属于自然科学。而在南宋之前，中国著名的自然科学著作至少有 5 部：约成书于战国至秦汉时期的第一部中医名著《黄帝内经》、成书于公元 1 世纪左右的中国第一部数学专著《九章算术》、北魏晚期郦道元撰写的古代中国地理名著《水经注》、成书于北魏末年的中国杰出农学家贾思勰所著的一部综合性农学著作《齐民要术》和北宋科学家、政治家沈括所撰的一部涉及古代中国自然科学、工艺技术及社会历史现象的综合性笔记体著作《梦溪笔谈》。但它们都没能分别进入两汉唐宋统治者的"法眼"，也没有进入士大夫等社会名流的眼眶。盘查所流传下来的名人家训中，有教子女读圣贤书立身立德的，却没有教子女读科学著作的。汉代就有"遗子黄金满籝，不如一经"（《汉书·韦贤传》）的社会通识；南宋理学大师朱熹的《朱子家训》，教育后人就是君仁臣忠、父慈子孝、"诗书不可不读，礼义不可不知"。可见，对科学技术的轻视乃至无视，是中国古代社会的通病。这是因为中国古代社会是伦理型的社会，占主导地位的儒家思想强调"修身、齐家、治国、平天下"，所看重的是道德修养和人格完善，教人做读书知礼的道德君子，而不是造福社会的科学家；培养目标也是维护封建统治的各级官吏，眼中就没有科学技术。中国古代数千年，唯有东汉蔡伦因为发明造纸术而封侯，但后来因宫廷斗争而被迫自杀。之后，成名封侯的美事就与科技发明者无缘了。

第十章

中国文化的交流发展与未来

本书前九章，探讨的都是中国文化的自身，属于内部情况。这一章"中国文化的交流发展与未来"，就要探讨一下中国文化与外部其他文化的交流与碰撞，也就是中国文化与外部的关系——中外文化交流。比如西域的一些地方，今天属于我们中国的部分，但在张骞开通西域之时，还是独立的政权，与我们中原就是中外关系。

第一节　中国文化交流发展简况

一、交流发展简史

中外文化交流，在新石器时代就有了。从仰韶文化开始的中原彩陶文化曾向四边广泛扩散，其西向支系由甘肃、宁夏进入新疆，新疆西部的皮山、沙雅和伊犁河流域，都有中原彩陶文化的影响。夏商时代，中原地区的青铜文化与西伯利亚地区的草原文化也有相互间的接触。法国学者在18世纪时指出[①]，殷商遗民在商亡后向西到欧洲，然后航海大西洋到了美洲。中国早期神话地理书《山海经》所描绘的美洲山水，就是证明。

到了周朝，在《史记》和晋代汲县战国墓中出土的《穆天子传》中，记载了"周穆王西游会见西王母"的故事，说明那时期的中原与中亚、西亚就有了文化交流。在墨西哥发现的战国"大齐田人之墓"石碑，说明春秋战国时期，中国就与美洲有了交往。徐福东渡到日本；中国丝织物也已传入波

---

① "关于中国人发现美洲的说法，早在1761年，法国汉学家德经（J·De Guignes）就在《中国人沿美洲海岸航行及居住亚洲极东部的几个民族的研究》中有所论及，他认为中国古代文献中的'扶桑'就是美洲的墨西哥。"（袁广阔、王涛：《中国与美洲古代文明比较研究的历史与现状》，载中国社会科学网·考古 http://kaogu.cssn.cn/zwb/xsyj/yjxl/wmtyyj/201503/t20150316_3932801.shtml，访问日期：2023年6月20日。）

斯等地。到了汉代，张骞开通"丝绸之路"，打开了与西域各国的成规模交流。魏晋南北朝时期，海上交流日益发展，中外佛教交流十分频繁。

隋唐大统一时期，海上"丝绸之路"兴盛起来，中外文化交流异常活跃。宋元时期，元朝疆域横跨欧亚大陆，中国与西亚、欧洲的交流范围与地域进一步扩大。明清时期，交流范围已扩展到非洲，清末已经遍及全世界。

二、交流路线：一个中心，两条道路，三个方向

图 10-1 明确展示了中国汉唐时期文化交流的方向和路线。概括而言，就是一个中心、两条道路、三个方向（东、西、南）。

一个中心，即陆路以皇城长安为中心；两条道路，即北边的陆路，南边的海路，也就是两条"丝绸之路"；三个方向，即往东，可达朝鲜半岛与日本；往西经过敦煌，越过葱岭，经中亚西亚，可达地中海东岸，与西域、西亚、西欧交流；往南可达天竺（印度），以及东南亚的缅甸、老挝、越南等。

可见，中国古代的文化交流，不仅历史悠久，交流的地域也是广大的。

图 10-1 中外文化交流图示

第二节　中国文化交流发展"七大事件"

　　七大事件是：（一）徐福东渡，（二）丝绸之路，（三）佛教传入，（四）日本遣唐使，（五）马可·波罗游记，（六）郑和七下西洋，（七）西学东渐。

　　这七大事件，在中国文化交流上影响很大，具有里程碑式的意义。

一、徐福东渡

　　徐福什么人？徐福（1328—1391）是个懂得神仙方术的方士，被喜好神仙之术、企望长生不老的秦始皇请到咸阳皇宫来为自己寻找仙药。《史记·秦皇本纪》和《史记·封禅书》记载，秦始皇听方士说，东海上有蓬莱、瀛洲、方丈三座仙山，山形如壶，又称"三壶山"，以黄金白银为宫阙，是仙人所居之地，有长生不老药。于是在公元前219年，秦始皇就派遣齐人方士徐福（今江苏省赣榆县徐阜村人）率领童男童女数千人，至东海之中的蓬莱、方丈、瀛洲三座仙山寻求

图 10-2　徐福塑像

长生不老药。结果徐福在海外称王不归。[①] 这里说的蓬莱、方丈、瀛洲三座仙山所在地，就是今天的日本列岛。日本文献学者"福永光司、（考古学

---

①《史记·秦始皇本纪》记载：秦始皇二十八年（公元前219年），"齐人徐福等上书，言海中有三神山，名曰蓬莱、方丈、瀛洲，仙人居之。请得斋戒，与童男女求之，于是遣徐福发童男女数千人，入海求仙人。"《史记·淮南衡山列传》记载："秦皇帝大说（悦），遣振男女三千人，资之五谷种种百工而行。徐福得平原广泽，止王不来。"

者）樋口隆康氏等，都认为徐福集团的东渡大体上是事实"[①]。台湾学者彭双松于 1975 年至 1981 年间，先后 8 次赴日本实地考察。据他统计，日本各地与徐福姓名联系在一起的墓、祠、碑、宫、庙、神庄等遗址有 50 余处，登陆点 32 个，传说故事 56 个[②]。有研究者认为徐福在日本纪州熊野的新宫（今和歌山县新宫市）登陆，当地还有徐福墓和神社，每年的 11 月 28 日是祭祀徐福的日子，尊徐福为"司农耕神"和"司药神"。

徐福欺骗了秦始皇，却为日本带去了中国文化，很受日本人民的崇拜。图 10-2 就是徐福的塑像，图 10-3 是日本的徐福公园，在日本新宫市，其中建有徐福墓和徐福祠，每年 8 月都要举行隆重的大祭仪式。

图 10-3　徐福公园

---

① "1989 年 5 月，在（日本）佐贺市召开了'日中友好·徐福学术讨论会'。日本方面出席者有福永光司、梅原猛等文献学者和樋口隆康、金关恕等考古学者，以及原东海大学海洋学部教授茂在寅等；中国方面出席者有考古学的安志敏教授、日中关系史的汪向荣教授。另外还有作家陈舜臣和当地的研究者。其后，一直到 1994 年，每年都举行一次有关东亚文化交流的学术讨论会。福永光司、樋口隆康氏等，都认为徐福集团的东渡大体上是事实。"（［日］壹岐一郎：《徐福集团东渡与古代日本》，天津人民出版社 1996 年版，第 217 页。）

② ［日］壹岐一郎：《徐福集团东渡与古代日本》，天津人民出版社 1996 年版，第 95 页。

二、丝绸之路

丝绸之路开通得很早，得名却是在两千多年后的 1870 年，德国地理学家、近代中国地学研究先行者之一费迪南·冯·李希霍芬（Ferdinand von Richthofen）来到洛阳，考察了南关的丝绸、棉花市场，参观了山陕会馆和关帝庙，在《关于河南及陕西的报告》等著作中，首次提出从洛阳到撒马尔罕城（今属乌兹别克斯坦共和国）有一条古老的商路，并将其命名为"Seidenstrasse"。1877 年他出版了《中国——亲身旅行和据此所作研究的成果》，在该书第一卷中，首次用"Seidenstrasse"之名在地图上进行了标注。"Seidenstrasse"英文写作"silkroad"，直译成中文就是"丝绸之路"。因为，通过这条通道，运送来大量的中国制品，其中名贵的丝绸最为西域人喜欢，自然也就以"丝绸之路"来命名，非常形象恰贴，富有诗意。

被称为"丝绸之路"的通道共有两条，这就是北边的陆上丝绸之路，和南边的海上丝绸之路。

图 10-4　陕西城固博望镇张骞塑像

（一）陆上丝绸之路

汉武帝建元三年（前 138 年），汉武帝派陕西城固人张骞（字子文，约前 164—前 114）出使西域，目的是联盟远在西域的邦国大月氏（dà ròu zhī）夹击匈奴。

张骞一行从长安启程，经陇西向西行进。一路上日晒雨淋，风吹雪打，环境险恶，困难重重。但他信心坚定，不顾艰辛，冒险西行。当他们来到河西走廊一带后，就被占据此地的匈奴骑兵发现。

张骞和随从 100 多人全部被俘。匈奴单于知道了张骞西行的目的，就把他们监禁起来，设法诱使张骞投降。但是，张骞坚贞不屈。整整过了 11 个春秋，匈奴的看管才放松了。张骞趁机和他的贴身随从甘父一起逃走，继续西行。终于越过沙漠戈壁，翻过冰冻雪封的葱岭（今帕米尔高原），先后来到了大宛国（今费尔干纳）、康居（今撒马尔罕）、大月氏、大夏等地。但大月氏在阿姆河上游安居乐业，不愿再东进和匈奴作战。张骞首次西行，未能完成与大月氏结盟夹击匈奴的使命，但获得了大量有关西域各国的人文与地理知识。张骞在东归返回途中，再次被匈奴抓获，后又设计逃出，终于历尽千辛万苦，于 13 年后回到长安。

这次出使西域，虽然没有达到联合大月氏夹击匈奴的目的，却使中原内地的人们了解到西域的实况，激发了汉武帝"拓边"的雄心，之后发动了一系列抗击匈奴、并且大获胜利的战争。张骞因此开辟了一条由西汉皇城长安（今西安市）至西域的中西交通的"丝绸之路"，建立了不世之功！

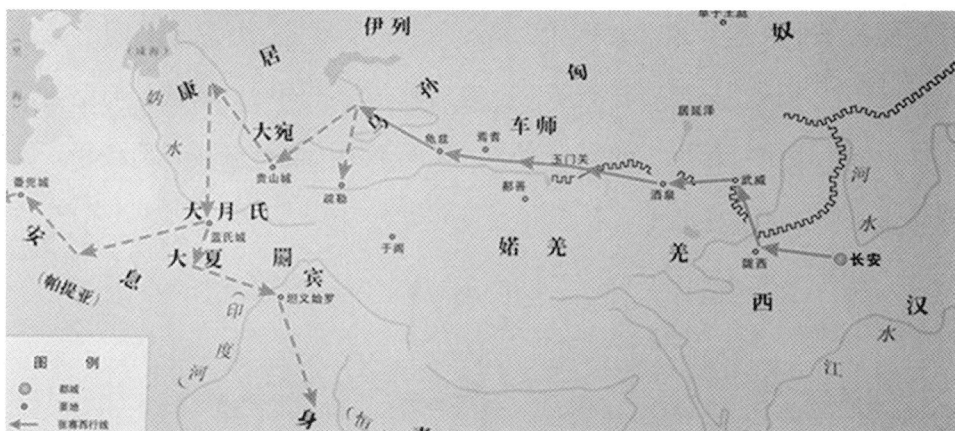

图 10-5 张骞凿通西域路线图

公元前 119 年，汉王朝为了进一步联络乌孙国（在今伊犁河一带），断"匈奴右臂"，便派张骞再次出使西域。这次，张骞带了 300 多人和大批丝绸及其他物品，出玉门关，顺利地到达了乌孙。并派副使访问了康居、大宛、大月氏、大夏、安息（今伊朗）、身毒（shēn dú，古印度）等国家。但由于乌孙内乱，也未能实现结盟的目的。汉武帝派名将霍去病带重兵攻击匈奴，消灭了盘踞河西走廊和漠北的匈奴，建立了河西四郡和两关，使张骞开辟的丝绸之路终于畅通。

图 10-6　张骞第二次出使西域路线图

又过了 193 年，东汉永平十六年（公元 73 年），史学家班固之弟班超再度出使西域，其副使甘英还远至波斯湾。与此同时，西域的使臣与商人，也远来中土，带来了他们的物产，换回了中国的丝绸及其他货物，丝绸之路又畅通、兴盛起来。

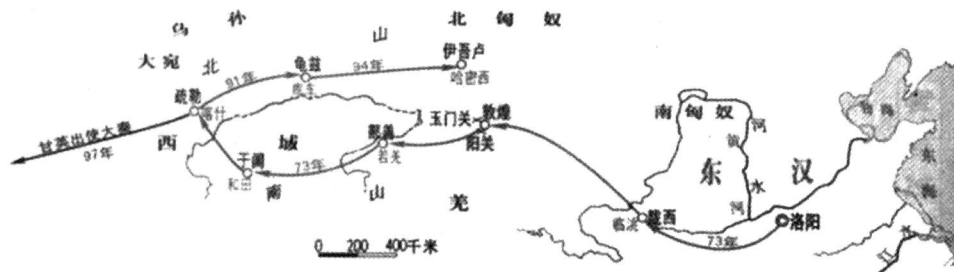

图 10-7　班超出使西域路线图

从张骞和班超先后 3 次出使西域所经之处来看，丝绸之路的路线是：东起长安（今西安），经河西走廊到敦煌，然后分为南北二线。北线：由吐鲁番，经库车，到喀什；南线：由若羌，经和田，到莎车。两线在木鹿城（今土库曼斯坦的马雷）会合，经里海南沿到巴格达，再到地中海东岸，然后转至罗马各地，全长 7000 多千米。

陆上"丝绸之路"的开通意义十分重大。

第一，首次开通长期被匈奴阻塞的陆上交通，使欧、亚大陆间的经济文化大通道得以畅通，从而打破了东西方文明的隔离状态，东方的大汉帝国与西方的希腊、罗马等文明古国开始全面接触和交往。

第二，汉朝政府改变了原先对西域状况模糊不清的认识，掌握了沿丝绸之路各民族和国家的真实情况，并初步与他们建立了友好关系，开创了中国与西域各国睦邻友好、和平发展的新格局。

第三，促进中外经济文化交流。西域的物品如葡萄、胡桃、橄榄等输入中国；西域的音乐以及舞蹈、波斯的美术、印度的佛教传入中国，影响中国的哲学和文学艺术。同时，中国的丝绸、漆器、陶瓷、铜镜、造纸术也传入西域和欧洲等。

（二）海上丝绸之路

《汉书·地理志》记载了西汉时期的海上丝绸之路，即从今广东、广西、越南北部港口出发，经东南亚抵达今印度东岸和斯里兰卡。《后汉书·西域传》记载，东汉时期的海上丝绸之路，从"大秦"（罗马帝国）经波斯，到红海，通往中国。魏晋南北朝时期，北方战乱，陆路中断，南方海上交通大发展。唐宋时期，面对日益繁盛的海上贸易，朝廷在广州、泉州设立"市舶使"，专门负责管理海外贸易。宋元时期，指南针发明并传入西方，海上交往空前发展。明代郑和七下西洋，成为历史壮举；明清时期，欧洲传教士陆续经海陆东来传教，促进了中外文化大交流。

图 10-8　海上丝绸之路路线图

图 10-8 直观显示了海上丝绸之路的实际路线。即，从广州珠江口起航，沿海南岛东岸，经越南海沿岸，到暹罗（古泰国）湾，过马六甲海峡，到印度半岛，再经孟加拉湾，过斯里兰卡，渡阿拉伯海，到达波斯湾。再简洁点说，海上丝绸之路的起点主要是广州和泉州，经中南半岛和南海诸国，穿过印度洋，进入红海，抵达东非和欧洲，途经 100 多个国家和地区，是中国与外国贸易往来和文化交流的海上大通道，有力推动了沿线各国文化和经济的大发展。

三、佛教的传入与传出

佛教的传入与传出，是中外文化交流的重大事件，影响极其深远。先是印度佛教传入中国，引起中国人极度重视。中国僧人不满足印度大师传法，便先后西行天竺（古印度）拜佛求法。之后，将佛法发扬光大，又越海东去，把佛法从中国传至朝鲜、日本。

（一）佛教从印度传入

印度佛教传入中国，从时间来说，学术界包括佛学界公认，是东汉明帝时期。当年，汉明帝派出访求佛法的使者，大约于公元67年带领两位僧人迦叶摩腾和竺法兰回到都城洛阳。二人带来了佛经和佛像，受到了汉明帝的礼遇。汉明帝还专门给他们建立了中土第一座寺院，这就是后来的洛阳白马寺。他们便在那里译出了《四十二章经》等中国佛教史上第一批佛经。佛教由此开始在中国正式大规模传播开来。

图10-9　洛阳白马寺

佛教传入的路线，主要有两条路线：一条是陆路，由中亚西亚传入新疆地区，然后再深入内地。史书记载印度僧人迦叶摩腾、竺法兰用白马驮经到洛阳，就是经由陆路。另一条是海路，大约到南北朝时才有著名的译经大师从海路来中国传教，如禅宗祖师达摩就是经海路到达广州，然后才北上，进入少林寺修行的。

为了寻求佛教真谛，一些中国僧人不畏艰险，长途跋涉，上“西天”

广求佛典，形成一股热潮。据统计，在西晋时已有 3 人西行求法，东晋时已多达 37 人，六朝时达百人以上。隋唐以后，仍有许多僧人赴印度求法。这些西行求法的僧人，最著名的人物有 3 位，一是公元 339 年出发，到印度求法历时 15 年的法显大师；二是公元 627 年出发，到印度求法历时 19 年的唐玄奘大师；三是公元 671 年出发，到印度求法 18 年的义净大师。

图 10-10　法显塑像

东晋时期西行求法成就最大的是法显（337—422）。法显以 62 岁高龄，与慧景、宝云等人于东晋隆安三年（399 年）从长安出发，西渡流沙，翻越葱岭（今帕米尔高原），远赴印度寻求戒律。经过 15 年时间，遍游印度北部，后经狮子国（今斯里兰卡）和印度尼西亚的爪哇国，于义熙九年（413 年）渡海回国。他取得经律 12 部，总计 60 余卷，并将所见所闻撰写成《佛国记》，成为中外文化交流史上最伟大的著作之一。

唐僧玄奘（602—664），本名陈祎，洛州缑氏（今河南洛阳偃师市）人。为了精通佛学底蕴，于公元 627 年出玉门关，取道西域，经葱岭，到达古印度境内，研习讲学，周游印度，历时 19 年，于贞观十七年（643 年）载誉回国，带回大小乘

图 10-11　玄奘

佛教经律论共 520 夹、657 部，在大雁塔主持佛经翻译，和他的弟子译出佛典 75 部、1335 卷。他还著有《大唐西域记》，详述亲所历见的各国风土人情，成为中外文化交流史上的不朽之作。

图 10-12　义净塑像

义净（635—713），俗姓张，范阳（今北京）人，15 岁即立志西行求法，公元 671 年从扬州出发，经广州渡海南行，抵达印度后研修佛学，兼习印度医学。于 689 年回到广州，带回梵本经、律、论约 400 部，先后译出 56 部、229 卷。他著有《南海寄归内法传》等书，描述东南亚和印度佛教、地理、民俗及医方，为中外文化交流史上的重要著作。

（二）佛教经中国传出

在虔诚拜求佛法的同时，中国人又以光大佛法为己任，跨越波涛汹涌的东海，向高丽（古朝鲜）和日本传授佛教。著名的就有两位，一位是前秦皇帝苻坚，一位是鉴真和尚。

公元 4 世纪，朝鲜半岛处于高丽（高句丽）、百济、新罗三国鼎立时期。前秦皇帝苻坚派遣使者和僧人顺道、阿道送佛经、佛像至高丽，随后，又有僧人阿道至高丽。不久，高丽即建寺供顺道、阿道居住，这就是朝鲜半岛佛教的开始。公元 6 世纪，佛教从朝鲜半岛的百济传入日本。摄政的圣德太子决定利用佛教作为政治思想工具，要求全体臣民信佛。随后，便有中国的僧人赴日传法，最为著名的就是鉴真和尚。

鉴真（688—763），俗姓淳于，扬州江阳县（今江苏扬州）人。唐天宝元年（742 年），鉴真不顾弟子们劝阻，毅然答应日本僧人邀请，决心东渡传法。由于海上风涛险恶，先后四次都因浪涛太大半途而废。第五次漂流到海南岛，不幸身染重病，双目失明。753年第六次东渡，终于成功。鉴真留居日本10年，辛勤不懈地传授佛法，传播唐朝文化。他带去很多佛经和医书。他在日本主持重要佛教仪式，系统讲授佛经，弘扬律宗，成为日本律宗的始祖，日本佛学界的一代宗师。他指导日本医生鉴定药物，传播唐朝的建筑技术和雕塑艺术，设计和主持修建了唐招提寺。这座以唐代结构佛殿为蓝本建造的寺庙是世界佛教寺院的一颗明珠，保存至今。鉴真圆寂后，其弟子为他制作的坐像（如图10-13）至今仍供奉在寺中，被定为"国宝"。

图10-13　鉴真坐像

　　日本僧人崇拜鉴真和尚，也西行到中国来求佛法，著名的有空海、最澄、园仁三位，是中日文化交流史上的功臣。空海于公元804年来华，在长安青龙寺研习密宗与汉学，回国后在日本建立了"真言宗"，史称"东密"，所著的《文秘镜府论》等，保留了中国文字学和音韵学的许多资料。最澄与空海同时来华，在浙江天台山研习天台宗，后又往越州学习密法，回国后创立了日本天台宗。园仁为最澄弟子，来华求法，以其实地见闻写成《入唐求法巡行礼记》一书。

四、日本遣唐使

隋唐时期，中国结束战乱分裂，重归大一统，整个社会走向繁荣。这时的日本，社会发展落后于中国。因此，日本先后派遣使团、留学生和学问僧来到中国，积极地认真地学习中国文化。据史料统计，在隋代，日本派出遣隋使五次；在唐代，从公元630年到834年的200多年中，日本先后19次派出遣唐使，有16次到了中国，人数由起初的每批次250人增加到500多人，最多的一次达651人，累计有8000多人来学习中国文化。

那时，日本的航海技术还很落后，连利用季节风向航海的技术都没有掌握，因此每次来华的使团都要付出巨大牺牲，文献记载的遇难者达500余人。但是，他们为学习中国文化，舍生忘死，锲而不舍。他们来华后，大多数进入国子监所辖的"六学"就读。学问僧则四处拜师，论道讲法。他们学习的内容包括文物典章制度、生活方式、社会习惯和文学艺术等，回国后终于在奈良时代以"大化革新"为契机，使日本实现了中央集权制度，进入了封建社会。

在中国留学的日本人，其中有许多人成就卓著，对日本的社会发展作出了贡献。例如吉备真备、空海等则是借助汉字，创造日本假名字母的发明者。中国的围棋也由吉备真备带到日本。著名的留学生如阿倍仲麻吕，中国名字叫晁衡，随第八次遣唐使来华，在长安完成了学业，参加科举考试，还考中了进士，官至秘书监，相当于国家图书馆馆长。他与李白、王维等大诗人交往深厚。中间，晁衡曾渡海回国，临行前玄宗皇帝、大诗人王维都赋诗送行，不幸海上遇险。李白以为他遇难了，特作《哭晁卿衡》诗以悼念，诗曰："日本晁卿辞帝都，征帆一片绕蓬壶。明月不归沉碧海，白云愁色满苍梧。"此诗迅速传开，成为中日文化交流、真情友好的千古绝唱。

五、马可·波罗游记

《马可·波罗游记》是一本游记书籍，作者是意大利来华的商人马可·波罗（Marco Polo, 1254—1324）。由于元帝国对欧亚大陆的征服，使

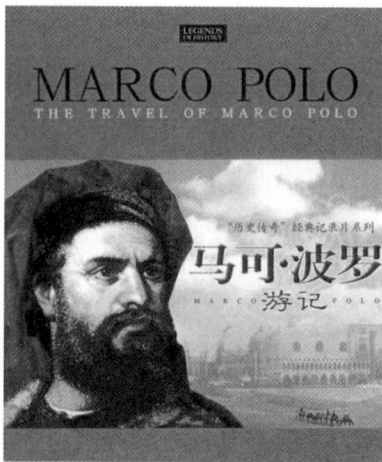

图 10-14　马可·波罗游记

中国西部和北部边界实际上处于开放状态，阿拉伯、波斯和中亚的穆斯林大规模迁居中国。传教士、商人纷纷跟进，他们来华传教的传教，经商的经商。在传教、经商的同时，游历中国的名山大川，欣赏中国的美丽风光，领略中国的深厚文化，陶醉感动之时，给他们在国内的亲人朋友写信，介绍他们在东方这个神奇国家的见闻和感想，因此成书，其中影响广大的，就是《马可·波罗游记》。

1271 年，马可·波罗随着父亲和叔叔，带着罗马教廷给忽必烈的信，踏上了游历契丹（马可·波罗将中国称为"契丹"）之路。他在中国游历了 17 年，足迹踏遍大半个中国。回到威尼斯后，马可·波罗在威尼斯和热那亚之间的海战中被俘，在监狱里口述旅行经历，由鲁斯

蒂谦（Rustichello da Pisa）执笔写出《马可·波罗游记》（*Devisement du monde*）。

《马可·波罗游记》，向西方人娓娓动听地描述中华大地的美丽、富饶和繁荣：香料堆积如山，帆船遮天蔽日，遍地金银珠宝，每座城市都远比威尼斯富饶，这一下子就把西方人的眼光拉到了大陆东端的契丹（中国），她是那样的遥远而又神秘。《马可·波罗游记》打碎了欧洲便是世界的神话，把一个血肉丰满的东方中国呈现在欧洲人面前，令他们无比惊奇，以致不敢相信。哥伦布，这位意大利的水师提督就是《马可·波罗游记》的热心读者，直到今天，西班牙塞尔维市哥伦布图书馆还存放着他当年所读过的《马可·波罗游记》。哥伦布对契丹的向往，使他和对契丹财富渴望的西班牙国王一拍即合，带着西班牙国王卡斯蒂利斯（Castilian）的致大汗书，带着《马可·波罗游记》给他的梦想，出航去寻找契丹，结果却发现了美洲。但是哥伦布至死仍坚信他所发现的国家就是亚洲东海岸的契丹。"这种信念在哥伦布死后二十余年仍未销声匿迹"[1]。

《马可·波罗游记》引发的轰动效应说明，元朝时期，中外的文化交流，其实，主要的还是中国文化的对外交流。宋代的许多发明创造，如四大发明中的指南针、火药、活字印刷术，以及其他，绝大部分都是在这个时期传播出去的。

六、郑和七下西洋

郑和（1371—1433），本姓马，小字三保，云南昆阳（今昆明市晋宁县）人，明成祖朱棣赐姓郑，先后任内官监太监、南京守备太监，深受皇

---

[1] ［英］H. 裕尔撰，［法］H. 考迪埃修订，张绪山译《东域记程录丛》，云南人民出版社 2002 年版，第 143 页。

帝朱棣的信任。从 1405 年到 1433 年，郑和及其副手王景弘受朱棣派遣，在将近 30 年间先后 7 次率领船队下西洋。

　　郑和船队的规模之大，人数之多，组织之严，航程之远，不但在 15 世纪的中国航运史上，就是在当时的世界航运史上都是史无前例的。郑和船队规模最大时有船只 200 多艘，其中大型宝船 62 艘，最大的宝船长 44 丈，约 146 米；宽 18 丈，约 60 米，可谓当时水上的"巨无霸"。据史料记载和学者们研究，郑和七次航海所率领的船队到达 50 余国。他们从苏州刘家港出发，经越南南部、爪哇、苏门答腊和斯里兰卡，到达印度西岸，最远到达红海和非洲东海岸的索马里及肯尼亚。船队与各国建立了政治联系和贸易联系，中国的锦纱、绫罗绸缎，以及各种瓷器、铜器、麝香、金银首饰等输送到海外；而外国的各种药品、香料、珊瑚、象牙、宝石、珍珠等也输入中国。

图 10-15　郑和下西洋

　　郑和七下西洋的创世壮举，大大促进了中国与西洋诸国的文化交流，奠定了郑和作为伟大航海家的历史地位，更是大大提高了明朝的国际地位和文化影响而永载史册。

七、西学东渐

"西学东渐"这一名词，来源于一本书的译名。1915 年，商务印书馆出版了中国赴美留学生容闳（1828—1912）在纽约出版的 *My Life in China and America* 一书，中译本书名为《西学东渐记》。尽管与原书名差异很大，却因为恰切地概括了当时中外文化交流的现象，而被人们广泛接受。

所谓"西学东渐"，是指近代西方学术思想向中国逐步传播的历史过程。大概可以分为两个历史时期：

（1）帝国时代。即从明代至清代前期，至多可以叫作"西学东闻"，因为那时"西学"对于"中学"并未构成任何实质性的威胁，中国人并未重视；同时，"东学西传"也毫不逊色。

（2）转型时代。自晚清或近代以来，西学确实对中学构成了根本性的挑战。这才是真正意义上的"西学东渐"，甚至是"西学东扑"，来势汹汹，使一些学人方寸大乱，甚至要"全盘西化"。

西学东渐作为一种文化现象，离不开著名的人物和著名的书籍。著名的人物也不少，最有代表性的，当是明末来华的意大利传教士利玛窦、德国传教士汤若望，和清初来华的比利时传教士南怀仁。明代郑和下西洋，中国的船队及造船技术所代表的文明对欧洲震动很大，引发了后来哥伦布和麦哲伦的航海大发现奇迹。欧洲殖民者因此而开始了对东方的殖民扩张。罗马教皇借助葡萄牙、西班牙的船舰，组织耶稣会派遣传教士，向东方扩展宗教势力。西方的科学技术及其思想就随着耶稣会传教士的东行而传到中国。这些传教士的先行者和奠基人是意大利人利玛窦。

利玛窦（MatteoRicci, 1552—1610），意大利人，天主教耶稣会传教士、学者，1582年来华。

图 10-16　意大利传教士利玛窦

利玛窦先在澳门研习中文，次年进入肇庆，获准建造教堂并开始传教。他与各级官员和社会名流交往，宣讲欧洲文物和典章制度，介绍西方的天文、算学、理化知识，将自鸣钟、地图、天象仪器和三棱镜陈列于室任人参观，起到了很好的宣传作用。1589年，利玛窦到韶州，大力结交官绅，攻读儒家经典，改穿儒服，习用儒礼。1601年利玛窦等人抵达北京，朝见明神宗，献上天主像和圣经、自鸣钟、万国图及西洋琴等礼物，获准在宣武门内居住传教。利玛窦在京期间，以尊儒为旗号，以所著《天主实义》为蓝本，进行传教活动。他在传教时注意吸纳中国传统文化，融儒学与天主教义于一体，因而在明朝官绅和知识分子中间产生了广泛影响。

汤若望（Johann Adam Schall von Bell, 1592—1666），德国天主教耶稣会传教士、学者，于1619年7月来到中国，历经明、清两个朝代，在中国生活47年。

汤若望继承了利玛窦通过科学传教的策略，在明、清朝廷的历法修订以及火炮制造等方面多有贡献，中国今天的农历，就是

图 10-17　德国传教士汤若望

汤若望在明朝农历基础上加以修改而成的《时宪历》。他还著有《主制群徵》《主教缘起》等宗教著述。他以孜孜不倦的努力，在西学东渐之中成就了一番不可磨灭的成绩。康熙朝封为"光禄大夫"，官至一品。去世后安葬于北京利马窦墓左侧。汤若望在中西文化交流史、中国基督教史和中国科技史上是一位不可忽视的人物。

南怀仁（FerdinandVerbiest, 1623—1688），比利时天主教耶稣会传教士，1658 年来华，是清初最有影响的来华传教士之一，为近代西方科学知识在中国的传播做出了重要贡献。

南怀仁是康熙皇帝的科学启蒙老师，精通天文历法，擅长造炮，是当时国家天文台"钦天监"技术上的最高负责人，官至工部侍郎，正二品。著有《康熙永年历法》《坤舆图说》《西方要记》等书，1688 年 1 月在北京去世，享年 66 岁，谥号勤敏。

"东学西渐"的著作也不少，分外文译著和中文译著两类。

外文译著有代表性的，如 1605 年出版

图 10-18　比利时传教士南怀仁

的意大利传教士利玛窦用中文撰写的解说"天象"与"算术"的《乾坤体义》，被《四库全书》称为"西学传入中国之始"；1607 年出版的利玛窦与中国学者徐光启合译的欧几里得《几何原本》；1623 年出版的意大利传教士艾儒略撰、中国学者扬廷筠译的地理书《职方外纪》；1628 年出版的中国学者傅泛济、李之藻翻译的译自亚里士多德天文学著作《论天》，中文书名为《寰有诠》；1631 年出版的傅泛济、李之藻翻译的译自亚里士多

德《逻辑学》前十卷的《名理探》，为第一次介绍西方逻辑学的著作。

中文译著，则是对西方传播中国文化，数量也不少，代表性的则有西班牙人门多萨的《中华大帝国史》，比利时人柏应理的《中国哲学家孔子》，法国人杜赫德的《中华帝国志》等，还有意大利传教士利玛窦翻译成拉丁文的《四书》，法国人金尼阁翻译成拉丁文的《五经》，等等，是"东学西传"文化交流的真实反映。

本来，西学东渐、东学西传，不同文化间的双向交流是正常不过的现象。但是，由于中国在近代西方列强的洋枪洋炮面前一再一败涂地，于是怀疑自己、否定自己，竟然蹦出了"全盘西化"论，将文化的双向交流扭转成一边倒的单向交流。

1929年，中国近代著名学家胡适发表《文化的冲突》一文，说：面对文化的冲突，"中国当怎样自我调整，才能使她处在已经成为世界文明的现代西方文明之中感到安适自在。这个问题可以有三种解决的办法。中国可以拒绝承认这个新文明并且抵制它的侵入；可以一心一意接受这个新文明；也可以摘取某些可取的成分而摒弃她认为非本质的或要不得的东西。第一种态度是抗拒；第二种态度是全盘接受；第三种态度是有选择性地采纳。既然今天没有人坚持抗拒政策，我的讨论将只限于后两种态度。"对第三种态度，胡适先生举例说："一位年逾花甲的思想家吴稚晖老先生大胆宣称中国旧道德的总体都是低级的和粗浅的，欧洲人种在私人道德上和社会公德上以及日常生活方式上都超越其他种族之上。"所以"劝告中国的知识分子把所谓的国故扔到茅厕里至少三十年。"于是，胡适先生表明态度："我的立场是中国必须充分接受现代文明，特别是科学、技术与民主。"他和吴稚晖都认为"中国文明之不人道"①，第三种态度自然被否决，剩下的只有第二种态度，对西方文化"全盘接受"。因此，胡适被认为是首先明确提出"全盘西化"主张的人，虽然"全盘接受"与"全盘西化"的词语不甚一致。1930年，他在向少年学生推荐自己出版的三集《胡适文存》时说："我们必须承认我们自己百事不如人，不但物质机械上不如人，不但政治制度不如人，并且道德不如人，知识不如人，文学不如人，音乐不如人，艺术不如人，身体不如人。"所以应当"死心塌地地去学习人家"。②

1934年，陈序经在商务印书馆出版《中国文化的出路》一书，断言："我们的唯一办法，是全盘接受西化。"③胡适于1935年6月在天津《大公报·星期论文》发表文章表示："我赞成'全盘西化'，原意只是因为这个口号最近于我十几年来'充分'世界化的主张。"④

至此，"全盘西化"的思潮终于叫响，对中国文化何去何从影响很大。

第三节　中国文化交流发展的特点

张岱年、方克立先生主编的《中国文化概论》认为，中国文化交流可分为两次大的文化交汇：第一次大交汇在汉唐间，主要是佛教文化的传

① 胡适：《文化的冲突》，载《胡适文集11》，北京大学出版社1998年版，第167、170—171、172页。★文末编者注：（原载1929年《中国基督教年鉴》（*China Christian Year Book*），张景明译、罗荣渠校，中译稿收入罗荣渠主编：《从"西化"到现代化》，1990年3月北京大学出版社出版。）
② 胡适：《介绍我自己的思想》，载《胡适文集5》，北京大学出版社1998年版，第515页。★文末编者注：（收入《胡适文选》，1930年12月上海亚东图书馆初版）
③ 陈序经：《中国文化的出路》，中国人民大学出版社2004年版，第85页。
④ 胡适：《充分世界化与全盘西化》，载《胡适文集5》，北京大学出版社1998年版，第454页。★文末编者注：（原载1935年6月23日天津《大公报·星期论文》）

入；第二次大交汇"开端于明朝万历年间……已绵延四个世纪，至今仍在继续进行中"[①]，主要是西方文化传入。

本书认为，就中外文化历史交流的实际来看，至少可以分为四大阶段，或者四次大的文化交汇。

第一次，在两汉期间，是汉王朝文化对西域的传播，尤其以物质文化为主。

第二次，在魏晋南北朝、隋唐期间，以佛教文化为主的传入与传出。

第三次，在元明及清初期间，中西文化交流互有传入和传出，但以传出为主。

第四次，近代，西方文化几乎是单向传入。

我们再从中外文化交流的"七大事件"来看，交流的方向十分明确，中国文化交流并非只有传入，恰恰相反，传入、传出都有，且以传出为主。这正是中国文化博大精深之处，值得国人自信、自豪。

表10-1　中外文化交流传入传出

事件	传入	传出
徐福东渡		中→东（日本）
丝绸之路		中→西域
佛教的传入与传出	印度→中	中→东（日本、高丽）
日本遣唐使		中→东（日本）
马可·波罗游记		中→西方
郑和七下西洋		中→西方
西学东渐	西→中	

[①]　张岱年，方克立主编《中国文化概论》，北京师范大学出版社2004年版，第86—91页。

于是，我们将中国文化交流特点概括如下：

中国文化的交流是双向的，但并不对等，往往是主流一边倒。鸦片战争前，中国文化虽有内传，但主要是外传（东学西传）；鸦片战争后，则主要是内传（西学东渐以至"西学东扑"）。

第四节　中国文化的交流发展与未来

在谈论文化的交流发展与未来之前，我们先温习一下近代国学大师梁启超的"三个中国"论断。

1901 年，梁启超在其《中国史叙论》一书中认为[①]，中国历史大致可以分为三个阶段：第一阶段是"中国之中国"，即从黄帝时代到秦始皇，这大致上也是世界其他古文明存在的时间，但限于当时条件的制约，中国与其他古文明之间几乎没有什么交流，只在中国的范围内交流融合。第二阶段是"亚洲之中国"，从秦始皇到 18 世纪，中国与外部有交流，有矛盾，有征战，也有融合，但这一切基本上局限于亚洲大地，上述的亚洲主要文明之间的交流互鉴大都属于这个时代。第三阶段是"世界之中国"，也就是 19 世纪以来，中国被西方列强强行打开了国门，从此饱受战乱之苦，国无宁日，西方文化随之而来，中国开始真正与西方世界开始打交道。

梁启超如此论断，在发表之初，还是颇受追捧的，但在今天看来，是不够准确的。从本书上节"中国文化交流的特点"可以明确看到，中国与世界（即西方欧美）的文化交流，至迟从 12 世纪指南针和火药等陆续传

---

① 梁启超：《中国史叙论》，载《饮冰室文集》之六，中华书局 1936 年版，第 11—12 页。

入欧洲的北宋就开始了，而非他认为的 19 世纪以来。为何会有如此大的认识误差？主要是从北宋起中国文化与西方文化的交流以中国文化外传为主，呈现"一边倒"的形式，加之后来明、清"夜郎自大"，不屑于与"夷狄"一样的西方打交道，使人们心中没有西方文化的概念。1840 年的鸦片战争，西方列强用枪炮砸开国门，西方文化随风扑来，国人仿佛才知道了中国之外还有一个比自己厉害得多的西方世界。这个"世界"破门而入，再想目中无人或闭关自守就都办不到了，所以，中国文化与西方文化如何对待、交流，就显得更加迫切而突出。以胡适、陈序经等为代表的激进派认为我们一切不如人，主张"全盘西化"；以冯桂芬、张之洞等为代表的改良派则主张"中学为体，西学为用"，"以中国之伦常名教为原本（体），辅以诸国富强之术（用）"（冯桂芬：《校邠庐抗议·采西学议》，咸丰十一年［1861 年］）。改良派的"中体西用"，在不危及"中体"的前提下侧重强调采纳西学，既维护了统治者的体面，也支持了积极救亡图存的洋务派，还有力地化解了顽固守旧派的阻挠，成为多数人的共识和主张。遗憾的是，这次的中西文化交流，也呈现"一边倒"的态势，几乎全是西方文化的灌入。虽然不敢妄下"全盘西化"的结论，但是，也难见到"体""用"之分，西方学得不像，东方的"国本"也未能保住。如果不是"十月革命一声炮响，给我们送来了马克思列宁主义"[1]，中国共产党领导人民浴血奋战，建立社会主义新中国，那么，很难想象，今天会是怎样的社会，怎样的文化。

　　直到今天，中西文化的交流，看起来来往频繁，感觉上还是"两张皮"，各说各的。中国文化对西方文化接纳吸收不少，而西方文化对中国

---

[1]　毛泽东：《论人民民主专政》，载《毛泽东选集（四卷本）》，人民出版社 1969 年版，第 1360 页。

文化还在"雾里看花"，排斥的成分远大于认可的成分。笔者以为，这里的原因，从学术角度说，主要有两点：一是中西文化差异大，基本上呈对立状态；二是我们对中国文化的内涵特质提炼概括不够，加之西方对中国的偏见，导致对中国文化的美好特质视而不见。

先看第一点，中西文化的差异。这方面学人论述较多，综合归纳，中西文化的差异或者不同特点，主要有四个方面：

一是自然观方面，中国文化主张天人和谐，西方文化主张征服自然。

二是社会观方面，中国文化以家国为本，西方文化崇尚自由，以个人为本。

三是民族观方面，中国文化主张各民族为兄弟民族，友好相处，和谐万邦；西方文化主张民族利益第一，征服异族。

四是思维方式方面，中国文化主张中庸，"执两用中"，即对立统一。认为事物是矛盾性与同一性的统一，注意对立性，更注重同一性，所以贵和；西方文化则是注重对立性，两极分立，强调对立斗争。

这两种文化各自特点显著，相互对立，肯定一方，似乎就要否定另一方。所以，中西文化在以往的交流中，往往呈现"一边倒"现象，或者东风压倒西风，或者西风压倒东风，仿佛难以协调融合。

但从另一个角度看，文化的这种差异性何尝又不是互补？放下社会制度的不同，各自有长处，也有不足和短处，互相借鉴，取长补短，就能使各自的文化更加繁盛。太平洋之广阔，世界之大，包容万物繁衍生长，也包容不同制度、不同意识形态的国家社会共生共荣。中西文化如同姿态万千的奇花异树，既以不可或缺之重丰富世界，又以相互映照、借鉴互补之功而繁荣宇中，必将促进世界各民族文化的交流汇通，为人类共同文化的繁荣昌盛做出贡献。

再看第二点，对中国文化特质的认识。我们在谈到中国文化时，往往不断地"窄化"中国文化。例如说中国文化就说主要是中国传统文化，因为古代社会历史很长，文化累积很多；说传统文化就说主要是汉文化，因为汉族人口最多，是中华民族主体；说汉文化就说主要是儒家文化，因为汉武帝罢黜百家，儒家文化数千年来成为正统文化。这些都是史实，但这样不断"窄化"，虽然可以揭示文化主干，深入文化内核，但会导致人们无意识地以一斑而代全豹，形成一个"中国文化＝儒家文化"的模糊认识，导致把中国文化复兴的希望系于儒学的复兴上，以致出现以建立现代新儒学来复兴中国文化的企图。实际上，一代学术，有一代学术的使命，属于它的时代结束了，它的使命也就完成了。再想通过重振儒学来振兴中国文化，既有复古倒退之嫌，最终也很难避免"新汤旧药"的老路，没有任何价值意义。

除去"窄化"，就是对中国文化最关键的内涵特质揭示不够。一旦提起中国文化，总是滔滔不绝，一二三四五……列举十几条，一大堆，不仅使人厌烦，也容易使人眼花缭乱，理不清头绪。这里，笔者建议，用最精炼的语言，将中国文化的内涵特质高度概括为两个字——"仁和"，即中国文化的特质就是"仁和文化"。"仁"是人类社会一切道德规范的总和，全部道德观念的总称，关键词有"仁爱、仁慈、仁善、仁义、仁厚、仁德、仁政"等；"和"即"太和"，是中国文化对待万事万物的总态度——"和为贵"，认为和实生物，和气致祥，和衷共济，家和万事兴，主张民胞物与，协和万邦，关键词有"和平、和同、和谐、和善、和好、和顺、和气、和美"等。中国人爱好和平，反对战争；中国人以兄弟姐妹平等关系待人处事，"四海之内皆兄弟也"，不称王称霸、欺软怕硬；中国人成人达己、己所不欲勿施于人，以心换心，海纳百川，包容万物；中国人乐于助人，喜欢朋友遍天下，倡导世界大同、合作共赢……这些，都是中国"仁和文化"的具体体现。数千年来，中华民族越过了无数艰难险阻，战胜了多次生死危亡，不绝如缕，屡战屡强，始终屹立于世界民族之林，凭借和依靠的就是具有高尚道德精神的中国"仁和文化"。相信这一具有高尚美德和"普世价值"的中国"仁和文化"，世界上绝不会有哪个正常的民族、哪个正常的国家、哪个正常的人拒绝它。

现在，世界已经进入经济全球化与网络信息全球化，文化必然会全球性地交流与会通。一家文化独大的局面不可能出现，东方文化中心论或西方文化中心论也行不通，狭隘的民族主义或大国的文化霸权主义更行不通。各民族文化最终都要会通、融入全球文化，从而形成一种有利于全人类和平、健康、幸福、长久繁荣发展的先进文化。我们坚信，特色鲜明的中国仁和文化必将成为世界先进文化的重要组成部分，必将有力推动人类社会走向辉煌的未来！

附录：中国文化三百句

中国文化经典著作众多，列入必读书目者动辄上百，最少的也有三四十种。其中的名言金句多如星辰，在中国文化的璀璨星空中熠熠闪烁，吸引着我们仰望的目光，震撼着我们求真的灵魂，滋润我们善美的心田。这些历经历史长河大浪淘沙、磨砺筛选而留下来的珍珠玛瑙般的名言警句，成为我们中国文化经典中的经典，宝石中的金钻。每一句，都是那样的精警，那样的典雅，那样的金贵，令我们珍爱无比，悬挂厅堂，胜过座右铭；早诵晚背，堪比佛偈颂。只是文海浩瀚，辽阔无际，文化名句常常是挂一漏万。若能文海拾珠，串珠为链，成为国人项上胸前之文心宝链，岂不是中国文化盛事一件？为此，花里挑花，珠中拣珠，拣选得391条。不敢说"天下英雄尽入彀中"，但绝大多数都已荟萃其中，于是名为"中国文化三百句"，附录于此，奉献给读者，以使读者仅读该附录即可醺醉于中国文化，岂不美哉！唯为憾者，拾珠不易，串珠更难。按义理分类为串较为理想，奈何义理丰富驳杂，甚难梳理归类。若分类繁多，则不如无类；若归并简陋，又恐不伦不类。阅看近年所谓《论语新编》之类书籍对《论语》进行义理归并分类新编，皆不尽如人意，于是便以语音为序，略作排列，希冀读者同仁见谅。

【001】**哀哀父母，生我劬劳**。(《诗经·蓼莪》)

可怜我的父母啊，生我养我是多么的艰苦和辛劳！

【002】**哀莫大于心死**。(《庄子·田子方》)

最令人伤痛的悲哀，莫过于心死绝望。

【003】**百闻不如一见，百见不如一行**。(《汉书·赵充国传》)

听别人说一百次，不如亲眼看到一次；看到一百次，不如亲自践行一次。这句话的前半部分"百闻不如一见"，出自《汉书·赵充国传》，强调亲眼所见比听说更为可靠；后半句"百见不如一行"，是从"百闻不如一见"的意思引申、拓展出来的，体现了实践出真知的哲学思想。

【004】百战百胜，非善之善者也；不战而屈人之兵，善之善者也。（《孙子·谋攻篇》）

能够做到百战百胜，不是好中最好的；不经交战、兵不血刃而能使敌人屈服，才是好中最好的。

【005】邦有道贫且贱焉，耻也；邦无道，富且贵焉，耻也。（《论语·泰伯》）

国家政治清明而自己贫贱，是耻辱；国家政治昏暗而自己富贵，也是耻辱。

【006】必也正名乎！……名不正，则言不顺；言不顺，则事不成；事不成，则礼乐不兴；礼乐不兴，则刑罚不中；刑罚不中，则民无所措手足。（《论语·子路》）

一定要使名分正确啊！……名分不正确，说话就不顺当；说话不顺当，事情就做不成；事情做不成，礼乐制度就不能实施；礼乐制度不能实施，刑罚就不会公正适中；刑罚不公正适中，民众就无所适从。

【007】兵者，国之大事，死生之地，存亡之道，不可不察也。（《孙子·计篇》）

战争是国家的大事，它关系着百姓的生死和国家的存亡，不能不仔细察究、认真对待。

【008】博学之，审问之，慎思之，明辨之，笃行之。（《礼记·中庸》）

要广博地学习，详细地究问，严谨地思考，明确地分辨，踏踏实实地实行。

【009】不愤不启，不悱不发。举一隅不以三隅反，则不复也。(《论语·述而》)

不到他气愤自己想不明白的时候不去启发他，不到他想说却说不出的时候不去开导他，举一个事例却不能由此理解多个方面就不要再说了。

【010】不患寡而患不均，不患贫而患不安。(《论语·季氏》)

不要忧虑财富少，而要忧虑财富分配不均；不要忧虑贫穷，而要忧虑社会不安定。

【011】不患人之不己知，患不知人也。(《论语·学而》)

不要担心别人不了解自己，要担心自己不了解别人。

【012】不积跬步，无以至千里；不积小流，无以成江海。(《荀子·劝学》)

如果不一步一步地累积走下去，就不能够到达千里之外；如果不汇集细小的涓流，就不能成为阔大的江海。

【013】不能正其身，如正人何？(《论语·子路》)

不能端正自身，如何端正别人？

【014】不戚戚于贫贱，不汲汲于富贵。([东晋]陶渊明《五柳先生传》)

不为贫贱而常常恓惶忧愁，不为富贵而心心念念去追求。

【015】不迁怒，不贰过。(《论语·雍也》)

不迁怒于人，不重犯过错。

【016】不识本心，学法无益。(《六祖坛经》)

不能认识自己的本来心性，即使学习再多的佛法也没有益处。

【017】不孝有三，无后为大。（《孟子·离娄上》）

不孝顺的行为有三件，没有后代为最大。东汉赵岐《孟子章句》注"不孝有三，无后为大"云："于礼有不孝者三事：谓阿意屈从，陷亲不义，一不孝也；家贫亲老，不为仕禄，二不孝也；不娶无子，绝先祖祀，三不孝也。三者之中，无后为大。"

【018】不学《诗》，无以言。（《论语·季氏》）

不学《诗》，就不能言谈应对。

【019】不学礼，无以立。（《论语·季氏》）

不学礼仪，就没法安身立世。

【020】不以成败论英雄。（《庄子·盗跖》）

不能以一个人的成功或失败，来议论评判他是不是个英雄。

【021】不以规矩，不能成方圆。（《孟子·离娄上》）

不用圆规和直角尺，就不能准确地画出方形和圆形。

【022】不义而富且贵，于我如浮云。（《论语·述而》）

干不正当的事获得富贵，对我而言就如同天边的浮云一般毫无价值。

【023】不在其位，不谋其政。（《论语·泰伯》）

不在这个职位上，就不参与谋划这个职位的事情。

【024】不知命无以为君子也，不知礼无以立也，不知言无以知人也。（《论语·尧曰》）

不知晓命运无法成为君子，不知晓礼仪无法处身立世，不理解言语无法了解别人。

【025】恻隐之心，仁之端也；羞恶之心，义之端也；辞让之心，礼之

端也；是非之心，智之端也。(《孟子·公孙丑上》)

不忍之心是仁的发端，羞耻之心是义的发端，谦让之心是礼的发端，是非之心是智的发端。

【026】恻隐之心人皆有之，羞恶之心人皆有之，恭敬之心人皆有之，是非之心人皆有之。(《孟子·告子上》)

不忍之心人人都有，羞耻之心人人都有，恭敬之心人人都有，是非之心人人都有。

【027】朝闻道，夕死可矣。(《论语·里仁》)

早上闻知大道之理，即使晚上死去也可以了。

【028】成事不说，遂事不谏，既往不咎。(《论语·八佾》)

已成的事不述说，结束的事不劝谏，过去的事不追究。

【029】大道既隐，天下为家，各亲其亲，各子其子，货力为己，大人世及以为礼，城郭沟池以为固，礼义以为纪，以正君臣，以笃父子，以睦兄弟，以和夫妇，以设制度，以立田里，以贤勇知，以功为己，故谋用是作，而兵由此起。禹、汤、文、武、成王、周公，由此其选也。此六君子者，未有不谨于礼者也，以著其义，以考其信，著有过，刑仁讲让，示民有常。如有不由此者，在执者去，众以为殃。是谓小康。(《礼记·礼运》)

大道已经隐没不行了，天下成了君王一家的天下，人们只亲爱自己的双亲，只抚养自己的子女，财物和劳力都只为了自己。大人、国君将权力世代相传，作为礼制；修筑城郭和护城河来加固防守，用礼义作为纲纪，以此来端正君臣关系，加深父子感情，使兄弟和睦，使夫妻和美，并据以建立制度，划分田里，尊重勇士和才智之士，以个人的功绩来评价自己。所以，计谋由此而生，战争由此而起。夏禹、商汤、周文王、武王、成王、周公，都是通过这种方式被选拔出来的。这六位君子，没有一个不是谨慎地遵守礼制的，以此来彰显道义，考察诚信，明确过错，用仁慈来施行刑罚，讲求礼让，向人民展示恒常的法则。如果有不遵循这些法则的，即使有权势也会被废弃，民众会认为这是灾难。这样的社会被称为小康。

【030】大道之行也，天下为公，选贤与能，讲信修睦。故人不独亲其亲，不独子其子，使老有所终，壮有所用，幼有所长，矜寡孤独废疾者，皆有所养；男有分，女有归；货恶其弃于地也，不必藏于己；力恶其不出于身也，不必为己。是故谋闭而不兴，盗窃乱贼而不作，故户外而不闭，是谓大同。（《礼记·礼运》）

大道实行的时代，天下是人民所公有的，选用贤明和能干的人，大家讲信用而和睦相处。因此人们不只是亲爱自己的双亲，不只是抚养自己的子女，还要使老年人能得终养，壮年人有用武之地，幼童能得到抚育，年老丧夫或丧妻而孤独无靠的人以及残疾人都能得到照顾和赡养；男子都有自己的职业，女子都能适时婚嫁；嫌恶财物被糟蹋浪费，但并不必为己所有；嫌恶有力气偷懒不用，但并不必为自己服务。因此阴谋诡计被遏制而不得施展，盗窃和乱臣贼子不会产生，外出不关门而财物不会遗失。这样的社会被称作大同。

【031】大学之道，在明明德，在亲民，在止于至善。（《礼记·大学》）

《大学》的宗旨在于弘扬光明正大的品德，在于使人弃旧图新，在于使社会达到最完善的境界。

【032】当仁不让于师。（《论语·卫灵公》）

遇到行仁之事立即上前去做，即使遇到尊敬的老师也不谦让让他去做。

【033】道不同，不相为谋。(《论语·卫灵公》)

主张不同，不相与一起谋划。

【034】道常无为而无不为。(《道德经》第三十七章)

道常常是顺其自然而无所作为的，却又没有一件事不是它所为的。

【035】道大，天大，地大，人亦大。域中有四大，而人居其一焉。(《道德经》第二十五章)

道大，天大，地大，人也大。宇宙间有四大，而人是四大之一。

【036】道可道，非常道；名可名，非常名。(《道德经》第一章)

能用语言表述出来的"道"，就不是永恒的、终极的"道"；能够用言辞说出来的"名"，就不是永恒的、终极的"名"。

【037】道生一，一生二，二生三，三生万物。(《道德经》第四十二章)

道产生混沌未分的统一体，这个统一体生成阴阳二气，阴阳两气聚合而生成第三种事物，第三种事物交合万变而生成万物。

【038】道之以政，齐之以刑，民免而无耻；道之以德，齐之以礼，有耻且格。(《论语·为政》)

用政令来引导，用刑法来整治，民众会因为害怕受罚而避免犯罪，但不会有羞耻感；用德行来教导，用礼仪来规范，民众有羞耻感而且敬服。

【039】得道者多助，失道者寡助；寡助之至，亲戚畔之；多助之至，天下顺之。(《孟子·公孙丑下》)

拥有道义的人援助多，失去道义的人援助少。援助少到极点，亲戚都会背叛他；援助多到极点，整个天下都归顺他。

【040】得人心者得天下。(《汉书·高帝纪》)

赢得人心的人就能赢得天下。

【041】德薄而位尊，智小而谋大，力小而任重，鲜不及矣。（《周易·系辞下》）

德行浅薄却地位尊贵，智慧有限却图谋大事，力量不足却承担重任，很少能避免祸患。

【042】德不孤，必有邻。（《论语·里仁》）

有德之人不会孤单，必有志同道合的人与他做邻里伙伴。

【043】德不配位，必有灾殃。（《尚书·说命》）

德行与地位不相匹配，必然会有灾祸。

【044】德胜才，谓之君子；才胜德，谓之小人。（《资治通鉴·唐纪》）

德行胜过了才能，叫作君子；才能盖过了德行，叫作小人。

【045】地势坤，君子以厚德载物。（《周易·坤卦》）

大地如坤卦所象征的非常浑厚包容，君子因此应该以深厚的德行承载包容万物。

【046】滴水穿石，非力也，恒也。（《汉书·枚乘传》）

滴水能穿透石头，不是靠力量，而是靠持之以恒。这句话的最早出处是东汉班固的《汉书·枚乘传》，原文为："泰山之雷（同"溜"）穿石，单极之绠断干。水非石之钻，索非木之锯，渐靡使之然也。"意思是泰山上的水流能够穿透石头，很细的井绳能够磨断井架。水并不是用来钻石头的工具，绳子也不是用来锯木头的工具，这是天长日久慢慢磨损的结果。后来，这句话被提炼为"滴水穿石，非力也，恒也"，突出强调了持之以恒的重要性。

【047】独乐乐不若与人乐。（《孟子·梁惠王下》）

独自一人快乐不如与他人一起快乐则更快乐。原文为："孟子曰：'独乐乐，与人乐乐，孰乐？'王曰：'不若与人。'孟子曰：'与少乐乐，与众乐乐，孰乐？'王曰：'不若与众。'"句题是对原文的精练。

【048】**多行不义必自毙。**（《左传·隐公元年》）

多行不义之事，一定会自食恶果，作法自毙。

【049】**发乎情，止乎礼义。**（《毛诗序》）

诗歌生发于情感，情感限制在礼义允许的范围（而不泛滥）。

【050】**凡事预则立，不预则废。**（《礼记·中庸》）

任何事情，如果有准备就能成功，没有准备就会失败。

【051】**凡为天下国家有九经，曰：修身也，尊贤也，亲亲也，敬大臣也，体群臣也，子庶民也，来百工也，柔远人也，怀诸侯也。**（《礼记·中庸》）

凡是治理天下国家有九条法则，那就是：修养自身，尊重贤人，亲爱亲人，敬重大臣，体恤群臣，爱民如子，招纳工匠，优待远客，安抚诸侯。

【052】**反听之谓聪，内视之谓明，自胜之谓强。**（《史记·商君列传》）

能够听取相反意见叫作聪明，能够从内心审视自己叫作明智，能够克服自己弱点叫作刚强。

【053】**飞鸟尽，良弓藏；狡兔死，走狗烹。**（《史记·淮阴侯列传》）

飞鸟被打完，好的弓箭因为无用就被收藏起来；狡猾的兔子被猎杀死了，猎狗因为无用就被烹煮了。

【054】**非淡泊无以明志，非宁静无以致远。**（[三国·蜀]诸葛亮《诫子书》）

不淡泊处世就不能显明志向，不宁静做事就不能实现远大目标。

【055】非礼勿视，非礼勿听，非礼勿言，非礼勿动。（《论语·颜渊》）

不合礼的事不看，不合礼的话不听，不合礼的话不说，不合礼的事不做。

【056】夫子之道，忠恕而已矣。（《论语·里仁》）

孔老夫子的主张，只是忠、恕罢了。

【057】佛向性中作，莫向身外求（《六祖坛经》）

佛理就在本性里产生，不要向自身之外去追求。

【058】辅车相依，唇亡齿寒。（《左传·僖公五年》）

颊骨（辅）和齿床（车）是互相依存的关系，嘴唇若是没有了，牙齿就会感觉到寒冷。

【059】父不慈则子不孝，兄不友则弟不恭，夫不义则妇不顺。（〔北齐〕颜之推《颜氏家训·治家》）

父母不慈爱自己的子女，子女就不会孝顺自己父母；兄长不友爱自己弟弟，弟弟就不会对兄长恭敬；丈夫不讲仁义，妻子就不会对丈夫恭顺。

【060】父母在，不远游，游必有方。（《论语·里仁》）

父母在世时，不远行游玩，如果要远游，一定有限度（去的地方远近适当，能及时回来照顾父母）。

【061】父母之年，不可不知也。一则以喜，一则以惧。（《论语·里仁》）

父母的年纪，不可不知道啊。一方面为他们的长寿而高兴，另一方面为他们的衰老而惧怕担忧。

【062】富贵不能淫，贫贱不能移，威武不能屈。（《孟子·滕文公下》）
富贵不能诱惑，贫贱不能动摇，威武不能屈服。

【063】富与贵，是人之所欲也，不以其道得之，不处也。贫与贱，是人之所恶也，不以其道得之，不去也。(《论语·里仁》)

富有和尊贵是人们所向往的，不通过正当途径得到，就不接受。贫困和卑贱是人们所厌恶的，不通过正当途径得免，就不离弃。

【064】高山仰止，景行行止。(《诗经·小雅·车辖》)

高大山峰人们止步仰望，光明的大道人们行止都遵循。遇到高山时，人们会抬头仰望；遇到大路时，人们会沿着它行走。此话后来被用作比喻品德高尚的人值得人们敬仰，行为光明正大的人值得人们效仿。司马迁在《史记·孔子世家》中引用这句话来赞美孔子，表达了对孔子高尚品德和伟大行为的敬仰，以及内心对这种境界的由衷向往。

【065】工欲善其事，必先利其器。(《论语·卫灵公》)

工匠想要做好一件事，必须先使做事的器具锋利完好。

【066】功成身退，天之道也。(《道德经》第九章)

功业成功就退身，这是合乎自然的道理。

【067】恭、宽、信、敏、惠。恭则不侮，宽则得众，信则人任焉，敏则有功，惠则足以使人。(《论语·阳货》)

恭敬、宽厚、诚信、聪敏、慈惠。恭敬就不受欺侮，宽厚就能得到众人拥戴，诚信就会受到信任，聪敏就会取得功绩，慈惠就能够役使他人。

【068】恭俭让，以得乎己；信敏惠，以成乎人。(《礼记·表记》)

恭敬、节俭、谦让，以此来修养自己；诚信、敏捷、慈惠，以此来成就他人。

【069】苟利社稷，死生以之。(《左传·昭公四年》)

只要对国家有利，就用自己生命全力以赴。清末民族英雄林则徐化

用为诗句："苟利国家生死以，岂因祸福避趋之！"（《赴戍登程口占示家人》）

【070】苟日新，日日新，又日新。（《礼记·大学》）

如果能够一天进步，就应天天进步，进步了还要再进步。

【071】古之欲明明德于天下者，先治其国；欲治其国者，先齐其家；欲齐其家者，先修其身；欲修其身者，先正其心；欲正其心者，先诚其意；欲诚其意者，先致其知；致知在格物。（《礼记·大学》）

古代那些要想在天下弘扬光明正大品德的人，先要治理好自己的国家；要想治理好自己的国家，先要管理好自己的家庭和家族；要想管理好自己的家庭和家族，先要修养自身的品性；要想修养自身的品性，先要端正自己的心思；要想端正自己的心思，先要使自己的意念真诚；要想使自己的意念真诚，先要使自己获得知识；获得知识的途径在于认识、研究万事万物。

【072】古之至人，先存诸己，而后存诸人。（《庄子·人间世》）

古代的圣贤，都是先使自己的道德修养可以立身存世之后才去扶助他人立身存世。

【073】过而不改，是谓过矣。（《论语·卫灵公》）

有过错而不改正，才真叫作过错了。

【074】过而能改，善莫大焉。（《左传·宣公十五年》）

犯了错误能够改正，没有比这更好的了。

【075】过犹不及。（《论语·先进》）

过头犹如不够（都不好）。

【076】海内存知己，天涯若比邻。（王勃《送杜少府之任蜀州》）

四海之内有知己朋友存在，即使远在天边也会觉得近得像邻居一样。

【077】好学近乎知，力行近乎仁，知耻近乎勇。(《礼记·中庸》)

爱好学习就接近智慧了，努力践行就接近仁善了，知道羞耻就接近英勇了。

【078】合抱之木生于毫末，九层之台起于累土，千里之行始于足下。(《道德经》第六十四章)

合抱粗的大树生长于细小的嫩芽，九层的高台筑起于每一筐泥土，千里的远行是从脚下一步步开始的。

【079】后生可畏，焉知来者之不如今也？(《论语·子罕》)

年轻后生令人可怕，怎么知道他将来不如今天呢？

【080】祸莫大于不知足；咎莫大于欲得。故知足之足，常足矣。(《道德经》第四十六章)

最大的祸害是不知足，最大的过失是贪欲。知道到什么地步就该满足了的人，永远是满足的。

【081】祸兮福之所倚，福兮祸之所伏。(《道德经》第五十八章)

灾祸是幸福的依傍之处，幸福是灾祸藏伏之地。

【082】机不可失，时不再来。(《旧五代史·安重荣传》)

好的机会不可错失，时机过去了就不再来。

【083】积善之家，必有余庆；积不善之家，必有余殃。(《周易·文言·乾卦》)

累积善行的人家，必定会有多余的吉庆留给后代；累积恶行的人家，必定会有多余的灾祸留给后代。

【084】己所不欲，勿施于人。(《论语·颜渊》)

自己不想要的，不要去施加给别人。

【085】既来之，则安之。（《论语·季氏》）

（边远的人不归服就修饬文德来招徕他们）既招来了，就安定他们。现在指既然来到这里，就不抱怨，安然处之。

【086】见素抱朴，少私寡欲。（《道德经》第十九章）

保持纯洁朴实的本性，减少私心和欲望。

【087】见贤思齐焉，见不贤而内自省也。（《论语·里仁》）

见到贤德之人就思量向他看齐，见到不贤德之人就反省是否有类似毛病。

【088】将欲取之，必先与之。（《道德经》第三十六章）

想要得到，必须先给予。

【089】尽信《书》则不如无书。（《孟子·尽心下》）

如果不加思考就完全相信《尚书》中所讲述的事情，那么就不如没有这本书。现在泛指对书籍所言不可盲目全信。

【090】近朱者赤，近墨者黑。（［西晋］傅玄《太子少傅箴》）

接近朱砂的会变红，接近墨水的会变黑（比喻接近好人能使人变好，接近坏人可以使人变坏）。

【091】精诚所至，金石为开。（［东汉］王充《论衡·感虚篇》）

真诚到达极点，即使是金石也会为之打开。

【092】居安思危，思则有备，有备无患。（《左传·宣公十五年》）

处于安定的时候要考虑到可能出现的危险，考虑到了就会有所准备，有所准备就不会有祸患担忧。

【093】鞠躬尽瘁，死而后已。（［三国·蜀］诸葛亮《出师表》）

竭尽全力，直到死才罢休。

【094】君君，臣臣，父父，子子。（《论语·颜渊》）

君王要像君王，臣子要像臣子，父亲要像父亲，儿子要像儿子。

【095】君仁莫不仁，君义莫不义，君正莫不正，一正君而国定矣。（《孟子·离娄上》）

国君仁没有人不仁，国君义没有人不义，国君正没有人不正，一旦国君端正了，国家就安定了。

【096】君使臣以礼，臣事君以忠。（《论语·八佾》）

君主依礼差使臣子，臣子以忠侍奉君主。

【097】君为臣纲，父为子纲，夫为妻纲。（《白虎通·三纲六纪》）

此话初义为：君王为臣子的纲领表率，父亲为子女的纲领表率，丈夫为妻子的纲领表率。后来演变为：臣子必须绝对服从国君，儿子必须绝对服从父亲，妻子必须绝对服从丈夫，成为封建专制统治的纲常理论。具体演变参见本书第六章第二节之"二、崇德尚礼"。

【098】君者，舟也；庶人者，水也；水则载舟，水则覆舟。（《荀子·王制篇》）

君王譬如船，黎庶百姓譬如水，水既能承载船，也能颠覆船。荀子以此劝诫君王要重视民本。

【099】君子爱财，取之有道。（[南宋]普济《五灯会元》）

君子喜欢财富，要获得它必须有正当的方式途径。

【100】君子不器，君子群而不党。（《论语·卫灵公》）

君子不是器具（只有一种的用途），君子合群而不结党营私。

【101】君子不以言举人，不以人废言。（《论语·卫灵公》）

君子不因为人的言语美而举荐人，不因为人地位低而废弃他说的话。

【102】君子不怨天，不尤人。（《论语·宪问》）

君子不抱怨天，也不怨怪人。

【103】君子成人之美，不成人之恶。小人反是。（《论语·颜渊》）

君子成全他人的好事，不促成他人的坏事。小人与此相反。

【104】君子耻其言而过其行。（《论语·宪问》）

君子以言过其实为羞耻。

【105】君子和而不同，小人同而不和。（《论语·子路》）

君子与人真诚和谐相处而不随便混同，小人与人随便混同而不真诚和谐相处。

【106】君子疾没世而名不称焉。（《论语·卫灵公》）

君子担忧直到离开人世而没有美好名声被人称道。

【107】君子矜而不争，群而不党。（《论语·卫灵公》）

君子矜持而不争执，合群而不结党营私。

【108】君子进德修业，修辞立其诚。（《周易·文言·乾卦》）

君子在增进德行建立功业之时，应修饰言辞以建立诚信的形象。

【109】君子敬而无失，与人恭而有礼，四海之内皆兄弟也。（《论语·颜渊》）

君子敬慎就没有过失，对人谦恭有礼，把四海之内的人都当作亲兄弟，平等诚意以待。

【110】君子莫大乎与人为善。（《孟子·公孙丑上》）

君子最大的德行就是对人良善。

【111】君子谋道不谋食。（《论语·卫灵公》）

君子谋求天下大道而不谋求个人衣食。

【112】君子求诸己，小人求诸人。(《论语·卫灵公》)

君子总是责求自己，小人总是责求他人。

【113】君子上交不谄，下交不渎。(《周易·系辞下》)

君子与上级交往时不献媚讨好，与下级交往时不骄横渎职。

【114】君子慎独，不欺暗室。(《礼记·大学》)

君子在独处时也要谨慎，保持自己的品德和行为，不在无人之处做不正当的事。

【115】君子慎于言而敏于行。(《论语·学而》)

君子在言语上要谨慎，在行动上要敏捷。

【116】君子食无求饱，居无求安，敏于事而慎于言，就有道而正焉，可谓好学也已。(《论语·学而》)

君子饮食不要求饱足，居住不要求安逸，敏捷处事而谨慎言语，请求有道者匡正，可以说是好学了。

【117】君子坦荡荡，小人长戚戚。(《论语·述而》)

君子心地坦荡，小人经常忧愁。

【118】君子务本，本立而道生。(《论语·学而》)

君子致力于根本（道德），当根本建立了，正确的原则和道路就会随之产生。

【119】君子学以聚之，问以辩之，宽以居之，仁以行之。(《周易·文言·乾卦》)

君子努力学习以积聚知识，向人请教以辨别是非，以宽容态度处世，以仁爱之心做事。

【120】君子以见善则迁，有过则改。(《周易·益卦》)

君子看见好的品行马上就去学习，发现错误就立即改正。

【121】君子以文会友，以友辅仁。(《论语·颜渊》)

君子以文章学问来会聚交友，用朋友来辅助自己增进仁德。

【122】君子以义为上，小人以利为先。(《论语·里仁》)

君子把正义放在首位，小人则把私利放在首位。

【123】君子用人如器，各取所长。(《资治通鉴·唐太宗贞观元年》)

君子任用人才应当像使用器物一样，各取所长。

【124】君子忧道不忧贫。(《论语·卫灵公》)

君子忧患大道是否通行而不担忧贫困。

【125】君子有九思：视思明，听思聪，色思温，貌思恭，言思忠，事思敬，疑思问，忿思难，见得思义。(《论语·季氏》)

君子有九项要思考：看到要思考看明白了没有，听到要思考听清楚了没有，对人的神色要思考温和吗，自己的容貌要思考恭敬吗，说话要思考忠实可信吗，处事要思考尽心尽力了吗，有疑惑要思考请教询问，发怒时要思考有什么后果，见到得益要思考大义是否该得。

【126】君子有三变：望之俨然，即之也温，听其言也厉。(《论语·子张》)

君子有三种神态变化：远望他神态庄严，凑近他温和可亲，听他的说话义正词严。

【127】君子有三戒：少之时，血气未定，戒之在色；及其壮也，血气方刚，戒之在斗；及其老也，血气既衰，戒之在得。(《论语·季氏》)

君子有三件禁戒：年轻时，血气尚未稳定，要禁戒女色；到了壮年，血气方刚，要禁戒好斗；到了老年，血气衰弱，要禁戒贪得无厌。

【128】君子有三乐，而王天下不与存焉：父母俱存，兄弟无故，一乐也；仰不愧于天，俯不怍于人，二乐也；得天下英才而教育之，三乐也。（《孟子·尽心上》）

君子有三种乐趣，而称王天下不在其内：父母都在世，弟兄无变故，是第一种乐趣；上无愧于天，下不惭于人，是第二种乐趣；得到天下优秀人才而教育他们，是第三种乐趣。

【129】君子有三畏：畏天命、畏大人、畏圣人之言。小人不知天命而不畏也，狎大人、侮圣人之言。（《论语·季氏》）

君子有三项敬畏：敬畏天命，敬畏王公大人，敬畏圣人的话。小人不懂得天命而不敬畏，轻慢王公大人，亵渎圣人的话。

【130】君子喻于义，小人喻于利。（《论语·里仁》）

君子知晓的是道义，小人知晓的是利益。

【131】君子之过也，如日月之食焉，过也，人皆见之；更也，人皆仰之。（《论语·子张》）

君子所犯的过错，就像日食和月食一样，犯了过错，人人都看见；改正了，人人都敬仰。

【132】君子之交淡如水，小人之交甘若醴。（《庄子·山木》）

君子之间的交往像清水一样淡泊而纯净，小人之间的交往表面像酒一样甘甜浓厚却不真诚。

【133】君子中庸，小人反中庸。（《礼记·中庸》）

君子遵循中庸之道，小人反对中庸之道。

【134】君子周而不比，小人比而不周。（《论语·为政》）

君子忠信而不勾结；小人勾结而不忠信。

【135】君子周急不继富。(《论语·卫灵公》)

君子周济急需的人，不接续帮助富人。

【136】君子尊德性而道问学，致广大而尽精微，极高明而道中庸。(《礼记·中庸》)

君子尊崇道德而又追求学问，既达到广博的程度而又穷尽精微之处，既达到高明的境界而又遵循中庸之道。

【137】君子尊贤而容众，嘉善而矜不能。(《论语·子张》)

君子尊重贤者并包容大众，赞赏善良的人，同时对那些能力不足的人持有同情之心。

【138】开诚布公。(《三国志·蜀志·诸葛亮传》)

敞开真诚，坦白无私。

【139】可以托六尺之孤，可以寄百里之命，临大节而不可夺也，君子人与？君子人也。(《论语·泰伯》)

能够托付未成年的幼君，能够寄托百里之国的命运，面临生死存亡的关头不动摇屈服，君子是这种人吗？君子就是这样的人啊！

【140】克己复礼为仁。(《论语·颜渊》)

克制自己不合乎礼仪的行为，恢复周朝礼仪制度，就是仁。

【141】老骥伏枥，志在千里。烈士暮年，壮心不已。(〔三国·魏〕曹操《龟虽寿》)

老迈的千里马趴伏在马槽之上，但是它的志向仍在驰骋千里；有志之士即便到了垂暮之年，他的壮志雄心也不会磨灭。

【142】老吾老以及人之老，幼吾幼以及人之幼。(《孟子·梁惠王上》)

尊敬自己的长辈，也要尊敬别人的长辈；爱护自己的孩子，也要爱护别人的孩子。

【143】老者安之，朋友信之，少者怀之。（《论语·公冶长》）

老者使他得到安抚，朋友给予他信任，少年人给予他们关怀。

【144】乐而不淫，哀而不伤。（《论语·八佾》）

《诗经·关雎》诗表达快乐时不放纵，表达哀愁时也不过于悲伤（体现了情感的适度和节制，符合中庸之道）。

【145】乐民之乐者，民亦乐其乐；忧民之忧者，民亦忧其忧。乐以天下，忧以天下；然而不王者未之有也。（《孟子·梁惠王下》）

君主以民众的快乐为自己的快乐，民众也以君主的快乐为自己的快乐；君主以民众的忧虑为自己的忧虑，民众也以君主的忧虑为自己的忧虑。以天下人的快乐为快乐，以天下人的忧虑为忧虑，做到了这些而不称王天下的还从未有过。

【146】礼尚往来，往而不来非礼也，来而不往亦非礼也。（《礼记·曲礼上》）

礼节崇尚的是有往有来，有往无来不合乎礼节，有来无往也不合乎礼节。

【147】礼之用，和为贵。（《论语·学而》）

礼的作用在于促进和谐，和谐是最为宝贵的。

【148】理国要道，在于公平正直。（[唐] 吴兢《贞观政要·论公平》）

治理国家的关键，在于政令、措施等的公平与正直。

【149】历览前贤国与家，成由勤俭败由奢。（[唐] 李商隐《咏史二首》）

阅览历代贤人治国治家的经验教训，成功是由于勤俭，败落是由于奢华。

【150】立天之道，曰阴与阳；立地之道，曰柔与刚；立人之道，曰仁与义。（《周易·说卦》）

确立天道就是"阴"和"阳"，确立地道就是"柔"和"刚"，确立人道就是"仁"和"义"。

【151】良言一句三冬暖，恶语伤人六月寒。（《增广贤文》）

一句好话即使在三冬严寒之时也会让人感到温暖，一句恶语即使在六月炎热之际也会让人感到心寒。

【152】良药苦口利于病，忠言逆耳利于行。（《孔子家语·六本》）

好药虽然苦，但有利于治病；忠言虽然刺耳，但有利于做事。《孔子家语·六本》中原话为"良药苦于口而利于病，忠言逆于耳而利于行"，流传中被精练为"良药苦口利于病，忠言逆耳利于行"，强调了接受批评建议的好处和重要性。

【153】临财毋苟得，临难毋苟免。（《礼记·曲礼上》）

面对财物不要苟且获取，面对危难不要苟且躲避。

【154】临渊羡鱼，不如退而结网。（《汉书·董仲舒传》）

站在潭渊边羡慕水中的鱼，不如退回去编织渔网（来打捞）。

【155】满招损，谦受益。（《尚书·大禹谟》）

自满招来损害，谦虚使人受益。

【156】靡不有初，鲜克有终。（《诗经·荡》）

没有人一开始就不做的，但很少有人能坚持到底。

【157】民不畏死，奈何以死惧之。（《道德经》第七十四章）

民众不畏惧死亡，用死亡来恐吓有什么用！

【158】民可，使由之；不可，使知之。（《论语·泰伯》）

民众认可遵行，就任由他们；不认可遵行，就使他们知道为何要这样做。

【159】民惟邦本，本固邦宁。（《尚书·五子之歌》）

民众是国家生存发展的根本，这个根本稳固了国家就安宁太平。

【160】民为贵，社稷次之，君为轻。（《孟子·尽心下》）

民众地位贵重，朝廷是其次，国君地位最轻。

【161】民无信不立。（《论语·颜渊》）

如果在民众面前没有诚信，那就什么也立不起来（办不成）。

【162】敏而好学，不耻下问。（《论语·公冶长》）

聪敏且热爱学习，不以向低下的人请教为耻。

【163】敏于事而慎于言。（《论语·学而》）

做事要勤快敏捷，说话要谨慎小心。

【164】内省不疚，夫何忧何惧？（《论语·颜渊》）

内心自省无愧疚，哪还有什么忧愁恐惧？

【165】鸟之将死，其鸣也哀；人之将死，其言也善。（《论语·泰伯》）

鸟快要死去时，它的鸣叫声是悲哀的；人快要死去时，他说的话是善良的。

【166】宁可玉碎，不为瓦全。（《北齐书·元景安传》）

宁可做珍贵的玉器被打碎，也不做低贱的泥瓦而苟全。

【167】农，天下之本。（《史记·孝文本纪》）

农业，是天下人生存和发展的根本。

【168】贫而无谄，富而无骄，未若贫而乐、富而好礼者也。(《论语·学而》)

贫穷而不谄媚，富有而不傲慢，但还不如虽贫穷而快乐、富有而喜好礼的。

【169】菩提本无树，明镜亦非台。本来无一物，何处惹尘埃？ (《六祖坛经》)

菩提原本就不是一棵树，明亮的镜子也不是一个台子。本来就没有任何东西存在，那么又怎么可能沾染上尘埃？

【170】菩提自性，本来清净，但用此心，直了成佛。(《六祖坛经》)

人人都有菩提本性，它本来就是清洁干净的，只要自己发掘出这种本心，就能够直接了悟成佛。

【171】溥天之下，莫非王土；率土之滨，莫非王臣。(《诗经·北山》)

整个天下没有一寸土地不是天子的土地，在这些土地和水边没有一个人不是天子的臣民。

【172】其身正，不令而行；其身不正，虽令不从。(《论语·子路》)

自身端正，即使不发号令民众也能自觉遵行；自身不端正，即使发了号令也无人服从。

【173】其为人也孝弟，而好犯上者，鲜矣；不好犯上，而好作乱者，未之有也。(《论语·学而》)

为人孝顺悌爱却喜欢冒犯在上者的人，很少见；不喜欢冒犯在上者却喜欢作乱的人，还从未有过。

【174】千丈之堤，以蝼蚁之穴溃；百尺之室，以突隙之烟焚。(《韩非子·喻老》)

千丈大堤因为有一个蚂蚁的洞穴而溃塌，百尺大屋因为烟囱缝隙突出的烟火而焚毁。

【175】前车之覆，后车之鉴。(《汉书·贾谊传》)

前面车的翻倒，是后面车的鉴戒。

【176】巧言令色，鲜矣仁！(《论语·学而》)

花言巧语、面容伪善的人，很少有什么仁德。

【177】锲而舍之，朽木不折；锲而不舍，金石可镂。(《荀子·劝学》)

雕刻（几下）就停下来（不刻），（那么）腐朽的木头（也）不能刻断；不停雕刻下去（的话），即便是金石也能雕刻（成功）。

【178】亲亲而仁民，仁民而爱物。(《孟子·尽心上》)

亲爱亲人进而仁爱民众，仁爱民众进而爱惜万物。

【179】亲仁善邻，国之宝也。(《左传·隐公六年》)

亲近仁义，善待邻邦，这是保全国家的法宝啊！

【180】穷则变，变则通，通则久。(《周易·系辞下》)

事物到了穷尽之时就会发生变易，变易了就会通达，通达了就会长久。

【181】穷则独善其身，达则兼善天下。(《孟子·尽心上》)

如果仕途不显达就使自身完善，如果显达就要造福天下。

【182】人不可以无耻。(《孟子·尽心上》)

人不可以没有羞耻之心。

【183】人不知而不愠，不亦君子乎？(《论语·学而》)

人家不了解我，我也不生气怨恨，不也是君子吗？

【184】人而不仁，如礼何？人而不仁，如乐何？(《论语·八佾》)

作为人却不仁，礼又有何用呢？作为人却不仁，乐又有何用呢？

【185】人而好善，福虽未至，祸其远矣。（［东汉］徐干《中论·修本篇》）

人如果喜欢做善事，即使福气还没有到来，祸害却已经远离了。

【186】人而无信，不知其可也。（《论语·为政》）

作为人而没有信用，不知道他还能干什么。

【187】人法地，地法天，天法道，道法自然。（《道德经》第二十五章）

人效法大地的特点和规律而劳作，地上万物效法天时变化而生息，天时变化效法道的规律，道则效法自然而然。

【188】人非圣贤，孰能无过？（《左传·宣公十五年》）

人不是圣贤，谁能没有过错？

【189】人皆可以为尧舜。（《孟子·告子下》）

每个人都有可能成为像尧舜那样道德高尚的圣人。

【190】人生天地之间，若白驹之过郤，忽然而已。（《庄子·知北游》）

人生活在天地之间，就像骏马驰过缝隙，不过忽然一刹那罢了。

【191】人无礼则不生，事无礼则不成，国无礼则不宁。（《荀子·修身》）

做人没有礼义就不能生存，做事没有礼义就不能成功，国家没有礼义就不得安宁。

【192】人无远虑，必有近忧。（《论语·卫灵公》）

人没有长远的谋虑，必定会有近前的忧患。

【193】人心惟危，道心惟微，惟精惟一，允执厥中。（《尚书·大

禹谟》）

人的心思是不稳定且充满危险的，而道的核心则是微妙难以捉摸的。只有通过精心体察和专一的修行，公允真诚地坚持不偏不倚、恰到好处的中庸之道。

【194】人一能之，己百之；人十能之，己千之。**果能此道矣，虽愚必明，虽柔必强**。（《礼记·中庸》）

别人用一分的努力就能做到的，我用一百分的努力去做；别人用十分的努力做到的，我用一千分的努力去做。如果真能够做到这样，虽然愚笨也一定可以聪明起来，虽然柔弱也一定可以刚强起来。

【195】人有不为也，而后可以有为。（《孟子·离娄下》）

人要有所不为，然后才能有所作为。

【196】人之初，性本善。（《三字经》）

人在出生小时，心性原本是善良的。

【197】人之患在好为人师。（《孟子·离娄上》）

人的毛病在于喜欢做别人的老师（以炫耀自己的聪明）。

【198】人之相知，贵在知心。（《汉书·董仲舒传》）

人与人的相知，贵在内心真诚相知。

【199】仁远乎哉？我欲仁，斯仁至矣。（《论语·述而》）

仁遥远吗？我想要仁，这个仁就来了。

【200】仁者，己欲立而立人，己欲达而达人。（《论语·雍也》）

所谓仁，就是自己想要立身成业也要使他人立身成业，自己想要富贵显达也要使他人富贵显达。

【201】仁者不忧，知者不惑，勇者不惧。（《论语·宪问》）

仁者不忧愁，智者不疑惑，勇者不惧怕。

【202】仁者见之谓之仁，知者见之谓之知。（《周易·系辞上》）

仁者见到道称它为仁，智者见到道称它为智（现在简称"见仁见智"，泛指不同的人有不同的看法）。

【203】仁者人也，亲亲为大。（《礼记·中庸》）

仁，就是有爱心之人，亲爱亲人就是最大的仁。

【204】仁者无敌。（《孟子·梁惠王上》）

仁德的人是天下无敌的。

【205】仁之道，要只消一公字。（《近思录·为学》）

仁的道理，要害只是一个"公"字。

【206】日中则昃，月满则亏。（《易经·丰卦》）

太阳到了中天就会偏西，月亮圆满了就会开始亏缺。

【207】入竟而问禁，入国而问俗，入门而问讳。（《礼记·曲礼》）

进入别国的国境，要问一下有哪些是禁令；进入国都，要问一下都城的风俗习惯；进入别人的家门，要问一下人家的忌讳。

【208】塞翁失马，焉知非福。（《淮南子·人间训》）

边塞老人失去了马，哪里知道这不会是福气？

【209】三军可夺帅也，匹夫不可夺志也。（《论语·子罕》）

三军可以被夺去主帅，普通百姓却不能强迫他们改变志向。

【210】三人行，必有我师焉，择其善者而从之，其不善者而改之。（《论语·述而》）

多人同行，其中一定有可以做我老师的人，选择他说得对的接受依从，不对的就自己改正。

【211】三思而后行。(《论语·公冶长》)

遇事反复思虑后再行动。

【212】善不积不足以成名，恶不积不足以灭身。(《周易·系辞下》)

善行不累积不足以成就美名，恶行不累积不足以害死自己。

【213】善为国者，爱民如父母之爱子、兄之爱弟。(刘向《说苑·政理》)

善于治理国家的人，他们爱护百姓，就像是父母爱护自己的子女、兄长爱护自己的弟、妹一般。

【214】善有善报，恶有恶报；不是不报，时候未报；时候一到，一切全报。(《增广贤文》)

行善做好事的终究会得到好的报答，为恶做坏事的终究会有坏的报应。当时未报，不等于不报，而是报应的时间不到。只要时间一到，一切全会有报。这句话显然是世人基于佛教因果观念所总结的俗语，体现了人们对于善恶报应的普遍信仰，提醒人们要行善去恶。

【215】上善若水。水善利万物而不争，处众人之所恶，故几于道。(《道德经》第八章)

最好的善良就像水。水善于滋润万物而不与其相争，停留在众人厌恶的地方，所以几乎接近于"道"。

【216】上有好者，下必有甚焉者矣。(《孟子·滕文公上》)

在上者有所偏好，在下的必定会跟着更厉害地偏好。

【217】少壮不努力，老大徒伤悲。(《乐府诗集·长歌行》)

年轻时不努力，老了只会枉自悲伤。

【218】慎终如始，则无败事。(《道德经》第六十四章)

当事情快要完成的时候也能像开始时那样慎重，就没有败坏不成的事。

【219】**慎终追远，民德归厚矣。**（《论语·学而》）

慎重地给逝者送终，时时追念远祖，民众的德行就归于忠厚了。

【220】**生，事之以礼；死，葬之以礼，祭之以礼，可谓孝矣。**（《孟子·滕文公上》）

（父母）健在时依礼侍奉，去世了依礼安葬、依礼祭祀，可以称得上孝了。

【221】**生而知之者上也；学而知之者次也；困而学之又其次也；困而不学，民斯为下矣。**（《论语·季氏》）

生来就知道的是上等；学习后知道的是次等；遇见困难才去学习的又次一等；遇到困难还不学习，这样的人就是最下等的愚民了。

【222】**生生之谓易。**（《周易·系辞上》）

不息地生生死死、变化不已，就叫作"易"。

【223】**圣人处无为之事，行不言之教。**（《道德经》第二章）

圣人以无为的态度来处理世事，实行不说话的身教。

【224】**圣人无常心，以百姓心为心。**（《道德经》第四十九章）

圣人也没有固定不变的心思，他们总是以百姓的心思为心思。

【225】**师者，人之模范。**（［西汉］扬雄《法言·学行》）

老师，是人们学习的榜样。

【226】**师者，所以传道授业解惑也。**（［唐］韩愈《师说》）

所谓老师，就是给人们传授知识道理、教授从业技能、解答疑惑问题的。

【227】《诗》三百，一言以蔽之，曰思无邪。(《论语·为政》)

《诗经》三百余篇，用一句话来概括，就是思想情感纯正，没有邪思杂念。

【228】始吾于人也，听其言而信其行；今吾于人也，听其言而观其行。(《论语·公冶长》)

起初我对于人，听到他的话便相信他的品行；现在我对于人，听到他的话还要观察他的实际品行。

【229】士不可以不弘毅，任重而道远。仁以为己任，不亦重乎！死而后已，不亦远乎。(《论语·泰伯》)

士人不可不志向远大意志坚强，因为他肩负重任，时间又很长远。以实行仁道为己任，不是很重吗？直到死才能罢休，不是很远吗？

【230】士见危致命，见得思义，祭思敬，丧思哀，其可已矣。(《论语·子张》)

士人见到危难肯豁出生命，见到得益就想到大义，祭祀时想到要严肃恭敬，守丧时想到要悲痛哀伤，那就可以了。

【231】世治则以义卫身，世乱则以身卫义。(《淮南子·缪称训》)

世道太平时，就要用大义来卫护自身，防止腐化；世道动乱时，就要用自身来守卫大义。

【232】仕而优则学，学而优则仕。(《论语·子张》)

出仕做官而有余力的就去学习，学习而有余力的就去出仕做官。后世单用“学而优则仕”，意思变成了“学习优秀者就去做官”。

【233】势不可使尽，福不可享尽，便宜不可占尽，聪明不可用尽。(〔明〕冯梦龙《警世通言》第三卷)

权势不可以完全使尽，福分不可以完全享尽，便宜不可以完全占尽，聪明不可以完全用尽。

【234】**事死如事生，事亡如事存，孝之至也。**(《礼记·中庸》)

事奉死者如同他在世时一样，事奉亡故的如同他活着时一样，这就是孝道的极致了。

【235】**恃德者昌，恃力者亡。**(《史记·商君列传》)

依靠仁德的昌盛，依靠武力的败亡。

【236】**逝者如斯夫！不舍昼夜。**(《论语·子罕》)

消逝的时光像这流水一样呀，日夜不停。

【237】**受人之托，必当忠人之事。**([元]关汉卿《陈州粜米》)

接受了别人的委托，就要忠于别人委托的事情。

【238】**书不尽言，言不尽意。**(《周易·系辞上》)

书信上的文字不能完全表达出所有想说的话，言语也不能完全表达出所有的思想和心意。此话为孔子所说，原文为："子曰：'书不尽言，言不尽意。'然则圣人之意，其不可见乎？子曰：'圣人立象以尽意，设卦以尽情伪，系辞焉以尽其言，变而通之以尽利，鼓之舞之以尽神。'"意思是说，文字不能完全表达出所有想说的话，言语也不能完全表达出所有的思想和意图。那么圣人的思想和意图，就无法被理解了吗？孔子解释说："圣人通过建立象征性的卦象来尽可能地表达他们的意图，通过设立卦来揭示事物的真实和虚假，通过系辞来尽可能地表达他们的言语，通过变化和通达来实现其利益，通过激励和鼓舞来实现其神奇的作用。"现在用此语，旨在突出强调心意的深厚与无尽。

【239】**书到用时方恨少，事非经过不知难。**(《增广贤文》)

当需要用到知识时才后悔书读得少，事情不亲身经历不知其难。

【240】**树大招风，名高引谤。**（《西游记》第三十三回）

树大容易招风吹，名声高容易招诽谤。《西游记》第三十三回中原文为"树大招风风撼树，人为名高名丧人"。意思是说，树木高大了容易招致大风的吹撼，人如果追求过高的名声，最终可能会因为高名而遭受损失或伤害。这句话比喻地位高或名气大的人容易招致他人的嫉妒和反对，给自己带来麻烦或祸害。以此提醒人们在追求成功和名声时，也要保持谦逊，以避免麻烦。

【241】**水至清则无鱼，人至察则无徒。**（《汉书·东方朔传》）

水太清就没有鱼，人太精就没有朋友。

【242】**死生有命，富贵在天。**（《论语·颜渊》）

生死自有命运，富贵在于上天。

【243】**虽公天下事，若以私意为之，便是私。**（〔南宋〕朱熹《二程遗书》）

虽然是为国家办理公事，但若凭私心办理，那便是私。

【244】**岁寒，然后知松柏之后凋也。**（《论语·子罕》）

到了天气寒冷的时候，才知道松柏是最后凋零的（以此喻指在逆境中不屈服，保持崇高气节和操守的精神）。

【245】**他山之石，可以攻玉。**（《诗经·鹤鸣》）

别的山上的石头，可以用来琢磨自己的玉石（比喻借鉴他人的长处来解决自己的问题）。

【246】**泰山不让土壤，故能成其大；河海不择细流，故能就其深。**（《史记·李斯列传》）

泰山不拒绝接纳细小土壤，所以能成就它的高大；河海不挑剔细小的涓流，所以能成就它的深广。

【247】天道无亲，常与善人。(《道德经》第七十九章）

天理公道不分亲疏，没有偏私，经常把帮助给予善良之人。

【248】天地与我并生，而万物与我为一。(《庄子·齐物论》)

天地与我并生共存，而万物与我合为一体（这是"天人合一"观念的早期表述）。

【249】天地之大德曰生。(《周易·系辞下》)

天地最大的恩德是使万物自然生长。

【250】天将降大任于是人也，必先苦其心志，劳其筋骨，饿其体肤，空乏其身行，拂乱其所为，增益其所不能。(《孟子·告子下》)

上天将要把重大使命降落在这个人的身上时，必定先要使他心志痛苦，筋骨劳累，身体饥饿，身心行为疲惫空乏，扰乱他的所作所为，以增加他所不具备的技能。

【251】天命不可违，民心不可失。(《左传·昭公十三年》)

天命不可违背，民众的心不可失去。

【252】天命之谓性，率性之谓道，修道之谓教。(《礼记·中庸》)

天赋予人的禀赋叫作性，遵循天性而行叫作道，按照道的原则修养叫作教。

【253】天时不如地利，地利不如人和。(《孟子·公孙丑下》)

天时好不如地利好，地利好不如人和好。

【254】天视自我民视，天听自我民听。(《尚书·泰誓中》)

上天所见，来自我民众所见；上天所听，来自我民众所听（这是一种民本思想的表达，即上天的意志通过人民的意愿和喜好来体现，强调了按人民的意愿和喜好办事的重要性，是民本思想的早期体现）。

【255】**天网恢恢，疏而不失。**（《道德经》第七十三章）

天道就像一个巨大的网，它的网眼看起来比较稀疏，却不会因此有所遗漏丢失（多喻指作恶的人是逃脱不了法律制裁的）。

【256】**天下难事必作于易，天下大事必作于细。**（《道德经》第六十三章）

天下的难事一定要从容易的做起，天下的大事一定要从细小的做起。

【257】**天下万物生于有，有生于无。**（《道德经》第四十章）

天下万物生于有，有生于虚无。

【258】**天下无难事，只怕有心人。**（〔明〕王骥德《韩夫人题红记·花阴私祝》）

天下没有真正困难的事，只怕有决心的人。

【259】**天下兴亡，匹夫有责。**（〔明末清初〕顾炎武《日知录·正始》）

天下的兴亡，即使普通的老百姓也都有责任。"天下兴亡，匹夫有责"这句话，最早是在顾炎武的《日知录·正始》中提出的概念，背景是清军入关。原句是："保国者，其君其臣肉食者谋之；保天下者，匹夫之贱与有责焉耳矣。"意为保国家，是位居国君和臣下的那些统治者所要考虑的；保天下，即使是地位低贱的普通百姓都有责任。梁启超则提炼为八字成语"天下兴亡，匹夫有责"（梁启超《饮冰室合集·文集之三十三·痛定罪言·三》："今欲国耻之一洒，其在我辈之自新……夫我辈则多矣，欲尽人而自新，云胡可致？我勿问他人，问我而已。斯乃真顾亭林所谓天下兴亡，匹夫有责也。"）

【260】天行健，君子以自强不息。(《周易·乾卦》)

天道运行刚健有为，君子因此应该如天道一样自强不息。

【261】天行有常，不为尧存，不为桀亡。(《荀子·天论》)

天道的运行有其自然的规律，它不会因为尧的圣明而存在，也不会因为桀的残暴而消亡。

【262】天之道，损有余而补不足。人之道则不然，损不足以奉有余。(《道德经》第七十七章)

自然规律所遵循的原则，是损耗多余的来补充不足的；而人类社会中的法则却不是这样的，它是折损不足的来侍奉有余的。这是老子的看法，对人类社会不公制度的批判是对的，但对自然天道的看法就未必正确，因为果真如此，就不存在旱灾和水灾等自然天灾了。

【263】天之历数在尔躬，允执其中。(《论语·尧曰》)

天命寄托在你身上，要诚实公允地执掌那个中庸之道。

【264】天子不仁不保四海，诸侯不仁不保社稷，卿大夫不仁不保宗庙，士庶人不仁不保四体。(《孟子·离娄上》)

天子不仁不能保有天下，诸侯不仁不能保有国家，国卿、大夫不仁不能保有家族宗庙，士人、庶民不仁不能保有自身。

【265】天作孽，犹可违；自作孽，不可活。(《尚书·太甲中》)

上天降灾还可以躲开，自己作孽就无法逃避，不可活命。

【266】投我以木桃，报之以琼瑶。(《诗经·木瓜》)

投给我木桃，我用琼瑶美玉回报。

【267】投我以桃，报之以李。(《诗经·抑》)

投给我桃子，回报他李子。

【268】**推心置腹**。(《后汉书·光武帝本纪》)

将自己的心推置于对方的腹中（喻以真心待人）。

【269】**万事莫贵于义**。(《墨子·贵义》)

世间万事，没有比道义更贵重的。

【270】**亡羊补牢，未为晚也**。(《战国策·楚策》)

丢失了羊之后修补羊圈，（防止羊再逃逸）还不算晚。

【271】**王子犯法，庶民同罪**。([清]夏敬渠《野叟曝言》第六十七回）

即使王子触犯了法律，也要与一般老百姓一样，领受同样的罪名受到处罚。

【272】**往者不可谏，来者犹可追**。(《论语·微子》)

过去的不能挽回，未来的还可以追补。

【273】**唯女子与小人为难养也，近之则不孙，远之则怨**。(《论语·阳货》)

只有女子和小人是难以相处教养了，亲近了她就放肆无礼，疏远了她就生气抱怨。此话有争议，一般认为孔子有男尊女卑思想，虽然有人千方百计为之曲迂圆说，但终难解通。如《论语·泰伯》：武王曰："予有乱（治）臣十人。"孔子曰："才难，不其然乎？唐虞之际，于斯为盛，有妇人焉，九人而已。三分天下有其二，以服事殷。周之德，其可谓至德也已矣。"因为其中一位是"妇人"，周武王的十个治世能臣，孔子只认为"九人而已"，可见他是不认可女性的。因此，笔者以为无须为尊者讳，孔子后来被尊为圣者，但在他的时代，并非样样都超迈时代，带有男尊女卑思想不足为奇，也不必苛求。

【274】为人君，止于仁；为人臣，止于敬；为人子，止于孝；为人父，止于慈；与国人交，止于信。(《礼记·大学》)

做国君的，立足到仁爱；做臣子的，立足到恭敬；做子女的，立足到孝顺；做父亲的，立足到慈爱；与他人交往，立足到讲信用。

【275】为仁由己，而由人乎哉？(《论语·颜渊》)

成为仁者全由自己，难道还由别人吗？

【276】为天地立志，为生民立道，为去圣继绝学，为万世开太平。([北宋]张载《张子语录》)

为天地确立起人间正道心志，为生民确立起安身立命之道，为离去的圣人继承其不传的学问，为千秋万代开辟太平盛世。在朱熹《近思录拾遗》中变为"为天地立心，为生民立命，为往圣继绝学，为万世开太平"，成为之后最流行的"横渠四句"。

【277】为学患无疑，疑则有进。([南宋]陆九渊《语录》)

做学问最担心的就是不能产生疑问，有了疑问才能使学习有进步。

【278】为政以德，譬如北辰，居其所而众星共之。(《论语·为政》)

治理国政要以德为本，就像北极星，处在自己的位置上而众多的星辰都拱卫着它。

【279】温、良、恭、俭、让。(《论语·学而》)

温和的性格、善良的心地、恭敬的态度、生活俭朴、待人谦让。

【280】温故而知新，可以为师矣。(《论语·为政》)

温习旧知识从而获得新的理解（或者温习旧知识并学习新知识），这样的人可以成为别人的老师。

【281】文，行，忠，信。(《论语·述而》)

孔子用四项内容教育学生：文献典章，德行，忠诚，守信。

【282】文武之道，一张一弛。（《礼记·杂记下》）

文和武的使用法则，就像使用弓弦一样要有紧有松。

【283】闻过则喜，见善则迁。（《周易·益卦》）

听到别人指出自己的过错就感到高兴，见到别人的优点就跟着改进。这句话的句意出自《周易·益》卦的象辞。原文为："象曰：风雷，益。君子以见善则迁，有过则改。"

【284】我善养吾浩然之气。（《孟子·公孙丑上》）

我善于培养自己的浩然正气。

【285】我无为而民自化，我好静而民自正，我无事而民自富，我无欲而民自朴。（《道德经》第五十七章）

我无为民众就自我化育，我好清静民众就自然归正，我无事搅扰民众自然富足，我无贪欲民众就自然朴实。

【286】我有三宝，持而保之：一曰慈，二曰俭，三曰不敢为天下先。慈故能勇，俭故能广，不敢为天下先故能成器长。（《道德经》第六十七章）

我有三件法宝，执守而且保全它：第一件叫作慈爱，第二件叫作节俭，第三件是不敢居于天下人的前头。慈爱所以能勇武，节俭所以能广厚，不敢居于天下人的前头所以能成为万物的尊长。

【287】无为而治者其舜也与？夫何为哉？恭己正南面而已矣。（《论语·卫灵公》）

"无为而治"说的是舜帝吧？为什么？因为他只是恭敬地端坐南面做帝王（不胡乱干预）而已。孔子这里所说的"无为而治"与道家的观点是有差异的。孔子认为，圣人既能以身作则教化民众，又能任用贤者，自然不需再多做什么了。

【288】**无欲速，无见小利。欲速则不达，见小利则大事不成。**（《论语·子路》）

不急于求成，不贪小便宜。急于求成反而不能达到目的，贪小便宜就做不成大事。

【289】**毋意，毋必，毋固，毋我。**（《论语·子罕》）

不任意，不专断，不固执，不唯我。

【290】**吾日三省吾身：为人谋而不忠乎？与朋友交而不信乎？传不习乎？**（《论语·学而》）

我每天多次反省自己：为别人办事不尽心竭力吗？同朋友交往不诚实守信吗？老师传授的学业没有温习巩固吗？

【291】**吾十有五而志于学，三十而立，四十而不惑，五十而知天命，六十而耳顺，七十而从心所欲，不逾矩。**（《论语·为政》）

我（孔子）十五岁立志学习，三十岁立身处世，到了四十岁就懂得各种道理，不迷惑了，五十岁能领悟天命，六十岁能听什么话都觉得顺耳，七十岁能随心所欲却不会越出规矩。这几句话是孔子晚年对自己一生的概括，现在也成为人们对年龄的称谓（用"而立之年"指代三十岁，用"不惑之年"指代四十岁，用"知天命之年"指代五十岁，用"耳顺之年"指代六十岁，用"不逾矩之年"指代七十岁），或人生阶段的概括。

【292】**勿以恶小而为之，勿以善小而不为。**（《三国志·蜀书·先主传》裴松之注引《诸葛亮集》）

不要认为坏事小就去做，也不要认为善事小就不做。

【293】物格而后知至，知至而后意诚，意诚而后心正，心正而后身修，身修而后家齐，家齐而后国治，国治而后天下平。(《礼记·大学》)

穷究事物的原理，然后才能知无不尽；知无不尽，然后才能意念诚实；意念诚实，然后才能心志端正；心志端正，然后才能使自身有修养；自身有修养，然后才能把家整顿好；把家整顿好，然后才能把国家治理好；把国家治理好，然后才能平定天下。

【294】物以类聚，人以群分。(《战国策·齐策》)

事物按照种类聚集，人则按照群体区分。

【295】物有本末，事有终始。知所先后，则近道矣。(《礼记·大学》)

每样东西都有根本有枝末，每件事情都有开始有终结。明白了这本末始终的道理，就接近事物发展的规律了。

【296】喜、怒、哀、乐之未发，谓之中；发而皆中节，谓之和。(《礼记·中庸》)

喜怒哀乐各种感情没有表现出来的时候，叫作"中"；表现出来以后符合节度，叫作"和"。

【297】先天下之忧而忧，后天下之乐而乐。([北宋]范仲淹《岳阳楼记》)

在天下人忧愁之前就忧愁，在天下人快乐之后才享受快乐。

【298】先义而后利者荣，先利而后义者辱。(《荀子·荣辱》)

把义放在首位然后取利就是光荣的，把利放在首位而后求义就是可耻的。

【299】乡愿，德之贼也。(《论语·阳货》)

乡里是非不分的好好先生，就是损害德行的坏人。

【300】**相濡以沫，不如相忘于江湖。**（《庄子·大宗师》）

泉水干涸，受困的鱼儿相互以唾沫湿润求得生存，（这种情景）却不如彼此忘记了，各自畅游于江湖。

【301】**孝弟也者，其为仁之本与！**（《论语·学而》）

孝敬父母悌爱兄弟，大概就是"仁"的根本吧！

【302】**心病还须心药医，解铃还须系铃人。**（《红楼梦》第九十回）

心里的疾病需要用心药来医治，解开铃铛还需要找到绑系铃铛的人。

【303】**心大则百物皆通，心小则百物皆病。**（《近思录·为学》）

心胸宽广，看百物都会通达；心胸狭小，看百物好像都有毛病。

【304】**心即理也，天下又有心外之事、心外之理乎？**（王阳明《传习录·徐爱录》）

心就是理啊，天下还有心之外的事、心之外的理吗？（没有了）

【305】**心生种种法生，心灭种种法灭。**（《六祖坛经》）

本心产生则各种法相产生，本心寂灭则各种法相寂灭。

【306】**信，国之宝也，民之所凭也。**（《左传·昭公八年》）

诚信是国家的法宝，民众的依凭。

【307】**信言不美，美言不信。善者不辩，辩者不善。知者不博，博者不知。**（《道德经》第八十一章）

真实可信的话不华美，华美的话不真实可信。善良的人不巧辩，巧辩的人不善良。真正有知识的人不广博，广博的人不是真有知识。

【308】**刑不上大夫，礼不下庶人。**（《礼记·曲礼上》）

刑罚不直接施加在大夫身上，让他自裁；礼仪不对庶民求全责备。过去误解为"庶人没有资格受礼遇，大夫拥有特权不受刑"。《孔子家语》

卷七《五刑解第三十》记载：冉有问孔子："先王制定法律制度，规定刑罚不加到大夫身上，礼不用到平民身上。那么，大夫犯了罪就可以不加刑，平民行事就不可以用礼来约束了吗？"孔子说："不是这样的。凡治理君子，用礼来约束他的心，是因为把他们归属为有廉耻之节的人。……他们犯了罪，知道自己要被谴责问罪，就会戴上用毛做帽带的帽子，穿上白色的丧服，端着盛水的盘子，上面放一把剑，自己走到君王那里，表示要自刎谢罪。君王不派有关司法官吏捆绑牵掣他或施以刑罚。犯有大罪的，听到君王的命令则面向北下拜，跪下自杀。君王也不派人按着他身体用刑，只是说：'这是大夫你自己咎由自取，我对你已经有礼了。'即使是刑不上大夫，而大夫犯罪也不能逃避处罚，这是教化的结果。所谓礼不下庶人，是因为庶人忙于生计的事不能很好地学习礼，所以不能要求他们有完备的礼仪。"

【309】行百里者半九十。(《战国策·秦策五》)

走一百里路，走了九十里才算是一半（意味着越接近成功越困难，越要努力，以期善始善终）。

【310】行己有耻，使于四方，不辱君命，可谓士矣。(《论语·子路》)

对自己不当言行有羞耻之心，出使他国能不辱没君王的使命，可以称为"士"了。

【311】行有不得者皆反求诸己，其身正而天下归之。(《孟子·离娄上》)

凡是所做的事得不到应有的结果都返回来从自身寻求原因，自身端正了，天下就会归服。

【312】形而上者谓之道，形而下者谓之器。(《周易·系辞上》)

超越形态之上的法则、规律称为"道"，具有具体形态和功能的实物或现象称之为"器"（"器"是"道"在现实世界中的具体体现和应用）。

【313】性相近也，习相远也。（《论语·阳货》）

人的天性都相近，因为习染不同就相差远了。

【314】兄弟阋于墙，外御其侮。（《诗经·常棣》）

兄弟在家中墙内争吵，但对外来的欺侮却能够共同抵御。

【315】修身齐家治国平天下。（《礼记·大学》）

修养好个人品德，管理好家庭，治理好国家，最终平定天下。

【316】学而不化，非学也。（〔南宋〕杨万里《庸言》）

学习知识不能够消化吸收，灵活运用，就不是真正的学习。

【317】学而不思则罔，思而不学则殆。（《论语·为政》）

学习而不思考就会迷茫，思考而不学习就危险了。

【318】学而不厌，诲人不倦。（《论语·述而》）

努力学习而不满足，教诲别人而不厌倦。

【319】学而时习之，不亦说乎？（《论语·学而》）

学习并且经常习练而有所心得，不也是一件快乐的事吗？

【320】学然后知不足，教然后知困。（《礼记·学记》）

通过学习才知道自己的不足，（接受）教导才知道自己的困惑和不足。

【321】学如逆水行舟，不进则退。（《增广贤文》）

学习就像逆水行舟，如果不前进就会后退。

【322】学无止境。（《荀子·劝学》）

学习是没有可以停止的尽头的。

【323】言必信，行必果。（《论语·子路》）

言语一定诚信，行动一定要有始有终有结果。多数的理解是"言语一定诚信，行动一定要果断。"把"果"理解为果断，行动就落空了。因为果断是态度方式，可以果断决定去行动，也可以果断决定不去行动。这里的言、行对举，实际就是言语与行动的对举。

【324】**言者无罪，闻者足戒。**（《左传·昭公二十年》）

说话的人（即使说错了也）没有罪过，听话的人可以引以为戒。

【325】**言之非难，行之为难。**（［西汉］桓宽《盐铁论·非鞅》）

说话不难，做起来难。

【326】**言之无文，行而不远。**（《左传·僖公二十四年》）

说话没有文采，传播就不会远。

【327】**言忠信，行笃敬。**（《论语·卫灵公》）

说话忠诚守信，行为忠实恭敬。

【328】**养不教，父之过；教不严，师之惰。**（《三字经》）

生养孩子却不教育孩子，这是父母的过错；教育学生，却不严格要求学生，这是由于老师的懒惰。

【329】**养心莫善于寡欲。**（《孟子·尽心下》）

修养身心没有比减少欲望更好了。

【330】**业精于勤荒于嬉，行成于思毁于随。**（［唐］韩愈《进学解》）

学业精湛于勤奋，德行成就于反复思考，毁坏于随意放纵。

【331】**一草一木皆有理。**（《近思录·致知》）

一草一木都有它的道理。

【332】**一尺之捶，日取其半，万世不竭。**（《庄子·天下》）

一尺长的木棍，每天斩去一半，永远都斩不完（体现物质无限可分的思想）。

【333】一寸光阴一寸金，寸金难买寸光阴。（［唐］王贞白《白鹿洞二首》）

一寸光阴就像一寸黄金那么贵，一寸黄金却难以买到一寸光阴。这句话的前半句出自唐代诗人王贞白的《白鹿洞二首》。诗的全文为："读书不觉已春深，一寸光阴一寸金。不是道人来引笑，周情孔思正追寻。"大意是，专心读书，没有意识到春天已经快要过去了，时间非常宝贵，每一寸时间都像一寸黄金那样珍贵。如果不是有道之人来逗笑，我还在深入研究周公和孔子的思想呢。后半句为世人的接续扩展。它强调了时间的宝贵性，提醒人们要珍惜时间。因为时间一旦流逝，就无法用金钱买回。

【334】一言既出，驷马难追。（《论语·颜渊》）

一句话说出了口，即使是套上四匹马拉的车也难以追回（比喻话说出口后，就无法收回）。语出《论语·颜渊》"驷不及舌"。原文："棘子成曰：'君子质而已矣，何以文为？'子贡曰：'惜乎夫子之说君子也！驷不及舌。文犹质也，质犹文也，虎豹之鞟，犹犬羊之鞟。'"棘子成说："君子只要具有好的品质就行了，要那些表面的仪式干什么呢？"子贡说："真遗憾，夫子您这样谈论君子。话已出口，驷马拉的车也难追。本质就像文采，文采就像本质，都是同等重要的。去掉了毛的虎、豹皮，就如同去掉了毛的犬、羊皮一样。"后世据此总结出成语"一言既出，驷马难追"。

【335】一阴一阳之谓道。（《周易·系辞上》）

一阴一阳，互相依存，此消彼长，物极必反，不断变化，就叫作"道"。

【336】以德报怨，以义割恩。（《左传·昭公十三年》）

用德行来回报怨恨，用道义来割断私恩。

【337】以德服人，天下欣戴，以力服人，天下怨望。（［北宋］范仲淹《奏上时务书》）

用德行来信服人，天下人都会欣然拥戴；以武力压服人，天下人都会怨望不满。

【338】以德服人者，中心悦诚服也。（《孟子·公孙丑上》）

用德行来信服人，内心才会喜悦顺服。

【339】以德治国，国之本也。（《礼记·大学》）

用德行来治理国家，是国家的根本。

【340】以能问于不能，以多问于寡；有若无，实若虚，犯而不校。（《论语·泰伯》）

有才能的向无才能的请教，知识多的向知识少的请教；有如同没有，充实如同空虚；受到冒犯也不计较。

【341】以身试法，自取灭亡。（《汉书·王莽传》）

用亲身去尝试触犯法律，是自寻死路。

【342】以铜为镜，可以正衣冠；以古为镜，可以知兴替；以人为镜，可以明得失。（《旧唐书·魏征传》）

用铜做镜子，可以端正衣帽；用历史做镜子，可以了解朝代兴衰更替；用人做镜子，可以明白得失。

【343】以直报怨，以德报德。（《论语·宪问》）

以正直来回报怨恨，以恩德来回报恩德。

【344】义、礼、智、信，皆仁也。（［北宋］程颢《二程遗书》）

大义、礼制、智慧、诚信，这些都属于仁德。

【345】义者宜也，尊贤为大。(《礼记·中庸》)

义，就是适宜，尊重贤人是最大的义。

【346】义重于泰山，利轻于鸿毛。(《汉书·董仲舒传》)

道义比泰山还重，利益比鸿毛还轻。

【347】益者三乐，损者三乐：乐节礼乐、乐道人之善、乐多贤友，益矣；乐骄乐、乐佚游、乐宴乐，损矣。(《论语·季氏》)

有益的三种乐趣，有害的三种乐趣：乐于以礼乐节制行为、乐于称道他人长处、乐于结交贤明的朋友，就有益了；乐于骄奢淫逸、乐于游荡无度、乐于宴饮玩乐，就有害了。

【348】益者三友，损者三友：友直，友谅，友多闻，益矣。友便辟，友善柔，友便佞，损矣。(《论语·季氏》)

有益的朋友有三种，有害的朋友有三种：以正直者为友、以诚实者为友、以博学者为友，就有益了；以谄媚奉迎者为友、以恭维柔顺者为友、以花言巧语者为友，就有害了。

【349】用兵之道，攻心为上，攻城为下；心战为上，兵战为下。(《三国志·蜀志·马谡传》)

用兵的策略，以攻击敌人的心理防线为上策，攻打敌人的城池为下策；用心计进行较量是上策，用兵力进行较量是下策。

【350】有国有家者，不患寡而患不均，不患贫而患不安。盖均无贫，和无寡，安无倾。(《论语·季氏》)

有国有家的不担心少而担心不均平，不担心贫穷而担心不安定。这是因为均平了就无贫穷，和谐了就无多寡纠纷，安定了就无倾覆的危险。

【351】有教无类。(《论语·卫灵公》)

进行教育没有对象类别的区分（一视同仁）。这是教育公平原则的最早提出。

【352】有君子之道四焉：其行己也恭，其事上也敬，其养民也惠，其使民也义。（《论语·公冶长》）

君子之道有四项：自身行为庄重，事奉上司恭敬，教养民众有恩惠，役使民众合宜得当。

【353】有朋自远方来，不亦乐乎。（《论语·学而》）

有志同道合的朋友从远方来，不是很快乐的事吗？

【354】有容，德乃大。（《尚书·君陈》）

心胸有包容，德行就高尚宏大。

【355】有天地然后有万物，有万物然后有男女，有男女然后有夫妇，有夫妇然后有父子，有父子然后有君臣，有君臣然后有上下，有上下然后礼义有所错。（《周易·序卦》）

有了天地，然后才会产生万物；有了万物，然后才会有男女两性；有了男女两性，然后才会有夫妇；有了夫妇，然后才会有父子；有了父子，然后才会有组成国家的君臣；有了君臣，然后才会有上下尊卑之分；有了上下尊卑之分，然后礼仪才可以有所安排。

【356】有无相生，难易相成，长短相形，高下相倾，音声相和，前后相随。（《道德经》第二章）

有和无相互产生，难和易相互形成，长和短相互成形，高和低相互依存，音和声相互协调，前和后相互跟随。这句话表达了事物之间相互依存、对立统一的哲学思想，说明了事物的特征往往需要通过与对立面的比较才能显现出来。它是老子辩证思想的明确表达。

【357】有则改之，无则加勉。（［南宋］朱熹《朱子全书·论语》）

（听到批评）如果自己有错误就改正，没有错误就自我勉励。

【358】有志者，事竟成。（《后汉书·耿弇传》）

有志向的人，事业最终会成功。

【359】鱼，我所欲也；熊掌，亦我所欲也，二者不可得兼，舍鱼而取熊掌者也。生，亦我所欲也；义，亦我所欲也，二者不可得兼，舍生而取义者也。（《孟子·告子上》）

鱼是我所想要的，熊掌也是我所想要的，如果两者不能都得到，就舍弃鱼而要熊掌。生命是我所想要的，大义也是我所想要的，如果两者不能都得到，就舍弃生命而选取大义。

【360】愚者千虑，必有一得；智者千虑，必有一失。（《史记·淮阴侯列传》）

愚笨的人考虑一千次，总有一次有所获得；聪明的人考虑一千次，总有一次出现失误。

【361】玉不琢，不成器；人不学，不知道。（《礼记·学记》）

玉石不经过雕琢，不能成为有用的器物；人不学习，就不会知道道理。

【362】欲当大任，须是笃实。（《近思录·政事》）

想要担当大任，必须忠诚老实。

【363】欲穷千里目，更上一层楼。（［唐］王之涣《登鹳雀楼》）

要想把千里之远的风光景物都看到，那就要登上更高的一层楼。该诗句说明一个道理：要想看得远，就要站得高。

【364】欲速则不达，见小利则大事不成。（《论语·子路》）

求快走捷径就达不到目的，只看到小利就成不了大事。

【365】源洁则流清，形端则影直。（［唐］王勃《上刘右相书》）

如果源头洁净，那么下游的水流就会清澈；如果形体端正，那么它的影子就会正直。

【366】丈夫贵兼济，岂独善一身？（［唐］白居易《新制布裘》）

大丈夫贵在为天下造福，哪里能够只顾自己一人好呢？

【367】政者，正也。子帅以正，孰敢不正？（《论语·颜渊》）

"政"就是端正的意思，倘若你能带头端正自身，以身作则的话，还有谁敢不端正呢？

【368】政之所行，在顺民心；政之所废，在逆民心。（《管子·牧民》）

政令之所以能够推行开来，关键在于顺乎民心；而政令之所以被废弃不行，关键在于逆反了民心。

【369】知、仁、勇三者，天下之达德也。（《礼记·中庸》）

智、仁、勇这三种品德，是天下最好的品德。

【370】知彼知己，百战不殆。（《孙子兵法·谋攻篇》）

清楚地了解自己和敌人，就能在战斗中永不战败。

【371】知其不可而为之。（《论语·宪问》）

知道事情不可能做到，但（为了信念）仍然坚持去做。

【372】知其不可奈何而安之若命，德之至也。（《庄子·人间世》）

知道世事艰难，无可奈何却又能安然顺应，这是道德修养的最高境界。

【373】知人者智，自知者明。胜人者有力，自胜者强。知足者富，强行者有志，不失其所者久，死而不亡者寿。（《道德经》第三十三章）

547

能了解别人叫作智慧，能了解自己才算聪明。能战胜别人是有力的，能战胜自己才算强大。知道满足的人才是富有人，坚持力行就是有志。不离失根基的人就能长久，身死而精神不亡失的人就是长寿者。

【374】**知欲圆，而行欲方。**(《淮南子·主术训》)

智慧要圆活变通，而行为则必须方正不苟。

【375】**知者不惑，仁者不忧，勇者不惧。**(《论语·子罕》)

聪明的人不会迷惑，仁德的人不会忧虑，勇敢的人不会畏惧。

【376】**知者乐（yào）水，仁者乐（yào）山。知者动，仁者静。知者乐，仁者寿。**(《论语·雍也》)

智者喜好水，仁者喜好山；智者好动，仁者娴静；智者快乐，仁者长寿。

【377】**知者行之始，行者知之成。**(〔明〕王阳明《传习录·陆澄录》)

求知是行动的开始，行动是求知的完成。

【378】**知之为知之，不知为不知，是知也。**(《论语·为政》)

知道就是知道，不知道就是不知道，这就是知了。

【379】**知之者不如好之者，好之者不如乐之者。**(《论语·雍也》)

懂得它的人不如喜爱它的人，喜爱它的人又不如以它为乐的人。

【380】**至人无己，神人无功，圣人无名。**(《庄子·逍遥游》)

修养最高的人心内没有自己，修养达到神鬼不测境界的人没有功德欲望，道德学问至高的圣人没有名利追求。

【381】**志士仁人，无求生以害仁，有杀身以成仁。**(《论语·卫灵公》)

志士仁人，没有为了求生存而损害仁的，只有勇于牺牲自身来成全仁的。

【382】志于道，据于德，依于仁，游于艺。(《论语·述而》)

立志于道，据守于德，依靠于仁，游动于礼、乐、射、御、书、数"六艺"之中。

【383】质胜文则野，文胜质则史。文质彬彬，然后君子。(《论语·雍也》)

质朴胜过文采就粗野不雅，文采胜过质朴就显得雕琢不实。文采、质朴兼备配合适当，才是君子。

【384】治大国，若烹小鲜。(《道德经》第六十章)

治理大国，好像烹煎小鱼（要小火慢煎，不可大肆翻腾）。

【385】治国有常，利民为本。(《史记·赵世家》)

治理国家有着一定的原则，即以有利于人民为根本。

【386】致天下之治者在人才，成天下之才者在教化，教化之所本者在学校。([北宋]胡瑗《松滋县学记》)

要使天下得到良好的治理则在于人才；要成就天下英才则在于教育化成；而教育化成所依赖的根本则在于学校。

【387】中也者，天下之大本也。和也者，天下之达道也。致中和，天地位焉，万物育焉。(《礼记·中庸》)

"中"是天下的根本；"和"是天下普遍遵循的规律。达到"中和"的境界，天地便各得其位了，万物就生长化育了。

【388】中庸之为德也，其至矣乎！(《论语·雍也》)

中庸作为一种德行，大概是最高的了。

【389】纣之不善，不如是之甚也。是以君子恶居下流，天下之恶皆归焉。(《论语·子张》)

商纣王不好的程度，不如人们传说得那么严重。所以君子厌恶居于下流品位，（一旦居于下流）天下什么坏事都会归集在他身上了。

【390】主忠信，毋友不如己者，过则勿惮改。（《论语·子罕》）

以忠诚守信为主，不要与不如自己的人交朋友，有了过错就不要怕改正。

【391】自天子以至于庶人，壹是皆以修身为本。（《礼记·大学》）

上自帝王天子，下至黎民百姓，人人都是以修养身心为根本。

参考文献

［1］白平．儒学洗冤录［M］．北京：商务印书馆．2015年．

［2］（东汉）班固．汉书［M］．（唐）颜师古注．北京：中华书局．1999年．

［3］陈鼓应．老子今注今译［M］．北京：商务印书馆．2003年．

［4］陈鼓应．庄子今注今译［M］．北京：商务印书馆．2007年．

［5］陈江风主编．中国文化概论（第三版）［M］．南京：南京大学出版社．2014年．

［6］陈文俊．汉字文化学［M］．北京：商务印书馆国际有限公司．2023年．

［7］陈序经．中国文化的出路［M］．北京：中国人民大学出版社．2004年．

［8］丁傅靖辑．宋人轶事汇编［M］．北京：中华书局．1981年．

［9］（西汉）董仲舒．春秋繁露［M］．张世亮，钟肇鹏，周桂钿译注．北京：中华书局．2012年．

［10］（清）段玉裁．说文解字注［M］．许惟贤整理．南京：凤凰出版社．2007年．

［11］范文澜．中国通史［M］．北京：人民出版社．2004年．

［12］（南朝）范晔．后汉书［M］．李贤等注．北京：中华书局．1965年．

［13］冯友兰．中国哲学简史［M］．北京：北京大学出版社．2013年．

［14］葛兆光．古代中国文化讲义［M］．上海：复旦大学出版社．

2006 年.

［15］顾久.抱朴子内篇全译［M］.顾久译注.贵阳：贵州人民出版社.1995 年.

［16］何炳松.中华民族起源之新神话［M］.载《何炳松史学论文集》.上海：上海古籍出版社.2012 年.

［17］何九盈.汉字文化学［M］.沈阳：辽宁人民出版社.2000 年.

［18］胡适.充分世界化与全盘西化［M］.载《胡适文集5》.北京：北京大学出版社.1998 年.

［19］胡适.介绍我自己的思想［M］.载《胡适文集5》.北京：北京大学出版社.1998 年.

［20］胡适.文化的冲突［M］.载《胡适文集11》.北京：北京大学出版社.1998 年.

［21］黄寿祺，张善文撰.周易译注（修订本）［M］.上海：上海古籍出版社.2001 年.

［22］金诤.科举制度与中国文化［M］.上海：上海人民出版社.1990 年.

［23］梁启超.中国史叙论［M］.载《饮冰室文集》之六.北京：中华书局.1936 年.

［24］梁启超.新民说［M］.宋志明选注.沈阳：辽宁人民出版社.1994 年.

［25］梁漱溟.中国文化要义［M］.上海：上海人民出版社.2005 年.

［26］梁思成.我国伟大的建筑传统与遗产［M］.载《梁思成全集》第 05 卷.北京：中国建筑工业出版社.2001 年.

［27］楼宇烈.中国文化的根本精神［M］.北京：中华书局.2016 年.

［28］吕思勉.先秦学术概论［M］.载民国丛书编辑委员会编《民国丛书》第四编第一册.上海：上海书店.1992 年.

［29］毛泽东.新民主主义论［M］.载《毛泽东选集》第二卷.北京：人民出版社.1991 年.

［30］庞月光.抱朴子外篇全译［M］.庞月光译注.贵阳：贵州人民出版社.1997 年.

［31］钱穆.中国文化史导论［M］.北京：商务印书馆.1994 年.

［32］裘锡圭.文字学概要［M］.北京：商务印书馆.1988 年.

［33］（北宋）邵雍.增广校证梅花易数［M］.李一忻点校.北京：九州出版社.2007 年.

［34］（北宋）沈括.梦溪笔谈［M］.张燕婴等译注.北京：中华书局.2012 年.

［35］十三经注疏整理委员会.十三经注疏［M］.北京：北京大学出版社.1999 年.

［36］（北宋）司马光.资治通鉴［M］.北京：中华书局.1956 年.

［37］（西汉）司马迁.史记［M］.北京：中华书局.2013 年.

［38］宋元强.状元史话（第 3 版）［M］.北京：社会科学文献出版社.2011 年.

［39］唐圭璋，周汝昌，等.唐宋词鉴赏辞典［M］.上海：上海辞书出版社.1988 年.

［40］（元）脱脱等.宋史［M］.北京：中华书局.1985 年.

［41］（元）脱脱等.辽史［M］.曾枣庄主编.上海：汉语大词典出版

社．2004 年．

［42］（三国·魏）王弼．老子道德经注［M］．楼宇烈校释．北京：中华书局．2011 年．

［43］王德昭．清代科举制度研究［M］．北京：中华书局．1984 年．

［44］韦政通．中国文化概论［M］．长沙：岳麓书社．2003 年．

［45］文史知识编辑部．儒佛道与传统文化［M］．北京：中华书局．1990 年．

［46］夏鼐．中国文明的起源［M］．北京：文物出版社．1985 年．

［47］徐朝华．尔雅今注（修订本）［M］．天津：南开大学出版社．1994 年．

［48］徐珂．清稗类钞［M］．北京：中华书局．2003 年．

［49］许倬云．中国古代文化的特质［M］．北京：新星出版社．2006 年．

［50］杨伯峻．春秋左传注［M］．北京：中华书局．1981 年．

［51］杨伯峻．论语译注（简体字本）［M］．北京：中华书局．2006 年．

［52］杨伯峻．孟子译注［M］．北京：中华书局．2010 年．

［53］杨天宇．礼记译注［M］．上海：上海古籍出版社．2004 年．

［54］杨天宇撰．周礼译注［M］．上海：上海古籍出版社．2004 年．

［55］余秋雨．中国文化四十七堂课［M］．长沙：岳麓书社．2011 年．

［56］袁祖社等编．四书五经全注全译［M］．北京：线装书局．2001 年．

［57］詹石窗、谢清果．中国道家之精神［M］．上海：复旦大学出版

社 . 2009 年 .

［58］张兵，张毓洲 . 清代文字狱的整体状况与清人的载述［J］. 西北师大学报（社会科学版）2008 年第 6 期 .

［59］张岱年，程宜山 . 中国文化精神［M］. 北京：北京大学出版社 . 2015 年 .

［60］张岱年，方克立主编 . 中国文化概论（修订版）［M］. 北京：北京师范大学出版社 . 2004 年 .

［61］张岂之 . 中华人文精神［M］. 北京：人民出版社 . 2011 年 .

［62］（北宋）张载 . 张载集·张子语录［M］. 张锡琛点校 . 北京：中华书局 . 1978 年 .

［63］赵元任 . 语言问题［M］. 北京：商务印书馆 . 1980 年 .

［64］（南宋）朱熹 . 四书章句集注［M］. 北京：中华书局 . 1983 年 .

［65］（日）壹岐一郎 . 徐福集团东渡与古代日本［M］. 天津：天津人民出版社 . 1996 年 .

［66］（美）卡特 . 中国印刷术的发明和它的西传［M］. 吴泽炎译 . 北京：商务印书馆 . 1957 年 .

［67］（美）马斯洛 . 动机与人格［M］. 许金声等译 . 北京：华夏出版社 . 1987 年 .

［68］（美）端木三 . 英汉音节分析及数量对比［J］. 语言研究 2021 年第 6 期 .

［69］（英）爱德华·泰勒 . 原始文化神话、哲学、宗教、语言、艺术和习俗发展之研究（重译本）［M］. 连树声译 . 南宁：广西师范大学出版社 . 2005 年 .

［70］（英）培根.新工具［M］.许宝骙译.北京：商务印书馆.1986年.

［71］（英）李约瑟.中国科学技术史（第一卷）［M］.孙燕明、王晓华、吴伯译.北京：科学出版社、上海古籍出版社.1990年.

［72］（英）雷蒙德·威廉斯.文化与社会［M］.吴松江，张文定译.北京：北京大学出版社.1991年.

［73］（英）马林诺夫斯基.文化论［M］.费孝通译，载《费孝通译文集》（上册）.北京：群言出版社.2002年.

［74］（德）M.兰德曼.哲学人类学［M］.阎嘉译，冯川校.贵阳：贵州人民出版社.1988年.

［75］（德）叔本华.论语言和语言学习［M］.载《美学随笔》，韦启昌译.上海：上海人民出版社.2009年.

后记

中国文化，是中国历史文化和中华民族精神的集中反映，是中华民族智慧的历史结晶，更是中华民族持续发展的思想理论基础和动力源泉。由于它博大精深，源远流长，总括所有，包罗万象，论述起来往往因为面面俱到而致头绪繁杂，有所侧重而致顾此失彼，导致对中国文化的论述难免存在三大缺陷：体量庞大、内容烦冗而不得要领；结构错综、条理不顺而难辨脉络；人云亦云、云山雾罩而难识庐山真面目。

因此，笔者不揣浅陋，撰写《中国文化简论》，以求避免上述问题，重点对核心的中国思想文化进行系统、简洁、明晰的论述，构建中国文化作为一门理论学科的科学、条理、简明的基本理论系统，从而使读者对中国文化的核心——思想文化的内涵、历史脉络、基本观念、文化特质等有一个明晰、确当的认知和把握。成稿之后，试用于中国文化概论课的教学，受到了学生欢迎和教师同仁的鼓励，遂提炼为书稿，联系出版。

不久，得到了中国青年出版社的出版支持，延安大学西安创新学院也列入学术著作出版资助项目给予科研经费资助。为此，在这里，我要对中国青年出版社表达诚挚的感谢！对资助本书出版的延安大学西安创新学院表示衷心的感谢！本书参考引用了一些前辈和当今学人的观点、材料及网页上的一些图片，在此一并表示衷心的感谢！

学术问题，见仁见智。不足不当之处，因学力所限在所难免。诚望读者和专家学者不吝赐教。

陈文俊

2024 年 6 月于西安

图书在版编目（CIP）数据

中国文化简论 / 陈文俊著 . -- 北京 : 中国青年出
版社 , 2024. 11. -- ISBN 978-7-5153-7551-9

Ⅰ . G12

中国国家版本馆 CIP 数据核字第 20246HL665 号

中国文化简论

作　　者：陈文俊

责任编辑：彭　岩

出版发行：中国青年出版社

社　　址：北京市东城区东四十二条 21 号

网　　址：www.cyp.com.cn

编辑中心：010-57350407

营销中心：010-57350370

经　　销：新华书店

印　　刷：中煤（北京）印务有限公司

规　　格：710 mm×1000 mm　1/16

印　　张：36

字　　数：450 千字

版　　次：2024 年 11 月北京第 1 版

印　　次：2024 年 11 月北京第 1 次印刷

定　　价：80.00 元

如有印装质量问题，请凭购书发票与质检部联系调换

联系电话：010-57350337